인공지능 창작과 저작권

조연하 지음

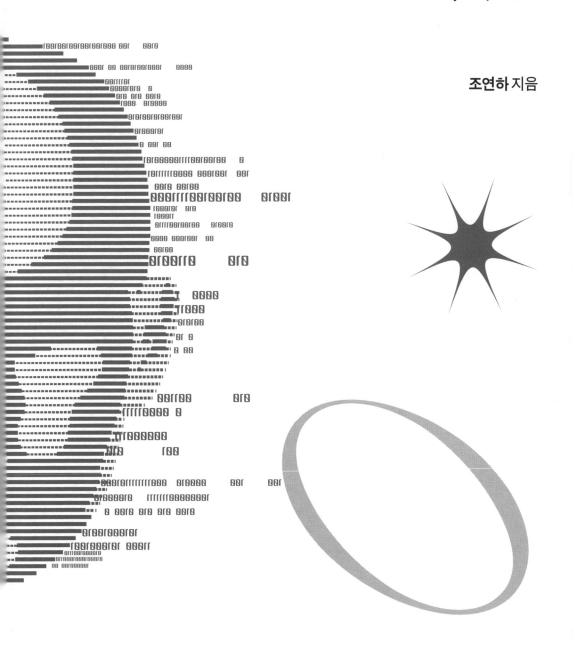

AI Creation and Copyright

박영사

본 저서는 '2021 한국방송학회-지에스리테일 방송/영상 분야 저술 출판 지원'에 의해 수행되었음

─────

저작권 제도에서는 새로운 기술이나 기기가 등장할 때마다 새롭게 나타나는 법적 이슈를 어떻게 수용해서 편입할 것인가를 끊임없이 고민해 왔다. 최근 4차 산업혁명을 구현하는 핵심기술로 떠오르고 있는 인공지능(artificial intelligence)도 저작권법 체계에 근본적인 문제를 제기하는데, 지금까지 기술과는 차별화된다. 비약적인 기술발전으로 인공지능이 학습을 통해 스스로 창작물을 생성하는 단계까지 발전하여 인간의 고유 영역으로 여겼던 콘텐츠 창작 행위의 새로운 주체가 됨에 따라, 저작권법 영역에 새로운 화두를 던져주고 있다.

저작권법 체계에서는 인간만을 저작권의 주체로 인정하여, 인간이 아닌 다른 존재가 표현한 것은 저작권 보호 대상이 아니라는 견해를 일관되게 유지해 왔다. 이에 기초하여 대부분 국가에서 동물이나 사물 등은 저작자가 될 수 없다는 기본적인 원칙을 채택하고 있다. 하지만 인간의 개입 없이 인공지능이 완전히 독자적으로 콘텐츠를 창작하게 된다면 인간 중심의 저작권 제도에 변화가 불가피할 것으로 예상된다. 인공지능의 창작과정에서 필수적인 저작물 이용에서부터 창작의 결과물에 대한 저작권 보호, 저작자 결정, 저작권 귀속, 권리행사 및 책임 등 매우 복잡하고도 어려운 문제들을 제기하고 있기 때문이다.

하루가 다르게 발전하는 기술을 항상 법이 따라가지 못한다는 비판을 받아왔다. 만약 인공지능 기술이 더 향상된다면 저작권법 문제가 복잡하고도 걷잡을 수 없이 확대될 수도 있다. 이런 점들을 고려할 때 지금까지 제기되었던 저작권 쟁점 및 그에 관한 논의, 그리고 향후 해결해야 할 과제들을 현 단계에서 한번은 짚고 넘어가야 한다고 생각한다. 국내에서 인공지능의 창작과 저작권에 관한 연구가 본격적으로 시작된 것은 2010년대 중반으로, 그 역사가 비교적 짧다. 주로 법학 분야에서 찾아볼 수 있는데, 학술논문의 형태로 발표되었던 경향을 보인다. 최근 인공지능과 법에 관한 저서가 발표되고 있기는 하지만, 인공지능의 창작에 기반하여 저작권 문제를 다룬 저서는 보기 드물다. 이에 인공지능의 창작과 관련하여 그동안 단편적으로 다루어졌던 다양한 저작권 논의를 종합적으로 정리할 필요가 있다. 이 책은 이러한 시대적 요구와 학문적 필요에 부응하려는 필자의 의지가 반영되었다. 인공지능이라는 기술로 인해 저작권 분야에서 직면하는 이슈를 짚어 보고, 이를 현 저작권법 체계에서 어떻게 해석하고 대처할 것인지를 논의해 보는 것이 책의 취지이다.

이 책은 4부 17장으로 구성된다. 크게 세 부분으로 나뉘는데, 1부와 2부는 인공지능의 콘텐츠 창작과 저작권 쟁점을 다루기 위한 배경지식, 3부는 저작권 쟁점, 그리고 4부는 향후 법 정책적 과제에 대해 다룬다. 저작권 제도는 정보기술의 발전으로 시작되었고 함께 변화해 왔다는 점에서 기술발전과 떼놓을 수 없는 관계에 있다. 1부는 저작권 제도와 기술의 관련성에 관한 내용으로, 1장에서는 기술발전에 따른 저작권 제도 변화, 저작권 관리 및 보호 기술, 디지털 기술과 저작권 등을 기술한다. 이어서 기술의 범주를 인공지능의 중요 요소인 컴퓨터와 인공지능으로 좁혀서, 2장에서는 컴퓨터프로그램의 특성과 저작권 보호, 컴퓨터 창작물과 저작권에 관한 논의를 다루고, 3장에서는 인공지능의 기술발전, 개념 및 특성, 기술개발과 산업 등 인공지능의 기술적인 측면을 검토한다.

2부에서는 저작권에 관한 이해를 돕기 위해 저작권이론의 기본을 다룬다. 4장에서 7장까지 저작권의 개념과 본질, 저작물과 저작자, 저작자의 권리와 저작인접권, 저작재산권 제한과 공정이용에 관한 내용으로 구성된다. 이 부분에서는 필자의 저서인 『미디어 저작권(2018)』에서 저작권 개론으로 다루었던 내용을 축약하고 보완하여 기술한다. 저작권의 아주 기초적인 내용을 설명하고, 인공지능 창작 관련 저작권 쟁점을 분석하기 위해 좀 더 깊이 있는 논의가 필요한 내용은 3부에서 자세히 다룬다.

3부는 이 책의 핵심적인 부분이다. 콘텐츠 창작에서 인공지능의 기능과 역할이 확대되고 발전하면서 나타나는 저작권 쟁점에 관한 내용으로, 모두 8개의 장으로 구성된다. 먼저 8장에서는 텍스트, 영상, 음악, 회화 등 콘텐츠 유형별로 인공지능 창작의 실태와 특징을 파악한다. 이어서 콘텐츠 창작단계와 창작 이후의 두 단계로 구분하여, 먼저 창작단계의 저작권 쟁점을 다룬다. 9장에서는 인공지능의 창작과정에서 필수적인 학습의 의미와 특성, 저작물 이용의 법적 성격과 이용허락을 검토한다. 그리고

10장에서는 창작과정에서 저작물 이용으로 인한 저작권 침해와 책임의 문제를 논한다. 공정이용(fair use)은 저작물 이용으로 인한 저작권 침해책임을 면제받을 수 있는 중요한 원리이다. 11장에서는 창작과정에서 수반되는 저작물 이용에 변형적 이용, 비표현적 이용, 중간복제와 같은 공정이용 판단 요소를 적용하여 논의하고, 기술적 공정이용에 대해서도 검토한다.

이어서 인공지능 창작의 결과물이 제기하는 쟁점을 다룬다. 12장에서 인공지능 창작물의 저작권 보호의 타당성과 보호 방식을 논하고, 13장에서는 인공지능 창작물의 저작권 발생요건인 창작성 판단의 쟁점을 검토한다. 14장은 인공지능 창작물의 저작자를 누구로 볼 것인지, 15장은 인공지능 창작물의 저작권을 누구에게 귀속할 것인지를 분석한 내용으로 구성된다. 인공지능 창작물의 저작자 지위 부여와 저작권 귀속 주체를 결정하는 논리는 크게 다르지 않으며 기존 논의에서도 함께 다루고 있지만, 논의를 좀 더 발전시키기 위해 구분하여 기술한다.

제4부는 인공지능의 콘텐츠 창작이 제기하는 저작권 쟁점과 관련하여 정책과 입법 차원에서 검토한 내용으로 구성된다. 인공지능의 콘텐츠 창작으로 인해 향후 전개될 저작권 분쟁이나 쟁점을 해결하기 위해, 16장에서는 어떤 정책을 수립하고 어떤 제도를 마련할 필요가 있는지, 그리고 17장에서는 정책을 시행하기 위해 관련 입법을 어떻게 개선할 필요가 있는지를 제안한다.

인공지능의 콘텐츠 창작이란 현상을 기존 저작권법 체계로는 감당하기 어렵다. 이 책은 인공지능 기술발전과 콘텐츠 창작환경의 변화가 저작권법에 어떻게 반영되고 앞으로 어떤 형국으로 발전되어야 할 것인지에 대해, 법학자도 아니고 기술과학자도 아닌 미디어학자의 시각에서 접근한 전문 학술서라는 점에서 의미를 찾을 수 있다. 저작권 연구 영역을 인공지능 기술로 확대하였다는 점에서도 의의가 있다. 저작권에 관한 필자의 첫 번째 저서인 『미디어 저작권』의 마지막 장에서 인공지능과 저작권에 대해 문제 제기 정도로 아주 간단히 다루었다. 이때 생긴 학문적 관심이 이 책의 집필로 이어졌다고 본다. 이 책에서는 필자가 발표했던 저작권에 관한 연구논문과 저서에서 상당 부분을 인용했음을 밝힌다. 필자가 연구를 통해 수집했던 관련 전문가들의 의견도 많이 반영되었다.

인공지능은 그 자체가 계속 진화 중인 기술이라는 점에서 예측이 어렵다. 앞으로 법은 물론이고 미디어, 문화 콘텐츠, 과학기술 등 다양한 학문 분야로 인공지능 창작과 저작권에 관한 인식이 확대되고, 연구를 통해 논의가 좀 더 풍성해지기를 희망한다. 이 책이 그런 발전을 향한 시발점이자 도약을 위한 발판이 되었으면 한다.

마지막으로 이 책을 집필할 기회를 준 한국방송학회와 책 출간에 도움을 준 박영사에 진심으로 감사한다. 늘 따뜻한 격려와 조언을 아끼지 않았던 후배들에게도 고맙다고 말하고 싶다. 1년이 넘도록 책이 완성되기까지 묵묵히 기다려주면서 큰 힘이 되어 주었던 사랑하는 부모님과 가족에게 깊은 감사를 표한다.

2023년이 시작되는 1월,
이촌동 하련재(河蓮齋)에서

저자 조연하

제 2 부 저작권의 기본 이해

제 3 부   인공지능 콘텐츠 창작과 저작권 쟁점

제4부   인공지능과 저작권 패러다임 전환

제1부

기술과 저작권

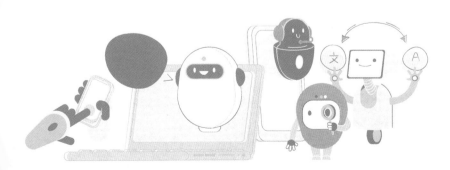

저작권은 탄생부터 새로운 기술의 산물로서, 기술발전에 의존적이었다. 저작권의 역사는 인류의 기술발전과 궤를 같이해 왔고 기술발전에 따라 그것의 적용 범위를 확장해왔는데, 인쇄술이라는 새로운 기술 보호에서 시작되어 현대 디지털 시대에 이르기까지 확장일로에 있다. 미국의 연방대법원*도 "처음부터 저작권법은 기술의 중요한 변화에 반응하면서 발전되어 왔다. 당시로서는 새로운 형태의 복사기로 볼 수 있는 인쇄기의 발명으로 저작권 보호의 필요성이 제기되었다"라고 설명하면서, 기술과 저작권의 긴밀한 관계를 강조한 바 있다. 한마디로 저작권법은 기술발전에 가장 민감하게 반응해 왔던 법이고 그에 대한 대응이 곧 저작권법의 역사라고 해도 과언이 아니다(나강, 2016; 이해완, 2019; 최진원·남형두, 2006). 이렇게 저작권 제도는 정보기술의 발전과 함께 변화해 왔으며, 기술발전과 떼놓을 수 없는 관계를 맺고 있다. 따라서 저작권을 이해하고 논의하기 위해 기술은 필수 불가결한 요소이다.

• Sony Corp. of America v. Universal City Studio, 464 U.S.417(1984).

제 1 장

기술발전과 저작권

1 / 인쇄술과 저작권 제도의 성립

구석기 시대 그려진 것으로 추정되는 알타미라 동굴 벽화는 인류 최초의 그림으로 평가받는다. 이 사실은 인간이 아주 오래전부터 창작활동을 했다는 것을 뜻하기도 한다. 하지만 인간 창작활동의 결과물에 부여되는 권리인 저작권 역사는 생각보다 짧다. 저작권 역사는 기술발전과 연관 지어 설명할 필요가 있다. 고대 그리스, 로마 시대에서 중세까지의 시기에는 원고를 가지고 여러 장의 사본을 만드는 기계적 장치나 기술이 없었다. 그러므로 하나의 저작물을 여러 사람이 이용하도록 하기 위해서는 손으로 일일이 베껴서 만든 필사본에 의존해야만 했다. 그런데 필사본은 시간과 노력을 많이 요구하는 일이기 때문에 저작물을 널리 보급하는 데 한계가 있었고, 저작물을 베끼는 행위에 대해서도 민감한 반응을 보이지 않았다. 자연 저작권 개념 자체가 부재했을 뿐만 아니라, 저작권을 보호하고 저작권침해를 규제하는 수단으로서 법률체계의 필요성도 제기되지 않았다(민경재, 2013; 조연하, 2018).

서구 문명의 첫 전성기였던 고대 그리스와 로마 시대에는 생계유지가 아니라 명성을 얻기 위해 글을 썼다. 소크라테스, 플라톤, 시저와 같은 인물들은 사람들이 교사나 정치인으로 보았을 뿐, 미처 작가로 인정받지는 못했다(Stewart, 1983, p. 13). 또 그리스 철학자들은 지식을 인간의 것이 아닌 신의 계시나 선물로 생각하면서 소유나 거래 대상으로 보지 않았고, 인간은 단지 지식을 전달하는 자에 지나지 않는다고 생각했다(남형두, 2008). 실제로 로마법을 보면, 일부 작가들이 서적 판매상과 출판계약을 체결했다는 증거가 있지만, 정작 그들에게 저작권이 인정되지는 않았다(Bettig, 1992, p. 134). 로마법에는 그림을 그리고 글을 쓴 경우 그것들이 기록된 유체물의 소유권에 관한 논의만 있었고, 지적창작물에 대한 별도의 소유권이 인정되지 않았다. 작가나 학자들은 단지 자유 시민으로서 예술 활동을 영위했고, 군주에게 받는 상도 단지 명예일 뿐 창작에 대한 대가 성격이 아니었다(이일홍·김기홍, 2009, 314쪽). 심지어는 화가에게 그림을 그리는 데 필요한 재료를 제공해 준 자가 그림에 대한 특권을 누리기도 하였다.

중세에 와서 지식과 학문의 전파는 주로 교회나 수도원을 중심으로 이루어졌다. 그 예로 당시 로마 카톨릭 교회는 모든 예술적·지적창작물의 생산, 보존, 배포를 수도원 내로 중앙집권화시켰다(Bettig, 1992, p. 135). 저술 활동은 주로 수도원에서 이루어졌는데, 이로써 수도사들이 만든 다량의 필사본은 이후 성직자들뿐만 아니라 세속의 출판과 서적 교역에서 중요한 토대를 이루었다(민경재, 2013, 290쪽). 교회 밖에서 이루어지는 대부분의 저술 활동도 후원자의 지원으로 보상을 받는 구조였다. 봉건시대 계층적 사회구조에서는 모든 재산이 왕이나 영주의 것이었으므로, 저술가들의 지식과 그 산물은 당연히 그들을 지배하는 계층에 속하는 것이었고 저술가들의 사유재산이 될 수 없었다. 책은 문화적인 유산으로 후대에 전달되었을 뿐, 결코 저술가 개인이 소유할 대상은 아니었다(남형두, 2008).

작가라는 직종이 세상에서 가장 오래된 직업 중 하나임에도 불구하고 그가 누릴 수 있는 저작권에 대한 필요성은 15세기에 와서야 생겼다(Stewart, 1983, p. 13). 15세기 중반 구텐베르크가 인쇄술을 발명[1]했고 인쇄술의 보급으로 인쇄출판물이 이용되면서 저작권 역사가 시작되었다. 손으로 일일이 필사하는 것보다 짧은 시간에 저작물을 많이 복제할 수 있게 되면서, 저작물의 신속한 대량생산은 물론이고 광범위한 대량 배포도 가능해졌다. 인쇄술은 결국 서적 출판과 복제에 드는 시간과 비용을 줄여주면서 새로운 정보전달 수단을 제공한 셈인데, 이것은 이전과 비교될 수 없는 새로운 문화형성에 영향을 미쳐 르네상스와 종교개혁의 계기를 마련해 주었다. 그리고 이런 변화를 수용하는 법적인 틀로 탄생한 것이 바로 저작권 제도이

---

1) 독일의 구텐베르크의 인쇄술 발명은 흔히 1439년으로 기록된다.

다(문재완·지성우·조연하 외, 2017; 배대헌, 2013; 조연하, 2018). 사실 인쇄술이 개발되기 전까지는 저작권에 관한 개념도, 논의도 없었다. 하지만 인쇄술의 발명으로 문학재산 보호의 중요성을 인식하게 되고 그와 관련된 새로운 문제들이 생겨났는데, 사본을 만들 수 있는 권리(right to make copies)인 저작권(copyright)이 새로운 문제의 핵심이었다. 그리고 인쇄기라는 대량 복사 매체가 출현하면서 등장한 서적출판업과 같은 새로운 이익집단의 권리를 보호하기 위해 시작된 것이 바로 저작권 제도이다(민경재, 2013, 291쪽).

인쇄술은 짧은 기간 동안 급속도로 유럽의 주요 도시로 확산되었다. 15세기 후반에서 16세기 초반 이탈리아, 독일, 프랑스, 영국 등 유럽 각국에서는 인쇄기를 발명하거나 도입하였는데(민경재, 2013, 287쪽), 이런 인쇄술의 보급은 정치적으로 새로운 문제를 불러온 계기가 되었다. 인쇄물의 보급으로 새로운 저작 활동이 활발해지고 일반인에게로 지식이 확산하기 시작하자, 왕실이나 성직자와 같은 통치자들은 자신들의 권력에 도전하는 사상이 확산하는 것을 우려하면서 이를 규제하려 하였다. 이와 관련하여 윤권순(2015)은 15세기 중반 독일지역에서 활판인쇄술이 발명되었을 당시 활판인쇄술 자체에 대한 진흥이나 억압보다도 활판인쇄술을 이용한 특정 콘텐츠 생산의 진흥과 통제에 사회적 관심이 높았다는 점을 지적하면서, 그와 같은 특이한 상황의 근거를 사상을 담는 도구라는 활판인쇄술의 문화적 특성에서 찾았다(154쪽).[2]

활판인쇄술을 활용하여 생산한 콘텐츠를 통제하려는 관심은 출판특허제도를 통해 나타났다. 출판특허제도란 국가가 인쇄업자와 출판업자에게 저작물을 인쇄해서 출판할 수 있는 특권을 부여하는 제도이다. 이 제도를 통해 지배 권력층은 출판물을 사전 규제할 수 있었다. 반면 경쟁자와 무단 복제로부터 이익을 지키고 독점으로 경제적 이익을 얻을 수 있는 제도가 필요했던 인쇄업자와 출판업자들은 사전검열을 허용하는 대가로 출판시장에 대한 독점적 지위를 누릴 수 있게 되었다. 결국 출판특허제도는 정부가 출판물에 대한 사전검열을 통해 정보와 사상의 통제라는 행정적 목적과 특허료 징수라는 재정적 목적을 동시에 달성하는 수단을 확보하

---

2) 인쇄술이라는 기술은 다른 기술과 차별화되는 속성을 가진다. 활판인쇄술은 기술적 측면에서 '기술적 법적 권리'를, 사상을 담는 도구라는 문화적 측면에서 '사상의 표현에 대한 법적 권리'를 가진다. 기술적 특성상 법적으로 이중적 성격을 가진다는 것인데, 전자는 특허법, 후자는 저작권법과 관련된다(윤권순, 2015, 154쪽).

도록 했고, 출판업자가 인쇄업에서 출판 독점권을 확보함으로써 경제적 이익을 누릴 수 있도록 했다. 그러나 저작자의 역할과 지위는 아주 미미했는데, 이 제도에 주체적으로 개입할 수가 없었다. 여전히 저작자들은 저작물에 대한 직접적인 권리를 부여받지 못하고 출판업자가 주는 만큼 간접적으로 수익을 챙길 뿐이었다. 이렇게 저작자의 역할과 지위가 미미했던 현상은 15세기 후반 인쇄술의 발명으로부터 18세기 전반까지 지속되었다. 그렇지만 출판특허제도를 통해 개별 저작물마다 특허를 부여하고 인쇄기라는 대량 복사매체가 출현하면서 생긴 서적출판업이란 이익집단의 권리를 보호함으로써 저작권 제도가 탄생하는 계기가 되었다는 점에서, 출판특허제도는 저작권 제도 형성에서 중요한 의미를 지닌다(배대헌, 2011; 오승종, 2020; 조연하, 2018; 황혜선, 1993; Bettig, 1992). 이렇게 저작권 제도는 저작권에 대한 의식과 법사상이 형성되지 않았던 저작권 비보호시대에서 시작하여 출판업자의 독점권이 유지되었던 출판특허시대를 거쳐 저작권법 입법시대를 맞는다. 즉 처음에는 출판업자 보호에서 출발했다고 볼 수 있으나, 입법을 통해 점차 저작자의 저작물을 보호하는 것으로 발전하였다.

출판특허시대에 부재했던 저작자 보호는 근대로 넘어오면서 출판물에 대한 규제 완화, 자유주의와 개인주의 사상의 보급, 계약의 자유와 사적 소유권의 등장과 같은 급속한 사회적, 경제적 변화와 함께 18세기에 와서야 극복되기 시작하였다. 특히 개인주의 사상이 법 분야에서 혁명적인 변화를 가져오면서, 신분제 지배를 기조로 한 봉건 질서는 계약의 자유, 사적 소유권의 절대, 과실 책임의 원칙을 지도 원리로 하는 근대법 질서로 대체된다. 이것은 저작권법 영역에도 영향을 미쳐 정신적 소유권론이 생겨났다. 정신적 소유권론은 육체적 노동으로 유형물을 획득한 자가 그 물건에 대해 소유권을 보장받을 수 있다면, 정신적 노동으로 저작물을 작성한 저작자가 그 저작물에 관하여 일종의 소유권과 같은 권리를 부여받는 것을 국가가 당연히 보장해야 한다는 이론이다(조연하, 2018, 19~20쪽). 정신적 소유권은 정신적 산물에 대한 독점적·배타적 재산권을 표현하기 위한 것으로, 출판업자에게 쏠려있던 무게중심을 저작자에게 옮기는 데에 중요한 역할을 하면서(권영준, 2010, 169~170쪽), 작가의 독립적인 권리로서 저작권의 개념 형성에 영향을 미쳤다고 평가할 수 있다.

저작자에게 특별한 권리를 주는 법체계의 성립은 1709년 하원이 제출하고 1710년 제정된 영국의 '앤 여왕법(Statute of Anne)'에서 비롯된다. 이 법은 영국에서 인쇄물 유통이 늘어남에 따라 저작자, 출판사, 국가 등의 이해관계가 맞물리면서 저작권을 처음으로 성문화시킨 법으로, 이후 미국을 비롯한 여러 나라의 근대 저작권법의 모델이 되었다(Bettig, 1989; Ploman and Hamilton, 1980; Stewart, 1983). 앤 여왕법은 1662년 국왕이 특정 출판업자들에게 독점적 출판권을 부여하려는 목적에서 제정되었던 '출판인가법(Licensing Act)'이 1694년 폐지되자, 출판업자들이 자신들의 독점권을 유지하기 위해 영국 의회에 로비를 한 결과 탄생했다. "학습 장려를 위한 법(Act for the Encouragement of Learning)"이라는 법률의 정식명칭에서 엿볼 수 있듯이, 입법목적은 "학식 있는 사람들이 유용한 저작물을 구성하여 저술하는 것을 장려"하는 것이다. 지식인이 유용한 저작물을 저술하도록 권장하는 것이 입법 취지로, 이를 근거로 저작자의 권리를 주장할 수 있게 되었다(민경재, 2013; 손승우, 2006; 임영덕, 2011). 최초의 저작권법으로서 앤 여왕법이 가지는 의의는 의회에서 입법한 법률로서, 보호의 중점이 출판자 권리에서 저작자 권리로 이동되면서 저작자가 권리의 주체로 등장하였다는 점이다. 출판업자에게 허용되었던 독점권이 저작권의 형태로 환원하여 저작자의 이익을 보호하게 된 것이다(권영준, 2010, 164쪽).3) 그러나 앤 여왕법은 보호 대상을 책으로만 제한하고 예술작품 등의 기타 저작물이 보호 범주에 포함되지 않았다는 점이 그 한계로 지적된다. 또 보호기간이 14년으로 제한4)되었고, 저작권이 서적 등의 출판저작물 복제권으로 한정되어 타인의 출판물에 대한 재출판만 금지하고 저작물의 일반적 사용은 규제대상에서 제외(손승우, 2006, 31~32쪽)된다는 점에서 매우 제한적인 법의 성격을 가진다.5)

앤 여왕법 제정 이후, 유럽과 미국에서도 저작권법이 제정되기 시작하였다. 프랑스에서는 1789년 프랑스 혁명으로 국왕의 특권이 폐지되고 시민의 권리가 선언되었고, 1791년 공연권을 부여하는 '저작권령(Copyright Decree)', 1793년 '문학 및

---

3) 앤 여왕법은 사상검열에 관한 규정을 두지 않음으로써 표현의 자유를 넓혔다는 점에서도 그 의의를 찾을 수 있다. 여기에는 검열과 독점을 반대하면서 언론·출판의 자유에 대한 관심을 촉발했던 존 밀턴(John Milton)의 호소, 국민의 자유로운 청원권을 보장하고 의회에서 언론의 자유를 규정한 권리장전의 채택, 출판독점과 사상검열에 대한 부정적 시대정신으로 인한 출판인가법의 폐지 등과 같이 표현의 자유와 관련된 일련의 움직임이 영향을 미쳤다(권영준, 2010, 165쪽).
4) 다만 저작자가 생존하는 경우에 한해 1회 갱신을 허용하였다.
5) 이런 문제점을 보완하기 위해 이후 '판화저작권법', '인쇄물저작권법', '조각저작권법', '연극적 어문저작물법'을 계속 제정해서(오승종, 2020; 이해완, 2019) 저작권 보호 대상의 범위를 확대해 나갔다.

예술의 소유권에 관한 법률(복제에 관한 법률)'이 제정되었다. 이에 따라 작가, 작곡가, 화가, 판화가와 같은 저작자가 법에 기초하여 작품을 판매하고 배포할 수 있는 배타적 권리를 가지게 되면서 저작권법의 적용 범위가 점차 확대되기 시작하였다. 독일에서는 18세기에서 19세기에 걸쳐 인쇄출판에 관한 법률들이 잇달아 제정되었다. 1837년 프로이센 왕국이 '학술적, 미술적 저작물 소유에 관한 법률'을 제정하였고, 1871년에는 프러시아를 중심으로 독일이 통일되면서 제국 저작권법이 제정되었으며, 1876년에는 '미술 및 사진저작물의 보호에 관한 법률'이 제정되었다(김봉철·조영기, 2011; 민경재, 2013; 배대헌, 2013; 손승우, 2006). 미국은 16~17세기 영국의 법률을 계승하여 1790년 책, 지도, 해도만을 저작물로 보호하는 연방 저작권법을 제정하였는데, 그보다 앞서 연방 헌법에서 이미 저작자와 발명자의 권리보호를 선언하고 있었다. 일본은 1869년에 출판조례를 공포한 이래로 1899년에 근대적 저작권법을 제정하였다(손승우, 2006; 임영덕, 2011).

이상 인쇄술의 발명으로 저작권이 초기에 어떻게 발전해 왔는지를 살펴보았다. 인쇄술과 금속활자는 기술혁신을 통해 얻어낸 개척발명에 해당한다. 선행 기술에 비추어볼 때 이전에 찾아볼 수 없는 완전히 새로운 기술이며, 그 기술개발 정도도 진보성을 띠었다(배대헌, 2013, 71쪽). 인쇄술이라는 기술개발로 인간이 지적창작물을 손쉽게 많이 생산할 수 있게 되었을 뿐 아니라 일반 공중이 그 창작물에 더 쉽게 접근할 수 있게 되었다. 이전에는 존재하지 않았던 저작권이라는 개념이 탄생하도록 했고, 초기 인쇄출판업자에게 인정되었던 출판권에서 출발하여 점차 저작권 개념이 생성하고 발전하도록 영향을 미쳤던 기술이 바로 인쇄술이다. 특히 정부와 출판업자들 공동의 이해관계를 토대로 했던 출판특허제도는 출판업자 보호에서 저작자 보호로 전환하는 계기가 되면서 저작권 제도가 탄생하는 단초가 되었을 뿐 아니라, 기술 그 자체보다는 기술을 도구로 활용한 표현의 생산과 통제에 더 관심이 집중되었던 현상을 보여주었다. 이렇게 인쇄술의 발명은 인쇄술이라는 기술 보호에서 출발하여, 출판 대상인 창작물의 인쇄와 판매를 통해 경제적 효과를 얻는 출판 보호로, 최종적으로 저작물 보호의 필요성 논의로 확대되면서 저작물에 대한 저작자의 권리보호로 방향이 변화해 왔다.6) 결론적으로 인쇄술이 저작권 제도의

---

6) 이와 관련하여 패터슨(Patterson, 1968)은 저작권은 출판업자의 권리로부터 점차 저작자의 권리로 이

성립과 발전은 물론이고 사회문화적 변혁에 지대한 역할을 했다는 점에서 저작권은 처음부터 기술발전과 밀접한 관련을 맺으면서 시작하였고, 새로운 기술이 낳은 산물로 평가할 수 있다.

기술에 기반하여 인쇄술의 발명 시기를 저작권이 출현한 시점으로 보는 견해가 우세하지만, 18세기 유럽 각국에서 제정된 저작권 입법의 규제를 받기 이전까지는 저작권이 존재하지 않았다고 보는 시각도 있다. 그런가 하면 일부 전문가는 고대 그리스 문화에서 이미 저작자의 권리가 인정되었다고 보기도 한다. 저작권의 기원은 저작권의 본질과 기능을 어떻게 보는가에 따라 달라질 수 있다. 그런 점에서 법적 원칙에만 기초할 것이 아니라 문화·경제적 삶의 구조, 지적창작물과 그것의 이용자에 대한 사회적 태도, 그리고 창작자의 사회적 지위 등을 망라하는 좀 더 넓은 맥락에서 저작권의 유래를 바라볼 필요가 있다. 결국 저작권은 그와 같은 이슈에 대처하는 하나의 방법으로, 그리고 사회에서 정보의 흐름을 조직하고 통제하는 수단으로 생겨났다고 보아야 한다(Ploman & Hamilton, 1980, p. 5).

2 / 기술과 저작권의 발전과정

1) 저작물 생산기술과 이용방식의 변화

기술이 발전하면서 인간이 창작물을 생산하고 이용하는 방식에도 변화가 뒤따랐다. 새로운 미디어의 개발과 기술혁신으로 저작물을 편리하게 생산하고 전달할 수 있게 되었고, 일반 대중의 풍부한 지적창작물에 대한 접근 가능성과 이용의 편이성이 높아짐으로써 사회적 효용을 증가시켰다. 책, 음악, 방송, 영화 등 주요 콘텐츠 유형별로 생산과 이용방식의 변화를 살펴본다.

기술이 정보를 생산하는 정보나 지식을 보존하거나 전달을 가능하게 하는 방법의 하나로 종이와 인쇄술을 손꼽을 수 있다. 지식 정보의 유통이라는 측면에서 일대 혁신적인 발명이며, 인류문명의 발전에 가장 크게 기여한 기술이라는 점에서

행했다고 보았는데, 인쇄출판업자가 끊임없이 시장을 통제하려고 노력하는 과정에서 의도되지 않았던 부산물로서 생성되었다고 주장하였다.

종이와 인쇄술의 인류 역사적 의미는 매우 크다. 종이는 양피지나 죽간(竹簡) 등에 기록되는 지식이나 정보의 보존과는 비교할 수 없을 정도의 항구성을 가진다(김윤명, 2006, 159쪽). 또 당시로서는 획기적인 신기술이었던 인쇄술은 종이책의 대량생산 및 복제를 가능하게 하였고 더 많은 사람이 종이책을 이용하도록 했다. 초기 인쇄술은 한 장의 종이를 눌러서 인쇄하는 방식이었기에 많은 노동력이 필요했다. 1930년대 말 새로운 인쇄 방법인 기계에 의한 복사(photocopy) 기술7)이 개발되면서 타인의 저작물을 간단하게 복사해서 이용할 수 있게 되었다. 처음에는 복사에 든 비용이 고가였지만 점차 개선되었다. 이렇게 기술이 점차 나아지기는 했으나, 여전히 활자로 인쇄하는 방법은 변하지 않고 15세기부터 20세기까지 5백여 년 동안 그대로 유지되었다(배대헌, 2013, 82쪽).

그러다가 디지털 기술의 발전으로 오랜 기간 인쇄술에 의존해서 생산되었던 종이책의 출판방식이 다양해지고, 새로운 출판물 형태인 전자책(e-book)이 등장하게 된다. 이것은 디지털 기술을 이용한 컴퓨터 파일 형태의 출판물로, 기존의 종이책 내용을 활자 대신 디지털 형태로 출판한 것이다. 전자책을 그 구성과 이용방식에 기반하여 정의한다면, "텍스트 기반의 정보나 메시지를 디지털화해서 온라인으로 유통되는 디지털콘텐츠로, PC나 태블릿PC와 같은 정보처리 단말기에 다운로드를 해서 뷰어(viewer)나 소프트웨어8)를 통해 이용할 수 있는 책"(조연하, 2018, 157쪽)이다. 이것은 디지털 형태로 제작되기 때문에 디지털 단말기로 이용할 수 있고, 음악, 영상 등의 멀티미디어가 포함된 콘텐츠 이용이 가능하며, 영구 보존이 가능하고 유지와 보관이 쉽다. 출판사는 생산 단계에서 종이를 사용할 필요가 없으므로, 제작 비용은 물론이고 유통 비용도 절감할 수 있다. 또 소비자는 더 많은 정보를 얻는 것은 물론이고, 선택의 기회가 더 많아졌다. 과거의 인기도서나 잡지를 디지털화해서 다시 볼 수 있게 되었고 상업성 부족으로 출판되지 않았던 전문 서적들도

---

7) 1938년 Chester Carlson이 개발한 복사기는 처음에 Xerography라는 이름이 붙여졌고, 1960년대에 들어서 Xerox사가 시장에 진출하여 이전보다 아주 저렴한 비용으로 복사할 수 있는 여건을 마련하였다(배대헌, 2013, 82쪽).

8) 소프트웨어란 일반적으로 컴퓨터의 동작에 관한 프로그램 또는 절차를 말한다. 「소프트웨어산업진흥법」 제2조 제1호에서는 소프트웨어를 "컴퓨터·통신·자동화 등의 장비와 그 주변장치에 대하여 명령·제어·입력·처리·저장·출력·상호작용이 가능하도록 하게 하는 지시·명령(음성이나 영상정보 등을 포함한다)의 집합과 이를 작성하기 위하여 사용된 기술서나 그 밖의 관련 자료"라고 정의하고 있다.

접할 수 있게 되었으며, 대학도서관을 비롯한 도서관 홈페이지에서 전자책을 이용할 수 있게 되면서 전자책 도서관이 활성화되었다. 그리고 무엇보다도 출판의 개념이 종이책에서 전자출판에 의한 전자책을 포함하는 것으로 확대되었다(성대훈, 2004; 정연덕, 2007)는 점에서 의미가 있다.

음악의 생산과 이용도 역시 기술과 깊은 관련성을 가진다. 15세기 후반 발달한 인쇄술의 덕분으로 악보를 출판하게 되었고, 음악 창작자에게는 악보 출판이 주요한 수입원이 되었다. 그리고 18세기 후반부터 상업적 목적의 악보 출판이 본격화되면서, 음악산업이 발전하고 음악의 대중화를 선도하게 되었다(박성호, 2011). 인쇄술에 이어 음을 고정하는 녹음기술이 등장하면서 소리를 복제하고 반복 재생하는 것이 가능해졌다. 1877년 에디슨(Edison)이 발명한 측음기 기술을 이용하여 소리를 기록하고 재생할 수 있게 되었으며, 1898년 처음으로 음반이 제작됨으로써 가수나 연주자의 실연에만 의존했던 음악 감상방식이 달라졌다. 녹음기술 덕분에 음악의 대량생산과 반복 재생이 가능해졌고, 음악회나 공연장이 아닌 곳에서도 음악을 널리 감상할 수 있게 된 것이다.

20세기 중반 이후에는 CD(Compact Disc)가 개발됨으로써, 음악 저장매체가 좀 더 다양해졌다. 디지털 저장매체인 CD가 기존의 음반과 차별화되는 점은 음질과 화질이 뛰어나며 대용량을 저장할 수 있다는 점이다. 그리고 1980년대 초 일본에서는 소니(Sony)가 휴대용 카세트테이프리코더이면서 플레이어인 워크맨을 개발하자, 사람들은 음반 대여점에서 음반을 대여해서 음반에 수록된 음악을 카세트테이프에 녹음해 두었다가 워크맨을 이용하여 감상하곤 했다. 녹음기술과 더불어 라디오, 텔레비전과 같은 방송매체도 음악의 대중화에 크게 기여한 기술이다. 방송기술의 주요 특성인 동시성, 광범위성으로 인해 일반 대중이 시·공간적인 한계를 넘어서 누구나 신속하게 음악을 감상할 수 있게 되었다. 한편 가수가 부른 노래가 수록된 3분 또는 5분짜리 짧은 영상물인 뮤직비디오가 대중음악을 공중에게 전달하는 새로운 수단으로 부상했고, 인터넷과 디지털화는 지리적 장벽을 넘어 전 세계인이 동시에 음악을 즐길 수 있도록 해 주었다. 2016년 가수 싸이의 '강남 스타일' 뮤직비디오는 유튜브(YouTube)를 통해 국내 대중음악의 전 지구적인(global) 대중화를 보여준 대표적인 사례이다(조연하, 2018, 224쪽).

기술혁신은 방송콘텐츠의 시청방식에도 변화를 가져다주었다. 1950년대 새로운 입력장치인 원격 조정기(remote control)가 보급되면서 소파에 기대어 앉아 채널을 변경하면서 편하게 시청할 수 있는 소위 린백(lean back) 시청[9]이 가능해졌다. 1970년대에는 방송프로그램을 녹화하는 기술인 VCR(Video Cassette Recorder)이 개발되었다. 이로써 시간 이동(time-shifting) 시청[10]이 가능해졌는데, 방송프로그램을 실시간으로 녹화하거나 예약 녹화할 수 있는 VCR 기능을 활용하여 편리한 시간에 시청할 수 있게 되었다. 그리고 디지털 기술의 도입으로 VCR의 카세트테이프가 컴퓨터 하드 드라이브로 대체된 DVR(Digital Video Recorder)과 DVD(Digital Video Disc) 재생장치가 개발되어 시간 이동 시청 기능이 더 향상되었다. 2000년대 와서는 슬링박스(Slingbox)[11]와 같이, 인터넷을 이용하여 지상파방송을 원격으로 실시간 시청을 가능하게 해주는 디지털 기기가 등장하면서 TV프로그램을 장소에 상관없이 시청할 수 있게 되었다. VCR 기술이 시간 이동 시청을 가능하게 했다면, 슬링박스는 장소이동(place-shifting) 시청을 가능하게 해 준 기술이다.

인쇄술의 등장으로 책을 전국적으로 대량 보급해서 많은 사람이 이용하는 것이 가능해진 것처럼, 디지털 기술과 인터넷은 음악은 물론이고 영화, 방송, 공연작품 등의 콘텐츠를 전 세계적으로 배포해서 이용할 수 있게 해 주었다. 그런 점에서 디지털 기술과 인터넷은 인쇄술에 버금가는 혁신 기술이다. 1990년대 말 압축기술과 파일공유 네트워크가 등장하면서 대용량의 음악과 영상저작물을 광범위하게 이용할 수 있게 되었다. 특히 P2P(Peer to Peer)[12]는 인터넷에서 이용자와 이용자를 연결해주는 획기적인 기술로, 이용자는 개인용 컴퓨터에 저장된 파일을 이용하거나 휴대용 MP3 플레이어로 음악을 재생해서 이용할 수 있다. 하지만 기술발달로 기능해진 콘텐츠 이용방식의 편리성은 콘텐츠 판매시장에 위협이 되면서 저작권자에게 경제적인 피해를 주기도 한다. 예를 들어 인터넷에서 영화를 불법 다운로드하여 감

---

9) 최근에는 스마트폰, 스마트 기기의 대중화로 몸을 앞으로 숙여서 시청하는 lean forward 방식이 나타났다.

10) 실시간으로 방송되는 프로그램을 녹화해서 다른 시간에 재생해서 시청하는 과정(den Bulck, 1999; Henke & Donohue, 1989; Levy, 1980; Talar, 2007)을 의미한다.

11) 전 세계 어느 곳에서든 초고속 인터넷망이 연결된 컴퓨터나 노트북에서 TV 프로그램을 시청할 수 있게 해 주는 새로운 미디어 유통기술이다(Lapan, 2009; Talar, 2007).

12) 인터넷을 통해 이용자가 다른 이용자의 컴퓨터에 저장된 파일을 검색하고 이를 다운로드를 해서 저장하여 이용할 수 있도록 해 주는 기술이다.

상하는 행위는 영화 저작권자의 권리침해는 물론이고 더 나아가서 영화산업의 침체를 불러왔다. 기술혁신은 저작물 생산기술 향상에 그치지 않고 이용자의 저작물에 대한 접근성과 이용의 편의성을 높여주면서 저작물 이용방식에 변화를 초래했다. 하지만 한편으로는 저작권자의 권리를 침해할 가능성이 커졌고 복잡한 저작권 쟁점을 불러일으키는 방식으로 저작권 제도에 많은 영향을 미쳤다.

2) 기술발전과 저작권의 범위 확대

저작권 제도의 보호 대상인 저작물은 과학기술 발전을 포용하면서 그 영역을 확대해 왔다. 초기 저작권 제도에서는 저작물의 무단 복제에 대한 보호를 내용으로 하는 복제권이 주요 내용이었으나, 이후 새로운 전달 매체의 등장으로 소비자에 대한 저작물의 전달 수단은 물론이고 보호 대상인 저작물의 범위가 확대되었다(나강, 2016, 115쪽). 이렇게 기술이 진보하면 새로운 제작 방법에 따른 새로운 유형의 저작물이 출현하였고, 이에 따라 저작자에게 부여되는 새로운 권리도 등장하였다. 인쇄술에서부터 출발하여 사진, 축음, 음반제작, 영화, 방송, 녹화, 인터넷 기술에 이르기까지 정보기술이 발전하고 사회가 복잡해지면서, 기술을 이용하여 만든 새로운 저작물 유형으로 저작권 보호범위를 확대하거나 이전의 보호 대상을 더 강화하는 방식으로 저작권이 발전되어 왔다.

저작권은 발전 초기 인쇄출판물을 보호하기 위해 탄생하였는데, 최초의 저작권법인 '앤 여왕법'에서는 보호 대상을 인쇄술을 이용하여 출판한 서적 등, 어문저작물로 한정했다. 19세기 중반 이후 과학·기술이 발전하면서 저작권 보호가 확대되거나 강화되었는데, 20세기 초 사진기 발명이라는 기술발전에 힘입어 사진저작물이 등장하였고, 활동사진 기술의 개발로 영상저작물도 보호받는 저작물 영역에 들어오면서 점차 보호 대상을 확대하게 된다. 다시 녹음·녹화기술 등의 기계 기술이 발달하고 사회가 복잡해지면서, 서적, 회화, 조각 등의 기존의 정적인 저작물에 음반, 영화, 방송과 같은 동적인 저작물을 포함하는 것으로 보호 대상이 확대되었다. 최근 디지털 기술이 등장하고 인터넷 등 새로운 미디어가 발달하면서 과거의 전통적인 저작권법 보호 대상과 다소 이질적인 보호 대상이 저작권법 영역에 포함되었는데, 컴퓨터프로그램과 데이터베이스 등이 여기에 해당한다. 20세기 디지털

혁명이 저작권을 포함하여 사회 전반의 패러다임을 변화시킨 것이다(배대헌, 2011, 2013; 손승우, 2006; 조연하, 2018). 저작물은 인간의 사상과 감정을 표현한 창작물이므로 표현을 전달하는 매체가 수반될 수밖에 없고, 전통적인 종이매체에서 라디오, TV와 같은 방송과 인터넷 등 매체의 다변화로 인해 저작권 분쟁도 다양해졌다. 그리고 그 과정에서 저작물 대상이 영상저작물, 컴퓨터프로그램저작물 등으로 확장되어 온 것은 당연하다고 볼 수 있다. 이에 따라 과거에는 저작물성에 관한 분쟁이 주로 전통적인 문학, 예술, 학술 등의 분야를 중심으로 발생했다면, 최근에는 과거에 생각지 못했던 여러 가지 새로운 유형의 저작물이 저작물성의 시험대에 오르고 있다(남형두, 2012, 46~47쪽). 최근 인공지능이 창작한 저작물이 저작권 보호 대상인지가 논의되고 있는 것도 바로 그런 맥락에서 이해할 수 있다.

새로운 기술이 개발되면, 처음에는 해당 기술을 보호하고자 노력한다. 인쇄술도 발명 초기에는 인쇄술이라는 기술을 보호했으나, 출판의 대상인 창작물을 인쇄하고 판매하는 것에 관심을 두면서 보호범위가 출판권 보호로 확대되었다. 최종적으로는 저작물 보호의 필요성 논의로 확대되면서 저작물에 대한 저작자의 권리를 보호하는 방향으로 발전되었다. 보호 대상이 인쇄기술 개발자에서 인쇄물을 출판, 보급하는 출판업자로, 다시 저작자로 옮겨간 것이다. 이렇게 새로운 기술이 개발되면 우선 해당 기술의 보호에 관심이 집중되지만, 기술 보호를 기반으로 새로운 대상을 통한 경제적 효과에 관심을 가지게 되고, 이에 따라 보호 대상도 확대되기 마련이다.

최초의 저작권법이 제정된 후 20세기 중엽까지 기술발전을 통한 저작물의 보호 확대가 계속되었다. 저작물의 보호범위 확대는 저작물을 매체에 실어 일반인이 접근해서 이용할 수 있도록 한다는 점에서 저작권법에 새로운 권리를 신설하는 것과 깊이 연관되어 있다. 인쇄술이라는 기술혁신은 서적 등의 출판물에 대한 복제권을 중심으로 저작권이 탄생하였다. 초기의 저작권은 복제권, 배포권으로 한정되었으나, 이후 측음기 발명으로 공연권이 추가되었고, 사진기 보급으로 등장한 사진저작물도 미술작품과 마찬가지로 전시권을 확대하여 규정하도록 만들었다. 이어서 촬영기, 영사기의 보급과 함께 소리와 영상까지 전달하는 방송매체가 보급됨에 따라 방송권이 또 하나의 저작권으로 보호되고 저작인접권과 같은 새로운 권리가 인정되면서(배대헌, 2013, 237~238쪽), 저작권 개념이 확장되었다. 그리고 1990년대 디지털 시대에 접어들어 전송권과 같은 새로운 권리가 저작권법 영역에 들어오게 된다.

2006년 저작권법 개정에서 디지털 기술발달, 방송통신기술의 융합으로 등장한 새로운 저작물 이용 형태를 포괄하기 위해 이전에는 별도의 권리로 인정되었던 방송권과 전송권, 디지털음성송신권을 포함하는 공중송신권이 신설되었다. 이렇게 인쇄술 발명으로 등장한 출판권13)에서 시작된 저작권은 방송, 인터넷, 디지털 기술 등의 기술발달로 저작물 유형과 이용 방법이 다양해지면서 여러 권리를 포함하는 것으로 저작권 개념이 확립되고 그 범위가 계속 확대되어 왔다.

저작물을 베낄 수 있는 권리인 복제권은 저작권의 가장 기본적인 권리이자 저작권을 대표하는 권리이기도 하다. 배포나 전송, 방송 등 대부분의 저작물 이용행위에 저작물 복제가 선행되기 때문이다. 저작물 복제방식은 처음에는 손으로 베끼는 필사가 가장 널리 이용되었으나, 녹음·녹화 등의 새로운 기술발전이 등장하면서 복제방식이 더 복잡해졌다. 예를 들어 디지털 녹화기는 물론이고 컴퓨터 하드디스크나 CD-ROM 등의 전자적 기록매체에 저장하는 것도 복제에 해당하므로, 복제의 범위가 아주 넓어졌다. 그뿐만 아니라 VCR이나 P2P와 같이 방송프로그램을 녹화하고 파일을 공유하는 기기와 기술이 개발되면서 저작물의 사적 복제에 관한 논의가 활발해졌고, 복제권을 더 강화하는 방안을 검토하게 되었다.

역사적으로 새로운 기술이 출현할 때마다 저작물 전달 방법이 달라졌는데, 음악 공연의 경우도 마찬가지다. 예전에는 음악저작물을 전달하고 감상하려면 사람의 실연에 의존했으나, 녹음이나 음향기기와 같은 새로운 기술과 미디어가 등장하면서 음악저작물의 복제물을 재생하거나 공중에 공개할 수 있게 되었다. 그러면서 공연의 개념이 확대되었다. 일반적으로 공중 앞에서 연주나 연극을 하거나 시를 큰 소리로 읽는 것을 공연이라고 부르지만, 녹음과 음향기기가 발전하면서 노래방에서 노래 반주용 기계로 음악을 재생하거나 영화를 상영하거나 TV 방송을 보여주는 것도 공연의 범주에 포함되었다. 기술이 발전하면서 공연권의 적용 범위가 확대된 것이다. 저작물 대부분이 공연의 대상에 포함될 수 있다는 점에서, 저작권법에서 공연은 통상적으로 사용되는 단어의 의미보다 더 넓은 개념으로 이해할 필요가 있다.14)

일본 소니가 개발한 워크맨은 음반의 대여권에 영향을 준 기술 중 하나이다.

---

13) 저작물의 복제와 배포에 대한 권리를 포함하는 개념이라는 점에서 출판권은 현대적 의미의 저작권 논의의 초석이었다고 할 수 있다.

14) 공연권은 복제권과 더불어 오랜 역사를 지니면서 이용 빈도도 높은 저작권 유형이다.

워크맨이 판매되면서 카세트테이프에 음반을 녹음해서 감상할 수 있게 되었는데, 이는 음반 매출의 감소를 불러왔다. 이런 문제의 해결책으로 저작권자에게 새롭게 인정된 권리가 판매용 음반15)에 대한 대여권16)이다. 음반 제작에는 음악저작물에 대한 복제가 수반된다. 그런데 워크맨이란 기술개발로 음반 대여산업이 발전하면서 필연적으로 나타난 음반 매출의 감소 현상이 음악저작물의 복제권 행사에 영향을 줄 수밖에 없었고 자연 저작권자들에게도 경제적 피해를 주게 되었다. 이에 워크맨이란 기술로 인한 새로운 저작물 이용방식이 음악저작권 산업을 위협할 것을 우려하여 저작권자의 이익을 보호하려는 취지에서 등장한 것이 음악저작물의 복제물인 음반을 대여할 수 있는 권리이다. 워크맨이란 기기 개발이 저작권에 대여권이란 새로운 권리를 추가하도록 만든 것이다.

한편 1957년 저작권법에서 규정했던 전람권이 1986년 개정에서 전시권으로 그 명칭이 변경되었다. 저작권법에서는 전시의 개념을 정의해주고 있지 않은데, 전시는 미술저작물과 같은 저작물을 진열하여 놓고 보여주는 것을 의미한다. 유형물을 그대로 보여주는 직접 전시가 일반적인 형태이지만, 유형물을 직접 보여주지 아니하고 유형물을 사진 촬영하여 보여주거나 건축저작물을 촬영 후 그 필름을 슬라이드로 만들어 보여주는 간접 전시도 전시에 속한다. 최근 들어 디지털 기술과 정보통신망을 이용한 저작물 이용이 확대되면서 전시도 다른 양상으로 발전되고 있다(배대헌, 2013, 115~116쪽). 예를 들어 2차원 웹 기반의 전시, 디지털 인터렉티브 전시,17) 가상현실(Virtual Reality; VR) 및 증강현실(Augmented Reality; AR) 콘텐츠 전시 등이 그와 같은 예이다. 단순히 유형의 저작물을 보여주는 것에서 그치지 않고 기술을 활용한 전시도 전시권의 적용 범주에 포함된 것이다.

저작권 보호가 논의되기 시작한 15세기 이래로 기술변화에 따라 저작권의 보호범위가 확충되거나 보호를 강화해 왔다. 활판인쇄술에 의하여 태동된 저작권법은

---

15) 판매용 음반을 '시판용 음반'만을 의미한다고 해석하거나 판매를 통해 거래에 제공된 음반이 모두 포함된다고 해석하는 등 해석이 엇갈리자, 2016년 9월 23일 시행된 개정 저작권법에서 혼란을 없애기 위해 판매용 음반을 상업용 음반으로 개정하였다.

16) 대여에 대한 권리행사보다는 대여를 통제함으로써 사실상 저작물의 복제를 통제하려는 목적을 띤 것이었다(배대헌, 2013, 80쪽).

17) 디지털 기술을 활용하여 관람객의 동작에 작품이 반응하거나 관객이 작품 일부가 되어 다양한 내용을 보여주는 전시회를 말한다.

이후 녹음·녹화 기술, 방송기술 등 다양한 신기술이 출현할 때마다 그에 맞추어 적절히 변신했다고 볼 수 있다(이해완, 2019, 1302쪽). 기술발전에 대한 저작권법의 대응은 어느 정도 일관성을 유지할 필요가 있지만, 기술은 악용될 수 있을 뿐 기술 자체는 가치중립적이라는 점에서 법 제도가 기술발전을 가로막거나 기술발전의 혜택을 거부해서도 안 된다(신재호, 2009). 결국 저작권 제도는 기술발전에 순응하여 변화할 필요가 있으며, 저작권법도 새로운 기술의 등장과 사회환경의 변화를 반영하기 위해 끊임없이 개정을 거듭하면서 법적 안정성을 추구해야 할 것이다.

3 / 저작권 관리 및 보호 기술

혁신 기술은 저작물 생산과 이용의 도구이지만 동시에 저작권침해 수단이 되기도 한다. 일상생활에서 편리하게 사용하는 VCR, 복사기, 컴퓨터는 물론이고 종이나 필기도구조차도 등장 초기에는 엄청난 기술혁신이라고 평가받으면서 저작물 생산에 크게 이바지하였으나, 한편으로는 저작권침해 도구로도 사용되었다(Lemley, 2005). 마찬가지로 최근 등장한 인터넷과 디지털 기술 역시 콘텐츠의 생산과 유통에서 중요한 기술이지만, 저작권을 침해하는 기술로도 활용된다. 디지털 기술의 특성상, 저작권침해 가능성이 더 크다고 볼 수 있는데, 디지털 저작물은 원본이 손상되지 않은 채 무제한 복제가 가능하고 원본과 복제물의 구분이 쉽지 않으며, 원본에 대한 조작이나 변경이 쉽다. 게다가 디지털 네트워크 기술발전으로 저작물을 신속하고도 광범위하게 유통할 수 있어 저작권침해로 인한 피해의 정도도 심각하다. 또 컴퓨터, 휴대전화, 그리고 인터넷에 접근만 하면 누구든지 저작권자로부터 정당한 허락을 받지 않고서도 정보를 획득해서 이용하고 배포할 수 있어, 디지털 저작물 이용자는 직·간접적으로 저작권을 침해하는 잠재적 불법 행위자가 되기 쉽다. 게다가 디지털 저작물은 저작권침해가 신속하고도 광범위하게 이루어져서 사후적 배상과 행위자 처벌에 그칠 수밖에 없으므로, 사실상 법적 구제의 실익이 크지 않다는 점이 특징이다. 한마디로 디지털 환경에서는 정보의 이용과 유통에 대한 적절한 통제가 어려운 상황이 된 것이다(강상익, 2001; 오승종, 2020; 윤종민, 2013; 이해완, 2019; 탁희성, 2009). 이에 따라 저작권자들은 디지털 환경에 만연한 저작물의 무단

이용에 대해 아날로그 기술 시대에 탄생해서 발전된 저작권 법체계가 비효율적이라고 생각하고, 저작물에 정당하지 않은 접근과 이용을 방지하기 위한 자구책으로 저작권 관리와 보호 기술을 채택하였다(Hua, 2013, p. 328). 저작권 관리 및 보호 기술은 저작권 보호를 목적으로 한 법 제도의 실질적인 집행의 비효율성과는 별도로, 또 하나의 효과적인 저작권 보호 수단으로 작용할 수 있기 때문이다.

1) 디지털 저작권 관리

디지털 저작권 관리(Digital Rights Management, 이하 DRM)는 1990년대 후반 인터넷의 대중화로 인해 각종 디지털콘텐츠 유통이 활발해지면서 디지털콘텐츠의 불법복제와 무단 사용의 문제점을 해결하기 위해 등장한 모든 기술을 지칭한다. DRM에 대해 윤종민(2013)은 '저작권자 또는 저작물 권리자가 자신의 저작물에 대한 불법적인 접근과 유통 및 이용을 통제함과 동시에, 적법한 사용자만이 허용된 범위 내에서 이용할 수 있는 일체의 저작물 보호 체계'(221쪽)로 설명함으로써, 개념을 넓게 정의하였다. 반면 이철남(2007)은 '각종 디지털콘텐츠를 불법복제로부터 보호하고 요금을 부과하여 저작권 관련 당사자의 이익을 관리하는 상품 또는 서비스'(47쪽)라고 개념을 조금 더 좁게 정의하였다. 그런가 하면 법원[18]은 '디지털콘텐츠 제공자의 권리와 이익을 보호하기 위해 적법한 사용자에게 허여된 사용 권한에 따라 콘텐츠를 사용하도록 함으로써 콘텐츠의 생성부터 유통관리를 지원하는 일종의 보안장치를 의미한다'라고 해석하였다. 법원의 해석은 콘텐츠의 유통과 이용단계와 함께 생산 단계까지 포함했다는 점에서 주목할 만하다. 이렇게 볼 때 DRM은 허가되지 않은 사용자로부터 디지털콘텐츠를 안전하게 보호함으로써 저작권 관련 당사자의 권리 및 이익을 지속해서 관리하고 보호하는 시스템(조규곤·강호갑, 2001, 68쪽)의 기능을 한다. 한마디로 DRM은 디지털 저작권 보호를 위한 기술적·관리적 조치라고 볼 수 있다.

DRM은 1990년대 후반 인터넷의 대중화로 사진, 음악, 동영상 등 각종 디지털콘텐츠 유통이 활발해지고 디지털콘텐츠의 불법복제와 무단 사용의 문제점이 크게 대두되면서 등장하였다. 처음에는 디지털음악, 동영상, 전자책 등과 같은 유료콘텐츠

---

18) 서울고등법원 2007. 12. 27. 선고 2007누8623 판결.

의 불법복제 방지목적에서 사용되었으나, 점차 모바일, 디지털 방송 등 다양한 분야의 디지털콘텐츠 보호 수단으로 발전하였다. 오늘날에는 디지털콘텐츠의 생산관리유통, 콘텐츠 사용료의 부과 및 결제 대행 등 다양한 서비스의 일괄적 제공 수단으로 그 영역이 확대되고 있다(윤종민, 2013, 220~221쪽). 이에 DRM은 저작권법 등에서 보호 여부와 관계없이 모든 디지털콘텐츠에 대한 접근을 제한하는 기술적 보호조치뿐 아니라 권리관리정보를 포함하고 있으며, 소비자들이 어떠한 조건으로 어떠한 콘텐츠에 접근할 수 있는지를 기술 이용자들이 세부적으로 결정할 수 있도록 지불 정보까지 포함하는 것으로서 디지털 저작물의 관리를 총칭하는 개념으로 이해할 수 있다(전성태·전수정, 2006, 69쪽). 미국, 유럽, 한국 등 주요국들을 중심으로 DRM 기술 보호를 위한 법체계가 성립되었고, 최근에는 특정 DRM 기술을 법으로 강제하려는 시도도 있다. 콘텐츠 제공자의 권리와 이익을 보호하면서 인터넷을 더 안전한 유통 통로로 만드는 수단의 의미가 있지만, 한편으로는 정보 이용자의 공정한 이용권 확보에 대한 장애, 디지털 저작물의 원활한 이용에서의 비효용성, 기술혁신에 대한 방해, 배포자, 단말기 제조업체, 이용자에 대한 비용 전가 등의 문제가 DRM의 한계로 지적된다(윤종민, 2013; 이철남, 2007). 따라서 DRM은 콘텐츠 제공자의 권리와 이익을 보호하는 기능을 하면서도 디지털 저작물의 공정하고도 원활한 이용에 장애가 되기도 하는 기술 시스템이라는 특성을 가진다.

DRM 관련 기술은 크게 소극적인 보호 기술과 적극적인 보호 기술로 분류된다. 먼저 소극적인 보호 기술은 허가되지 않은 사용자에게도 디지털콘텐츠의 접근과 사용은 허가하되, 스스로 불법적인 행동을 자제하게 만드는 효과를 기대하는 기술로, 저작권정보표시, 디지털 워터마킹, 디지털 핑거 프린팅 등이 있다. 저작권 정보표시는 사용자에게 디지털 저작물에 대한 권리정보를 제공하여 저작물의 무단이용이나 불법복제와 배포 등의 행위를 자제하거나 이용허락을 받도록 안내하는 것이다. 디지털 워터마킹은 저작권 정보를 담고 있는 워터마크 정보를 콘텐츠에 삽입하여 저작권침해가 발생할 경우 그 증거로서 추출하여 활용할 수 있는 기술을 말한다. 또 디지털 핑거 프린팅은 워터마킹 기술을 기반으로 저작권자의 정보가 아닌 사용자 정보, 즉 핑거 프린터를 삽입하여 사후에 발생할 수 있는 디지털콘텐츠의 불법 복제자를 추적하는 데 사용하는 기술이다. 반면 적극적 보호 기술로는 사용이 허가되지 않은 사용자에게는 아예 접근부터 차단하는 강력한 불법복제 방지

기술을 사용하는 기술로, 접근제어방식, 사용제어방식, 복제 방지방식이 있다. 접근제어방식은 어떤 사용자나 장치가 특정 콘텐츠에 대한 접근권한이 있는 경우에만 해당 콘텐츠의 접근과 사용을 허용하는 기술을 뜻하며, 사용제어방식은 사용 권한이 있는 사용자라도 부여된 권한에 따라 콘텐츠 사용방식을 지속해서 통제하는 것으로서, 콘텐츠의 생명주기 전체에 걸쳐서 원본추출이 보장되기 때문에 디지털콘텐츠 보호 방법으로 널리 이용되는 방식이다. 마지막으로 복제 방지방식은 특정 저장매체나 장치에 유일하게 부여된 보안키를 사용하여 디지털콘텐츠를 암호화하고 다른 매체나 장치로 복제하거나 이용할 경우 해당 데이터가 삭제되거나 보이지 않게 하여 의미 없게 하는 기술이다(윤종민, 2013, 222~223쪽). 소극적 보호 기술이 사용자의 자율적인 규제를 요구하거나 콘텐츠에 대한 접근은 허용하되 저작권침해에 대한 사후 규제의 성격을 지닌다면, 적극적 보호 기술은 접근 자체 또는 사용방식을 통제하거나 불법복제를 사전에 차단하는 성격을 지녔다고 볼 수 있다.

2) 기술적 보호조치와 권리관리정보

법적인 관점에서 DRM은 넓게는 저작권법상의 기술적 보호조치(Technological Protection Measures; 이하 TPM), 권리관리정보(Rights Management Information; 이하 RMI)에서 더 나아가 사용자나 디바이스 인증, 권리표현 및 권리 제한 정보와 그 구현기술, 보안과 이용조건, 요금부과 등에 관한 사항을 포함하는 것으로 본다. 하지만 좁게는 저작권법에 규정된 TPM 및 RMI로 파악한다(윤종민, 2013, 225쪽). 그러나 TPM과 RMI는 권리자들이 자신의 권리보호 방안으로 법 제도의 구축과 함께 저작물의 유통과 이용을 통제하고 관리하기 위해 개발한 기술적 수단(오승종, 2020, 697쪽)이면서 저작권법에서 규정하고 있다는 점에서, 기본적인 저작권 보호 기술로 이해할 필요가 있다.

디지털 환경은 저작물 이용을 위해 중요한 공간인 동시에 저작권침해에 취약한 공간이기도 하다. 하지만 기술 환경과 저작물 이용행태가 변화했음에도 불구하고 저작권침해감소에만 초점을 맞추어 법적 규제강화를 강조함으로써 오히려 침해로 인한 피해에 비해 법적 규제가 원활하지 못했고, 이것이 오히려 음성적인 침해 증가라는 부작용을 양산하는 결과를 낳고 있다. 이에 저작물의 불법복제와 유통을 차단하고 저작물의 합법적인 이용을 원활하게 하는 수단을 확보하기 위해 실효성 있는 저작권 보호 수단으로 등장한 것이 바로 기술적 보호조치이다(탁희성, 2009, 1229쪽). TPM은 저작자가 저작물에 대한 접근을 제한하거나 복제를 방지하기 위해 취하는 기술적인 조치를 말한다(이해완, 2019, 1302쪽). 저작물에 대한 불법적인 접근과 이용을 통제함으로써 저작권침해 감소를 목표로 저작권자들이 찾아낸 기술 대응 방안 중 하나이다. 이것은 하드웨어나 소프트웨어 또는 양자를 결합한 형태로 원하는 조건을 기술적으로 저작물에 부착하여, 이런 조건을 충족하지 못하면 저작물을 이용할 수 없게 하는 통제시스템으로, 소프트웨어 산업과 디지털 콘텐츠 산업에서 광범위하게 적용되고 있다(배대헌, 2011; 이해완, 2019; 최진원·남형두, 2006). 한마디로 저작물에 대한 접근 제한과 무단 복제 및 배포 행위를 방지하는 기술적 보호 수단 또는 통제장치이다. TPM은 이용자들의 저작물 이용을 상당히 제한하고, 저작권자에게 대가를 지불하거나 특별한 수단에 의해 무력화하지 않는 이상 그 제한에서 벗어나기 어려우므로, 적용만으로도 저작권 보호 효과가 있다는 점에서 저작권의 사전적 보호에 탁월한 효용성이 있다는 평가를 받는다(강경화, 2009; 강기봉, 2021; 탁희성, 2009).

저작권법에서는 TPM에 관한 정의 조항을 두고 있다. 동 법 제2조 제28호에서는 기술적 보호조치에 대해 "저작권, 그 밖에 이 법에 따라 보호되는 권리의 행사와 관련하여 이 법에 따라 보호되는 저작물 등에 대한 접근을 효과적으로 방지하거나 억제하기 위하여 그 권리자나 권리자의 동의를 받은 자가 적용하는 기술적 조치"와 "저작권, 그 밖에 이 법에 따라 보호되는 권리에 대한 침해행위를 효과적으로 방지하거나 억제하기 위하여 그 권리자나 권리자의 동의를 받은 자가 적용하는 기술적 조치"로 정의하고 있다. 이를 토대로 하면 기술적 보호조치는 보호 대상물에 대한 접근 자체를 통제하는 접근통제 기술적 보호조치와 저작물에 대한 복제 등의 이용을 통제하는 이용통제 기술적 보호조치로 분류된다. 접근통제 기술적 보호조치는 저작권침해와 관계없이 서버나 저작물 수록 매체 또는 저작물 내용에 대한 접근 자체를 통제하는 조치이다. 콘텐츠에 대해 저작권자의 허락 없이 접근하는 사람을 통제하기 위한 것으로, 온라인을 통해 저작물 접근과정에서 일정한 절차를 거치도록 하는 기술적 통제장치인 정품인증 시스템, 비밀번호 로그인 시스템, 인증 시스템 등을 예로 들 수 있다. 반면 이용통제 기술적 보호장치는 저작물에 대한 접근은 허용하지만, 해당 저작물의 복제 또는 이용행위를 통제하는 것을 말한다. 즉 저작권 개별 권리에 대한 침해행위 자체를 직접적으로 방지하거나 억제하는 보호조치로, 복제회수에 대한 통제, 일정한 기한 후 사용할 수 없게 하는 통제 등이 여기에 해당한다(손승우, 2006; 오승종, 2020; 이해완, 2019).

한편 저작권법에서는 2011년 EU와 FTA를 이행하기 위해 제104조의 2에 접근통제의 TPM의 무력화 금지 조항을 신설하였다. 이에 따라 접근통제의 기술적 보호조치를 제거 변경하거나 우회하는 등의 방법으로 무력화하는 것이 금지된다.19) 그러나 기술적 보호조치의 지나친 보호가 저작물에 대한 접근을 통제하고 저작물의 공정한 이용을 저해할 수 있다는 점을 고려하여 저작권법에서는 예외 규정을 열거하고 있다. 암호 연구, 미성년자 보호, 온라인상의 개인식별정보 수집 방지, 국가의 법 집행 등, 도서관 등에서 저작물 구입 여부 결정, 다른 프로그램과의 호환을 위한 프로그램코드 역분석, 보안 검사 등이 무력화 금지대상에서 제외된다. 이렇게 법에서 보호하고 있는 TPM은 디지털 환경에서 저작권자를 적절하게 보호하는 역할을 한다는 점에서 긍정적이다. 하지만 접근통제 기술적 보호조치는 저작물에 대한 접근을 원천적으로 봉쇄함으로써 저작물 이용자가 저작물에 접근할 수 있는 권리를 통제받을 수 있고, 공익을 위한 저작재산권 제한 규정에 따른 저작물 자유 이용이나 저작물 공정이용을 제한할 수도 있다. 또한 저작권 보호기간이 만료되어 공유영역(public domain)으로 넘어온 저작물까지 거의 영구적으로 보호받는 결과를 초래할 수도 있다. 그리고 TPM이 이용자의 이용행위를 규제하는 사적인 통제시

---

19) 저작권법 제104조의 2에서는 누구든지 정당한 권한 없이 고의 또는 과실로 기술적 보호조치를 제거·변경하거나 우회하는 등의 방법으로 무력화하는 행위를 저작권침해행위로 간주하고 금지하고 있다. 미국의 디지털 밀레니엄 저작권법(Digital Millennium Copyright Act, 1998)에서도 저작물 접근통제 우회 기기의 배포금지조항을 두고 있다. 일부 학자들(Ginsburg, 1999; Koelman, 2000)은 이 조항을 사실상 저작물에 대한 접근통제권(access-right)이라는 새로운 권리를 저작권법에 추가한 것으로 해석하였다. 이와 관련하여 긴스버그(Ginsburg, 2003a)는 과거에는 이용자들이 저작물 이용을 위해 복제본을 소유하는 것이 일반적이었으나, 저작물을 다양한 형태로 접근하여 경험할 수 있는 디지털 환경의 특성을 고려하여 공중 구성원이 저작물을 파악하는 방식을 통제하는 권리인 접근통제권을 저작권자에게 인정하는 것이 바람직하며, 따라서 의회가 저작자 보호를 위해 인정했던 '독점권'에는 복제권뿐 아니라 접근통제권도 포함된다고 주장하였다(pp. 115~116, 120). 한편 기술적 보호조치에 관한 입법 이전에는 접근권이 저작권이 보호하는 저작물을 일반인이 이용할 수 있는 권리를 의미했으나(허희성·이대희, 2003, 19쪽), 디지털 환경에서는 저작권자의 접근통제권이 설득력을 더 가진다. 하지만 법률에서 접근통제권을 저작권자의 배타적 권리로 인정하고 있는 국가는 아직 없다.

스템이므로 저작권자가 스스로 보호범위를 설정하지 않는 한, 법과는 무관한 방식으로 더 강력한 보호만을 추구함으로써 저작물 이용자의 권익을 심각하게 침해할 수 있다. 결국 '저작자의 권리와 이에 인접하는 권리'의 보호와 '저작물의 공정한 이용'에 심각한 불균형을 초래할 수 있다(강기봉, 2021; 이규홍, 2007; 탁희성, 2009).

이렇게 TPM과 그에 대한 무력화를 금지하는 법률은 저작물 이용자에게 불편함을 줄 수 있는데, 이런 문제를 완화하기 위해 각국은 일정한 사유에 따라 특정한 저작물에 적용된 기술적 보호조치를 무력화하는 행위를 허용하는 규정을 함께 두기도 한다(강기봉, 2021, 65쪽). 탁희성(2009)은 일방적인 저작권자의 가치편향적 의도로 만들어진 기술적 보호조치를 저작권법으로 보호하는 것은 저작권자와 이용자의 이익 간 균형이라는 저작권법 본래의 취지를 스스로 저버리는 것이라고 보고, 기술적 보호조치의 합리적 보호를 위해 독일과 프랑스의 저작권법에서 규정하는 공정이용을 위한 저작권자의 의무조항을 도입할 것을 제안하였다. 이것은 TPM이 가해진 저작물에 대해서는 일정한 경우 그 권리자에게 기술조치 회피 수단을 제공하는 의무를 부과하여, 저작권자가 자신의 이익을 위해 공정이용을 침해할 수 있는 행위를 하지 못하도록 규정하는 것이다(1245~1246쪽). 이와 관련하여 후아(Hua, 2013)는 기술적 보호조치의 한계를 극복함으로써 저작권 제도 내의 균형을 회복하는 방안으로 TPM에서 저작물의 최소 이용 허용 기술의 고안, TPM 보호의 전제조건과 TPM 무력화를 위한 포괄적인 예외 조항을 포함하는 입법 제정, TPM 무력화 소송에서 판사의 사례별 자유 재량권 도입, 접근통제 기술적 조치를 경쟁법과 같은 보다 일반적인 법적 시스템에 포함하는 안 등을 제안하였다(p. 363).

저작권법 제2조 제29호에 기초하면, RMI는 "저작물 등을 식별하기 위한 정보, 저작권, 그 밖에 저작권법에 따라 보호되는 권리를 가진 자를 식별하기 위한 정보, 저작물 등의 이용 방법 및 조건에 관한 정보 중 하나에 해당하는 정보나 그 정보를 나타내는 숫자 또는 부호로서 각 정보가 저작권, 그 밖에 이 법에 따라 보호되는 권리에 의하여 보호되는 저작물 등의 원본이나 그 복제물에 부착되거나 그 공연·실행 또는 공중송신에 수반되는 것"이다. 동 법 제104조의 3에서는 정당한 권한 없이 저작권침해를 유발하거나 은닉한다는 사실을 알거나 과실로 알지 못하고 RMI를 제거·변경하는 행위를 금지하고 있는데, 국가의 법 집행, 합법적인 정보수집 또는 안전보장 등을 위해 필요한 경우는 예외로 하고 있다.

RMI는 저작물 등의 정보 데이터에 부착되어 자동으로 권리처리를 할 수 있고 탐색프로그램 등을 통해 위법 복제물 등을 쉽게 발견하는 등, 저작물의 정보 데이터를 관리하는 기술 중 하나이다. TPM이 저작물의 불법복제 등에 대한 사전방지가 목적이라면, RMI는 불법복제의 발견이나 적법한 이용을 위한 권리처리를 용이하게 수행하려는 취지를 가진다. 예를 들어 워터마킹 기술 등을 이용하여 미리 저작물 등에 RMI를 부착한다든지, 검색로봇 프로그램 등을 사용하여 저작물과 함께 업로드된 RMI를 검색하는 방법으로 불법 업로드된 저작물을 찾아낼 수 있다(오승종, 2020; 이해완, 2019).

표 1-1. 저작권 관리 및 보호 기술

DRM	협의	TPM	의미	• 저작자가 저작물에 대한 접근을 제한하거나 복제를 방지하기 위한 기술적 조치
			목적	• 저작권법 등에서 보호하는 권리침해에 대한 효과적인 사전 방지 • 저작물에 대한 불법적 접근과 이용에 대한 사전 방지
			분류 — 접근통제	• 저작권침해와 관계없이 서버나 저작물수록 매체, 저작물 내용에 대한 접근 자체에 대한 통제
			분류 — 이용통제	• 저작권침해행위 자체에 대한 직접적인 방지와 억제를 목표로 저작권자 허락이 필요한 저작물 이용에 대한 통제
		RMI	의미	• 저작물의 정보 데이터 관리 기술 • 저작자, 저작권자 등의 식별정보, 저작물의 이용 방법 및 조건에 관한 정보 및 그 정보를 알아내기 위해 부착하는 정보
			목적	• 불법복제의 발견이나 적법한 이용을 위한 권리처리의 수행
	광의		의미	• 디지털 저작권을 보호하기 위한 목적에서 저작권자 또는 저작물 권리자가 자신의 저작물에 대한 불법적인 접근, 유통, 이용을 통제하고 적법한 사용자에게 허용된 범위 내에서 저작물을 이용할 수 있도록 하는 기술적·관리적 조치 • 저작권법에 규정된 TPM 및 RMI와 그 밖의 저작권 관리 및 보호에 관한 사항을 포함하는 개념
			목적	• 저작권 관련 당사자의 권리 및 이익에 대한 지속적인 관리와 보호
			분류 — 소극적 보호 기술	• 허가되지 않은 사용자에게도 접근과 사용은 허가하면서, 불법적인 행동의 자제효과를 기대 (저작권정보표시, 디지털 워터마킹 등)
			분류 — 적극적 보호 기술	• 접근부터 차단하는 강력한 불법복제 방지기술 사용(접근제어, 복제 방지 등)

이상에서 살펴본 저작권 보호를 위한 관리 및 기술을 정리해보면, TPM은 저작권법 등에서 보호하는 권리침해를 효과적으로 방지하기 위하여 취해지는 기술조치이며, RMI는 저작자 등의 식별정보, 저작물 등의 이용 방법 및 조건에 관한 정보 및 그 정보를 알아내기 위해 부착하는 정보를 말하는 것에 한정된다. 즉 RMI는 저작권자의 권리를 처리하고 위법한 이용을 쉽게 발견하고 입증하고자 하는 권리자의 의도를 표현한 것이고, TPM은 저작물에 대한 접근과 이용을 통제함으로써 RMI가 실행되는 것을 보장하는 것이다. 이에 비해 DRM은 콘텐츠 묘사식별을 가능하게 하고 권리자에 의해 설정된 규칙을 강화하거나 콘텐츠의 배포와 이용을 위해 법률로 규정된 디지털 기술에 근거를 두고 있다(전성태·전수정, 2006; 탁희성, 2009). 이렇게 볼 때 TPM은 사전적 기술조치의 성격을 띠고 있으며, RMI는 사후적 처리의 성격이 강하다고 볼 수 있는데, DRM은 이러한 기술적 보호조치와 RMI를 포함하는 보다 넓은 개념으로 이해하는 것이 타당하다.

4 / 디지털 저작권 패러다임 변화

20세기 디지털 혁명이 사회 전반의 패러다임을 변화시키면서, 정보 기기나 기술과 관련하여 이전의 아날로그 시대와 다른 각도에서 논의해야 할 필요성이 생겼다. 저작권법도 예외는 아니다. 디지털 사회로 전환되면서 새로운 형태의 저작물이 등장하고 저작물 이용방식도 달라지면서 복잡하고도 다양한 저작권 쟁점이 부상하고 있다. 이에 디지털 환경에서는 인쇄매체 시대에 통용되었던 저작권법을 근본적으로 재검토하고, 이를 토대로 하여 새로운 저작권 패러다임으로 전환해야 한다는 주장이 제기되고 있다.

1) 디지털 기술의 특성과 영향

인터넷 이용이 일상화되었다. 인터넷은 수많은 지식과 정보를 공유하고 있으며 누구나 쉽게 접근해서 자유롭게 이용할 수 있는 공간이다. 인터넷이 수많은 정보를 공유하기 위해서는 정보의 디지털화가 필수적이다. 디지털화란 정보나 자료를

0과 1이라는 전자신호로 변환해서 디지털 형식으로 바꾸는 것을 말한다. 디지털화된 정보는 보관과 전달이 용이하고, 장르가 통합되어 표현이 풍부해지며 정보에 쉽게 접근할 수 있어서 정보 이용의 확산으로 이어질 수 있다. 또한 디지털화는 원자료나 원 정보의 보존과 이용에도 매우 유용하다(이상정, 2001, 20~21쪽). 역사적으로 오래된 문헌을 디지털화하여 문화 연구나 산업에 유익하게 사용함으로써 정보의 문화적 가치를 높여준다.

생명공학기술과 함께 현대과학기술의 커다란 흐름을 가지고 있는 디지털 기술은 0과 1에 의하여 모든 것을 표현할 수 있는 기술이다. 0과 1의 조합에 의해 영화, 드라마, 강의, 음악, 만화, 게임, 건축설계도, 소설의 텍스트, 악보 등 모든 콘텐츠를 표현할 수 있는데, 이로 인해 아날로그에 기반을 두었던 세상이 완전히 새로운 패러다임으로 변화할 수밖에 없게 되었다(구대환, 2011, 164쪽). 디지털 기술의 특성은 디지털 방식의 정보 기록과 재생, 왜곡이 없는 정보의 기록과 재생의 정확성, 콘텐츠의 영구성, 무한 복제 가능성, 조작과 편집의 용이성, 콘텐츠 간 호환성과 융합 가능성, 압축 가능성과 배포의 신속성 등으로 요약된다(손승우, 2006; 조연하, 2018).

첫째, 디지털 기술은 정보를 정확하게 재생할 수 있다. 질적으로 원본과 차이가 없는 복제물을 쉽고 빠르게 만들 수 있으며, 비용을 들이지 않고 재생할 수 있을 뿐 아니라 재생의 질도 원본과 다를 바 없다. 또 재생된 디지털 콘텐츠가 네트워크를 통해 전송되면 무한 복제가 가능하며 복제를 막는 것이 거의 불가능해진다. 둘째, 디지털 기술은 정보의 압축, 저장 및 검색이 쉽다. 이런 특징은 디지털 정보의 데이터베이스(database)를 가능하게 하여, 개별적 사실 또는 정보들을 수집, 조작, 저장하여 의사결정 등에 필요한 정보를 추출할 수 있는 상태로 만들 수 있다. 또 방대하고 다양한 정보 중에서 원하는 정보를 쉽고 빠르게 찾을 수 있도록 함으로써 정보 이용자의 편의성을 높여주고 공중이 정보에 접근하는 기회를 증대시킨다. 셋째, 디지털은 네트워크를 통해 정보를 빠르게 유통할 수 있고 정보에 쉽게 접근하고 교환할 수 있도록 해 준다. 디지털화된 정보는 유형물로 고정되지 않은 상태로 유통되며 유통의 범위와 내용도 확장되었다. 특히 1990년대 말 등장한 압축기술과 파일 공유 네트워크는 이용자가 콘텐츠를 편리하게 이용할 수 있지만, 반면 인터넷에서 디지털콘텐츠 파일을 불법으로 배포할 수 있도록 함으로써 저작권자는 물론이고 콘텐츠 산업의 비즈니스 모델에 상당한 위협을 주었다(Furtado,

2005). 넷째, 디지털 기술은 정보를 손쉽게 혼합하고 변형시킬 수 있다. 디지털 정보를 구성하는 비트(bit)는 쉽게 혼합되는 속성을 가지고 있어서 문자, 음성, 영상을 융합해서 멀티미디어 콘텐츠를 생산할 수 있으며, 콘텐츠 간 호환도 가능하다. 이에 2차적저작물과 관련하여 저작권 쟁점이 점점 더 복잡해졌다. 마지막으로 디지털 기술환경으로 전환하면서, 이용자들은 언제든지 어떤 유형의 기기를 통해서도 TV 드라마 시청은 물론이고 음악과 영화를 감상할 수 있게 되었다. 인쇄술이 책을 전국적으로 대량 보급해서 대량 이용을 가능하게 한 것처럼, 디지털 기술과 인터넷이 문학작품에서부터 음악, 영화, 방송, 공연작품에 이르기까지 콘텐츠가 전 세계적으로 배포되어 이용하는 것을 수월하게 해 주었다.

이와 같은 디지털 기술의 특성에 기반하여 만들어진 콘텐츠가 디지털콘텐츠다. 전통적인 아날로그 콘텐츠는 극장, 비디오테이프, CD−ROM 등의 물리적인 매체를 통해 배급되거나 방송 네트워크를 통해 방송되는 문자, 음성, 영상, 음악 콘텐츠이다. 반면 디지털 콘텐츠는 디지털 형태로 이루어진 콘텐츠로, 디지털화라는 정보기술 요소가 개입된 개념이다. 그리고 이런 정보기술 요소가 아날로그 콘텐츠에서 불가능했던 것을 구현하거나 작업의 효율성을 증가시켜 준다. 종이책의 내용이 아날로그 콘텐츠라면, 디지털 기술을 활용하여 종이책의 보완재, 대체재로 등장한 e−book은 디지털콘텐츠로 구성된다.

디지털 기술이 저작권 제도에 미친 영향이나 변화를 보면, 일단 디지털 사회로의 전환을 반영하기 위해 저작권법이 수시로 개정되었다. 2000년에는 멀티미디어 디지털 기술의 발달과 새로운 복제기술의 개발로 저작권침해사례가 증가한 현상을 반영하고자, 저작권 보호를 강화하고 저작물 이용관계를 개선하기 위한 방향으로 저작권법 개정이 이루어졌으며, 컴퓨터프로그램, 데이터베이스, 전송, 디지털 음성송신, 디지털 음원,[20] TPM 등의 새로운 개념들이 저작권법 영역에 포섭되었다. 또 디지털과 인터넷 기술의 급속한 발전으로 수시로 새로운 창작물과 유통 매체가 출현함으로써 저작물을 매개로 한 권리 보유자의 유형이 확대되고 권리의 태

---

[20] 디지털 기술의 등장으로 음반 제작이 디지털화되었고 압축기술로 mp3 형식이 가능해졌다. 이에 따라 새롭게 등장한 개념이 디지털 음원으로서, 음반 판매 중심이었던 음악 콘텐츠 산업에서 디지털 음원 시장이 중심이 되었다(김혜선·이규호, 2015). 2016년 3월 개정된 저작권법에서는 이와 같은 디지털 환경에서의 변화를 반영하여 음을 디지털화한 디지털 음원을 음반의 정의에 포함하였다.

양 역시 다양해졌다(민경재, 2013, 285쪽). 그리고 디지털 복제기술의 발달로 인한 저작권침해의 증가에 대처하기 위해 저작권자의 권리보호가 점점 더 강화되면서 전통적인 저작권법의 영역이 급속도로 변경·확장되고 있는 현상을 보인다.

디지털 환경에서 저작권침해 현상이 증가하면서 콘텐츠를 전달하는 역할뿐 아니라 저작물을 불법 이용하도록 도구나 기술을 제공해주는 역할을 하는 중간매개자의 간접책임을 묻는 경향이 나타났다.[21] 저작물 복제 자체를 구별하기 어렵고 콘텐츠 최종 이용자(end-user)의 저작권침해행위를 적발하기 어렵게 되면서, 중간매개자의 역할에 대한 책임을 배제할 수 없기 때문이다. 디지털 네트워크를 통한 정보의 교환과 접근이 쉬워지면서, 특히 P2P 1세대인 냅스터(Napster)의 폭발적인 인기와 급속한 확산으로 인하여 이용자의 저작권침해에 대해 인터넷 서비스 제공자(ISP)에게 법적 책임을 물을 수 있는지가 화두가 되었다(손승우, 2006, 39쪽). 중간매개자의 간접침해 책임을 묻는 현상은 아날로그 시대로 거슬러 올라가서, TV 프로그램을 녹화하는 VCR을 제작해서 배포한 자의 책임을 다룬 미국의 Sony 판결(1984)[22]에서 찾아볼 수 있다. 디지털 시대로 넘어와서는 Napster 판결(2001),[23] Grokster 판결(2005)[24] 등을 계기로 논의가 더욱 활발해졌는데,[25] 직접침해를 하는 데 필요한 수단을 제공한 자에게 책임을 어떻게 물을 것인지에 주목했다. VCR, MP3 플레이어, 슬링박스 등의 기기 제공자에 대해서는 중간매개자 없이 개인적인 이용에 그친다는 특성을 고려하여 기기 제공자의 법적 책임을 묻지 않았던 반면, 디지털 시대 등장하기 시작한 인터넷서비스제공자와 같은 중간매개자에 대해서는 일반 공중에 대한 배포 가능성을 이유로 저작권침해의 소지가 크다고 보고 간접침해 책임을 물었던 점에서 차이를 보인다(조연하, 2014a, 78쪽).[26]

---

21) 한국의 저작권법에서도 온라인서비스제공자의 책임 제한에 관한 조항을 두고 있는데, 간접침해책임을 묻기보다는 면책조항의 성격을 띠고 있는 것이 특징이다.

22) Sony Corp. of America v. Universal City Studio, 464 U.S. 417(1984).

23) A&M Records, Inc. v. Napster, Inc., 239 F.3d 1004(C.A.9 2001).

24) Metro-Goldwyn-Mayer Studios Inc., et al., v. Grokster, Ltd., et al., 125 S.Ct. 2764 (2005).

25) 국내의 '소리바다 사건'이나 '벅스뮤직 사건' 등도 중간매개자인 서비스제공자의 간접침해 책임에 주목했던 판결이다.

26) 카툰 네트워크(Cartoon Network) 판결(2008), 에어레오(Aereo) 판결(2013)에서는 비록 매개사업자가 존재했던 경우이지만, 개별 송신이라는 서비스 방식에 주목하고 시간·공간이동 이용에서 이용자의 자율적 선택과 이용을 부분적으로 고려했다.

한편 콘텐츠라는 용어도 디지털 기술발전이 가져다준 변화 중 하나이다. 사이버공간에서 디지털 기술이 발전하면서 콘텐츠라는 용어가 대중화되기 시작하였고 저작권법에서 이야기하는 저작물을 대체하는 개념으로 활용되고 있다. 디지털 기술발전을 계기로 콘텐츠 개념이 대중화된 배경을 보면, 기존의 아날로그 콘텐츠의 표현형식은 어문저작물은 출판으로, 음악저작물은 음반으로, 영상저작물은 영화나 방송으로 이미 표현형식이 결정되어 있듯이, 콘텐츠 성질에 따라 극히 제한적으로 결정되었기 때문에, 사실 미디어와 내용물을 구분하는 것이 의미가 없었다. 그러나 사이버공간에서는 영상물 표현형식인 avi, mpg, dvd 등과 같이 특정 내용물이 다양한 형식으로 존재하므로, 변하지 않는 내용물 자체를 미디어와 분리해서 사용할 필요성이 제기되었다. 게다가 저작권법에서는 보호하는 저작물이 책이나 음반에 내재 된 소설, 시, 음악이므로, 내용과 표현형식을 분리해서 접근할 필요가 있다. 따라서 미디어와 분리해서 사용할 수 있는 콘텐츠는 정보라는 개념보다 저작권법의 저작물을 대체하는 개념으로 더 적합하다고 볼 수 있다(신재호, 2009; 조연하, 2018).

디지털 도구들이 정보사회에 점점 더 편재됨에 따라, 컴퓨터를 가지고 누구든지 저작물을 재사용, 재창작, 변화시킬 수 있을 뿐만 아니라, 변형된 저작물을 인터넷으로 배포해서 또 다른 이용과 창작을 하도록 하는 것이 가능해졌다. 이러한 현상은 창작과 커뮤니케이션의 전통적인 형식을 변화시킬 뿐 아니라, 저작권법의 의미까지도 변화시킨다(Wong, 2009, p. 1077). 이렇게 미디어 기술혁신은 저작물에 대한 접근성과 이용의 편의성을 높여주면서 저작물 이용방식의 변화를 초래했으나, 동시에 저작권자의 권리를 침해할 가능성도 커졌다. 그런 점에서 디지털 기술이 저작권에 미치는 영향은 양면적이다.

2) 디지털 기술과 저작권 쟁점

정보의 복제와 배포를 수월하게 하는 디지털 미디어와 같은 정보기술이 발전됨에 따라, 여러 기술 관련 저작권 판결을 통해 산업, ISP, 소프트웨어 프로그래머, 이용자와 같은 이해당사자들의 이익 간 충돌이 발생하고, 저작권법의 역할과 정보기술의 발전 사이에 긴장이 고조되면서(Woo, 2004, p. 52), 여러 가지 저작권 쟁점을 초래하였다.

첫째, 디지털 사회로 오면서 저작권자의 권리가 점점 강화되는 반면, 상대적으로 저작물 이용자 이익 보호의 영역이 축소되었다. 인쇄술 발명 이후 새로운 기술이 등장할 때마다, 저작권 입법론자들은 창작물의 가치를 높이는 방향으로 저작권을 확대할 것인지, 공중의 자유로운 창작물 이용을 위해 저작권을 축소할 것인지를 끊임없이 고민하였다. 하지만 저작자의 권리는 19세기 중반 이후 과학과 기술의 발전에 힘입어 저작권 보호기간이 연장되는 등 점점 확대되거나 강화되는 추세였고, 특히 디지털 기술의 발달로 저작권침해가 증가하자 이에 대응하기 위해 저작자 권리보호가 대폭 강화되었다. 이처럼 사용자 입장을 충분히 고려하지 못한 법 구조와 관련하여 우지숙(1998)은 선진국의 논리에 따라 저작자 권리를 보호하기 위해 기존의 보호범위를 시급히 확대하고 실행하는 데에만 중점을 두기 이전에, 저작자, 저작권자, 사용자 등의 이해관계자들로 이루어진 저작권법 구조를 생각할 것을 주장하였다(116쪽).

둘째, 저작권 관련 산업이 확대될수록 창작자의 경제적 지위는 상대적으로 열악해지고 저작물과 저작물 이용 방법을 제공하는 중간매개자의 주도권이 필요 이상 커졌다. 로마 시대 창작을 위한 재료를 제공한 자가 창작물에 대한 혜택을 누렸듯이, 현대사회에서는 저작권 보호를 강화함으로써 얻은 경제적 수익이 창작자인 저작자에게 돌아가기보다는 저작인접권을 근간으로 경제활동을 하기 위해 자본을 투하하는 자에게 돌아가고 있다. 이렇게 중간매개자의 경제적 수익확보로 인해 저작권법상 창작자·이용자가 지니는 본질적 지위가 매몰되면, 창작물을 통한 문화의 향상발전을 기대하기 어렵다(배대헌, 2011). 그와 같은 예는 인쇄기술이 개발되어 저작물을 인쇄하고 배포해서 인쇄출판업자가 경제적 가치를 누렸던 역사적 사실에서 시작하여, 실제로 대부분의 음악저작권 관련 분쟁에서 저작물 창작자보다는 음반제작자가 강력한 원고로 등장하고 있는 사실이나 최근 음악콘텐츠 산업에서 창작자보다는 휴대폰 벨소리, 통화연결음 서비스 사업을 통해 이동통신사업자들이 이득을 보았던 사례에서 엿볼 수 있듯이, 인쇄술 발명 시기부터 디지털 시대에 이르기까지 계속되었다. 이것은 저작자와 저작물 이용자의 이익을 보호하려는 저작권법 본래의 입법 취지에서 벗어난다.

셋째, 디지털 환경에서 심각한 저작권침해 문제를 해결하기 위해 도입한 TPM 등은 저작물 이용자의 접근을 차단함과 동시에 저작물의 공정한 이용을 축소할 우려가 있다. 디지털 환경에서 저작물을 효과적으로 보호하기 위해 TPM에 대한 보호도 병행되어야 하지만, 이에 대한 지나친 보호는 전통적으로 인정해 왔던 저작물에 대한 일반인의 접근을 차단하게 되므로 저작권법의 근본적인 입법 취지인 과학기술의 발전과 문화증진을 저해할 우려가 있다(손승우, 2006, 46쪽).

넷째, 디지털 기술과 같은 최신 기술이 등장하기 이전에는 저작물의 창작성 요건은 단순히 저작자가 다른 사람의 저작물을 베끼지 않고 독자적으로 창작할 것을 요구하는 정도였다. 그러나 디지털 기술 덕분으로 다양한 유형의 저작물이 등장하고 인공지능 기술의 개발로 저작물 창작에 인간이 반드시 참여할 필요성이 줄어들면서, 저작물 생산에 과연 인간의 노력이 어느 정도 투여되어야 법적으로 유효한지의 문제 등이 대두되었고 창작성 개념의 유용성이 도전을 받고 있다(Clifford, 2004; Madison, 2010). 특히 이용자가 스스로 정보와 지식을 만들고 공유하는 웹 환경에서는 기존의 콘텐츠를 조합, 변경시켜 창작하거나 콘텐츠를 계속하여 수정, 보완하는 사례가 증가하고 있음에도 그에 관한 입법이 부재한 점이 문제로 제기된다. 하지만 한편으로 이런 입법은 가상공간에서만 가능한 역동적인 창작을 제한하고 위축시킬 수도 있다(Marcus, 2007－2008, pp. 68~69)는 점에서 창작성 요건에 관한 충분한 논의가 필요하다.

다섯째, 저작권법 이론인 최초 판매의 원칙(first sale doctrine) 또는 권리소진의 원칙(doctrine of exhaustion)이 디지털 저작물에도 적용 가능한지의 문제가 등장하였다. 이 이론은 저작물의 원본이나 그 복제물이 해당 저작재산권자의 허락을 받아 판매 등의 방법으로 거래에 제공된 이후로는 저작자가 배포권을 행사할 수 없다는 것을 의미한다. 최근 디지털 저작물이 확산하면서, 유형의 매체를 수반하지 않고 온라인에서 다운로드를 통해 저작물을 전송하는 경우처럼, 무형의 디지털 저작물에 대해서도 최초 판매의 원칙을 적용할 수 있는지가 쟁점이 되고 있다. 최초 판매의 원칙은 유체물의 양도를 전제로 배포권이 소멸한다는 원칙이므로, 전달하는 매체와 전달내용이 분리된 성격을 가지고 있는 디지털 저작물에 대한 적용이 문제가 될 수 있다. 이에 대해서는 여러 가지 의견이 제기되고 있다. 우선 디지털 저작물에도 원칙을 적용해야 한다는 근거는 저작자의 경제적 이익과 소비자 이익의 균형을 유지하도록 하며, 기술적 조치 기술이 저작물 시장에서 경쟁을 제한할 수 있다는 것이다. 이에 비해 적용 반대의 근거는 유형의 복제물이 아니며, 디지털 환경에서는 점유 이전이 불가능하고, 기술적 조치가 보편적이지 않다는 점을 근거로 제시한다(손수호, 2006, 218쪽). 미국 법원의 판결도 서로 다른 견해를 보여 왔으며 명확한 판결이나 기준이 존재한다고 보기 어렵다. 대체로 디지털 저작물의 판매가 양도일 경우 최초 판매의 원칙이 적용된다는 점에서 견해가 일치하지만, 양도계약인지 이용계약인지에 따라 최초 판매의 원칙 적용 여부가 달라지는 경향을 보인다(노현숙, 2012, 736쪽). 앞으로는 저작물 전송방식이 저작물 거래의 핵심이 될 것이므로, 디지털 저작물에 대한 최초 판매의 원칙 적용에 대한 충분한 논의가 요구된다.

여섯째, 첨단기술로 새롭게 탄생된 컴퓨터프로그램과 같이 기계 제어가 목적인 기능적 표현물이 저작권 보호 대상인지가 디지털 저작권 초기 논쟁의 중요한 화두였다.27) 컴퓨터프로그램은 글로 쓴 문서(writings)인 동시에 묘사물(descriptions)이며 또한 방법(process)이라는 특징을 가지므로, 전통적인 문학작품 보호를 근거로 출발한 저작권법을 컴퓨터프로그램에 적용하는 문제가 간단하지 않으며, 대부분 합작으로 생산되고 다른 프로그램에서 디자인 요소들을 빌려오는 프로그램 개발과정의 특성상 저작자가 누구인지 정하는 문제가 쉽지 않기 때문이다. 또한 컴퓨터프로그램과 관련하여 역분석 허용 여부도 중요한 이슈라고 볼 수 있는데, 현재로서는 호환성이 목적인 역분석에 한해 저작권침해의 예외로 인정하고 있다(손승우, 2006; 우지숙, 1998).

3) 디지털 저작권 패러다임 전환

컴퓨터와 디지털 혁명은 저작물의 생산에서 전달, 이용까지 전 과정에 변화를 가져왔으며, 인쇄매체 발달에 기반을 두고 발전해 왔던 전통적인 저작권 제도에 근본적인 변화를 초래하면서 저작권 패러다임의 변화를 요구하고 있다. 그와 같은 현상으로 첫째, 소유에 의한 저작물 이용에서 소유를 수반하지 않은 접속(access)에 의한 저작물 이용 패러다임으로 전환하였다. 세계적인 미래학자 제러미 리프킨(Jeremy Rifkin)이 2001년 발표한 저서 〈소유의 종말〉에서 엿볼 수 있듯이, 디지털

---

27) 미국 의회가 1974년 설치했던 저작물의 신기술 이용에 관한 위원회(National Commission on New Technological Uses of Copyrighted Works; 이하 CONTU)는 컴퓨터프로그램을 저작권으로 보호할 수 있도록 저작권법을 개정할 것을 제안하였다(Samuelson, 1984, p. 665).

기술로 인해 소유 시대에서 접속의 시대로 전환됨에 따라 저작물을 구매하거나 빌리는 방식으로 소유하지 않아도 단순히 컴퓨터나 네트워크에 접속만 하여도 저작물을 이용할 수 있게 되었다. 아날로그 환경에서는 저작물의 원본이나 복제본을 물리적으로 소유해야만 저작물을 이용할 수 있었으나, 디지털 환경에서는 저작물을 소유하지 않고 미디어에 접속만 해도 그 내용을 경험할 수 있다. 저작물 이용방식의 범위가 저작물의 소유에서 저작물에 대한 접속 개념을 포함하는 것으로 확대된 것이다(Ginsburg, 2003a). 이렇게 디지털 기술은 소유하지 않고서도 콘텐츠를 사용할 수 있도록 한다. 브로드밴드에 의한 IT 인프라의 발달과 디지털 기술의 진보는 소유에 의한 저작물 이용의 패러다임을 소유를 수반하지 않는 이용 형태로 변화시키고 있다. 예컨대, 인터넷을 통해 영화를 스트리밍 방식으로 관람하거나 게임을 즐길 때, 저작물이 유형 매체에 영구적으로 고정되지 않아도 사용하는 동안만 일시적으로 저장된다(손승우, 2006, 38쪽).

둘째, 복제의 의미와 범위가 변화되고 확장되었다. 디지털 환경에서 저작물 이용은 기본적으로 저장을 전제로 한다. 복제의 형태나 방식이 유형적 또는 무형적, 영구적 또는 일시적인가의 차이가 있을 뿐, 디지털 네트워크에서 이루어지는 모든 행위가 복제를 수반하기 때문이다. 일상에서 책을 읽는 행위에는 복제가 수반되지 않지만, 인터넷에서 책을 읽거나 정보를 검색하고 이용하기 위해서는 일단 복제가 발생한다. 게다가 디지털 환경에서는 이용자가 컴퓨터나 개인용 복사기 등과 같은 기술을 활용하여 스스로 저작물을 복제할 수 있는 능력을 갖추고 있으므로 일상생활에서 수많은 복제행위가 발생한다. 또 디지털콘텐츠를 이용하기 위해서는 컴퓨터나 다른 디지털 재생기가 필요하며, 콘텐츠의 유형적인 이동 없이 시·공간을 초월해서 복제가 이루어진다. 따라서 오프라인에서는 복제의 범위가 인쇄매체로 한정되지만, 온라인에서 복제는 디지털 네트워크를 따라 엄청난 범위로 넓어질 수 있다. 또한 디지털 기술 도입과 함께 일시적 복제를 통한 저작물 이용방식이 급증하면서 기존의 저작권법으로 효과적으로 규제할 수 없게 되자, 저작물의 일시적 복제를 협의의 복제권이나 새로운 권리로 통제할 것을 요구하기 시작하였다. 저작권 관련 법률도 '저작권=복제권'을 전제로 항상 복제기술의 발전에 대응해서 구성되어 왔으나, 디지털 복제가 가지는 무비용의 특성이 정보에 대한 소유권 기반을 약화시키면서 디지털 복제권에 대한 새로운 접근을 요구하고 있다(손수호, 2006; 이동훈, 2008; 정상기, 2005; 조연하, 2018).

셋째, 중간매개자 없이 저작물을 창작하고 전달할 수 있게 되었다. 디지털 기술의 영향으로 이용자들이 이제는 정보의 단순 소비자가 아니라 생산자로서 기능도 함께 한다. 막대한 자본력에 의지한 출판업자가 출판물 시장을 지배한다는 점을 완전히 배제할 만큼 새로운 환경이 조성된 것은 아니지만, 창작자 스스로 출판업자의 중간적 매개 없이도 직접 이용자에게 창작물을 소개하고 이를 이용하게 할 수 있게 되었다(배대헌, 2011, 179쪽). 예를 들어, 출판사의 전문적인 도움을 받지 않고서도 디지털 기술을 활용하여 책을 출판할 수 있고, 이용자가 스스로 이용자 제작 콘텐츠(User Created Contents; UCC)를 제작할 수 있다.

넷째, 저작물에 대한 접근통제권과 같은 전통적인 저작권 범주에서 볼 수 없었던 새로운 개념의 권리가 등장하였다. 디지털 환경에서 문제가 심각한 저작물의 무단 복제와 배포 문제를 해결하고자 각국의 저작권법에 저작권 보호와 통제를 목적으로 한 기술적 보호장치를 도입하였다. 이에 대해 일부 학자(이대희, 2004; Efroni, 2011; Ginsburg, 2003a; Heide, 2001; Olswang, 1995)는 사실상 저작권자에게 저작물에 대한 일반인의 접근을 통제할 수 있는 배타적 권리인 접근통제권을 부여했다고 풀이한다. 접근통제권은 미국의 「디지털 밀레니엄 저작권법(Digital Millennium Copyright Act, 1998)」에 TPM 조항이 포함되면서 새롭게 부각하기 시작한 개념으로, 기술적 보호조치에 한정해서 인정되는 권리라는 점에서 복제권, 배포권과 같이 전통적으로 저작권자에게 인정되는 권리와 차별화된다. 사실 기술적 보호조치에 관한 입법 이전에는 저작권법의 전통적인 목적은 공표된 저작물에 접근해서 이용할 수 있는 일반인의 권리(public access)에 대한 보장이었고, 저작권자는 법적인 독점권을 부여받는 조건으로 일반인에게 그와 같은 접근권을 허락해주어야 한다는 논리가 존재했다. 그러나 디지털 환경으로 변화하면서 저작권자가 경제적 이익을 위해 기술적 보호조치로 일반인의 접근을 통제하게 되면서, 접근권은 저작권자가 '복제물의 접근을 통제하고 제한하는 권리'로 의미가 바뀌게 되었다. 저작권자에 접근통제권을 부여할 것인지에 대해서는 의견이 엇갈리고 있다. 찬성 측에서는 저작권을 침해하기 쉬운 디지털 환경에서 저작권자 보호의 필요성이 크다는 점을 근거로, 기술발달로 인한 저작물 이용 형태의 변화가 주는 시장실패를 방지할 수 있다고 주장한다. 또한 이용자 차원에서도 사용허락과 결합한 접근통제 조치로 거래비용이 감소하므로 편리하고도 저렴하게 저작물을 이용할 수 있으며, 디지털 환경에서는 물리적 복제물보다 디지털 복제물이 더 중요한 역할을 한다는 점에서 접근통제권은 디지털 저작물의 가장 중요한 권리라는 점을 강조한다. 반면 반대 측에서는 무엇보다도 접근통제권에 대한 입법적 근거가 부재하고, 적법한 저작물에 대한 접근을 제한할 뿐만 아니라 접근한 이용자의 저작물 이용 방법까지 통제할 수 있으며, 저작권자가 저작권을 남용하는 것이라는 점 등을 근거로 제시한다. 결국 접근통제권에 관한 입법적, 사법적 논의에서는 저작물 접근을 통제하는 저작권자의 접근통제권과 저작물에 대한 이용자의 접근권 간의 균형을 목표로 해야 한다(조연하, 2018).

제 2 장

컴퓨터 기술과 저작권

1 / 컴퓨터프로그램의 특성과 법적 개념

　　과학기술 및 문화 수준이 향상되면서 기술이 보편화되었다. 이를 바탕으로 산업사회는 지식·정보사회로 급속히 발전하였는데, 정보사회로 진입의 단초를 제공해준 것이 바로 컴퓨터(computer)였다. 1940년대에 개발된 컴퓨터는 처음에는 계산기로 사용되었으나, 자료를 처리하고, 저장하여 조합하거나 새로운 형태로 편집하는 기능을 하게 된다. 1970년대 후반 개인용 컴퓨터가 사용되면서 계산 기능 외에 다양한 응용프로그램이 활용되었고, 통신매체[1]로서 확고한 지위를 확보하였다(배대헌, 1998, 288쪽). 1980년대 초부터는 반도체 기술발전에 힘입어 값싸고 강력한 소형 컴퓨터가 사무실과 공장에서 많이 사용되기 시작하였다. 사무실에서는 대형 컴퓨터 의존에서 벗어나 데이터베이스 및 문서관리, 회계, 문서처리 등의 업무를 여러 대의 소형 컴퓨터에 분산시켜 종전보다 신속하게 할 수 있게 되었고, 공장에서도 각종 로봇이나 그 외의 컨트롤러를 컴퓨터로 제어하게 되었다. 이런 사무실과 공장자

---

[1] 1960년대에 최초로 time sharing 방식을 이용한 multi user 컴퓨터 시스템이 개발되어 컴퓨터와 사용자 터미널 간에 매우 단순한 통신이 있었으나, 컴퓨터통신이라는 용어를 본격적으로 사용하기 시작한 것은 1970년대에 들어와서였다. 일부 대기업들이 그들이 보유한 각종 대형 컴퓨터와 미니컴퓨터를 연결하여 각자가 보유하고 있는 정보를 서로 활용할 수 있게 하는 분산처리시스템을 운용하기 시작한 것이다(유완영·김진현, 1987, 46쪽).

동화에 필수적인 컴퓨터 간의 통신이라는 필요성에 의해 근거리 통신망(Local Area Network; LAN)이 개발되었고, 이를 이용하여 여러 컴퓨터를 고속 디지털 전송매체로 연결할 수 있게 되었다(유완영·김진현, 1987, 46쪽).

1990년대 이후 인터넷의 등장으로 컴퓨터 기술은 급격한 발전을 하게 되는데, 인간의 다양한 삶의 방식들이 모두 컴퓨터와 인터넷에 연결되었다(강기봉, 2016, 7쪽). 인간의 생활과 사회적 관계에 크고 작은 영향을 미쳐 왔던 기술발전 중에서도 컴퓨터 기술은 정보가 생산되고, 전송되고, 사용되는 과정을 크게 변화시켰다. 컴퓨터 기술의 하드웨어가 컴퓨터 기기라면, 그것의 소프트웨어인 컴퓨터프로그램 또는 컴퓨터 소프트웨어[2]는 정보에 기반을 둔 사회가 작용하는 데 중대한 자산이며 정보교환을 촉진하는 도구(우지숙, 1998, 82쪽)로 활용되고 있다.

컴퓨터프로그램은 어떤 문제를 유한개의 절차로 풀기 위해 주어진 입력으로부터 원하는 출력을 유도해 내는 정해진 일련의 과정이나 명백한 규칙들의 집합인 알고리즘[3]을 컴퓨터 언어로 표현한 것이다. 즉 특정 알고리즘의 표현으로서 이해할 수 있다(정완, 1996; 최상필, 2016). 또 컴퓨터프로그램은 디지털 형태로 작성되고 복제되어 사용되는 것을 전제로 한다. 다만 컴퓨터프로그램도 프로그램 언어로 작성된 것을 종이 등으로 인쇄하여 제공될 수 있으므로 아날로그 형태로도 복제나 배포를 할 수 있다. 인터넷이 발달하지 않았던 과거에는 컴퓨터프로그램이 자기테이프, 플로피디스크 등에 복제되어 유통되었으나, 현재는 인터넷을 포함한 다양한 매체를 활용하여 제공된다(강기봉, 2016, 34쪽). 컴퓨터프로그램은 처음에는 단순하고 경제적 가치가 크지 않았기 때문에 별로 중요시하지 않았으며, 하드웨어 가격이 고가이므로 소프트웨어는 하드웨어에 수반되어 제공되는 서비스 정도로 생각되었다. 그러나 소프트웨어 기술이 발전하고 경제적 가치가 현저해지면서 이것들이 분리되기 시작하였다. 그리고 소프트웨어가 독립된 상품으로 인식되면서 소프트웨어가 크

---

2) 저장장치에 지정된 특정한 목적의 하나 또는 다수의 컴퓨터프로그램으로, 컴퓨터에 동작 방법을 지시하는 명령어 집합의 모임이다. 컴퓨터 하드웨어에 직접 명령어를 주거나 다른 소프트웨어에 입력을 제공함으로써, 명령어의 기능을 수행한다. 컴퓨터 소프트웨어는 컴퓨터 하드웨어의 반대 의미로, 컴퓨터 하드웨어는 해당 일을 실제로 수행하는 시스템이다. https://ko.m.wikipedia.org/wiki/%EC%86%8C%ED%94%84%ED%8A%B8%EC%9B%A8%EC%96%B4.

3) 컴퓨터 실무에서 알고리즘은 어떠한 기능을 수행할 수 있는 컴퓨터프로그램을 제작하기 위한 프로그램 작동흐름도를 의미한다(최상필, 2016, 155쪽).

게 발전하였고 그것이 컴퓨터 이용의 효율에 미치는 영향이 하드웨어의 영향을 앞질러서 대단히 중요시되었다(이상정, 2007, 105~106쪽).

컴퓨터프로그램의 특성은 복잡성 및 거대성, 복제의 용이성, 요소화, 빠른 성장성과 짧은 수명, 네트워크 효과, 호환성과 상호연동성을 바탕으로 높은 표준화, 누적적·연속적·점증적 형태의 기술혁신 등이다. 첫째, 컴퓨터프로그램은 복잡하고 거대하지만, 복제가 쉽다. Windows, 한글 워드프로세서, MS 워드, 스프레드시트, 인터넷 익스플로러 등의 컴퓨터프로그램은 프린트하면 수백만 줄이 되고 방대하고 업그레이드가 복잡하다. 또 기술혁신이나 제작에 드는 비용과 비교할 때 복제 비용이 극히 적고, 웹사이트에서 누구나 새 컴퓨터프로그램을 다운로드할 수 있는 특성을 제어하지 않으면 개발자가 투자비를 회수하기 어렵다. 둘째, 컴퓨터프로그램은 혁신을 이루는 데 많은 인력과 장비 및 비용이 필요하므로, 분업화를 통한 전문화를 추구하기 위해 요소들의 조합인 요소화(componentization)[4]가 되어 있다. 그래서 새로운 기술이 출현하면 그에 맞는 프로그램 요소를 개발하여 기존의 프로그램에 부가함으로써 대응할 수 있는 유연성이 있다. 셋째, 컴퓨터프로그램은 성장이 빠르고 유용성 수명이 짧다. 컴퓨터프로그램의 대표적인 운영체제인 윈도우와 마이크로소프트 워드는 2년 내지 3년마다 새로운 시스템을 출시하였다. 이런 속성 때문에 컴퓨터프로그램의 성장은 매우 빠르다. 넷째, 컴퓨터프로그램은 네트워크 효과(network effect)를 갖는다. 이것은 네트워크에 가입한 사람의 수가 증가하거나 감소할수록 네트워크 가치가 향상되거나 떨어지는 현상을 말한다. 컴퓨터프로그램 제품을 시장에 최초로 도입하면 네트워크 효과와 그에 비례하여 증가하는 네트워크 외부성(network externality)[5]에 의하여 그 사용가치가 증대한다. 다섯째, 컴퓨터프로그램은 교체 가능한 호환성(compatibility)과 서로 다른 시스템들이 공통의 목적으로 조화된 양식으로 함께 작동할 수 있는 상호연동성(interoperability)을 바탕으로, 인터넷의 광범위한 보급과 이를 통한 정보교환의 필요성이 커짐에 따라 대단히 높은 표

---

4) CPU, 메모리, 디스크, 주변장치와 같은 하드웨어, 유틸리티, 프로그래밍 언어/컴파일러, 운영체계/ 플랫폼과 같은 시스템 소프트웨어, 사용자 작성 프로그램, 상용 소프트웨어 등의 응용 소프트웨어와 같은 요소로 구성된다.

5) 네트워크에 가입한 사람은 다른 사람이 그 네트워크에 가입하면 네트워크의 가치가 향상되므로, 자신의 노력이나 투자에 의하지 않고도 향상된 네트워크의 가치를 향유할 수 있는 현상을 말한다.

준화가 이룩되었다. 여섯째, 컴퓨터프로그램은 기술혁신이 누적적, 연속적, 점증적 형태로 일어난다. 실제로 컴퓨터프로그램과 통신기술 및 반도체 기술에서 누적적인 기술혁신이 뚜렷하게 이루어지고 있으며, 종래 기술은 현재의 기술혁신에 필수적이기 때문에 누적적 기술혁신은 연속적이면서도 보완적인 형태로 진행한다. 그러면서도 표준을 준수해야 하는 필요성으로 대부분의 기술혁신은 기존 기술을 바탕으로 그 기술의 연장선상에서 조금씩 점증적으로 일어날 수밖에 없다(구대환, 2011, 168~178쪽). 이렇게 볼 때 컴퓨터프로그램은 기술 자체가 복잡하고 방대해서 개발비용이 많이 드는 반면, 기술혁신이 점증적이면서도 빠르게 진행되는 특성을 가지며, 통신기술인 네트워크와 연결되어 그 가치가 증대된다. 하지만 복제가 쉬운 컴퓨터프로그램의 특성을 제어하지 않으면 투자비 회수 기간의 축소와 기술혁신에 대한 투자 인센티브의 감소로 인해 소위 시장실패를 가져올 수 있다. 그뿐만 아니라 복제의 용이성은 저작권침해의 가능성을 높여주기도 한다는 점에서 컴퓨터프로그램 저작권 보호의 필요성을 제기한다.

컴퓨터프로그램의 정의에 관한 법적 근거는 1986년 12월 31일 제정된 「컴퓨터프로그램보호법」에서 찾을 수 있다. 동 법에서는 보호 대상인 컴퓨터프로그램을 "특정한 결과를 얻기 위하여 컴퓨터 등 정보처리능력을 가진 장치 내에서 직접 또는 간접으로 사용되는 일련의 지시·명령으로 표현된 것"으로 정의했다. 이를 토대로 컴퓨터프로그램 개념의 주요 요소들을 정리하면(정완, 1996, 259~260쪽), 첫째 정보처리능력을 가진 장치를 기능시키는 것이다. 즉 컴퓨터의 통상적인 연산, 제어, 기억의 기능을 그 용법에 따라 실제로 가동시키는 것이 컴퓨터프로그램이다. 둘째, 특정한 결과를 얻을 수 있어야 한다. 이것은 어떠한 의미를 갖는 하나의 일을 할 수 있다는 컴퓨터프로그램의 목표를 의미한다. 셋째, 컴퓨터 내에서 직접·간접[6]으로 사용되는 일련의 지시, 명령이어야 한다. 컴퓨터에 대한 지시나 명령이 컴퓨터프로그램의 본질적인 것으로, 하나의 단계만으로는 프로그램으로 인정할 수 없고 지시나 명령이 특정한 결과를 얻을 수 있도록 창작적으로 조합되어야 한다. 넷째 외부에 표현된 것이어야 한다. 이것은 컴퓨터프로그램을 저작물로 보는 한 당연한 규정으로, 저작권 보호가 아이디어에까지 미치지 않음을 분명히 한 것이다. 컴퓨터

---

6) 원시프로그램(간접 사용)과 목적프로그램(직접 사용)이 모두 포함됨을 의미한다.

프로그램의 표현에는 종이에 써진 소스프로그램에서부터 종이에 천공하거나 자기디스크 또는 테이프에 저장하거나 마이크로칩이나 기계장치에 기억시키는 것 등 수없이 많다. 그러나 컴퓨터프로그램은 표현과 아이디어의 구별이 쉽지 않으므로, 구체적인 침해사건에서는 그 경계에 대해 논란의 여지가 크다.

「컴퓨터프로그램보호법」은 컴퓨터프로그램을 저작권 법리로 보호하고자 하는 단행 법률로, "컴퓨터범죄" 관련 특별법의 성격을 가진다(정완, 1996, 256쪽). 1987년 전면 개정된 저작권법에서 컴퓨터프로그램의 정의 조항을 신설하고, 저작물의 예시 조항인 제4조에서 컴퓨터프로그램저작물을 저작물의 하나로 예시하면서 컴퓨터프로그램저작물의 보호 등에 관한 필요한 사항은 따로 법률로 정할 것을 규정했다는 점을 고려할 때, 동 법은 별도의 특별입법으로 간주할 수 있다. 이후 「컴퓨터프로그램보호법」은 2009년 4월 개정된 저작권법에 통합되었다.[7] 1987년 저작권법의 컴퓨터프로그램 정의 조항을 그대로 도입했으나, 2009년 저작권법에 동 법이 통합되면서 기존의 "표현된 것"을 "표현된 창작물"로 규정함으로써[8] 컴퓨터프로그램이 하나의 저작물이라는 점을 분명히 하였다. 저작물 성립요건으로 표현과 창작성을 요구하는 저작권법의 성격이 반영되었다고 볼 수 있다. 이것은 기존 「컴퓨터프로그램보호법」의 컴퓨터프로그램 정의 조항이 컴퓨터프로그램을 저작권 법리로 보호한다는 입법 취지를 충분히 살리지 못했다는 한계를 보여주는 것이기도 하다.

---

7) 2개의 법을 통합한 취지는 성격이 유사한 일반 저작물과 컴퓨터프로그램저작물을 저작권법과 「컴퓨터프로그램보호법」에서 각각 규정하고 있어 정책 수립과 집행에 효율성이 떨어지므로, 컴퓨터프로그램을 포함한 저작물 전체를 동일 법률에서 규정함으로써 일관된 정책을 추진하기 위한 것이었다.

8) 저작권법 제2조 제16호에서 "특정한 결과를 얻기 위하여 컴퓨터 등 정보처리능력을 가진 장치(이하 "컴퓨터"라 한다) 내에서 직접 또는 간접으로 사용되는 일련의 지시·명령으로 표현된 창작물"로 정의하였다. 기존의 「컴퓨터프로그램보호법」에서는 정보처리능력 장치를 '컴퓨터 등'으로 폭넓게 보았으나, 저작권법에서는 '컴퓨터'로 한정하였다. 또 저작물의 예시조항인 제4조의 제2항 "컴퓨터프로그램 저작물의 보호 등에 관하여 필요한 사항은 따로 법률로 정한다"를 삭제하였다.

2 / 컴퓨터프로그램의 저작권 보호

1) 저작물로서 컴퓨터프로그램의 성격

정보를 제공하고 소비하는 다양한 수단이 개발되면서 정보의 생산, 소비 및 보호와 관련하여 다양한 법적 문제가 나타났다. 현대 과학기술의 핵심이자 정보의 제공과 소비 수단 중 하나인 컴퓨터프로그램도 마찬가지이다. 컴퓨터프로그램은 하드웨어를 서로 연결하여 함께 원하는 작업을 하도록 하는 소프트웨어의 역할을 하는데, 휴대폰, 아이폰, 아이패드, 컴퓨터, 인공위성, 비행기, 그리고 각종 첨단무기와 같은 하드웨어를 작동하려면 컴퓨터프로그램이 필요하다. 따라서 컴퓨터프로그램의 기술혁신에 대한 법적 보호는 대단히 중요하다. 컴퓨터프로그램에 대한 접근은 정보 분배의 향상에 필수적이고 이러한 정보의 배분이 과학 발달과 사회 발전을 위한 근본적인 원동력이 됨에 따라, 컴퓨터프로그램과 관련한 권리부여의 문제는 경제적, 사회적으로 많은 함의를 가진다. 저작권법도 권리부여의 문제를 다루는 법이라는 점에서 컴퓨터프로그램 저작권의 중요성이 커지게 되었다. 이에 컴퓨터프로그램 관련 산업계는 기업, 대학 등에서 발생하는 컴퓨터프로그램의 저작권침해를 방지하기 위해 노력을 많이 하고 있다(강기봉, 2016; 구대환, 2011; 우지숙, 1998).

1886년 베른협약에서 보호받을 수 있는 저작물 유형의 예시로 '과학에 관한 3차 저작물과 같은'[9]을 제시함으로써 컴퓨터프로그램도 저작물로 인정받을 가능성을 시사했음에도 불구하고, 초기에는 컴퓨터프로그램을 저작권법으로 보호할 수 있는지에 대한 논란이 있었다. 즉 컴퓨터프로그램은 지적·예술적 성질이 부족하고 복제라는 것은 남이 보고 읽을 수 있는 종이에 써진 경우만을 말하는데, 디스크나 테이프에 기록된 컴퓨터프로그램은 복제라는 개념에 해당할 수 없다고 보았으므로 저작권법으로 보호할 수 없다는 논리였다. 하지만 미국의 White-Smith Music Publishing Co. 판결(1908)[10] 이후 저작권법의 보호 대상이 된다고 보기 시작하였다. 그 근거는 컴퓨터프로그램이 산업적 소산으로 기술적 산물이기는 해도 지적 노

---

9) three-dimensional works relative to geography, topography, architecture or science.
10) White-Smith Music Publishing Co. v. Apollo Co., 209 U.S. 1, 28 S.Ct. 319 (1908).

동의 산물이며, 작성자의 독자적, 학술적 사상의 창작적 표현이라는 점에서 저작권법으로 보호할 가치가 있다는 것이다. 즉 저작권법이 문화적 소산을 보호하기 위한 것이지만 문화적 소산이란 산업적 소산을 포함하는 넓은 개념으로서, 그것이 어떤 목적으로 이용되든지, 어떤 표현 매체에 고정되어 있는지에 관계없이, 학문·예술의 범위에 속하는 모든 창작적 표현을 총칭하는 것이므로 컴퓨터프로그램은 저작물에 해당한다는 점을 분명히 하였다(이상정, 2007, 106~107쪽). 보호받을 수 있는 저작물 범주에 들어오기 위해서는 이용목적이나 표현 매체에 상관없이 창작적 표현 요건만 충족하면 되므로, 컴퓨터프로그램도 학술적 사상을 창작적으로 표현한 기술적 산물이란 점에서 당연히 저작권 보호 대상에 해당한다.

저작권법에서는 컴퓨터프로그램을 하나의 저작물로 보고 보호하기 때문에, 제2조에서 컴퓨터프로그램이 아닌 컴퓨터프로그램저작물에 대한 정의 조항을 두고 있는 것이 특징이다. 이에 기초하면 컴퓨터프로그램저작물은 "특정한 결과를 얻기 위하여 컴퓨터 등 정보처리능력을 가진 장치 내에서 직접 또는 간접으로 사용되는 일련의 지시·명령으로 표현된 창작물"이다. 저작물은 그 목적에 따라 독자나 보는 사람의 감성에 주로 호소하는 것을 목적으로 하는 문예 저작물(literary works)과 지도, 각종 서식, 규칙집과 같이 특정한 기술이나 지식, 개념을 전달하거나 방법이나 해법, 작업 과정 등을 설명하는 기능적 저작물(functional works)로 분류할 수 있다(조연하, 2018, 56쪽). 저작물로서의 컴퓨터프로그램은 일정한 결과를 얻는다는 기능이 중요시된다는 점에서 기능적 저작물에 해당한다. 따라서 컴퓨터프로그램은 아이디어와 표현의 경계가 명확하지 않은 것이 특징이며, 감성의 전달을 주된 목적으로 하여 창작되는 소설, 음악, 미술과 같은 문예 저작물과는 그 성질과 창작방식이 다르다. 또 컴퓨터프로그램은 국제조약에 따라 어문저작물로 보호되는데, 기능적 저작물이라는 특성을 고려하여 국내외의 학설이나 판례는 저작물성 판단에서 어문저작물에 적용되는 이론을 활용하면서도 이것을 그대로 적용하는 것은 지양한다(강기봉, 2019, 104쪽). 즉 컴퓨터프로그램은 표현방식이 제한되는 기능적 저작물이라는 점에서 아이디어와 표현의 이분법, 합체의 원칙 등을 적용해 저작권의 보호범위를 제한적으로 해석하는 경향이 있다(조연하·유수정, 2011, 123쪽). 1974년 CONTU 제안을 토대로 하여 컴퓨터프로그램을 어문저작물로 취급하고 저작권법으로 보호한다는 미국 의회의 단독 결정에 당시 소프트웨어 기업들이 강하게 반발하기도 하였는데, 컴퓨터프로그램이 저작권으로 보호되기 이전에는 영업비밀이 최고의 보호 수단이었으나 컴퓨터프로그램이 맞춤형에서 범용화로 발전되면서 그것도 더는 의미가 없게 되었다(손승우, 2006, 36~37쪽).

컴퓨터프로그램은 저작권 보호 여부를 결정하기 어렵게 만드는 몇 가지 특성이 있다. 첫째, 컴퓨터프로그램은 텍스트와 프로그램 실행으로 발생하는 결과에 해당하는 동작의 합성물인데, 컴퓨터프로그램 가치의 원천은 텍스트가 아니라 동작에 있다. 둘째, 기능적으로 원본 프로그램의 텍스트를 결코 보지 못했던 프로그램 개발자가 기능적으로 구별 불가능한 모방을 할 수 있다는 점에서 프로그램의 텍스트와 행위는 독립적이다. 셋째, 프로그램은 사실상 텍스트(소스 코드와 목적코드)의 매개체에서 구성되는 기계로, 동작과 같이 유용한 결과를 가져오는 독립체이다. 넷째, 프로그램에서 구현된 산업 디자인은 특성상 전형적으로 누적적이다(Samuelson et al., 1994, pp. 2315~2316). 이와 같은 특성에 기반할 때, 컴퓨터프로그램을 저작권으로 보호할 경우 컴퓨터 표현형식인 소스 코드(source code)[11]와 목적코드(object code)[12]의 복사나 모방을 저작권으로 보호할 수 있기 때문에, 소스 코드를 비밀로 유지하면서 효과적으로 보호할 수 있다는 이점이 있다. 반면에 컴퓨터프로그램의 가치가 동작에 있음에도 불구하고 저작권법은 물리적 기계의 동작이나 그 내부 설계를 보호하지 않으므로 경쟁자가 프로그램의 가치에 해당하는 동작을 복사할 수 있다는 점이 저작권 보호의 단점이라고 할 수 있다. 즉 컴퓨터프로그램은 텍스트와 동작이 독립적이라는 점이 다른 저작물과 큰 차이점으로서, 미국의 컴퓨터프로그램 관련 법을 보면 프로그램 텍스트를 명백하게 보호하고 있다. 이런 이유로 컴퓨터프로그램 저작권의 보호범위는 상대적으로 좁은 경향이 있다(구대환, 2005, 21~23쪽). 이렇게 볼 때 컴퓨터프로그램은 기능적 저작물이라는 특성뿐 아니라 컴퓨터프로그램이 텍스트와 동작의 합성물임에도 불구하고, 프로그램의 가치인 동작이 아니라

---

11) 소스 코드와 목적코드는 프로그램이 컴퓨터에서 실행되기 위한 준비를 위해 컴파일되기 "이전"과 "이후" 버전을 가리킨다. 소스 코드는 원시 코드라고도 부르는데, 일종의 설계 파일이다. 즉 컴퓨터프로그램을 사람이 읽을 수 있는 프로그래밍 언어로 기술한 텍스트 파일이다. https://ko.wikipedia.org/wiki/%EC%86%8C%EC%8A%A4_%EC%BD%94%EB%93%9C (2022년 10월 28일 최종접속).

12) 컴파일러나 어셈블러가 소스 코드 파일을 컴파일 또는 어셈블해서 생성하는 파일이다. https://ko.wikipedia.org/wiki/%EB%AA%A9%EC%A0%81_%ED%8C%8C%EC%9D%BC (2022년 10월 28일 최종접속).

텍스트를 저작권법에서 보호한다는 특성으로 인해 저작권 보호범위가 다른 저작물 유형보다 한정적이라고 볼 수 있다.

저작권법은 비교적 짧은 제·개정의 역사 속에서도 나름대로 저작물과 컴퓨터 프로그램의 개념 규정을 도입하여 운용하였다. 그러나 컴퓨터프로그램에 대한 저작권 보호범위나 창작 수준에 관한 논의가 비교적 활발하지 않으며 이를 다루고 있는 판례도 흔치 않은 경향을 보인다(최상필, 2016, 150쪽). 저작권 보호 대상은 컴퓨터프로그램 그 자체와 그것의 표현형식에 인정되는 것이지, 그로 인한 성과물이나 결과에 인정되는 것은 아니다. 컴퓨터프로그램의 표현형식은 데이터 형태나 인쇄된 형태 혹은 초안 자료의 형태나 원시코드 형태로 나타나는데, 컴퓨터프로그램의 표현형식에 대한 저작권 보호는 그것이 어떠한 형태로 고정되어 있는가를 묻지 않는다. 그러므로 디스켓, CD롬 테이프, 메모리칩에 저장되어 있든지, 하드웨어에 설치되어 있든지 사진으로 보이게 되어 있든지 혹은 출력되어 있든지 상관없다(최상필, 2016, 154쪽). 종이책이나 악보처럼 소설이나 시, 음악과 같은 저작물을 담고 있는 그릇이 아니라 소설책에 담긴 내용이나 악보에 내재한 악곡과 가사가 저작권 보호 대상인 것과 마찬가지로, 컴퓨터프로그램이 어떤 형태로 어떤 하드웨어에 설치되어 있든지 표현형식이 보호 대상이다.

저작권법에서 보호하는 컴퓨터프로그램은 컴퓨터 알고리즘을 컴퓨터프로그램 언어로 작성한 일련의 지시·명령이다. 컴퓨터프로그램의 구성요소 중 알고리즘은 기술적 사상의 창작인 '발명'으로 보아 특허법으로 보호하며, 컴퓨터프로그램저작물은 알고리즘을 컴퓨터프로그램 언어로 표현한 것이므로 저작권법에서 보호한다(김용주, 2016, 273쪽). 한편 저작권법은 프로그램에 관한 특례조항을 두고 제101조의 2에서 프로그램을 작성하기 위해 사용하는 프로그램 언어, 규약, 해설은 동 법이 적용되지 않는다고 규정함으로써 보호 대상에서 제외하고 있다. 첫째, 프로그램 언어는 프로그램을 표현하는 수단으로서 문자·기호 및 그 체계를 말하며, 프로그램 체계에는 자연언어와는 달리 약속사항이 많으며 이들은 모두 이 체계에 포함된다. 컴퓨터를 작동하려면 명령어를 입력하기 위해 컴퓨터가 알 수 있는 언어로 프로그래밍을 해야 하고 그에 상응하는 프로그램 환경이 필요하다. 베이직(BASIC), 포트란(FORTURAN), 로고(LOGO), 파스칼(Pascal), 터보 파스칼(Turbo Pascal) 등이 그것의 간단명료함 때문에 널리 이용되고 있으며, 최근에는 인터넷 어플리케이션의 프로그래밍을 위해 개발된 자바(Java)가 있다. 프로그램 언어는 단지 표현 혹은 전달 수단에 불과하기 때문에 일반 언어와 마찬가지로 저작권 보호를 받을 수 없으므로, 프로그램 언어로 작성된 컴퓨터프로그램만이 저작권으로 보호된다. 둘째, 규약은 특정한 프로그램에서 프로그램 언어의 용법에 관한 특별한 약속을 말한다. 올바른 사고의 형성과 규정을 위한 약속을 의미하는 로직으로 표현되기도 하는데, 그 자체는 스포츠나 게임의 규칙과 같은 것이어서 아무리 독창적이더라도 저작권으로 보호되지 않는다. 구체적으로는 프로그램의 인터페이스(interface)나 프로토콜(protocol)이 규약에 해당한다. 마지막으로 해법은 프로그램에서 지시·명령의 조합 방법이다. 해법에 해당하는 것이 바로 알고리즘으로, 이것은 어떠한 문제의 해결이나 컴퓨터프로그램을 위한 기초로 사용되는 절차로 묘사된다. 컴퓨터프로그램의 표현형식만 보호하는 저작권법상의 일반 원칙에 따라 기본적으로 컴퓨터프로그램의 기술적이고 학술적인 내용은 보호되지 않으므로, 학문적 사상의 구성요소인 알고리즘은 저작권 보호에서 제외된다(구대환, 2005; 정완, 1996; 최상필, 2016).

2) 저작권법의 프로그램 특례조항 및 쟁점

영국, 미국과 일본을 비롯한 상당수 나라가 저작권법을 개정해서 컴퓨터프로그램의 저작권 보호를 명문화하였다. 미국은 1979년 저작권법을 개정하여 컴퓨터프로그램을 보호 대상에 포함하였다. 또 세계지식재산권기구(World Intellectual Property Organization)에서도 1996년 협의한 저작권 조약에서 컴퓨터프로그램은 문학 저작물로서 보호된다고 베른협약에 이어 다시 천명하였다(우지숙, 1998, 84쪽). 유럽연합 컴퓨터프로그램 지침(2009)에서도 컴퓨터가 생성한 창작물의 저작권 보호를 명확하게 명시하지는 않았지만, 제1조 제3항에서 '컴퓨터프로그램은 저자의 지적인 창작으로 만들어진 저작물이라면 보호받을 수 있다'라고 규정하고 있다. 우리나라도 저작권이론에 근거하여 1986년 저작권법의 특별법이라 볼 수 있는 「컴퓨터프로그램보호법」을 제정하여 컴퓨터프로그램을 보호하기 시작하였다. 2009년에는 저작권 보호정책의 일관성 유지와 효율적 입행을 도모하기 위해 기존의 「컴퓨터프로그램보호법」을 저작권법에 흡수, 통합하였다. 통합과 함께 저작권법에서는 일반 저작물과는 다른 컴퓨터프로그램저작물의 특성상 별도의 규정이 필요하다는 점을 감안하여 저작권법 제5장의 2에 프로그램에 관한 특례조항을 신설하고, 컴퓨터프로그램저작물만의 특화된 보호 수준 및 범위를 유지할 것을 기대하였다. 특례조항은 제102조의 2에서부터 7까지 보호의 대상, 프로그램의 저작재산권의 제한, 프로그램코드역분석, 정당한 이용자에 의한 보존을 위한 복제, 프로그램의 임치에 관한 조항으로 구성된다.

먼저 보호 대상에 관한 제101조의 2에서는 비보호대상을 명시하고 있으며, 제101조의 3부터 제101조의 5까지 컴퓨터프로그램에 대한 저작재산권 제한 규정을 두고 있다. 제101의 3에서는 재판 또는 수사, 수업 과정에 제공, 교과용 도서 게재, 사적복제, 학교 입학시험 등, 프로그램의 조사·연구·시험 목적의 경우 필요한 범위에서 공표된 컴퓨터프로그램의 복제나 배포를 허용하고 있으며,13) 컴퓨터 유지·보수를 위한 컴퓨터 이용과정의 일시적 복제에 대해서는 컴퓨터프로그램의 저작재산권을 제한하고 있다. 저작권법 제2조에서는 프로그램코드역분석에 대해 "독립적으로 창작된 컴퓨터프로그램저작물과 다른 컴퓨터프로그램과의 호환에 필요한 정보를 얻기 위하여 컴퓨터프로그램저작물코드를 복제 또는 변환하는 것"으로 정의하고 있다. 역분석(reverse analysis)은 역공정(reverse engineering)이라고도 부른다. 프로그램코드역분석에 관한 제101조의 4 제1항에서는 정당한 권한을 가진 프로그램 이용자나 그의 허락을 받은 자는 호환에 필요한 정보를 쉽게 얻을 수 없고 그 획득이 불가피한 경우 해당 프로그램의 호환에 필요한 부분에 한해 허락을 받지 않고서도 프로그램코드역분석을 할 수 있다고 규정하고 있다. 적법한 행위자, 상호운용성에 필요한 정보 획득의 어려움, 역분석의 불가피성, 상호운용성에 필요한 부분으로 국한 등을 역분석의 허용요건으로 제시한 것이다. 역분석은 역공정 컴퓨터프로그램의 개선, 오류수정, 상호운용성의 확보 등을 위해 산업계의 관행으로 이용되면서 컴퓨터프로그램 관련 기술 및 산업의 발전에 기여했다. 이와 같은 산업상 유용성을 고려하여 저작권법에서는 호환성, 즉 상호운용성 목적인 경우로 한정하여 저작권침해의 예외로서 인정하고 있다고 볼 수 있다(강기봉, 2012; 손승우, 2006). 그러나 호환 목적 이외의 목적, 역분석 대상인 프로그램과 표현이 실질적으

---

13) 이와 같은 컴퓨터프로그램의 저작재산권 제한조항에 따라, 저작재산권 제한 규정 중에서도 재판 등에서의 복제(제23조), 학교교육 목적 등에의 이용(제25조), 사적이용을 위한 복제(제30조) 및 시험문제를 위한 복제 등(제32조)에 관한 조항은 컴퓨터프로그램에 적용하지 않는다.

로 유사한 프로그램을 개발, 제작, 판매하거나 프로그램의 저작권침해행위에 이용하는 경우 역분석을 통해 얻은 정보를 이용할 수 없다. 이렇게 볼 때 상호운용성 목적, 표현이 실질적으로 유사한 프로그램의 개발·제작·판매 금지, 프로그램의 저작침해 행위에서 이용 금지 등이 프로그램코드역분석으로 얻은 정보를 이용할 수 있는 요건이다.

각국의 정부와 법원도 자국의 컴퓨터프로그램 관련 기술 및 산업의 발전을 전제로 일정한 요건에 따라 저작권법상에 리버스 엔지니어링을 허용하는 규정을 두고 있다. 미국은 공정이용의 원칙에 의해 리버스 엔지니어링을 허용하였고, 유럽연합도 일정한 요건 아래에 컴퓨터프로그램의 저작재산권을 제한하는 것으로 블랙박스 분석과 디컴파일을 허용하였다(강기봉, 2012). 정당한 이용자에 의한 보존을 위한 복제에 관한 제101조의 5에서는 프로그램 복제물을 정당한 권한에 의해 소지·이용하는 자는 그 복제물의 멸실·훼손 또는 변질 등에 대비하는 것과 같이 보존을 위해서는 필요한 범위에서 해당 복제물을 복제할 수 있다고 명시하고 있다. 마지막으로 프로그램의 임치에 관한 제101조의 7에 따라, 프로그램의 저작재산권자와 프로그램 이용허락을 받은 자는 프로그램의 원시코드 및 기술정보 등을 수치인에게 임대할 수 있도록 하고 있다.

한편 저작권법에서는 저작재산권 제한조항인 제35조의 2에서 컴퓨터에서 저작물을 이용하는 과정에서 일시적 복제를 허용하는 규정을 두고 있다. 이에 따르면 컴퓨터에서 저작물을 이용할 때 원활하고 효율적인 정보처리를 위하여 필요하다고 인정되는 범위 안에서 그 저작물을 그 컴퓨터에 일시적으로 복제할 수 있다. 하지만 저작물 이용으로 인해 저작권이 침해되었다면 일시적 복제에 대한 예외를 허용하지 않는다. 컴퓨터에서 일시적 복제의 허용 근거는 첫째, 저작물을 컴퓨터 상에서 이용하거나 네트워크로 송신하는 과정에서 불가피한 일시적 저장을 저작권 침해로 본다면, 컴퓨터를 이용하여 온라인상의 정보에 접근할 수 없을 뿐 아니라 저작물의 원활한 유통을 방해한다. 따라서 컴퓨터 이용환경에서 원활하고 효율적인 정보처리를 위해 일시적 복제에 대한 저작재산권 제한 규정을 둔 것이다. 둘째, 일시적 저장을 복제라고 본다면 저작권자의 권리가 너무 광범위하고 강력하게 영향을 미쳐서, 온라인상의 저작물 유통에 큰 제약을 줄 뿐만 아니라 기존의 저작권 보호 체계에서 저작권자에게 인정되지 않는 사용권이나 접근통제권을 부여할 수 있다(정윤형, 2015).14) 셋째, 저작물 이용자가 이중으로 이용료를 지급할 수 있다. LP, 카세트테이프, CD, DVD, 종이(책) 등 저작물을 고정한 매개체를 소유하여 저작물을 향유하던 시대에서 지금은 언제 어디서나 서버에 접근하여 저작물을 이용할 수 있는 시대로 변하였고, 이런 과정에서 일시적 복제만으로도 저작물을 향유하는 시대가 되었다. 그런데 저작물 이용자는 영구적인 복제나 전송에 대하여 이용료를 지급하였는데도 불구하고, 일시적 저장을 법으로 보호할 경우 영구적인 복제나 전송 등에 의하여 수반되는 일시적 복제에 대해서도 이용료를 지급해야 한다(이대희, 2015, 131쪽).

컴퓨터프로그램과 관련한 저작권 쟁점은 첫째, 2인 이상이 공동 개발하는 것이 쉬운 컴퓨터프로그램의 특성상 여러 사람의 합작품으로 생산되는 경우가 많고, 프로그램 개발자들이 대개 다른 프로그램의 사례를 검토하거나 다른 프로그램의 작동사례를 기억함으로써 그것의 디자인 요소들을 채택하는 방식으로 프로그램 개발이 누적되어 진행되는 특성으로 인해, 컴퓨터프로그램의 독창적인 저작자를 찾기 쉽지 않다(우지숙, 1998; 정상조, 1999; Samuelson et al., 1994)는 점이다. 둘째, 컴퓨터프로그램 개발에는 상당히 많은 시간과 비용이 소모되는 데 비해, 프로그램코드역분석은 비교적 적은 시간과 비용이 필요하므로 다른 재래 산업제품보다 역분석을 하기 쉽다는 특성이 있어, 역분석 인정 범위를 어디까지로 확대할 것인지가 논란이 될 수 있다. 컴퓨터프로그램의 리버스 엔지니어링에 대해 저작권법상 정당성 및 허용 여부는 1980년대부터 미국, 일본, 유럽연합 회원국, 한국 등에서 중요한 문제가 되었는데, 프로그램 저작권자들은 저작권법, 계약 등을 통해 역분석을 방지하고자 하였다(강기봉, 2012; 구대환, 2005; 손승우, 2006).

---

14) 하드디스크에 설치된 컴퓨터프로그램 실행과정에서 발생하는 램으로의 '일시적 복제'와 관련하여 2014년 서울고등법원은 복제권 침해에서 면책된다고 보았다. 프로그램 사용에 불가피하게 수반되는 램에서의 일시적 저장에도 복제권이 미친다고 해석되면, 원래 프로그램 저작권의 효력이 미치지 않는 프로그램 사용행위까지 저작권자가 통제하는 부당한 결과를 초래한다는 것이 판결의 근거였다(서울고등법원 2014. 11. 20. 선고 2014나19891 판결).

3 / 컴퓨터 창작물의 저작권

컴퓨터 창작물의 저작권을 논하기에 앞서 먼저 저작권법에서 저작물 유형의 예시로 제시하고 있는 컴퓨터프로그램저작물과 컴퓨터 창작물을 구분할 필요가 있다. 저작권법에서는 컴퓨터 알고리즘을 컴퓨터 언어로 표현한 컴퓨터프로그램을 하나의 저작물로 보고 보호하기 위한 취지에서 제2조에서 컴퓨터프로그램저작물에 관한 정의조항을 두고 있으며, 제4조에서 저작물 유형의 예시로 컴퓨터프로그램저작물을 제시하고 있다. 그리고 컴퓨터프로그램저작물을 "특정한 결과를 얻기 위하여 컴퓨터 등 정보처리능력을 가진 장치 내에서 직접 또는 간접으로 사용되는 일련의 지시·명령으로 표현된 창작물"로 정의하고 있다. 이에 근거하면 컴퓨터프로그램저작물은 컴퓨터 내에서 사용되는 지시·명령으로 이루어진 표현물이며, 이러한 컴퓨터프로그램저작물을 활용하여 만든 특정한 결과에 해당하는 것이 바로 컴퓨터 창작물이다. 따라서 지시, 명령에 따른 결과물인 컴퓨터 창작물이 저작물성 요건을 충족하면 컴퓨터프로그램저작물과는 별개로 하나의 저작물로 보호받을 수 있다. 이것은 저작권법에서 보호하는 대상이 컴퓨터프로그램은 컴퓨터의 '지시, 명령' 그 자체이지만, 컴퓨터 창작물은 컴퓨터의 '지시, 명령'에 따른 결과라는 것을 의미한다. 이렇게 볼 때 컴퓨터 창작물은 컴퓨터프로그램저작물의 범주에 포함되지 않으며,15) 그런 점에서 컴퓨터 창작물과 컴퓨터프로그램저작물은 구분되어야 한다.

메리엄 웹스터(Merriam Webster's) 사전에서는 인공지능을 "컴퓨터를 이용하여 지능적 행위를 만드는 컴퓨터 과학의 분야로, 인간의 행위를 모방하는 기계의 성능"16) 으로 정의하고 있다. 따라서 인공지능에서 컴퓨터는 매우 중요한 요소이며, 인공지능 창작물의 저작권 논의는 컴퓨터 창작물의 저작권에 관한 기존 논의에 토대를 둘 필요가 있다. 사실 자연인만이 창작 행위를 할 수 있고 저작물을 실제로 창작한 자연인만이 저작권을 취득할 수 있다는 저작권법상의 일반 원리인 창작자 원칙에 근거할 때, 컴퓨터와 같은 비인간이 만든 창작물을 저작권 보호 대상으로 보아야 할 것인지는 쉽게 결정할 수 있는 문제는 아니다. 컴퓨터 창작물의 저작권 보호에 대해

---

15) 이에 따르면 인공지능 창작물은 컴퓨터프로그램저작물에 포섭되지 않는다.

16) https://www.merriam-webster.com/dictionary/artificial%20intelligence.

서는 뚜렷한 기준을 가지고 일관성 있게 대응하지 못하는 양상을 보이기는 하지만, 대체로 컴퓨터 창작물도 저작물로서 창작성이 인정되면 저작권 보호를 받을 수 있다고 보는 경향이 있다. 미국의 저작권청(Copyright Office)은 실무지침(Compendium of U. S. Copyright Office Practices)을 통해 인간 창작물만이 저작권 등록대상이라는 점을 표명하면서도, 컴퓨터가 창작한 문학작품의 저작권 등록을 승인함으로써 컴퓨터 창작물의 저작물성을 인정한 바 있다(Ralston, 2005; Wu, 1997).

한편 호주 연방법원은 컴퓨터 창작물이 저작권 보호 대상이 아니라고 해석하였다. 2010년 연방법원은 Telstra v. Phone Directories 사건(2010)에서 "사람의 개입 없이 컴퓨터 소프트웨어가 자동으로 생성해 낸 결과물은 저작권의 보호를 받지 못한다"고 판결하였다. 컴퓨터 소프트웨어를 이용하여 만든 전화번호 안내 책자의 저작권이 문제가 되었던 사안으로, 연방법원은 사람이 최초 데이터 입력단계에서만 일부 관여한 것을 놓고 안내 책자의 창작과정에 관여했다고 볼 수 없으며, 컴퓨터 소프트웨어가 창작과정의 본질적인 부분을 담당하였기에 단순한 창작 도구로만 볼 수 없다고 해석하였다. 하지만 호주 저작권법상 저작자는 사람이어야 하므로, 컴퓨터 소프트웨어 창작물인 안내 책자가 저작권의 보호 대상이 아니라고 판단하였다(이해원, 2017, 143쪽). 인간의 창작적 기여를 전제로 인간이 저작자가 되고 저작물로 보호받을 수 있는데, 이 사안은 그 조건을 충족하지 못했다는 것을 의미한다. 다시 말해서 인간이 데이터를 입력한 행위를 창작의 구체적인 과정에서 일종의 보조역할을 한 것으로 판단하고 창의적인 표현활동의 범주에 포함하지 않은 것이며, 인간의 창작적 기여를 전제로 인간이 저작자가 될 수 있다는 창작자 원칙에 철저하게 기반하여 컴퓨터를 저작자로 인정하지 않았다. 반면 인간이 컴퓨터를 도구로 사용하여 생성물을 작성하거나 그 생성물을 선택·수정하는 경우, 컴퓨터는 인간의 창작물 작성과정에서 지위와 역할에 대비할 때 여전히 도구에 불과하며 인간이 창작물 작성의 전반적인 과정을 통제하고 관리한다는 '컴퓨터에 의한 생성물(computer-generated works)의 법리(차상육, 2020, 28쪽)에서 벗어나서, 컴퓨터를 핵심적인 창작 행위자로 인정했다는 점이 주목할 만하다. 이것은 시기적으로 봤을 때 1988년 영국에서 CDPA가 제정되었을 당시보다 더 향상된 컴퓨터 기술에 기반한 시각으로 보아야 할 것이다.

컴퓨터 창작물에 관한 관심이 고조되면서 세계 각국은 컴퓨터와 같은 비인간 창작물에 대응하고자 입법 대안을 모색하기 시작하였다. 컴퓨터 창작물을 저작물로 인정할 여지가 있는 규정을 명시적으로 두고 있는 입법례는 영국이 유일하며, 미국, 프랑스, 독일, 일본 및 우리나라에서는 명시적 규정을 찾기 어렵다(차상육, 2020, 27쪽). 영국에서 컴퓨터 창작물의 저작권 규정을 제정하게 된 배경을 보면, 1970년부터 1980년대를 거치면서 창작의 대상이 음악이나 미술작품에 한정된 현상을 보이기는 했으나, 인간은 컴퓨터를 통해 새로운 창작을 시도하였다. 특히 음악 분야에서는 컴퓨터를 이용한 창작이 비약적으로 발전했는데(정진근, 2020, 22쪽), 컴퓨터 기술발전이 문화·예술창작에 영향을 미치기 시작한 것이다. 이렇게 음악저작물의 창작과정에서 컴퓨터 기술을 이용하게 되면서 당시 영국 의회는 향후 기술발전과 저작권 보호 대상의 확대에 유연하게 대응할 필요성을 인식하고 컴퓨터 창작물에 관한 규정을 제정하게 된 것이다(손승우, 2016, 93~94쪽).

이에 영국의 입법례를 중심으로 살펴보면, 1988년 저작권법(Copyright, Designs and Patents Act; 이하 CDPA)에서 컴퓨터 창작물을 명시적으로 저작물로서 인정하고 있다. 우선 CDPA 제9조 제3항[17]에서 "컴퓨터를 기반으로 하는(computer-generated) 어문, 연극, 음악 또는 미술저작물의 경우에는 저작자는 창작에 필요한 조치를(조정을) 한 자로 본다"로 규정하였다. 그리고 이에 대한 보완 규정으로 CDPA 제178조[18]에서 "저작물과 관련하여 컴퓨터를 기반으로 하는 것"의 의미를 "인간 저작자가 없는 상황에서 컴퓨터에 의하여 저작물이 산출된 것"으로 설명하고 있다. 이에 기초하면 컴퓨터 창작물은 인간 저작자가 없는 상황에서 컴퓨터가 작성한 창작물로 정의할 수 있다. 1988년 입법 당시 기술 수준에 비추어 보면, CDPA는 인간의 창작 도구로서 컴퓨터를 창작활동에 이용하는 모델을 염두에 둔 입법례이다(차상육, 2020, 27쪽). 컴퓨터가 인간 창작물에서 창작 도구로 활용된다는 것은 컴퓨터 기술에 인간의 개입이 요구됨을 의미한다. 그럼에도 불구하고 인간 저작자의 부재를 전제로 한 컴퓨터 창작물의 정의 조항은 당시에는 존재하지 않았던 컴퓨터 기술에 기반한

---

17) CDPA § 9 (3) In the case of a literary, dramatic, musical or artistic work which is computer-generated, the author shall be taken to be the person by whom the arrangements necessary for the creation of the work are undertaken.

18) CDPA § 178 "computer-generated", in relation to a work, means that the work is generated by computer in circumstances such that there is no human author of the work.

정의라는 점에서 다소 논란의 여지가 있다고 본다.

또 CDPA 제12조 제7항에서는 컴퓨터에 의해 생성된 창작물에 대한 저작권의 보호기간을 창작된 해로부터 50년간으로 단축하고, 제79조 제2항에서 어문저작물 등에 적용되는 특유한 저작권이 적용되지 않는다고 규정함으로써, 인간 창작물보다 컴퓨터 창작물의 권리 범위를 좁게 제한하였다. 이런 규정을 두게 된 배경은 역시 1988년 개정 법률이 제정되었던 당시의 기술적 상황에서 확인할 수 있다. 당시의 컴퓨터 기술은 컴퓨터 창작과정에 인간의 관여와 통제가 상당히 많고 기계가 단순한 도구로 활용되었으므로 컴퓨터가 산출한 창작물에 대한 권리는 그러한 기술을 만든 사람에게 부여하는 것이 타당하며(손승우, 2016, 94쪽), 컴퓨터 창작물의 보호기간도 인간 창작물과 차별화시킬 필요가 있던 것이다. 저작자를 창작에 필요한 조치를 한 자로 규정한 CDPA 조항은 모티브나 동기의 입력과 참조할 저작물을 선택, 배열하는 등 인간의 일정한 기여가 필요한 컴퓨터를 상정한 것이었고, 자율 학습으로 인간과 동일 수준으로 다량의 창작물을 만드는 현재와 같은 인공지능을 염두에 두고 만든 것은 아니므로, 현재의 인공지능 창작물에 적용하기에는 부적합할 것으로 보인다(손승우·김윤명, 2016; 정진근, 2020). 그러나 영국의 CDPA는 컴퓨터에 의한 작품의 저작물에 관한 구체적인 정의 규정을 두고 있지는 않으나 저작권자에 대한 명시적인 규정을 두고 있어 인공지능 창작물의 저작권 성립에 직접적인 근거 조항으로 볼 수 있으며, 인간이 아닌 컴퓨터 저작물의 경우 인간에 의한 저작권 내용과 일부 차별화되는 조항을 갖고 있어 향후 인공지능 창작물의 저작권을 입법화한다면 참고할만한 사례로 볼 수 있다(김용주, 2016, 283쪽).

1965년 미국 저작권위원회(the Register of Copyrights)에서는 컴퓨터에 기인한 작품에 대해 인간이 저작자가 될 수 있는지의 문제를 제기하였다. 이어 1974년 설립된 CONTU는 컴퓨터가 단순히 인간을 보조하는 수단인지 아니면 컴퓨터가 저작자로서 역할을 한 것인지를 검토하였다. 그리고 1978년 최종보고서[19]에서 컴퓨터프로그램 이용자가 저작자라는 견해를 밝히고, 컴퓨터는 그 이용을 통해 창작된 저작물의 저작자가 될 수 없음을 분명히 하였다. 즉 컴퓨터 이용자가 컴퓨터를 도구로

---

19) "컴퓨터는 카메라나 타자기와 같이 인간에 의하여 직접적으로 또는 간접적으로 작동이 될 때만 기능할 수 있는 수동적 도구(inert tool)라고 하면서 컴퓨터가 제작한 저작물의 저작자는 그 컴퓨터를 이용한 이용자"라고 하였다(이종구, 2019, 503쪽).

이용하여 창작한 것이므로 '이용자'만이 컴퓨터 창작물의 저작권자가 될 수 있다는 견해를 밝혔다(차상육, 2020, 19쪽). 2014년 미국 저작권청 실무지침도 인간 저작자 요건 조항에서 "저작권법은 오직 창작적 사고와 지적 노동의 산물만을 보호하기 때문에 인간이 창작한 저작물만 저작권청에 등록할 수 있다"[20]고 하였다. 컴퓨터가 어떠한 방식으로든지 저작자로서 역할을 한다는 근거가 없다고 판단한 것인데, 컴퓨터에 의한 작업은 데이터베이스의 콘텐츠, 프로그램에서 기인하는 간접적인 지시, 해당 과정에 직접적으로 인간이 개입하는 것에 의하기 때문이다. CONTU의 판단처럼 프로그램 이용자가 컴퓨터 조작을 광범위하고 상세하게 하므로 개념상 저작자가 되는 것은 문제가 없으나, 프로그램 이용자가 컴퓨터에 지시하는 것이 점차 간단하고 일반화되고 있지만, 컴퓨터가 프로세스의 배열 등에 미치는 영향은 확대되고 있어서 프로그램 사용자가 저작자라고 주장하기 어려운 측면도 있다(김용주, 2016, 287~288쪽). 또한 프로그래머가 컴퓨터 창작물이 도출되는 데 기여한 것을 고려하면 저작자가 될 수 있다는 점도 배제할 수 없다. 프로그램 이용자는 글자 한 단어를 입력하는 것(가령 음악의 경우 '작곡'이라는 단어를 입력)과 같이 비창조적인 한정적 역할을 하는 데 비해, 프로그래머는 상당히 중요한 역할을 하는 것으로 보인다.

한편 국제적인 차원에서 컴퓨터 관련 저작물의 저작자 논의는 1982년부터 WIPO와 UNESCO의 권고에 따라 시작되었다. 컴퓨터프로그램 개발자가 해당 저작물 창작에 기여한 경우 저작자나 공동저작자로 인정받을 수 있다는 것이 그 권고내용이었다. 또 1988년 유럽연합위원회는 모든 저작물은 충분한 기술과 그를 제작하기 위한 노동력 등이 충족되어야 저작권으로 보호받을 수 있다고 설명하면서, 컴퓨터를 도구로 하여 만들어진 저작물은 컴퓨터를 사용하여 저작물을 창작한 이용자가 저작자라고 해석하고 컴퓨터 창작물의 저작자를 인간으로 보았다. 반면 일부 학자들은 1886년 베른협약에서 저작자 자격에 대해 명확하게 정의를 내리지 않았다는 점을 근거로 저작자가 반드시 자연인이어야 할 필요는 없다고 주장하였다(최재원, 2017, 125쪽).

---

20) U.S.Copyright Office, Compendium of U.S. Copyright Office Practices 306(3rd ed., 2014). https://copyright.gov/comp3/chap300/ch300-copyrightable-authorship.pdf.

제 3 장

인공지능 기술의 이해

1 / 인공지능 기술의 발전과정

인공지능이란 용어가 처음 탄생한 1950년대에는 그에 대한 명확한 정의가 존재하지 않은 채, 인공지능은 인간과 유사하게 사유하는 기계 또는 그저 인간의 지시로 이루어지는 기계에 지나지 않았다(심우민, 2016; 정진근, 2020). 즉 초기에는 인간의 문제해결 논리를 컴퓨터 언어로 구현해 냄으로써 컴퓨터를 보조 수단으로 사용하는 단순 도구에 불과했다. 그러나 1990년대 중반 이후 컴퓨터 기술이 발달하고 빅데이터가 등장하면서, 인공지능은 스스로 데이터를 통해 패턴을 찾아내는 방식으로 진화하였다(김재필·나현, 2016, 3쪽). 인간이 구체적인 의사결정 지침을 프로그래밍하는 것이 아니라, 대량 데이터와 알고리즘을 통해 사람의 개입 없이 컴퓨터스스로 학습하고 인지 추론을 하면서 작업수행 방법을 익히는 단계로까지 발전한것이다.

인공지능 기술의 발전과정을 살펴보는 것은 향후 발전을 가늠해 볼 수 있다는점에서 의미가 있다. 심우민(2016)은 기존 논의를 토대로 인공지능 기술의 발전과정을 기대와 침체의 반복으로 평가하면서 크게 3단계로 분류하였고, 정진근(2020)은기술을 기준으로 상상기, 연산기, 빅데이터 학습기, 독자적 학습기와 같이 4단계로나누어 설명하였다. 3단계와 4단계로 구분하였을 뿐 두 사람의 구분은 거의 유사하다. 이들의 분류에 기초하여 인공지능 기술의 발전과정을 3단계로 살펴보면, 제1단계는 1950년대 후반에서 1960년대까지의 시기로, 1956년 여름 미국 동부의 다트머스(Dartmouth) 대학교에서 개최된 워크숍에서 인간과 유사하게 사유하는 기계라는 의미로 인공지능이란 용어가 처음 사용된 시기로부터 1970년대 이전까지를 말한다. 인공지능은 인간의 지시에 따라 이루어지는 기계의 동작에 불과했으며, 명확한 정의가 존재하지 않은 채 인공지능을 인간을 모방하는 무엇인가로 상상한 시기에 해당한다. 상상기 인공지능 연구의 핵심은 '추론'과 '탐색'으로, 추론은 인간의 사고 과정을 기호로 표현해 실행하는 것이며, 탐색은 문제해결을 위한 최선의 경우의 수 또는 정답을 모색해 가는 과정을 의미한다. 하지만 결국 컴퓨터는 한정된 상황에서만 문제해결에 사용된다는 한계를 확인하게 되면서 1970년대 인공지능 연구의 암흑기가 도래한다. 이러한 인공지능의 침체기를 '인공지능의 겨울(AI Winter)'이라고도 부르는데, 인공지능 기술에 대한 투자와 관심이 줄어든 시기를 뜻하는 용어로 사용되었다.

인공지능 기술발전의 2단계는 1980년대 컴퓨터에 지식을 넣으면 유용한 판단에 활용할 수 있다는 접근법이 전성기를 맞이했던 시기이다. 이 시기에는 전문가 시스템(expert system)이라 불리는 실용적 시스템을 만들기 위한 노력이 이루어졌다. 예를 들어, 변호사 업무와 관련한 경우라면 법률 지식을, 의사 업무와 관련한 업무라면 의료지식을 주입하는 방식을 의미한다. 정진근(2020)은 1970년대 이후부터 1990년대까지를 연산기로 부르는데, CPU(Central Processing Unit)를 포함한 연산장치 기술의 발달로 인공지능의 연산 능력(computing power)이 인간의 계산능력을 압도하기 시작하였다. 연산기는 인공지능이 인간이 정해 놓은 단계를 그대로 따르면서 컴퓨터를 동작시키는 단계적 알고리즘 또는 규칙 기반 알고리즘을 토대로 하여 인공지능의 창작이 인간의 창작적 기여에 기반했던 1990년대를 포함한다. 이에 비해, 심우민(2016)의 분류에서는 1990년대를 인공지능 개발 및 연구가 또 다른 한계[1])에 봉착했던 제2의 인공지능 암흑기로 분류하고 있다는 점에서 다소 차이가 있다. 하

---

1) 우선 인간이 어떤 일을 수행할 때는 관계있는 지식만 꺼내서 사용하게 되는데, 이 시기의 인공지능은 그러한 판단이 어렵다는 한계가 있었다. 이를 프레임(frame) 문제라고 한다. 또 다른 문제는 심볼 그라운딩(symbol grounding)의 문제이다. 컴퓨터는 기호의 의미를 알지 못하기 때문에, 미리 무언가를 입력해 두지 않으면, 특정 기호를 그것이 의미하는 대상과 결부시키기에는 한계가 있었다. 결과적으로 인간에게는 지극히 간단한 일이 의미를 이해하지 못하는 컴퓨터에게는 어려운 일이 된다. 이를 모라벡의 역설(Moravec's paradox)이라고 부른다(심우민, 2016, 45쪽).

지만 1996년 딥블루(Deep Blue)가 체스 게임에서 세계 체스 챔피언인 러시아의 개리 카스파로프(Gary Kasparov)를 이긴 사건은 암흑기에서 벗어나서 인공지능이 다시 주목을 받는 데 큰 몫을 했다고 볼 수 있다.

인공지능 기술발전의 3단계는 웹이 널리 보급되면서 대량 데이터를 이용한 머신러닝(machine learning)이 서서히 퍼지기 시작한 2000년대이다. 이 시기는 빅데이터를 활용하여 인공지능이 딥러닝(deep learning)2)을 시작한 빅데이터 학습기에 해당한다. 빅데이터에 기반한 머신러닝, 그리고 거기에서 더 나아간 딥러닝, 즉 특징 표현 학습이 겹치면서 탄생했다. 인간에 의해 주어진 또는 인간의 지시에 따라 수집된 빅데이터를 이용하면서도 창작과정에서는 인간의 개입을 요구하지 않은 것이 이 시기의 특징이다. 2010년 스페인의 '이아무스(Iamus)'의 현대 클래식 음악 작곡, 이세돌 9단을 상대로 승리한 알파고(Alphago)가 이 시기의 대표적인 사례로 손꼽을 수 있다. 2000년대는 인공지능 관련 연구의 부상과 함께 기술이 발전하였는데, 그 요인으로 첫째, GPU(Graphics Processing Unit)의 등장으로 인한 컴퓨터의 연산 능력의 향상을 들 수 있다. 기존 GPU의 역할은 그래픽의 연산 및 생성이었으나, 최근에는 GPU를 활용하여 데이터의 분산처리가 가능해지면서 방대한 분량의 계산을 수행한다. 둘째, 다양한 오픈소스가 구성되면서 인공지능 기술이 빠르게 발전하였다. 과거에는 주로 비영리 교육기관인 대학을 중심으로 오픈소스 문화가 형성되었지만, 최근 오픈소스의 흐름이 산업계로 확장되고 있다. 셋째, 빅데이터의 등장으로 머신러닝 알고리즘이 발전하면서 인공지능이 다양한 자료를 통하여 스스로 학습할 수 있게 되었다. 클라우드 컴퓨팅과 만물 인터넷(Internet of Everything)3)이 출현하면서 인공지능이 충분히 학습할 수 있을 만큼의 자료 환경이 축적되었다(주강진·이민화·양희진·류두진, 2017, 8쪽). 인공지능 기술의 마지막 발전단계인 독자적 학습기는 학습 알고리즘이 적대자모델(Generative Adversarial Networks; GANs)을 통해 빅데이터 학습기에서 한 단계 발전한 시기이다. 인공지능이 인간이 제공하거나 인간의 지시로 수집된 빅데이터에 의존하지 않고, 스스로 학습함으로써 창작 능력을

---

2) 2004년 인공신경망(artificial neural network)을 이용한 딥러닝 기반의 학습 알고리즘이 제안되면서 주목받기 시작하였다.
3) 사물인터넷(Internet of Things; IoT)의 진보된 개념으로, 세상의 모든 것이 연결된다는 의미로서 기존의 사물만이 아니라 사람의 데이터까지도 인터넷으로 연결된다는 의미이다.

향상시켰다.

　이상에서 살펴보았듯이, 인공지능의 단계적 발전은 단절적인 것이 아니라, 각
자가 개별적으로, 그리고 유기적으로 연관되어 발전하고 있는 양상을 보여준다. 사
람과 같은 강한 인공지능(Strong AI)이 실현될 것이라는 장밋빛 미래를 기대하는가
하면, 알고리즘과 컴퓨팅 성능 등의 한계로 만족할 만한 성과를 보여주지 못하는
등, 인공지능 기술은 여러 차례 흥망성쇠를 거치면서 발전해 왔다. 따라서 현 단계
의 인공지능 기술이 인간을 넘어서는 능력을 갖춘 기계적 지능의 출현으로까지 이
어질 것인지는 지켜봐야 할 것이며, 이후에도 상당 기간 암흑기 또는 정체기가 재
차 도래할 여지가 있다(김태훈, 2021; 심우민, 2016).

2 / 인공지능 기술의 특성

1) 인공지능의 개념과 유형[4]

　인공지능이란 용어는 1956년 영국 다트머스 회의에서 존 메카시(John McCarthy)
가 최초로 사용하였다. 당시 메카시는 인공지능 연구를 "기계를 인간 행동 지식에
서와같이 행동하게 만드는 것"(손승우, 2016, 86쪽)이라고 설명하였다. 인공지능은 지
능형 기계, 즉 지적인 컴퓨터프로그램을 만드는 과학기술[5]로 대략 설명할 수 있지
만, 인공지능의 개념은 연구자마다 일관되지 않고, 법적으로 명확하게 정의되지도
않고 있다. 먼저 사전적 정의를 보면, 옥스퍼드 영어사전에서는 "시각적 인식, 음
성인식, 의사결정 및 언어 간 번역과 같이 인간의 지능을 필요로 하는 작업을 수행
할 수 있는 컴퓨터 시스템의 이론 및 개발"이라고 정의하고 있다(차상육, 2017, 187~
188쪽). 위키피디아에서 정의하고 있는 개념은 "인간의 학습능력, 추론능력, 지각능
력을 인공적으로 구현하려는 컴퓨터 과학의 세부 분야 중 하나"이다.[6] 전자의 정

---

4) 조연하 연구(2020)의 일부 내용을 보완하여 인용하였다.

5) https://www.ai-gakkai.or.jp/whatsai/Alfaq.html.

6) 위키백과, https://ko.wikipedia.org/wiki/%EC%9D%B8%EA%B3%B5%EC%A7%80%EB%8A%A5 (2022년
　11월 7일 최종접속).

의가 기능적인 접근이라면 후자는 기술적으로 접근한 개념 정의이다.

　　인공지능에 대한 객관적인 정의는 쉽지 않다. 인공지능이라는 용어를 처음 사용했던 매카시조차도 독자적인 개념 정의를 시도하지 않았다(Yanisky-Ravid, 2017, p. 673). 인공지능의 의미는 그것이 사용되는 상황이나 학문 분야에 따라 다양한데, 객관적인 정의 없이 인공지능의 서로 다른 측면들을 강조하는 방식으로 연구자마다 서로 다르게 정의하고 있다(김대원, 2018; 김윤명, 2016b; 손영화, 2016; Frye, 2018; Laton, 2016). 인공지능에 대해 김승래(2017)는 "인간과 유사한 지적 능력을 갖춘 컴퓨터 기기로서 스스로 생각하고 사물을 인식하고 그에 따라 자율적으로 행동하는 기기(150쪽)"로 정의했고, 김윤명(2016b)과 차상육(2017)은 "스스로 인식하고 자율적으로 행동하는 것(146쪽, 187쪽)"으로 정의하였다. 이들 정의에서는 인공지능의 자율성을 강조하고 있는 것이 특징이다. 또 손영화(2016)는 "인간의 지능, 즉 고도의 문제해결 능력을 가진 인공적 지능(307쪽)"으로 정의하였고, 정원준(2019a)은 "사람으로부터 수집한 데이터를 분석·학습하여 인간의 판단 및 추론과 유사한 형태의 논리 구조를 구현하는 일련의 시스템"으로 정의하였다. 또 러셀과 노비그(Russell & Norvig, 2010)는 인공지능의 개념으로 인간처럼 생각하고, 인간처럼 행동하고, 합리적으로 생각하고, 합리적으로 행동한다는 4가지 기준을 제시하였다(이종구, 2019, 495쪽에서 재인용). 이상은 인간의 지적 능력과의 유사성을 중심으로 한 개념 정의들이다. 기술 과학적으로 접근한 정의로, 김성호(2019)는 "알고리즘이 적용된 소프트웨어 또는 컴퓨터프로그램과 그것을 탑재한 하드웨어로서의 기계장치가 기능적으로 결합된 것"으로 정의했다. 또 손승우(2016)는 "인간성이나 지성을 갖춘 존재, 혹은 시스템에 의하여 만들어진 지능(86쪽)"으로 정의함으로써 다소 철학적으로 접근하기도 하였다. 야니스키-라비드(Yanisky-Ravid, 2017)는 "인지, 의사결정, 창작, 학습, 진화, 소통과 같이 보통 인간 지성을 요구하는 업무를 수행할 수 있는 시스템이자, 인공지능이 도달할 수 있는 모든 데이터를 사용함으로써 기존의 해결책을 더 효율적으로 만들 수 있는 도구(pp. 673~674)"로, 기능적인 차원에서 정의하였다. 또 가트너(Gartner)는 "머신러닝을 포함한 고급 분석과 논리에 기반을 둔 기술을 적용하여 사건을 해석하고 결정을 지원하거나 자동화하고 조치를 취하는 기술"[7]로

---

7) https://www.gartner.com/en/topics/artificial-intelligence.

설명하면서 인공지능의 기능을 중심으로 접근하였다.

이상의 정의들을 토대로 할 때, 인공지능의 개념은 "인간과 유사하게 사고하면서 자율적으로 인식하고 행동할 수 있는 고도의 문제해결 능력을 이용하여 인간지능이 필요한 일을 효율적으로 수행하는 지성을 가진 존재 또는 시스템"이다. 현재 우리나라에서 인공지능의 개념을 정의해주고 있는 법률은 없다. 「지능형 로봇 개발 및 보급 촉진법」에서 정의하는 지능형 로봇8)이 인공지능과 거의 유사한 개념인데, 이에 기초하면 인공지능의 법적 개념은 "외부 환경을 스스로 인식하고 상황을 판단하여 자율적으로 동작하는 프로그램"으로 이해할 수 있다.9) 이렇게 볼 때 상황의 인식과 자율적인 판단, 스스로의 행동 등을 주요 요소로 하고 있다는 점에서, 인공지능의 핵심 개념은 지능성과 자율성이다(김성호, 2019; 이도국, 2017).10)

인공지능의 유형 분류는 인공지능을 이해하는 데 유용하지만, 동시에 인공지능의 법적 지위나 책임의 정도를 해석하는 기준이 된다는 점에서도 구분의 실익이 있다. 일반적으로 인공지능은 그것을 이해하기 위한 실용적인 목적에서, 기술발전 정도, 작동방식과 과학기술의 추구유형, 인간과의 관계 또는 인간의 관여 정도 등을 기준으로 약한 인공지능과 강한 인공지능으로 분류한다. 약한 인공지능을 좁은(Narrow) 인공지능으로, 강한 인공지능을 일반(General) 인공지능으로 부르기도 한다.11) 학자에 따라서는 약한 인공지능과 강한 인공지능 외에 초인공지능(super AI)을 추가하기도 하는데, 이것은 강한 인공지능이 더욱 진화하여 인간의 두뇌를 월등히 뛰어넘는 인공지능이다. 자의식을 가지고 판단하는 능력을 갖추고 있어서 모든

---

8) 외부 환경을 스스로 인식하고 상황을 판단하여 자율적으로 동작하는 기계장치(기계장치의 작동에 필요한 소프트웨어를 포함한다).

9) 「자동차관리법」 제2조 제1의 3호에서 자율주행 자동차를 "운전자 또는 승객의 조작 없이 자동차 스스로 운행이 가능한 자동차를 말한다"고 정의하고 있다. 여기서 인간의 개입이 없는 자율을 의미하는 '스스로 운행이 가능한'이라는 표현에 인공지능이 포섭된다고 볼 수 있는지에 따라 동 법이 인공지능을 언급한 법률인지가 결정될 것이다(양관석, 2018, 12쪽).

10) 한편 차세대 소프트웨어 기술을 의미하는 인공지능 자체는 기술적 사상으로서 특허법에 의한 발명이나, 저작권법에 의한 컴퓨터프로그램저작물로서 보호받을 수 있다. 따라서 인공지능은 현행 저작권법이나 특허법 등으로 이미 보호되고 있거나 새로운 방법으로 보호하는 방안이 논의되고 있다(윤선희·이승훈, 2017, 166~167쪽).

11) 특정 요소를 기준으로 기술적 인공지능, 기능적 인공지능, 범용 인공지능, 참 인공지능으로 나누는 경우도 있다(정연덕·운박, 2021, 245쪽).

표 3-1. 인공지능의 개념 정의

학자	시기	개념
김승래	2017	인간과 유사한 지적 능력을 가진 컴퓨터 기기로서 스스로 생각하고 사물을 인식하고 그에 따라 자율적으로 행동하는 기기
차상육	2017	스스로 인식하고 자율적으로 행동하는 것
손영화	2016	인간의 지능, 즉 고도의 문제해결 능력을 가진 인공적 지능
정원준	2019a	사람으로부터 수집한 데이터를 분석·학습하여 인간의 판단 및 추론과 유사한 형태의 논리 구조를 구현하는 일련의 시스템
김성호	2019	알고리즘이 적용된 소프트웨어 또는 컴퓨터프로그램과 그것을 탑재한 하드웨어로서의 기계장치가 기능적으로 결합된 것
손승우	2016	인간성이나 지성을 갖춘 존재, 혹은 시스템에 의하여 만들어진 지능
야니스키-라비드	2018	인지, 의사결정, 창작, 학습, 진화, 소통과 같이 보통 인간 지성을 요구하는 업무를 수행할 수 있는 시스템이자, 인공지능이 도달할 수 있는 모든 데이터를 사용함으로써 기존의 해결책을 더 효율적으로 만들 수 있는 도구

인류의 지성을 합친 것보다 더 뛰어날 수도 있다(국경완, 2021; 김승래, 2018; 김용주, 2016; 김진석, 2017; 손승우, 2016; 이양복, 2018; 이종구, 2019; 조연하, 2020; 최재원, 2017; Frye, 2018; Martinez, 2019). 한편 약한 인공지능은 특정 분야의 일만 할 수 있도록 설계되었다는 점에서 문제해결을 위해 논리를 사용하여 이성적인 정의에 따라 생각하고 행동하는 좁은 인공지능(Artificial Narrow Intelligence)으로, 강한 인공지능은 종합적 판단에 있어 한계를 보이는 현재의 약한 인공지능을 넘어섰다는 점에서 인간 수준의 인지능력을 가진 범용 인공지능(Artificial General Intelligence)으로 부르기도 한다(Laton, 2016).

이와 유사한 분류 방법으로 챔버레인(Chamberlain, 2016)은 인공지능을 'soft' 인공지능과 'hard' 인공지능으로 분류하였다. 'soft' 인공지능은 인간의 일을 수행하는 컴퓨터를, 'hard' 인공지능은 인간과 유사한 방식으로 실제로 논리적으로 추리하는 컴퓨터를 의미한다. 전자가 약한 인공지능이라면 후자는 강한 인공지능에 가깝다고 볼 수 있다. 또 윤선희·이승훈(2017)은 인공지능을 인공지능 작동 결과에 따른 생성물과 현행 인간의 지식재산권 제도와의 관련성 여부를 기준으로 서비스 제공형 인공지능(Service Providing AI)과 표현 창작형 인공지능(Expression Creating AI)으로 분류하였다. 전자는 자율주행, 의료서비스, 법률서비스 등의 분야에서 인공지능의 작동 결과 자체로, 인공지능 운영자가 만족을 얻게 되는 유형이다. 후자는 인공지능의 작동 결과로서 생성된 어문, 음악, 음악, 미술 또는 디자인 등과 같이 그 작동 결과뿐만 아니라, 그 작동 결과에 따라 생성된 인공지능 창작물의 복제나 배포 등을 통하여 인공지능 운영자가 만족을 얻게 되는 유형이다(163~164쪽). 이 중에서 후자가 저작권 제도와 관련된 인공지능 유형이다. 아직은 인공지능이 인간 수준보다 높고 낮은지를 기준으로 약한 인공지능과 강한 인공지능으로 분류하는 것이 일반적이며, 이것은 인공지능의 능력을 설명하고 인간 지능과 구별하는 기준으로 널리 사용된다.12)

약한 인공지능은 자체적인 판단 능력이 없고 인간이 알고리즘과 데이터, 규칙 등을 입력하면 주어진 조건에서 입력된 정보를 분석하여 한정된 문제를 해결한다. 가장 일반적인 형태의 인공지능으로, 단일 문제를 해결하도록 설계되어 단일 작업을 효율적으로 실행한다. 이것은 인간의 감성까지는 이르지 못하고 인간의 일부 지능적인 기능을 대체함으로써 인간을 보조하는 정도이다. 자율주행자동차, 로봇 청소기, 구글의 번역기와 지도, 구글 '알파고', IBM '왓슨(Watson)' 등이 그 예이다. 반면 강한 인공지능은 약한 인공지능이 진화된 형태로서, 아직 현존하는 기술은 아니고 이론적인 개념이지만 딥러닝과 같은 학습방식을 통해 문제를 해결하거나 판단할 수 있다. 언어처리, 이미지 처리, 계산 기능 및 추론 등과 같은 다양한 영역에 걸쳐 인간 수준의 인지기능을 갖는 인공지능이다. 인간이 알고리즘만 설계하면 스스로 데이터를 찾아서 학습하는 딥러닝을 수행하는데, 스스로 사고할 수 있는 지각력을 가지고 인식함으로써 인간이 할 수 있는 어떤 지적인 업무도 가능하고 자율성, 자유의지, 독립성을 가지고 있으면서 계속 진화한다. 인간의 추론을 모방하기 위해 서로 통신하고 협력하여 작동하는 수천 개의 인공지능 시스템으로 구성되어야 하므로, 매우 복잡하면서도 대규모 시스템이 필요하다. 초인공지능은 수퍼 인공지능으로 불리기도 하는데, 인간의 모든 능력을 능가할 수 있으며, 합리적인 의사

---

12) 이 구별은 인공지능들을 서로 구별할 때만 흔히 사용될 뿐 아니라, 인공지능을 인간과 구별하는 데에서도 사용된다. 이에 대해서는 세 가지 유형의 주장이 있는데, 첫째는 인간의 창의적인 마음과 인공지능을 구별하는 이론이며, 둘째 인간의 포괄적인 능력을 강한 지능의 기준으로 삼는 관점이며, 셋째는 인간보다 우월한 종을 강한 인공지능의 기준과 목표로 삼는 관점으로 구별한 주장도 있다(정연덕·윤박, 2021, 245쪽).

결정을 내릴 수 있다. 초인공지능의 능력에는 더 나은 예술작품을 만들고 감정적인 관계를 구축하는 것까지도 포함된다(국경완, 2021, 18쪽). 이처럼 계속 진화하는 인공지능의 속성은 인간을 능가하고 파괴할 수도 있어서 인류에 대한 위협이 될 수 있다는 우려를 낳기도 한다. 이론적으로 인공지능은 인간의 사고와 같이 컴퓨터프로그램이 행동하고 사고하는 인간형 인공지능과 인간과 다른 형태의 지각과 사고 추론을 발전시키는 컴퓨터프로그램인 비인간형 인공지능으로 나뉘는데, 강한 인공지능은 스스로 사고하고 정신과 자유의지를 가지며 계속 진화할 수 있다는 점에서 지식적 측면에서 인간을 능가하기 때문에 인류를 위협[13]할 수 있다는 것이다(손승우, 2017. 25쪽).

이렇게 볼 때 인공지능의 유형 분류에서 고려해야 할 요소는 인공지능의 자율성 또는 인간의 창작적 기여나 개입의 정도라고 볼 수 있다. 결국 인공지능을 구분하는 핵심 지표는 자율성이다. 마르티네스(Martinez, 2019)는 지능 판정에 필수적인 속성을 찾으려는 목적에서 컴퓨터 공학자인 러셀과 노비그가 인공지능에 대한 다양한 정의들을 인간과 같은 사고, 인간과 같은 행동, 이성적인 사고, 이성적인 행동과 같이 네 가지 범주로 정리한 것을 토대로 인공지능의 가장 중요한 속성을 자율성이라고 보았다. 그리고 인공지능 진화에 따른 통제 불능에 대비하여 자율성을 기준으로 인공지능에 관한 법적 체계를 갖출 것을 주장하였다. 하지만 자율적 판단을 한다는 특징으로 인해 개발자조차도 인공지능이 어떤 과정으로, 어떤 결과물을 만들지 예측하지 못할 뿐 아니라 이용자가 의도하지 않거나 의도에 반하는 결과를 야기하기도 한다. 따라서 법적 효력 인정 여부가 문제될 수 있으며, 인공지능의 선택과 개발자의 권리와 책임 사이에 명확한 선을 긋기가 쉽지 않다(이양복, 2018; 정원준·선지원·김정언, 2019). 인공지능 개념에서 중요한 요소인 자율성이 인공지능 결과물에 대한 예측과 인간의 통제를 어렵게 하는 요소로 작용하며, 인공지능의 창작이란 현상에 관한 법적 해석에도 걸림돌이 된다고 볼 수 있다.

---

13) 스티븐 호킹(Stephen Hawking) 박사는 강한 인공지능의 출현을 경고한 적이 있으며, 유명한 미래학자인 레이 커즈와일(Ray Kurzweil)은 그의 저서 "특이점이 온다"에서 인공지능이 자신보다 똑똑한 인공지능, 즉 강한 인공지능을 만들어내는 시점을 2045년으로 예측하였다. 과학자들의 대부분은 빠르면 50년 이내에 늦어도 100년 이내에는 강한 인공지능이 등장할 것으로 보고 있다(손승우, 2017. 25쪽).

한편 인공지능 연구 방법은 크게 두 가지로 분류된다. 첫째, 인간 지능의 구조를 이해하기 위해서 컴퓨터를 활용하고 시뮬레이션 등을 행한다는 것을 연구목적으로 하는 접근방식이다. 주로 철학, 심리학, 뇌 과학 등의 학술 분야에서 접근하는 연구방법으로, 인간의 뇌의 구조를 해명하고, 그 시스템대로 인공지능을 만든다는 것이다. 그러나 현재는 산업적 응용이 목표인 입장이 주류이므로, 이러한 접근방식은 주류가 아니다. 두 번째 연구방법은 지능적(혹은, "영리"나 "합리적")인 소프트웨어를 구축하는 것을 연구목적으로 하는 공학적 접근법이다. 이 방식에서는 목적을 달성하기 위해서는 수단으로서 '인간의 시뮬레이션'이 필요 없다고 본다. 인간의 사고원리와 달라도 괜찮고, 소프트웨어나 이용자의 지적 작업을 높이기 위한 소프트웨어를 만드는 것이 목적이다. 이 방식은 현대의 주류 인공지능 연구 방법에 속하는데, 실제로는 이 두 가지 접근방식이 서로 좋은 영향을 주면서 인공지능이 발전하고 있다고 보아야 할 것이다(손영화, 2016, 308~309쪽).

2) 인공지능의 기술적 특성[14]

(1) 인공지능의 일반적인 특성

인공지능 기술은 구체적인 의사결정 지침을 인간이 코딩(프로그래밍)하는 것이 아니라 대량의 데이터와 알고리즘을 통해 사람의 개입 없이 컴퓨터 스스로 학습하고 인지 추론을 하면서 작업수행 방법을 익힌다. 예측 가능한 구조적인 방법으로 기존 작업을 단순 복사만 하는 레이저 프린터와 같은 이전 기술과는 크게 다르다 (손승우, 2016; 신창환, 2019; 이양복, 2018; Yanisky-Ravid, 2017). 인공지능의 3대 주요 기술은 학습, 추론, 인식이다. 첫째, 학습은 다양한 지식과 정보를 축적하는 개념을 말한다. 좀 더 구체적으로는 인간의 뇌를 단순화하여 구현한 것이 신경 회로망이며, 신경 회로망에서 학습은 한 처리기의 지식 변화가 인접된 다른 처리기에 변형을 주고 기존 연결의 강도 수정을 통해 이루어지는데, 연결 강도의 변화를 학습 규칙이라고 한다. 둘째, 추론은 축적된 지식을 기반으로 새로운 정보에 대한 답을 도출하는 개념이다. 추론에는 여러 가지 방법이 사용되고 있으나, 가장 기본적이고도

---

14) 조연하 연구(2022)의 일부 내용을 보완하여 인용하였다.

많이 사용되는 방법은 접법(direct method) 또는 Zadeh의 추론 방법이라고도 불리는 Max-Min CRI 방법이다. 마지막으로 인식은 학습을 바탕으로 한 추론을 통해 결과를 표출하는 개념을 의미한다. 이것은 학습을 바탕으로 새로운 자료나 불확실한 자료가 주어질 때 추론을 통해 알아차리는 과정이며, 그 결과를 표출하는 과정까지 포함한다(김현경, 2017; 박현경, 2020; 손영화, 2016; 조영임, 2016).

인공지능은 스스로 사고하고 학습하는 과정을 거쳐서 계속 진화하는데, 문제해결을 위해 작동하는 과정에서 데이터, 컴퓨팅, 알고리즘과 같은 3대 요소가 필요하다(박상욱, 2018; 박현경, 2020). 데이터는 인공지능을 구현하기 위해 가장 기본이 되는 기초 재료로서, 학습과 분석의 대상이다. 학습하기 위해서는 일정량 이상의 데이터가 필요하며, 관련 데이터가 정제된 정도에 따라 그 결과물의 수준 차이가 크다. 컴퓨팅은 데이터의 저장 및 처리능력이다. 대량의 데이터 학습처리를 위해 필요한 기반 환경으로 GPU 등 연산 능력이 기하급수적으로 발전하여, 과거 수개월 소요되었던 딥러닝이 수 시간, 몇 분 만에 처리할 수 있게 되었다. 2012년 구글 브레인 프로젝트에서 3일 동안 이미지 1천만 개를 학습시키기 위해 16,000개의 컴퓨터를 이용했으나, 1년 뒤 바이두의 인공지능연구소에서는 동일 성능의 GPU를 사용한 컴퓨터 단 3대로 구현한 것이 좋은 예이다. 마지막으로 알고리즘은 문제를 해결하기 위해 정의된 규칙과 절차의 모임이다. 초기에는 프로그램 언어로 구현되었으나 현재는 데이터 학습으로 성능의 지속적인 향상을 보여주고 있다. 아마존의 '알렉사', 구글의 '어시스턴트', 네이버의 '클로버', 카카오의 '카카오 I' 등이 인공지능 선도기업이 가지고 있는 인공지능 알고리즘(플랫폼)이다.

(2) 데이터의 개념 및 특성

인공지능 알고리즘을 학습시키고, 예측의 정확도를 높이기 위해서는 데이터양이 많을수록 유리하다. 따라서 인공지능 기술구현에서 가장 중요한 것이 데이터 확보이다. 데이터의 사전적 의미는 이론을 세우는 데 기초가 되는 사실이나 재료, 관찰이나 실험, 조사로 얻은 사실이나 자료이며, 정보통신 분야에서는 컴퓨터가 처리할 수 있는 문자, 숫자, 소리, 그림 따위의 형태로 된 자료로 정의한다.[15] 데이터의

---

15) 나무위키, https://namu.wiki/w/%EB%8D%B0%EC%9D%B4%ED%84%B0 (2022년 3월 1일 최종접속).

법률적 의미는 2020년 6월 제정된 「데이터기반행정 활성화에 관한 법률(이하 데이터 기반행정법)」에서 찾아볼 수 있다. 동 법 제2조에서는 "정보처리능력을 갖춘 장치를 통하여 생성 또는 처리되어 기계에 의한 판독이 가능한 형태로 존재하는 정형 또는 비정형의 정보"로 정의하고 있다. 2021년 10월에 제정된 「데이터 산업진흥 및 이용촉진에 관한 기본법(이하 데이터산업법)」에서는 데이터를 "다양한 부가가치 창출을 위하여 관찰, 실험, 조사, 수집 등을 취득하거나 정보시스템 및 소프트웨어 진흥법 제2조 제1호에 따른 소프트웨어 등을 통하여 생성된 것으로서 광(光) 또는 전자적 방식으로 처리될 수 있는 자료 또는 정보"로 정의하고 있다.[16] 이들 법에서는 데이터를 정보 또는 자료로 보고 있는데, 「지능 정보화 기본법」에 따라 정보는 "광(光) 또는 전자적 방식으로 처리되는 부호, 문자, 음성, 음향 및 영상 등으로 표현된 모든 종류의 자료 또는 지식"을 의미한다.

김두만(2021)은 데이터라는 것은 증명·판단·결정을 위한 자료로 구조화되지 않아 "컴퓨터에 의해 처리가 필요한" 혹은 "처리할 수" 있게 입출력이 가능한 형태의 디지털로 부호화된 정보를 의미한다고 보면서, 컴퓨터에서 처리할 수 있도록 일정한 형식으로 된 "파일"로 일종의 '기관 없는 신체'로 비유하였다. 그리고 데이터베이스에 관한 저작권법의 개념 정의[17]에 기반하여 데이터를 개별적 배열 및 편집을 할 수 있는 요건을 포함하고 있다고 해석하면서, 데이터를 "편집과 배열을 통해 다양한 정보를 생산·유통 또는 활용하여 사용자가 의사결정을 하는 데 도움을 줄 수 있는 정보로 활용할 수 있는 성질의 것"으로 개념을 정의하였다(364~365쪽). 이와 같은 데이터에 관한 사전적 의미, 법률에서의 정의, 기존 논의를 토대로 할 때, 데이터는 "의사결정에의 활용, 부가가치 창출 등의 목적으로 컴퓨터와 같은 정보처리능력을 갖춘 장치를 통하여 생성되거나 처리되어 판독이 가능한 형태의 부호, 문

---

16) 데이터는 공공데이터와 민간데이터로 나누어볼 수 있는데, 「데이터산업법」에서는 공공데이터를 「공공데이터의 제공 및 이용 활성화에 관한 법률」 제2조 제2호에 따른 공공데이터로 정의하고 있다. 이에 따르면 공공데이터는 "데이터베이스, 전자화된 파일 등 공공기관이 법령 등에서 정하는 목적을 위하여 생성 또는 취득하여 관리하고 있는 광(光) 또는 전자적 방식으로 처리된 자료 또는 정보"를 말한다. 그리고 「데이터산업법」에서 정의하는 민간데이터는 "국가기관, 지방자치단체 또는 공공기관이 아닌 자가 생성 또는 취득하여 관리하고 있는 데이터"이다.

17) 소재를 체계적으로 배열 또는 구성한 편집물로서 개별적으로 그 소재에 접근하거나 그 소재를 검색할 수 있도록 한 것(저작권법 제2조 제19호).

자, 음성, 음향 및 영상 등으로 표현된 정형 또는 비정형의 자료[18])"로 정의된다.

데이터의 유형은 정형 데이터와 비정형 데이터, 그리고 반정형 데이터로 분류된다.[19]) 정형 데이터는 수치, 문자, 사실과 같이 일정한 규격이나 형식, 틀이 있는 구조화된 데이터를 말하는 것으로, 나이, 이름, 성별 등이 여기에 해당한다. 이것은 고객 데이터나 회계 데이터와 같이 데이터 요소 간의 관계를 쉽게 정의할 수 있다. 비정형 데이터는 형태도 없고 데이터 모델도 준수하지 않아서 규칙성을 찾기 어려운 데이터로, 오디오, 비디오, 동영상, 이미지, 텍스트 등이 해당한다. 이것은 데이터 요소 상호의 관계를 정의하는 것이 곤란하다는 특징이 있다(김두만, 2021; 박성호, 2020; 박현경, 2020). 또 반정형 데이터는 반구조적 데이터라고도 하는데, 데이터의 형식과 구조가 변경될 수 있는 데이터로 데이터의 구조 정보를 데이터와 함께 제공하는 파일 형식의 데이터이다.[20]) 형태가 있으나 데이터 모델을 준수하지 않는 데이터로, HTML, XML과 같은 웹 문서를 예로 들 수 있다.

데이터는 머신러닝에서 중요한 자료인 빅데이터 자원의 개별 요소들을 의미한다. 빅데이터란 사전적 의미로 기존 데이터베이스 관리 도구의 능력을 넘어서는 대량의 정형 또는 심지어 데이터베이스 형태가 아닌 비정형의 데이터 집합조차 포함한 데이터로부터 가치를 추출하고 결과를 분석하는 기술[21])을 말한다. 빅데이터에 관한 정의를 보면, 기존의 관리 방법이나 해석 체계로는 처리하기 어려운 막대한 양의 정형 또는 비정형 데이터 집합(이지호, 2013, 97쪽), 기존의 데이터베이스로 처리하기 어려운 다양한 종류의 대규모의 데이터로서, 경제적인 가치를 추출할 수 있는 것(이진태, 2013, 142쪽), 데이터의 규모가 방대하며 다종·다양하고 복잡하여 종래의 소프트웨어로는 처리·분석하기 어려운 데이터의 집합체(박성호, 2020, 41쪽) 등으

---

18) 일반적으로 정보는 데이터(자료)를 가공해 얻은 것이므로, 본 저서에서는 데이터를 자료나 정보가 아닌 자료로만 정의한다.

19) 그 밖에 기존의 데이터를 가공·분석·편집·통합한 데이터를 파생 데이터라고 하는데, 기존의 정형 또는 비정형 데이터를 가공·분석·편집한 것, 기존의 데이터를 결합·통합한 것, 기존의 데이터를 활용하여 제작·작성·시각화된 자료로 구분할 수 있다.

20) 정보통신용어사전, http://terms.tta.or.kr/dictionary/dictionaryView.do?word_seq=175129-2 (2022년 3월 5일 최종접속).

21) 위키백과, https://ko.wikipedia.org/wiki/%EB%B9%85_%EB%8D%B0%EC%9D%B4%ED%84%B0 (2022년 2월 14일 최종접속).

로 정의되고 있다. 예를 들어 기존 데이터베이스 시스템은 데이터를 어떤 형태로 정형화할지를 정하는 관계형 데이터베이스를 기초로 하는데, 반정형 데이터 및 비정형 데이터와 대량 데이터 입력을 처리하는 데 취약하다. 그러나 빅데이터 처리를 위한 대용량 분산처리 시스템은 이런 관계형 데이터베이스의 약점을 보완하고, 대규모의 데이터를 빠르게 처리할 뿐 아니라 비용 측면에서도 강점을 가진다.

빅데이터의 주요 특성은 규모(volume), 다양성(variety), 복잡성(complexity), 속도(velocity)이다. 이 4가지 요소가 충족될수록 빅데이터에 적합하다고 본다. 복잡성은 데이터의 관리와 처리가 복잡하고 새로운 기법이 요구됨을 의미한다. 규모는 데이터 크기가 크다는 점, 속도는 데이터 처리 및 분석을 해결하는 속도가 빠르다는 점, 다양성은 빅데이터를 구성하는 데이터가 다양하다는 점을 말하는데, 규모, 다양성, 속도가 빅데이터의 세 가지 주요 특징으로 "3Vs"라고 부른다(이지호, 2013; 이진태, 2013). 빅데이터는 인공지능 구현의 완성도를 높여주지만, 인공지능의 도움을 받아 문제해결 완성도를 높여주기도 한다. 다시 말해 상호보완 관계이다(유성민, 2016, 32쪽). 인공지능의 학습에서 필수적인 빅데이터를 구성하는 데이터는 그 저작물성에 따라 저작권 문제가 발생할 수 있다. 컴퓨터가 생산한 데이터나 날씨정보, 교통정보와 같이 인간이 만든 정형 데이터는 인간의 사상이나 감정을 표현한 창작물이 아니므로 저작물로서 보호받지 못하지만, 글, 그림, 사진, 음악, 동영상과 같이 인간이 생산한 비정형 데이터나 반정형 데이터는 창작성 요건을 충족한다면 저작물로 보호받는다.

(3) 머신러닝과 딥러닝의 개념과 특성

인공지능이 저작물을 창작하기 위해서는 기존의 지적 성과나 저작물을 축적하여 이용해야 한다. 이런 축적은 저작권 측면에서는 저작물이나 데이터베이스 등의 기타 보호 대상의 복제로 이해할 수 있다. 즉 저작물 창작을 위해 기본적으로 데이터를 학습해야 하는데, 기술적으로는 머신러닝(machine learning)이 요구된다(신창환, 2019; Sobel, 2017). 머신러닝이란 인공지능을 구현하는 하위 기술로, 기본적으로 알고리즘을 이용해 데이터를 학습하고 분석해서 데이터의 일정한 패턴을 찾아내고 그 내용을 기반으로 판단하거나 예측하는 기술이다. 이것은 데이터를 분석하여 자동으로 특정한 패턴이나 규칙을 찾아냄으로써 새로운 통찰력을 제시하거나 미래를 예측하는 4차 산업혁명의 핵심기술이다(구형일, 2018; 김성일, 2015; 정상조, 2020). 데이터의 의미와 다양한 특징을 파악하고 분석하여 패턴을 분류해서 결과를 제공하는 귀납적 방식에 기반하며, 결과를 바탕으로 새로운 데이터를 판단함으로써 일련의 학습 과정과 결과 도출과정을 자동 반복하여 모델의 성능이 점차 향상(권신혜·박경우·장병철·장병희, 2019; 김윤명, 2016a)되는 것이 머신러닝의 특징이다. 머신러닝은 인공지능 프로그램 자신이 스스로 학습하는 구조로도 설명 가능한데, 이는 1990년대를 거치면서 오랜 기간 축적되어 온 문자식별 등 패턴 인식기술과 급증하고 있는 활용 가능한 데이터에 기반을 두고 있다. 즉 컴퓨터가 대량의 데이터를 처리하면서 분류 방법을 자동으로 습득해 가는 것을 의미한다(심우민, 2016, 45쪽). 인간의 학습은 정보의 특성에 대한 선행학습이나 지도학습으로 이루어지지만, 머신러닝은 특정 데이터에 대하여 잘 동작하도록 학습모델을 학습시키면 실제 상황에서 그 데이터와 유사한 새로운 데이터가 입력되었을 때 학습된 것과 유사한 결과를 출력한다(김윤명, 2016a, 203~204쪽). 그러므로 인간은 기존의 창작물에서 선험적으로 학습하여 새로운 저작물을 창작하지만, 인공지능은 머신러닝 기술을 통해 기존의 저작물을 훈련 데이터로 사용함으로써 산문을 쓰고 음악을 작곡하고 영화를 제작하는 법을 스스로 학습한다. 그런 점에서 머신러닝은 저작물 창작 욕구와 엄청난 잠재력을 지닌 인공지능 기술이라고 볼 수 있다(Sobel, 2017, p. 45). 한마디로 머신러닝은 인간의 학습 능력을 컴퓨터에서 실현하는 기술이며, 인공지능을 구현하는 구체적인 해결 방법이다(박상욱, 2018, 14쪽).

머신러닝은 학습 방법에 따라 지도학습(supervised learning), 비지도학습(unsupervised learning), 강화학습(reinforcement learning)으로 구분된다. 지도학습은 데이터와 함께 해답을 제시하면서 지도하는 방법이다. 컴퓨터에 먼저 정보를 가르치는 방법으로 다양한 데이터를 제공하여 A라는 답을 찾으라고 하는 것이다. 이 학습 방법은 입력 치와 올바른 출력 치를 세트화하여 컴퓨터를 훈련시켜 어떤 입력이 주어졌을 때 올바른 결과(출력 치)가 도출되도록 한다. 이에 비해 비지도학습(unsupervised learning)은 해답을 주지 않고 인공지능이 스스로 학습하도록 하여, 추가적인 정보를 알려주는 라벨이 없는(unlabeled) 데이터에서 숨겨진 구조와 패턴을 찾아내는 방식이다. 입력용 다양한 데이터만 제공하고 라벨링 없이 데이터에 내재하는 구조를 파악하기 위해서 이용하는데, 특히 분류를 통해 데이터에 내재하는 패턴이나 규칙을 추출하거나 일반화를 하는 것을 목적으로 한다. 그리고 강화학습(reinforcement learning)은 인공지능이 경험과 시행착오를 통해 얻은 데이터를 기반으로 모델을 지속해서 개선하는 방식으로 학습하는 기술이다. 학습을 수행하는 에이전트가 에이전트 외부에 존재하는 환경과 시행−착오를 통해 상호작용하면서, 현재 상황을 입력으로 받아 누적 보상이 최대가 되는 액션을 선택하면서 학습하는 방법이다(구형일, 2018; 김병천·김삼근·윤병주, 2002; 김태훈, 2021; 박현경, 2020; 손승우·김윤명, 2016; 심우민, 2016). 이렇게 머신러닝은 인공지능 스스로 학습하는 방식이지만, 학습대상인 빅데이터를 인공지능 스스로 선별하기도 하고 개발자나 서비스제공자가 지정해 줄 수도 있다. 따라서 이용되는 빅데이터가 저작물이라면 이는 저작물을 이용하는 것과 다를 바 없어서(김윤명, 2016a, 205쪽), 이용에 앞서 저작권 문제를 해결해야 한다.

기존의 머신러닝 기술에 인간의 두뇌를 모방한 인공신경망 기술발전으로 더 심층적이고 다층적인 기계학습이 가능하게 되었다. 이것이 바로 딥러닝(deep learning)이다. 딥러닝은 머신러닝의 한 분야[22]로, 인간의 뇌를 모방한 신경망 네트워크를 더한 알고리즘으로, 인간처럼 판단하고 학습하고 예측한다(박현경, 2020, 133쪽). 이것은 사람의 신경망을 닮은 네트워크에 입력 데이터와 그로부터 원하는 출력 결과의 쌍을 무수히 입력시켜 학습시킨 다음, 이 신경망에 새로운 데이터를 입력했을 때 원하는 출력 결과가 나오도록 하는 기술이다.[23] 즉 인공신경망을 활용해 데이터를 학습하며, 여러 경우의 수에 관한 학습을 시키지 않더라도 다양한 상황을 스스로 판단하여 데이터를 처리한다(정상조, 2020). 딥러닝은 모종의 정보 및 판단기준을 인간이 주지 않는다면 스스로 학습하지 못하는 기존의 머신러닝의 근본적인 한계를 극복하는 기술로 등장하였으며, 데이터에 존재하는 특징을 스스로 학습한다(심우민, 2016, 46쪽). 전통적인 기계학습은 경험을 통해 특정 작업의 성능이 향상되는 것이며, 전통적인 통계학을 기반으로 한 패턴을 인식하는 방법이다. 이에 비해 딥러닝은 인간의 두뇌에서 정보처리를 수용하고 흡수할 수 있는 뉴런의 구조를 모방한 인공신경망 구조를 기반으로 다층적 구조를 형성하여 정밀한 분석이 가능하며, 스스로 정보처리 방식을 습득하여 인지, 추론, 판단을 할 수 있다(김재필·나현, 2016)

---

22) 딥러닝과 머신러닝은 모두 인공지능의 하위 영역이며, 딥러닝은 실제로 머신러닝의 하위 영역이라고 볼 수 있다.

23) 위키피디아, https://ko.wikipedia.org/wiki (2021년 6월 12일 최종접속).

는 차이가 있다.

기존의 머신러닝이 대부분 지도학습으로 이루어지는데, 딥러닝은 지도학습은 물론 비지도학습, 강화학습을 포함한 많은 알고리즘 모델과 호환될 수 있다는 점에서 현재로서는 가장 복잡한 형식의 인공지능 기술이다. 대량의 데이터와 엄청난 연산력이 필요하며, 인간의 음성인식, 영상인식, 언어이해, 온라인 이용자 행동 예측이나 번역을 모델링하기 위한 패턴 인식에 활용된다(Hedrick, 2019, pp. 367~368). 페이스북이 개발한 얼굴인식 알고리즘인 '딥페이스'24)와 구글의 딥마인드가 개발한 인공지능 바둑 프로그램 '알파고'25)가 딥러닝을 적용한 경우이다. 딥러닝은 2000년대 들어 빅데이터 기술, 컴퓨팅 기술, 하드웨어 기술, 학습 알고리즘, 인공신경망 기술 등의 발전으로 가능해졌다(구형일, 2018; 박현경, 2020). 특히 데이터의 축적으로 가능해진 개념이기도 하다. 딥러닝은 기술구현을 위해 학습에 쓰일 데이터를 대량으로 확보하는 것이 전제조건이며, 방대한 데이터에서 특징을 분석하여 이를 신경망에 저장하는 방식을 취하므로 데이터가 많을수록 예측 정확도가 올라간다(김윤명, 2016a; 김기정·송석현, 2021; 김태훈, 2021). 그런 점에서 딥러닝은 인공신경망에 빅데이터를 결합한 것이라고 볼 수 있다. 이미 인공지능은 딥러닝 기술을 이용하여 미술, 음악, 어문 등 다양한 분야에서 새로운 저작물을 창작하고 있는데, 저작물을 분석, 학습하는 과정에서 대량의 저작물 이용이 수반되므로 저작권 보호와 충돌이 예상된다.

3 / 인공지능 기술개발의 동향과 산업의 특성

1) 4차 산업혁명과 인공지능

4차 산업혁명은 로봇, 인공지능, 사물인터넷 등 디지털 기술의 융합으로 사이버와 실물 세계(cyber-physical)가 연계되는 시스템이 중심이 되는 기술혁명이다(최

---

24) 인간(97.53%)과 유사한 97.25%의 정확도로 사람의 얼굴을 인식하는 알고리즘이다. 얼굴의 정면은 물론 측면에서도 조명의 방향에 관계 없이 사람을 인식한다(도안구, 2015, 7쪽).

25) 일반적으로 바둑을 계산해야 할 경우의 수는 250의 150제곱이다. 딥러닝 방식 없이 바둑을 둔다면 이 모든 경우의 수를 계산해야 하지만 이는 현실적으로 불가능하다. 몬테카를로 시뮬레이션을 사용하는 알파고는 딥러닝 기반으로 학습시켜서, 경우의 수를 줄였다(박홍진, 2020, 284쪽).

은창, 2016, 18쪽). 산업화의 역사는 1차 산업혁명을 필두로 2차와 3차 산업혁명의 과정을 거쳐서 4차 산업혁명에 진입하고 있다. 짐승에서 필요한 동력을 얻었던 이전의 농경시대와 달리, 1차 산업혁명을 통해 새롭게 개발된 증기기관과 같은 기계에서 생산동력을 얻기 시작하였다. 2차 산업혁명에서는 전기에너지가 등장하였고, 기계의 도입과 개량된 증기기관 및 내연기관과 같은 동력을 활용하여 대량생산이 가능해졌다. 1990년대 말부터 정보 및 인터넷 산업의 급격한 발전과 함께 IT 및 소프트웨어 기업들이 급성장하게 되었고, 세계 경제는 온라인을 활용한 정보화 사회로 진입하면서 3차 산업혁명이 시작되었다. 그리고 4차 산업혁명은 3차 산업혁명의 연장선에서 출발하였으나, 단순히 기술적 연장만을 뜻하는 것이 아니라 인터넷에 기반한 정보통신기술(Information Communications Technologies; 이하 ICT)의 발달로 인하여 기존의 컴퓨터 혁명에 통신을 더하여 급진적인 발전을 가져온 차세대 산업혁명이다. 모든 것이 ICT 기술발전과 사물인터넷에 의해 사람과 사람은 물론 사물과 사람이 상호 순환계를 이루며 네트워크로 결성된 '초연결사회'를 형성하고, 산업과 산업 사이의 경계도 허물어지면서 상호 융합하는 정보통신의 기술적 혁명을 4차 산업혁명이라고 정의할 수 있다(김승래·이창성, 2018; 주강진 외, 2017).

우리 사회는 ICT 기술이 중심이 되어 사회 전체의 변화를 이끌어가는 지능정보사회로 이미 진입하고 있다. 지능정보사회의 기술적 배경은 4차 산업혁명이며, 최첨단 기술 중에서도 인공지능이 4차 산업혁명을 핵심적으로 주도하고 있다. 개별적으로 발달한 각종 컴퓨터와 통신기술들이 '융복합'하면서 인간의 지적 능력을 컴퓨터의 소프트웨어를 통해 구현하는 인공지능이 4차 산업혁명의 가운데에 있는 것이다(김승래·이창성, 2018, 491쪽). 인공지능 관련 분야에서 기술의 진보와 발전 속도가 빠르고 특정 업무 분야에서는 인간의 능력을 훨씬 앞선다는 것이 확인되면서, 인공지능이 인간 고유의 영역을 빠르게 대체하기 시작할 것으로 전망된다(주강진 외, 2017, 2쪽). 실제로 인공지능은 음식 배달에서부터 시작하여 내비게이션, 영화 예약까지 일상생활 속에 깊숙이 펴져 있다. 암 검사, 기후변화예측, 야생동물보호, 기아 구제, 가짜뉴스 적발, 그리고 새로운 백신 개발에 이르기까지 복잡한 글로벌 이슈를 신속하고 정밀하게 해결해 주기도 한다. 인공지능은 제조업에 그치지 않고 이제는 의료, 저널리즘, 심지어는 인간의 고유 영역이라고 여겼던 문화예술 영역에서도 다양한 형태의 창작물을 만들어 내고 있다. 이렇게 인공지능 기술은 산업 분야를 넘어 예술창작의 분야로까지 확장되고 있다. 앞으로 기술발전을 통해 강한 인공지능이 개발되면 높은 수준의 창작 능력으로 인간의 지적 결과물과 다를 바 없는 창작물을 빠른 속도로 대량생산해서 인간의 창작영역을 잠식해 버릴 수도 있을 것이다(이양복, 2018; 이해원, 2017; 임효성, 2019).

2) 인공지능 산업과 기술개발 동향

인공지능 산업은 인공지능 기술개발 및 인공지능 적용 제품·서비스·플랫폼의 생산, 유통, 활용, 부가서비스(조사/분석, 컨설팅, 중개 등) 과정에서 가치를 창출하는 산업으로 정의된다. 인간의 지적 업무를 모방·대체하는 기반 기술의 총칭이라는 인공지능 개념과 산업의 가치사슬 단계를 고려할 때, 인공지능 산업은 첫째, 인공지능 생산 도구를 제공하거나, 둘째, 인공지능 활용기반의 제품·서비스를 제공하거나, 셋째, 인공지능 시스템 구축·지원을 위한 서비스를 제공하는 산업이다. 이에 따라 인공지능 산업의 분류체계는 인공지능 소프트웨어 개발 및 공급업, 인공지능 구축·관리 및 관련 정보서비스업, 인공지능 연산 및 처리부품/장치 제조업 등 3개 대분류로 구분된다(소프트웨어정책연구소, 2020; 허정·최혜리, 2021).

해외 주요 선진국에서는 민간이 주도하는 인공지능 시장의 활성화가 진행 중이다. 현재 전 세계 인공지능 산업은 미국과 중국이 가장 앞서가고 있으며, 기타 주요 선진국도 인공지능 산업에 적극적으로 투자하고 있다. 미국은 글로벌 IT 기업을 중심으로 다양한 제품이 개발되고 있고, 중국의 경우 글로벌 전제 제조업체를 중심으로 산업을 이끌고 있다. 인공지능 분야는 인간 수준의 지능을 구현하기 위해 많은 데이터와 빠른 처리를 위한 하드웨어와 소프트웨어가 필요하다. 전통적인 소프트웨어 강국인 미국은 IBM의 '왓슨' 기술이 세계적으로 인공지능 분야를 선도하고 있으며, 구글, MS, 페이스북(Facebook), 아마존(Amazon) 등의 선도기업들을 중심으로 인력·데이터·하드웨어·투자 등 모든 면에서 앞서 있다. 실제로 미국은 인공지능 전 분야에서 대학, 기업들의 기술 수준이 압도적인 우위에 있다.26)

---

26) Element AI의 글로벌 AI 인재 보고서에서는 인공지능 관련 21개의 국제학회에 실린 논문을 바탕으로 AI 학술 분야 인재를 조사하였는데, 미국이 10,295명, 중국 2,535명, 한국 405명으로 나타났다(허정·최혜리, 2021).

유럽과 일본 등 선진국들도 지속적인 투자를 하고 있다. 초기 시장 선점을 위해 2012년 이후 세계적으로 200여 개 이상 인공지능 스타트업 인수합병이 있었고, 2017년 1/4분기에도 30여 건이 추진되었다. 유럽은 사회 현안, 식량문제, 기후 문제처럼 문제해결 중심으로 기술개발을 진행하고 있다. 영국 및 캐나다는 인공지능 최고 권위자와 핵심 인력을 보유하고 있어 머신러닝의 허브 역할을 하고 있는데, 영국의 딥마인드(Deep Mind)는 급성 신장병의 조기 조치를 의료진이 판단하도록 돕는 모바일 어플리케이션 'Streams' 개발을 진행하였다.

중국, 일본에서는 경쟁우위가 있는 기존산업 및 유망산업을 바탕으로 시장 경쟁력 확보를 위해 노력하고 있다. 중국은 특허 및 논문 등의 활동이 활발해지면서 기술력이 상승하고 있으며, 자국 기업을 활용한 산업별 플랫폼을 구축, 막대한 데이터를 축적함으로써 인공지능 경쟁력 확보에 나서고 있다. 실제로 중국은 슈퍼컴 Top 500 랭킹 1위이며, 인공지능 학술연구(논문게재) 실적이 세계 1위이다. 일본은 인공지능 자체에 대한 기술개발이나 직접적인 관심·투자보다는, 로봇, IoT, 빅데이터 분야 등 응용 측면에서 접근하고 있는 것으로 보인다. 한국도 주요 기업들이 인공지능을 전략 사업 부문으로 인식하고 본격적인 투자 확대에 나서고 있다. 삼성전자는 세계 5개국에 7개 인공지능 센터 설립, 네이버는 인공지능 R&D를 위한 네이버랩스 설립, 이동통신사들은 인공지능 스피커, 스마트홈 투자 확대, 현대자동차는 인공지능을 전략투자 분야로 선정하고 투자를 확대하고 있다(장민선, 2018; 허정·최혜리, 2021).

인공지능 기술은 실험실 연구 수준을 넘어 일부 분야에서는 상용화 단계로 발전하면서, 폭발적 시장 성장과 타 산업의 지능형 융합을 견인할 것으로 전망된다(박상욱, 2018, 16쪽). 실제로 인공지능 시장 규모는 가파르게 성장하고 있다. IBM은 2025년에는 2,000조 원에 이르는 시장을 창출할 것으로 내다보았으며, 맥킨지는 인공지능으로 인해 7,000조 원에 이르는 파급효과 창출을 전망하였다(국경완, 2019, 26~27쪽). 또 ICT 시장조사기관인 IDC(International Data Corporation)는 2021년 전 세계 인공지능 시장 규모를 전년 대비 16.4% 성장한 3천 275억 달러로 전망한 바 있다. 그리고 2024년까지 5천 543억 달러에 이를 것을 예측했으며, PwC는 인공지능이 글로벌 경제에 미치는 경제적 가치가 2030년 15조 7,000억 달러에 달할 것으로 추산하면서 오늘날 가장 큰 시장 기회를 창출할 것이라고 기대했다(허정·최혜리,

2021). 또 미국의 연구기관인 Grand View Research 연구(2020)에 따르면, 글로벌 인공지능 시장 규모가 2020년부터 2027년까지 연평균 성장률 42.2%로 성장할 전망이다(김형건, 2020, 7쪽). 국내 인공지능 매출 현황을 보면 2019년 5,928억 원으로 추정되며, 2018년부터 2020년까지 연평균 성장률이 14.1% 수준으로 나타났다. 사업 분야별로는 2019년 기준 인공지능 소프트웨어 부문 매출이 3,796억 원으로 전체 인공지능 매출의 64.0%를 차지한다(소프트웨어정책연구소, 2020, 12쪽).

인공지능 산업은 물론이고 인공지능 기술개발 분야도 미국, 일본 등 선진 주요국이 주도하고 있다. 해외 주요 기업들의 인공지능 기술 현황을 살펴보면(김용주, 2020; 손승우, 2016), IBM은 비록 인간과의 대결에서 패배하였으나 1989년 체스 인공지능 '딥쏘트(Deep Thought)'를 개발하였고, 이어서 1996년 '딥블루(Deep Blue)', 1997년 '디퍼블루(Deeper Blue)' 등을 개발하였다. IBM은 또한 자연언어 처리를 위해서 만들어진 인공지능인 '왓슨'을 개발하여 미국의 유명 퀴즈쇼에서 인간 챔피언들에게 압도적으로 승리하였고, 이를 기반으로 의료와 법률 분야에도 진출하게 되었다. 그리고 '왓슨' 인공지능을 기반으로 법률 분야로 특화한 인공지능 변호사 '로스(ROSS)'를 개발하였다. 또한 IBM은 패턴 입력 없이 검색을 통해 인간의 어떤 질문에도 답을 하는 것을 목표로 한 '웹파운틴(Webfountain)'이라는 비공개 인공지능을 개발하기도 하였다.

마이크로소프트(Microsoft)도 여러 가지 인공지능을 개발하고 있다. 네덜란드 기술자들과 공동 개발한 인공지능인 '넥스트 렘브란트(The next Rembrandt)'가 렘브란트 화풍을 그대로 재현해서 그림을 그렸는데, 유화의 질감까지 그대로 재현하였다. 그리고 인간 감정분석 인공지능인 '옥스퍼드', '채팅봇 테이',[27] 상황인식 인공지능인 '아담 캡션봇', 가상 음성비서 서비스 등을 제공했던 자연언어 처리 인공지능인 '코타나'를 개발하였다. 또 페이스북(Facebook)이 개발한 인공지능으로는 얼굴인식 인공지능 '딥페이스'와 채팅 인공지능 '봇온 메신저'가 있다. 음악 분야에서는 미국 예일대학교에서 개발한 작곡 인공지능 '쿨리타', 스페인 말라가 대학에서 개발한 '라무스(Lamus)'가 실제 작곡가들이 들어도 인정할 만한 수준의 곡을 만들었

---

27) 2016년 3월 23일 트위터를 통해 공개하였으나, 공개된 지 하루 만에 사람들로부터 온갖 욕설과 저속한 언행을 배우면서 수정을 위해 오프라인 상태가 되었다.

다. '라무스'는 다양한 장르의 곡을 작곡하였는데, 심지어 오케스트라를 위한 곡을 작곡하기도 하였다. 구글은 사진을 보고 상황인식이 가능한 인공지능인 '구글 브레인', 그림을 그리는 인공지능인 구글 '딥드림(Deep Dream)' 등을 개발하였는데, 구글에 인수된 딥마인드에서 개발한 머신러닝 기반 바둑 프로그램인 '알파고'가 2016년 3월 이세돌 9단과의 대국에서 4승 1패로 승리하였다. 그 밖에도 로봇이 언론 기사를 작성하여 언론사에 기사를 판매하는 편집 로봇도 존재하며, 자연언어 처리 인공지능으로 삼성전자의 'S보이스'와 애플의 '시리(Siri)'와 같은 음성인식 서비스 기술이 개발되었다.

제2부

저작권의
기본 이해

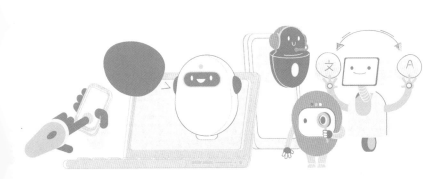

인공지능 기술이 발전하면서 콘텐츠 창작의 새로운 주체로 부상하고 있다. 이것은 인간이 만든 지적 창작물에 부여되는 권리인 저작권 제도에서 이전에는 전혀 예상하지 못했던 법적 쟁점을 제기한다. 이에 저작권 제도를 구성하는 각 요소에 인공지능의 콘텐츠 창작과 관련된 법적 쟁점이 무엇인지를 조명하고 현행 저작권 제도에 어떤 변화가 예상되는지, 그리고 이로 인해 저작권 패러다임이 어떻게 변화할 것인지를 논의하기 위해서는 기본적으로 저작권에 관한 이론적 배경지식이 요구된다. 저작권의 본질에서부터 시작하여 저작권법이 보호하는 객체인 저작물, 저작권을 행사하는 주체인 저작자, 저작권이론의 핵심인 저작자와 저작인접권자의 권리, 그리고 저작재산권의 제한 및 공정이용에 이르기까지 저작권에 관한 기본 이해를 바탕으로 인공지능 창작과 저작권을 논의해야 하기 때문이다.

제 **4** 장

저작권의 기본

1 / 저작권의 개념과 본질

1) 저작권의 개념

저작권을 이해하기 위해서는 저작권의 개념은 물론이고 저작권의 본질적인 측면을 정확히 이해할 필요가 있다. 저작권은 인간의 사상이나 감정을 표현한 창작물에 대해 창작자가 취득하는 권리이다. 저작권의 법적인 성격은 저작물의 사용과 복제를 결정할 수 있도록 저작자에게 부여되는 배타적인 권리이다. 저작자에게만 주어지는 독점적인 권리의 성격을 띠는 것이다. 이해완(2019)은 저작권을 "저작자가 저작물을 작성함으로써 취득하게 되는 저작권법상의 권리(444쪽)"로 아주 간단하게 정의하였는데, 저작물 작성의 결과물에 대해 저작자에게 법이 부여하는 권리로 보고 있다. 또 오승종(2020)은 좀 더 구체적으로 저작권을 정의하였는데, "인간의 사상이나 감정을 표현한 창작물에 대하여 법이 그 창작자에게 일정 기간 그 창작물을 독점적으로 사용하게 하고, 다른 사람이 무단으로 복제·공연·공중송신·전시·배포·대여 및 2차적저작물의 작성 등의 행위를 하거나 그 창작물에 대한 창작자의 인격권 침해를 하는 것을 금지하는 권리(6쪽)"로 정의하였다. 창작자에 대한 독점권 부여와 재산권과 인격권 등 다양한 유형의 권리 구성에 초점을 맞추고 저작권을 정의하고 있는 것이 특징이다. 임원선(2020a)은 "저작물을 창작한 저작자가 자신이 창작한 저작물의 이용을 통제할 수 있는 권리"로 설명함으로써 창작자의 저작물 이용 통제권을 좀 더 강조하였다. 그는 저작권법에서 비보호저작물을 명시적으로 규정함으로써 모든 저작물이 보호되는 것은 아니라는 점, 저작권법이 정하는 일정한 방식으로만 저작물을 이용할 수 있다는 점, 일정한 목적의 이용에 대해서는 권리행사 방법이 제한된다는 점, 일정한 기간이 지나면 저작물에 대한 권리가 소멸하는 점 등을 근거로 저작권을 제한적 권리(19~20쪽)로 설명하기도 하였다.

저작권은 인간이 사상이나 감정을 표현한 결과를 보호하는 개념이다. 아무리 훌륭한 아이디어를 가지고 있더라도 표현이 되어야만 그 가치를 다른 사람과 향유할 수 있기 때문이다. 또 저작권은 사상이나 감정을 표현한 창작자에게 주어지는 배타적 독점권이기도 하다. 저작권법은 창작자에게 일정 기간 창작물을 이용하고 복제할 수 있는 독점적인 권리를 부여하며, 일정 기간이 지나면 해당 저작물은 공유영역에 들어간다. 이렇게 독점권을 부여하는 취지는 창작자가 더 많은 저작물을 창작하기를 기대하고, 저작물의 공정한 이용을 통해 인간의 정신생활을 풍요롭게 하면서 사회 전체의 문화를 발달시키려는 것이다. 다시 말해서 인간의 사상이나 감정을 표현한 창작물을 저작권으로 보호하는 목적은 저작자를 부유하게 만드는 것이 아니라, 저작자에게 자신이 만든 저작물을 언제 어떻게 상업적으로 이용할 수 있는지에 대한 통제권을 부여하는 방식으로 경제적 인센티브를 부여함으로써 더 많은 창작을 유도하고, 사회 전체의 이익을 도모하는 것이다(Zelezny, 2011). 이것이 곧 저작권법이 추구하는 본질이다. 저작물의 창작자에게 법적인 권리를 부여해서 더 많은 저작물을 창작하도록 할 뿐 아니라 그런 창작물을 많은 사람이 공유함으로써, 인간의 정신생활을 풍요롭게 하고 궁극적으로 문화를 발전시키려는 것이 저작권법의 입법 취지이다.

2) 지식재산권으로서 저작권

저작권은 지식재산권(intellectual property)의 한 분야이다. 지식재산이란 인간 창조 활동으로 만들어 낸 무형자산으로 재산적 가치가 실현될 수 있는 것을 말한다 (변우주, 2015, 83~84쪽). 「지식재산 기본법」에 의하면, 지식재산이란 "인간의 창조적 활동 또는 경험 등에 의하여 창출되거나 발견된 지식·정보·기술, 사상이나 감정의 표현, 영업이나 물건의 표시, 생물의 품종이나 유전자원, 그 밖에 무형적인 것으로서 재산적 가치가 실현될 수 있는 것"이다. 그리고 지식재산을 객체로 한 지식재산권이란 "법령 또는 조약 등에 따라 인정되거나 보호되는 지식재산에 관한 권리"를 의미한다. 이렇게 볼 때 지식재산권은 인간이 만든 지적인 창작물 중에서 법으로 보호할 가치가 있는 것에 법이 부여하는 권리이다. 즉 인간의 지적 활동의 성과로 얻어진 창작물에 부여되는 배타적 독점권이다. 인간의 정신적 산물인 사상이나 아이디어를 활용하려는 노력과 창의력에 대한 보상으로, 인간의 지적 능력이 발휘되는 모든 분야를 보호 대상으로 한다. 그러나 인간의 정신적 산물이라는 무형의 정보를 보호하므로, 법적인 보호가 그리 순탄치만은 않을 것이라는 점이 예상된다.

지식재산권에 속하는 권리는 저작권 외에 특허권, 실용신안권, 디자인권, 상표권 등이 있다. 특허법에 기초하면, 특허권은 "자연법칙을 이용한 기술적 사상의 창작물인 고도의 발명에 대해 일정 기간 독점적·배타적으로 부여되는 법적 권리"이다. 새로운 기술이나 아이디어 등에 대한 배타적인 권리로서, 사상 중에서도 기술적 사상을 보호하는 개념이다. 하나의 기술적 사상을 여러 개의 다른 방식으로 표현했다고 하더라도 그 기본이 되는 기술적 사상이 같은 경우 하나의 특허권만이 성립할 뿐 표현방식에 따라 별개의 특허권이 성립하는 것은 아니다(오승종, 2020, 6쪽). 특허권은 자신의 특허발명을 전면적·배타적으로 지배할 수 있는 소유권과 유사한 강력한 권리로(심미랑, 2011, 81쪽), 발명을 독점적으로 이용할 수 있는 권리를 의미한다. 따라서 특허권자는 업으로서 특허발명을 실시할 권리를 독점한다.[1] 이렇게 특허권이라는 권리를 부여함으로써 고도의 발명을 보호하는 취지는 새롭고 유용하고 독특한 기술적 정보를 구체화하도록 자극하고 독려하는 것이다. 특허권은 특허법[2]을 통해 보호받고 있는데, 보호기간은 20년이다.[3] 이렇게 특허법은 발명자에 대한 권리부여를 통해 기술혁신과 산업발전을 목적으로 한다는 점에서, 창작자에 대한 권리부여를 통해 문화 및 관련 산업의 발전을 목적으로 하는 저작권법과 차이를 보인다.

---

1) 특허법 제94조 제1항.
2) 자연법칙을 이용한 기술적 사상의 창작으로서 고도(高度)한 것인 발명을 보호 장려하고 그 이용을 도모함으로써 기술의 발전을 촉진하여 산업발전에 이바지함을 목적으로 한다.
3) 특허권의 존속기간은 특허권을 설정 등록한 날부터 특허출원일 후 20년이 되는 날까지로 한다.

실용신안법에 기초하면, 실용신안권은 산업상 이용할 수 있는 물품의 형상, 구조 또는 조합에 관한 고안에 대한 권리로서, 고안은 자연법칙을 이용한 기술적 사상의 창작을 말한다. 따라서 실용신안권은 물품의 형상, 구조 또는 조합에 관한 기술적 사상의 창작에 부여되는 권리이다. 특허와 실용신안은 자연법칙을 이용한 기술적 사상의 창작이라는 점에서 동일하지만 그 창작의 정도가 고도한 것이냐 아니면 낮은 수준의 것이냐에 따라 구별되는 것이라고 볼 수 있는데(오승종, 2020, 7쪽), 실용신안권은 특허권이 보호하는 발명보다 낮은 기술인 일종의 소발명을 보호하는 개념이다. 실용신안권의 취지는 이미 발명된 것의 모양이나 구조를 개선함으로써 편의성을 제공하는 기술을 인정하는 것이다. 지우개가 달린 볼펜이 그 예로서, 볼펜과 지우개를 따로 가지고 다닐 필요가 없는 점에서 편의성을 추가하였고 볼 수 있다. 이처럼 이미 발명된 물건의 구조를 개선해서 편리하게 이용하도록 한 고안은 실용신안권으로 보호된다. 즉 구조 개선을 통한 편의성 제공이 실용신안권을 부여하는 근거이다. 실용신안권은 실용신안법으로 보호하며, 보호기간은 10년이다.[4]

　　또 다른 지식재산권인 디자인권은 디자인보호법에 기초하면, "물품[5]의 형상, 모양, 색채 또는 이들을 결합한 것으로 시각을 통하여 미감을 일으키게 하는 공업적으로 이용 가능한 고안에 대한 권리"로 정의된다. 산업적 물품 또는 제품의 독창적이고 장식적인 외관 형상의 보호를 위하여 등록을 통해 허용된 권리이며 산업재산권의 하나이다. 디자인보호법[6]으로 보호받을 수 있으며, 보호기간은 20년이다.[7] 실용신안권이 기술적인 문제와 관련된다면 디자인권은 미적인 문제와 관련된다. 그러므로 하나의 고안이 기술적 과제와 미적 과제를 동시에 해결한다면, 실용신안권과 디자인권을 중복해서 설정할 수 있다. 예를 들어 볼펜 심의 새로운 출납구조는 특허권이나 실용신안권으로 보호받을 대상이지만, 볼펜의 전체적인 외관은 디자인권으로 보호받을 수 있는 것이다.

　　상표권은 상표로서 등록된 것을 독점적으로 사용할 수 있는 권리적 사상의 창

---

4) 실용신안권의 존속기간은 실용신안권을 설정 등록한 날부터 실용신안등록출원일 후 10년이 되는 날까지로 한다.
5) 물품의 부분, 글자체 및 화상(畵像)을 포함한다.
6) 디자인의 보호와 이용을 도모함으로써 디자인의 창작을 장려하여 산업발전에 이바지함을 목적으로 한다.
7) 디자인권은 설정등록한 날부터 발생하여 디자인등록 출원일 후 20년이 되는 날까지 존속한다.

작에 대해 법적 보호로 부여되는 권리이다. 한 마디로 상표권이란 상표권자가 등록된 상표를 독점적으로 사용할 수 있는 권리이다. 상표란 자기의 상품과 타인의 상품을 식별하기 위하여 사용하는 표장을 말한다. 여기서 표장이란 기호, 문자, 도형, 소리, 냄새, 입체적 형상, 홀로그램 동작 또는 색채 등으로, 그 구성이나 표현방식에 상관없이 상품의 출처를 나타내기 위하여 사용하는 모든 표시를 말한다. 상표권은 상표법을 통해 보호하고 있는데, 상표법의 입법목적은 상표를 보호함으로써 상표 사용자의 업무상 신용 유지를 도모하여 산업발전에 이바지하고 수요자의 이익을 보호하는 것이다. 입법 취지에서 볼 수 있듯이, 상표권은 상표를 보호함으로써 수요자에게는 상품의 생산자와 유통자를 명확히 알려주어 상품선택의 길잡이를 제공하고, 상표권자는 자신의 상표의 지속적인 사용으로 업무상 신용을 얻게 되어 상품 및 상표의 재산적 가치를 높이는 효능을 발휘한다. 그런 점에서 상표법은 다른 상표와의 식별 기능, 누구의 상품임을 확인시켜 주는 출처표시 기능, 거래 과정에서 불합리한 선택으로부터 수요자 보호 기능, 동일 상표의 상품 간의 품질이 균일함을 보장하는 품질보증 기능, 상품을 알리는 광고 기능 내지 정보전달 기능, 상표가 형성하는 가치를 매개로 타자와 통합하고 자신을 투영하려는 문화적 기능, 상표권자의 경제적 이익으로서의 재산적 기능, 상표에 대한 고객 흡입력을 획득하고 상표 사용자에 대한 신뢰를 형성하는 경쟁적 기능(윤선희, 2005)과 같은 상표의 기능을 보호하는 법이라고 할 수 있다. 상표권은 보호기간이 10년이며, 갱신이 가능하다.[8]

이상에서 살펴본 지식재산권 유형별 특징을 정리하면, 특허권이 부여되기 위해서는 산업상 이용 가능한 발명으로서 신규성과 진보성 등의 요건을 갖추어야 권리의 보호 대상이 된다. 동일 요건으로 창작의 수준이 낮다면 실용신안권으로 보호받는다. 또 상표권이 부여되기 위해서는 어떤 상품의 상징이 자타상품식별력 또는 출처표시 능력을 갖추어야 하며, 디자인권은 인간이 시각을 통하여 미감을 느끼게 할 수 있는 물품의 외양으로서 신규성이 있어야 한다(오승종, 2020, 9쪽).

한편 지식재산권 중 하나인 특허권은 저작권의 개념을 이해하기 위한 비교 대상으로 유용한 개념이다. 저작권이 특정한 사상이나 감정을 표현한 것을 보호하는

---

8) 상표권의 존속기간은 설정등록이 있는 날부터 10년이며, 존속기간 갱신등록신청을 하면 10년씩 갱신할 수 있다.

권리라면, 특허권은 사상이나 아이디어를 보호하는 권리이다. 권리발생이나 유지, 존속기간, 속지성 등에서 저작권과 특허권은 서로 다르다. 첫째, 특허권은 사상의 창작물인 발명에 부여되는 법적 권리로서 주로 기술적 창작물을 보호한다. 저작권은 특정 사상이나 감정을 표현한 것을 보호하지만, 특허권은 기술적 사상 자체를 보호하는 개념이기 때문에 굳이 표현되지 않아도 법적 보호를 받을 수 있다. 둘째, 특허권은 권리가 발생하기 위해 일정한 등록 절차를 요구하며, 권리 유지를 위해 존속기간에 일정한 요금을 내야 한다. 이에 비해 저작권은 창작하는 순간 권리가 발생하고 권리 유지를 위해 법적으로 특별한 의무를 부담할 필요가 없다. 셋째, 권리의 존속기간에 있어 저작권은 사후 70년까지이지만 특허권은 설정 등록한 날부터 특허출원일 후 20년까지로 저작권보다 보호기간이 짧다. 마지막으로 특허권의 성립과 소멸은 특허를 부여한 국가의 법률에 근거하지만, 저작권은 권리의 형식이나 내용이 각국의 법에 따라 다를 수 있다.

4차 산업혁명으로 촉발된 지식정보사회에서는 지식재산권이 국가의 핵심역량이자 성장동력이 될 것으로 예상된다. 특히 지식정보사회의 주축을 이루는 인공지능 기술이 스스로 새로운 창작물을 만드는 수준을 넘어서 발명을 하는 단계까지 왔는데, 이로 인해 인공지능과 인간과의 관계 정립에서부터 시작하여 인공지능의 창작물, 발명의 법적 보호 가능성, 권리 귀속 및 행사 등 지식재산권 분야에서 공통으로 풀어야 할 법적 과제와 쟁점이 부상하고 있다. 이에 지식정보산업과 관련한 지식재산권 전략 수립이 중대해졌다. 인공지능 시대 지식재산권법 체계에 대해 근본적으로 검토하고 논의해야 할 시점이라고 본다.

3) 저작권의 객체와 주체

저작권법에서는 인간의 사상 또는 감정을 표현한 창작물을 저작물로, 사상이나 감정을 표현한 자를 저작자로 본다. 전자가 저작권의 보호 대상인 객체라면, 후자는 저작권을 행사하는 주체이다. 저작권의 보호 대상은 어디까지나 표현된 저작물이므로, 저작권의 객체는 창작 행위 결과 발생한 저작물이다. 저작물로 보호받기 위해서는 사상이나 감정이 외부에 표현되어야 하며, 우리 저작권법에서는 미국과 같이 유형적으로 고정되는 것을 요건으로 하지 않으므로, 강연이나 즉흥곡도 저작물로 인정받는다. 따라서 겉으로 표현되지 않은 마음속의 사상이나 감정은 결코 저작물이 아니며, 미완성교향곡이나 미완성 그림처럼 반드시 완성되지 않았더라도 나름대로 저작자의 사상이나 감정이 구체적·창작적으로 표현되었다면 저작물로 보호받는다. 또 종이책이나 영화 파일 자체는 저작물을 담고 있는 그릇에 지나지 않으며, 책이나 파일이 담고 있는 무형적인 콘텐츠가 저작물로서 서작권 보호 대상이다. 그러므로 돈을 지불하고 산 책이라 해도, 책의 복사본을 만들어 여러 사람에게 판매했다면, 저작권 보호 대상인 책이 담고 있는 콘텐츠를 무단으로 복제한 것이므로 저작권침해가 발생했다고 볼 수 있다.

저작권은 저작물에 대해 저작자가 가지는 권리이므로, 권리를 행사하는 주체는 창작하는 행위를 한 저작자이다. 저작권법은 인간의 사상과 감정을 표현한 것이 보호 대상이므로 자연인만이 저작권의 주체가 될 수 있는데, 법인 등 단체도 저작자가 될 수 있다. 저작자 요건을 자연인만으로 한정하는 것은 동물이나 사물은 저작권법에서 보호하는 저작자가 될 수 없음을 의미하는데, 실제로 이 점을 분명히 해주었던 사건이 있다. 2011년 영국의 사진작가 데이비드 슬레이터(David Slater)가 인도네시아에서 사진 촬영 중이었는데, 원숭이 한 마리가 그의 카메라로 자신의 모습을 촬영하였다. 이때 촬영된 원숭이 사진들이 여러 잡지와 웹사이트, 위키피디아에 게재되자, 사진작가는 자신이 사진 저작권자라고 주장하면서 사진을 삭제해달라고 요구했다. 그러나 위키피디아는 사진의 인간 저작자가 존재하지 않는다는 이유로 저작권 자체를 부정하면서 삭제 요청을 거절하였다. 이후 동물보호단체인 PETA가 원숭이가 사진의 저작자라고 주장하면서 사진작가를 상대로 소송을 제기하였다. 이 사건의 핵심은 인간이 아닌 동물도 저작자가 될 수 있는지였다. 이에 대해 미국 법원9)은 "저작권법 제도 내에서는 원숭이와 같은 동물을 저작자로 인정할 수 있는 징후를 찾아볼 수 없다"고 보면서 원숭이를 저작자로 인정하지 않았다. 동물은 결코 저작권의 주체가 될 수 없음을 분명히 해 주었던 판결이라는 점에서, 이 사건10)의 함의가 크다.

한편 저작권은 저작인격권과 저작재산권으로 분류되는데, 저작인격권은 저작

---

9) Naruto v. Slator, Case No. 15-cv-04324-WHO, 2016 WL 362231(N.D. Cal. Jan. 28, 2016).
10) 자신의 사진을 촬영했던 원숭이에게 나루토(Naruto)라는 이름이 붙여지면서, 이 사건을 일명 나루토 사건이라고 부른다.

자의 일신전속권에 해당하므로 저작자만 저작인격권의 주체가 될 수 있다.[11] 반면 일신전속권이 아닌 저작재산권은 양도성과 상속성을 가지므로, 저작자는 물론이고 저작자가 저작재산권을 양도하거나 상속한 자도 저작재산권의 주체가 될 수 있다. 따라서 저작권이 전부 양도될 경우, 저작인격권은 여전히 저작자에게 남아 있지만, 저작자는 저작재산권자의 지위를 잃게 된다. 그런 점에서 저작자와 저작권자는 항상 동일 인물이 아니다.

4) 저작권 발생

저작권은 기본적으로 저작물을 만드는 순간부터 법적 효력이 발생하며, 저작권을 취득하기 위해 어떤 방식이나 절차가 필요하지 않다. 이에 대한 법적 근거는 저작권법 제10조 제2항에서 찾아볼 수 있는데, "저작권은 저작물을 창작한 때로부터 발생하며, 어떠한 절차나 형식의 이행을 필요로 하지 아니한다"고 규정하고 있다. 이것은 무방식주의로 설명할 수 있다. 저작권 보호제도에는 방식주의(doctrine of formality protection)와 무방식주의(doctrine of formality-free protection)가 있다. 방식주의란 저작권의 발생 또는 취득을 주장하기 위해 일정한 방식이나 절차를 요구하는 제도이다. 방식이란 저작물의 창작과 관련된 조건과는 별개로, 이를 충족하지 않으면 보호받지 못하거나 보호를 상실하는 효과를 가지는 권리보호를 위한 조건 또는 조치를 말한다(Fiscor, 2004, p. 41). 일종의 저작권 발생이나 취득 요건이라고 볼 수 있다. 따라서 방식주의를 채택하는 국가에서는 등록이나 납본을 하거나 저작물에 저작권 표시인 ©표기를 요건으로 하는 등, 저작권 발생을 위한 등록 절차나 형식요건을 갖추어야 한다.

이에 비해 무방식주의는 창작과 동시에 저작권이 발생한다고 보고 저작권을 취득하기 위해 별도의 방식이나 절차를 요구하지 않는 제도이다. 저작물을 따로 등록하지 않고도 저작물이 창작된 후 바로 저작권 효력이 발생하는 것이다. 창작과정이 아직 마무리되지 않은 저작물도 저작물로서의 최소한의 모습을 갖추면, 공표나

---

11) 다만 저작자의 사망 후 인격적 이익의 보호에 관한 저작권법 제128조에 따라, 저작자가 사망한 후에 배우자, 부모, 자식 등 일정한 범위의 유족이나 유언집행자가 저작인격권의 침해에 대하여 침해의 정지, 명예 회복 등의 청구를 할 수 있다.

저작권 표시 또는 등록 등을 기다릴 필요 없이 그때부터 보호가 부여된다. 이와 같은 무방식주의의 주요 논거는 다음과 같이 크게 네 가지로 나눌 수 있다. 첫째, 저작물은 개인 인격의 발현이므로, 저작물을 창작하였다는 사실로부터 저작권이 즉각적으로 발생해야 한다. 즉 저작권은 창작과 동시에 권리가 생성되어야 하므로, 일정한 형식을 갖추지 않는다면 저작권 보호가 발생하지 않는 방식주의와 양립할 수 없다. 둘째, 저작권은 당연히 자연적으로 주어지는 권리이므로, 방식주의로 인해 그 권리가 제한된다면 그와 같은 저작권의 '자연적 정의(natural justice)'와 충돌한다. 셋째, 저작물 자체는 뚜렷한 외형으로 존재하지 않으므로, 저작권은 물리적 객체가 아니라 저작자의 사상 표현을 보호하는 것이다. 그런데 저작권 보호를 위해 일정한 외형을 갖출 것을 요구하는 방식주의는 저작물의 창작성과 주관성과 같은 추상적인 저작물 속성에 적용하기 곤란하다. 마지막으로, 방식주의가 국가 간의 저작물 보호에 있어 안정적인 국제적 보호를 저해할 수 있다는 점이 무방식주의를 정당화하는 근거이다(김현경, 2018, 147쪽). 정리하면, 저작자 개인의 인격 발현, 자연적으로 주어지는 권리, 사상의 표현 요건, 국가 간 저작권 보호와 같은 요소들이 무방식주의의 근거로 작용한다.

1886년 베른협약을 체결할 당시만 해도 본국에서 보호되는 저작물이 다른 회원국에서도 보호받으려면 등록 등의 방식을 이행해야 했다.[12] 이로 인해 저작권의 국제적인 보호가 어려워지는 점을 방지하기 위해 베른협약에서 무방식주의를 채택하게 되었고, 이것이 보편적 권리부여의 원칙이 되었다(임원선, 2020a, 97~98쪽). 대부분 국가가 무방식주의를 채택하고 있으며, 이에 따라 모든 저작물이 국내는 물론이고 국제적으로도 보호를 받고 있다. 미국은 1976년 저작권법에서 모든 저작물에 ©표기와 저작자의 성명, 최초 발행연도를 의무적으로 표시하고 저작권청에 등록하도록 하는 방식주의를 취했다. 그러나 방식주의를 고집했던 미국도 베른협약 가입 이후 1988년 저작권법을 개정하면서, 저작권 보호의 필수요건으로 등록을 요구

---

12) 매우 오랜 기간의 저작권 역사에서 저작권의 집행이나 존속에는 일정한 형식이 요구되었다. 가장 근대적인 저작권법인 1700년대의 앤 여왕법, 미국 연방저작권법, 프랑스 저작권법에서는 모두 저작권 발생을 위해 일정한 형식을 요구했다. 즉 저작권을 향유하기 위해 혹은 소송에서 저작권을 주장하기 위해 저작권을 등록하고 저작물을 납본하거나 저작물에 대해 일정한 저작권 표시를 하는 것이 요구되었다(김현경, 2018, 142쪽).

하는 규정을 폐지하고 무방식주의로 전환하였다. 이렇게 무방식주의는 저작권의 국제적인 보호를 어떻게 도모할 것인가라는 실무적인 논의로부터 출발하였다(김현경, 2018, 144쪽). 결국 무방식주의가 등장하게 된 배경은 저작권의 국제적 보호를 쉽게 하려는 취지에서 찾아볼 수 있다.

우리 저작권법도 제10조에 근거하여 무방식주의를 채택하고 있다. 다만 동 법에 저작권 등록에 관한 조항이 있기는 한데, 이것은 저작자나 공표 시기에 관한 법적 추정력이 부여되고 저작권 분쟁에서 사후 입증 편의를 위한 추적의 효력을 가질 뿐만 아니라 한편으로는 일정한 사항에 대한 거래 안정을 위해 제3자에게 대항하는 힘을 가지게 한다는 점에서 의미가 있다. 즉 권리변동 등에 있어서 대항요건의 의미이며, 저작권 발행 또는 취득의 요건을 규정한 것은 아니다(이해완, 2019. 445쪽). 이처럼 저작권 등록이 저작권 발생요건이 아니고 방식이나 절차가 없이도 권리가 발생한다는 점에서, 저작권은 특허권과 같이 등록 절차를 요구하는 다른 유형의 지식재산권과 구별된다.

한편 베른협약에서 시작되었던 무방식주의는 저작권의 효과적인 국제적 보호에서 더 나아가 저작자 지위를 확고히 할 수 있다는 이점이 있다. 하지만 한편으로 무방식주의는 고아 저작물(orphan works)이 증가하는 주요 원인이 될 수 있다. 고아 저작물이란 저작물을 이용하려는 사람이 저작물과 관련한 이용허락의 문제를 해결할 만한 저작권자를 찾거나 그 저작권자와 연락할 수 없거나 저작권자를 알더라도 연락이 없어서 이용허락을 받을 수 없는 저작물로, 합법적으로 이용할 수 없다는 문제가 있다. 저작물 이용에서 중요한 것은 저작권자의 이용허락을 얻는 일인데, 고아 저작물은 이용허락과 관련하여 많은 거래비용과 기회비용이 요구된다(노현숙, 2014). 그런데 무방식주의로 인해 저작자가 저작자 보호를 원하지 않아도 권리가 부여되고, 부여된 권리나 권리자에 대한 정보도 관리되지 않기 때문에 고아 저작물이 증가하는 현상이 발생한다. 무방식주의가 저작자의 권리보호에 도움이 되지만, 저작물 활용에 걸림돌이 될 수도 있는 것이다. 이처럼 무방식주의가 초래한 문제점을 해결하기 위해, 저작권 등록을 장려하고 강제허락제도나 저작물의 자유이용허락제도인 CCL(Creative Commons License)을 잘 활용하는 방안이 있다(임원선, 2020a, 100~101쪽).

5) 저작권의 본질적 특성

저작권의 본질적 특성을 살펴보면, 첫째, 저작권은 배타적 지배권성을 가진다. 저작권은 저작자가 자신의 저작물을 이용하거나 다른 사람에게 이용을 허락함으로써 경제적 이익을 얻는 배타적인 권리이다. 이것은 권리 소유수가 다른 사람이 저작물을 복제하는 행위를 금지할 수 있다는 것을 의미한다. 예를 들어 시인이나 소설 작가는 자신의 시와 소설을 다른 사람이 무단으로 인터넷에 올리거나 시집이나 소설책의 복사본을 만들어 판매하는 방식으로 이용하는 것을 금지할 수 있다. 그러므로 배타적 권리인 저작권을 가진 자의 허락 없이 저작물을 사용하는 것은 저작권침해에 해당한다. TV 드라마의 한 장면을 저작권자의 허락을 받지 않고 뮤직비디오 제작에 이용하면, 저작권침해가 발생하며 법적 책임을 져야 한다. 이것은 물리적인 재산권과 비교 설명할 수 있는데, 의자를 만든 사람은 그것을 판매하거나 전시를 할 수 있지만, 다른 사람들도 의자를 만들어서 그와 경쟁할 수 있다. 따라서 의자 제작에 대한 권리를 독점할 수는 없다는 점에서 물리적 재산권은 비배타적 지배권성을 가지며(Stewart, 1983, p. 4), 배타적 지배권성을 가지는 저작권과 비교된다.

둘째, 저작권은 공공성이라는 특성을 가진다. 저작물의 공정한 이용을 위해 일정한 경우 저작권을 제한할 수 있다. 즉 문화발전이라는 공공성에 근거하여 특정한 상황에서 저작권자의 허락을 받지 않고도 저작물을 이용할 수 있다. 저작권법의 목적은 저작권 보호뿐 아니라 모든 인류를 위한 문화적 소산으로서 공공재 성격을 가지는 저작물을 많은 사람이 이용해서 사회 전체의 문화를 발전시키는 것이다. 따라서 문화발전이라는 공공적인 성격에 근거하여 특정한 상황에서는 저작권을 제한할 수도 있다. 이것이 저작권이 가지는 공공성이다(조연하, 2018, 42쪽). 그 예로 대부분 국가에서 교육목적의 저작물 이용은 저작권침해의 예외로 규정하고 있다. 우리 저작권법에서도 학교 교육을 목적으로 저작물을 이용하거나, 교육이나 연구, 비평을 목적으로 공표된 저작물을 인용하고, 도서관에 보관된 도서 등을 사용하여 저작물을 이용할 수 있도록 하고 있다. 교육의 공공성을 고려하여 저작재산권을 제한하는 것이다. 이에 따라 문학을 가르치는 학교 수업에서 시, 소설과 같은 저작물을 이용할 수 있다. 또 TV 뉴스의 미술 전시회 소식을 알리는 보도에서 전시된 일부 미술작품이 화면에 등장할 수도 있는데, 비록 작품 창작자로부터 사전에 허락을 받지 않았다 해도 국민의 알 권리라는 이익을 근거로 방송이 허용된다.

셋째, 저작권의 특성으로 유한성을 들 수 있다. 저작권으로 보호받을 수 있는 기간이 한정되어 있음을 의미한다. 의자나 집과 같은 유형재산에 대한 권리는 권리 대상이 되는 물건이 존속하는 동안에는 다른 사람의 취득시효에 걸리지 않는 한 언제까지나 지속된다. 그러나 저작권 대상이 되는 저작물은 시간이 흘러도 닳거나 상하지 않으므로, 저작권을 유형재산에 대한 권리처럼 보호하면 저작권이 영속적으로 보호된다는 문제가 생긴다(임원선, 2020a, 41쪽). 이에 저작권 보호기간을 일정 기간으로 제한하고 있다. 일반적으로 저작권 보호기간은 저작자 사망 후 70년간이고, 업무상저작물이나 영상저작물, 무명저작물은 공표를 기준으로 70년간이다. 법이 정한 보호기간이 만료되면 권리가 소멸하여 저작물이 공유영역으로 들어가서 공공재산이 되며 누구든지 자유롭게 사용할 수 있다. 저작권 보호기간의 유한성은 공공성을 이유로 한 저작권 제한의 한 형태로도 해석할 수 있다.

마지막으로, 저작권은 여러 권리로 분류되는 가분성이란 속성을 가진다. 즉 저작권은 저작인격권과 저작재산권으로 분류되며, 각각의 권리는 다시 여러 권리로 분리해서 행사할 수 있다. 저작재산권의 경우 개별 지분권별로 양도할 수 있는데, 방송권의 경우 국내, 해외 방송권과 같이 지리적 범위 등을 한정해서 각 지분권의 일부를 양도할 수도 있다. 1986년 국내 한 유명 가수가 음반 제작사와 계약체결에서 30여 곡에 대한 복제권과 배포권만을 음반 제작사에 양도한 뒤 2013년 계약 무효 소송을 제기했으나, 법원은 양도 사실을 인정했다. 결국 당사자 간 계약이란 방법으로 양도했던 저작권을 되찾았지만, 저작권을 나누어 행사할 수 있음을 보여주었던 사례이다. 이처럼 저작권 각각의 권리는 저작물을 특정한 방식으로 이용하는 것을 통제할 수 있는 법적 권한을 의미하는데, 예를 들어 방송권은 저작물을 방송이란 방식으로 이용하는 것을 통제할 수 있는 권리이다. 가분성을 특성으로 하는 저작권은 여러 권리의 집합체로, 복제권, 배포권, 공연권, 공중송신권 등 다양한 권리를 하나로 묶어서 통칭하는 개념으로 볼 수 있다. 그런 점에서 저작권은 특정 저작물에 대한 여러 권리를 묶은 한 다발의 권리로 설명된다(임원선, 2020a, 43쪽). 그리고 저작권 다발에 포함되는 권리와 저작권으로 보호받는 저작물 유형은 기술발전과 함께 점차 확대되어 왔다. 방송기술이 개발됨으로써 방송권이, 인터넷 기술의 등장으로 전송권이 추가되었고, 인쇄매체인 종이책에 디지털 기술발전으로 전자책이 추가되었다.

스튜워트(Stewart, 1983)는 이와 같은 저작권의 본질적인 특성에 한 가지 특성을 추가하여 설명하였다. 저작권은 재산권이지만 무형의 재산에 대한 권리라는 점이다. 저작물 소유는 권리 소유주가 그것을 창작하거나 만들었다는 사실에 의해 정당화된다. 그리고 소유주이기 때문에 저작물에 대한 권리를 완전히 양도하거나 이용허락을 해 줌으로써 저작물을 처리해버릴 수 있다. 하지만 재산의 소재는 무형으로, 재산은 물질적인 형태로 환원되기 전에 인간의 정신에서 유래된 '지식재산'이다(p. 4). 따라서 저작권의 보호 대상인 저작물은 정신의 산물로서 감각기관을 통해 느낄 수 있으나, 반드시 형체를 가지지는 않는다. 이처럼 저작권이 무형의 재산에 대한 권리라는 특성은 저작물이 그것이 수록된 매체와 구별될 수 있음을 의미한다. 유형 매체인 CD가 담고 있는 음악과 종이책에 수록된 책의 내용은 무형의 재산이므로, CD나 종이책과 서로 분리하여 이야기할 수 있는 것이다. 이렇게 저작물은 무체물로 저작물을 수록하는 매체와 쉽게 분리되고 디지털화될 수 있으므로, 저작물은 일반 정보와 마찬가지로 정보재의 성격을 가지며, 공공재의 성격을 가진다. 공공재로서의 저작물은 누군가가 사용해도 다른 사람이 그 저작물을 사용하는데 영향을 받지 않는 비경합적 소비가 가능하다. 의자나 책상은 누군가 사용하고 있으면 다른 사람이 사용할 수 없지만, 음악은 누군가와 같이 들을 수 있는데, 이런 성격은 인터넷 기술의 발전으로 더욱 두드러진다(임원선, 2020a, 40쪽). 무형의 재산인 저작물이 공공재로서 비경합성이라는 특성을 가진다는 것은 많은 사람이 이용할수록 사회적 효용성이 커진다는 점에서 일반적인 재산과 다른 시각에서 접근할 필요가 있다.

2 / 저작권법의 목적과 구성

고대 로마법은 중세 및 근대에 현행법으로 활용되었고 현대 대륙법계 민법에도 지대한 영향을 끼쳤으나, 저작권에 관한 것이 소개되지 않았다고 보는 견해가 일반적이다(배대헌, 2013, 19쪽). 15세기 인쇄술의 발전으로 저작권이란 개념이 생겼다고 볼 때, 저작권법은 다른 법에 비해 비교적 짧은 역사를 가진 법이다. 저작권법이란 좁은 의미로는 '저작권법'이라는 이름으로 국회를 통과하여 공포된 법률로서, 현재 시행 중인 법률을 의미한다. 좀 더 넓은 의미로는 저작권법시행령, 시행규칙, 민법, 형법 등과 같이 저작권법의 실질적 내용을 이루고 있는 모든 법령을 포함하는 개념이다(이해완, 2019, 2쪽). 다음에서는 좁은 범위의 저작권법으로 한정해서 입법 취지와 구성, 발전과정을 알아보기로 한다.

1) 저작권법의 헌법적 근거

미국 헌법 제1조 제8항에서는 저작권에 관한 법률 제정권을 의회에 부여하고, 저작자에게 각각 저작물에 대한 독점권을 일정 기간 보장함으로써 과학과 유용한 기술발달을 촉진할 것을 규정하고 있다. 이것의 본래 취지는 저작물의 원저작자에게 각각의 저작과 창작물에 대한 배타적 권리를 한시적으로 보장함으로써 과학과 유용한 기술의 발전을 장려하고, 창작자들이 일정 기간 배타적 권리를 향유한 후에 그 권리를 모두에게 허용함으로써 공공 영역을 비옥하게 한다는 것이다. 이와 같은 저작자의 권리보호는 우리 헌법에서도 찾아볼 수 있다. 헌법 제22조 제2항에서는 '저작자·발명가·과학기술자와 예술가의 권리는 법률로써 보호한다'라고 규정함으로써, 지식재산권의 헌법적 보호를 명시하고 있을 뿐 아니라 입법자에게 지식재산권을 구체적으로 형성할 헌법적 위임을 주고 있다. 이에 따라 저작권은 헌법에서 보장하는 권리로서, 저작권법에 따라 저작자의 권리를 보호할 수 있다. 또 헌법 제23조 제1항에서는 '모든 국민의 재산권은 보호되며 그 내용과 한계는 법률로 정한다' 규정함으로써 국민의 재산권 보장에 관한 규정을 두고 있다. 따라서 저작권을 포함한 재산권을 보호하는 것이 헌법 정신이라 할 수 있고, 이런 헌법 정신을 법률로 구체적으로 정해 놓은 것이 저작권법이다(계승균, 2005). 즉 저작권법은 저작자 등의 권리보호와 재산권에 관한 헌법의 이념을 구체화한 법률로 설명할 수 있다. 이와 같은 헌법적 근거에 입각할 때, 저작권의 본질은 저작물의 창작자에게 독점권을 부여함으로써 더 많은 창작을 기대하고, 그런 창작물을 공유함으로써 궁극적으로는 인간의 정신생활을 풍요롭게 하고 인류문화발달에 이바지하는 것이다.

한편 이동기(2021)는 저작권의 헌법적 기초가 되는 헌법 제22조 제2항과 제23

조 제1항의 관계를 설명하였다. 그는 헌법 제22조 제2항이 그 자체로 저작권의 재산적 이익과 인격적 이익 모두를 보호하는 헌법적 기초가 될 수 있으므로, 그 적용에 있어 헌법 제22조 제2항이 제23조 제1항의 재산권 규정보다 우선 고려되어야 하는 조항이라고 보았다. 이는 헌법 제22조 제2항이 저작권의 헌법적 근거로 먼저 검토된다는 의미로 이해해야 하고, 저작권의 헌법적 근거를 헌법 제22조 제2항으로 한정할 것은 아니라는 의미이다. 또 제23조 제1항도 저작재산권의 제한 및 그 해석에 있어서 기존의 재산권 법리도 중요하게 고려되어야 한다는 점에서 중요한 헌법적 근거라고 보았다. 따라서 저작권 및 그 제한에 관한 해석에서, 헌법 제22조 제2항과 제23조 제1항을 중첩적으로 적용해야 하는 헌법 규정으로 이해하는 것이 헌법과 저작권 관계법을 해석하고 적용하는 데 타당하다.

2) 저작권법의 성격과 입법목적

저작권법은 저작권에 관한 사항을 규율하기 위해 만들어진 입법 장치로, 민법의 특별법으로서 지위를 가진다. 민법과 저작권법은 국민의 재산권을 규율한다는 점에서 동일성을 가지지만 그 객체가 민법은 유체물에 있으며, 저작권법은 저작물이라는 무체물에 있다는 점에서 차이가 있다. 특별법인 저작권법은 일반법인 민법보다 구체적인 규정을 두고 있는데, 권리관계나 이용허락, 제한 등과 같이 민법이 다루지 못한 부분을 담고 있다. 일반법에서 다루기 어려운 부분에 대해서만 특별한 대우가 필요하기 때문에 특별법이라는 형식을 빌어 다루는 것이므로, 특별법이라도 그 특성상 모든 사항을 담을 수 없어서 저작권법에서 규정되지 않은 사항으로서 당사자 간 이해관계가 합리적으로 해결되지 않는다면 민법으로 해결할 수밖에 없다(김윤명, 2003, 91쪽).

저작권법의 성격은 첫째, 지식재산권법의 성격이 강하다. 저작권법은 시장에서 자유로운 경쟁을 전제로 해서 창작에 대한 인센티브를 제공함으로써 저작자가 경제적 혜택을 누리도록 할 뿐 아니라 문화와 관련 산업의 발전을 촉진하기 위한 목적을 가진다. 그런 점에서 저작권법은 재산권적인 성격을 가진다. 둘째, 문화기본법의 성격을 가진다. 저작권법에서 추구하는 저작물의 공정한 이용 도모는 일반 대중이 저작자나 실연자 등이 생산하고 전달한 콘텐츠를 향유하고 그것을 토대로 또 다른 문화적 산물을 창작해서, 장기적으로는 사회 전체의 문화가 발전할 수 있도록 해 주는 수단이다. 이에 저작권법은 저작물을 공유하고 더 많은 문화적 창작물의 생산을 유도함으로써 문화를 향상하고 발전시키는 것을 목적으로 한 법이다.

저작권법 제1조에서는 입법 취지에 해당하는 목적과 그 목적을 실현하는 수단을 규정하고 있다. 입법목적을 "이 법은 저작자의 권리와 이에 인접하는 권리를 보호하고 저작물의 공정한 이용을 도모함으로써 문화 및 관련 산업의 향상발전에 이바지함을 목적으로 한다"고 규정함으로써 입법 취지에 해당하는 목적과 그 목적으로 실현하는 수단을 규정하고 있다. 먼저 법이 지향하는 목적은 문화 및 관련 산업의 향상발전에 이바지하는 것이다. 이것은 저작권 제도의 본질을 밝히는 동시에 저작권법을 해석하고 운용하기 위한 기본 방침을 설정해 주는 의미가 있다(오승종, 2020, 11~12쪽). 그리고 그와 같은 입법목적을 실현하는 수단으로 저작권법에서는 저작자의 권리 및 이에 인접하는 권리보호와 저작물의 공정한 이용 도모와 같이 두 가지 수단을 규정하고 있다. 이렇게 볼 때 저작자 등의 경제적, 인격적 이익의 보호와 저작물의 공정한 이용 도모 또는 이용과 보급의 활성화를 통해 궁극적으로 문화와 문화 관련 산업의 발전을 추구하는 것이 저작권법의 입법 취지이자 목적이다(조연하, 2018, 31쪽).

한편 1957년 최초로 제정, 공포되었을 당시 저작권법의 입법목적은 "학문적 또는 예술적 저작물의 저작자를 보호하여 민족문화의 향상발전을 도모하는 것"이었다. 당시에는 저작자의 권리가 아니라 저작물을 창작한 저작자 보호가 입법 취지였음을 알 수 있다. 1986년 12월 개정에서는 '저작자 보호'에서 '저작자의 권리와 이에 인접하는 권리보호'로 입법목적이 바뀌고, 저작물 이용의 활성화가 추가되었다. 디지털 기술의 등장과 인터넷 등 새로운 미디어의 발달로 전통적인 저작권법 보호 대상과 이질적인 위치에 있는 보호 대상인 컴퓨터프로그램, 데이터베이스 등이 저작권법 영역에 포함되었으며, 문화와 산업의 경계가 허물어지면서 저작권법은 문화 보호뿐 아니라 기술이나 산업 보호와도 깊은 관련성을 가지게 된다(신재호, 2009; 이해완, 2015). 이를 반영하여 2009년 4월 개정에서는 궁극적인 입법목적을 "문화의 향상발전"에서 "문화 및 관련 산업의 향상발전"으로 변경하였다. 산업재산권법 성격이 강한 다른 지식재산권법과 구별되는 문화기본법으로 불리었던 저작권법이 문화는 물론이고 관련 산업의 발전을 동시에 추구하는 문화산업법으로 바뀌게 된 것이다. 하지만 입법목적의 변경으로 인해 저작자나 저작권자의 보호보다는 저작물을 이용자에게 전달하는 유통산업의 보호에 치중하는 현상이 나타나면서, 자칫 저작권법의 근본 취지가 변질될 것을 우려하는 목소리도 나왔다. 이와 관련하여 박영길(2014)은 저작권법이 점점 산업법화되는 현상과 방대한 법체계를 비판하였다. 그는 저작권 환경의 변화는 기술 사이클(technology cycle), 즉 "신기술→새로운 비즈니스 모델→저작물의 새로운 유형 또는 새로운 권리의 창출"이라는 과정으로 이어져 오면서 전통적인 저작권법이 산업정책 속으로 매몰되었다는 점을 지적하면서, 과연 저작권 제도가 창의성의 기초가 될 수 있는가에 의문을 제기하였다. 배대헌(2013)도 기술개발로 인해 저작물 이용의 문화가 산업과 연계하여 문화산업으로 새로운 위치를 확보하면서 문화산업이 강조되고 있으며, 기술로 인해 저작권법이 개정되고 기술이 저작권 발전을 견인하는 등, 저작권법 본래 목적인 저작자 보호에서 멀어지고 있는 현상을 비판하였다. 결국 저작권법은 사회변화와 기술발달을 반영하여 지속해서 개정되면서, 그것의 목적과 기능도 함께 변화하고 있음을 엿볼 수 있다.

3) 저작권법 개정의 주요 연혁

저작권법은 시대적 상황이나 기술발전, 사회환경 변화 등을 고려하여 끊임없이 개정되었고, 개정 횟수가 아주 잦은 법 중 하나로 손꼽을 수 있다. 우선 정보기술의 발전과 더불어 권리 대상인 저작물 범주에 컴퓨터프로그램, 데이터베이스를 포함함으로써 보호 대상의 범위를 확대하였다. 또한 복제권에서 배포권, 2차적저작물작성권, 전송권에 이르기까지 다양한 권리를 인정하면서 저작권 권리 자체의 내용을 확장하는 등, 저작권법은 많은 변천 과정을 겪었다(조연하, 2018, 33쪽). 특히 저작권법은 그 어떤 법보다 기술발전의 영향을 많이 받는 법으로, 최근의 급격한 기술발전을 반영해서 빈번하게 개정되는 경향을 보이며 앞으로도 수시로 계속해서 개정될 것으로 예상된다.

저작권법은 1957년 최초로 제정, 공포된 이후, 1986년과 2006년 전면 개정되었다. 1986년 한·미 통상 협정의 결과로 전면 개정하면서 세계저작권협회에 가입하였는데, 저작권자와 저작물 이용자의 이익 보호가 개정의 주요 취지였다. 이후 국내외 여건 변화와 급변하는 국내외 저작권 환경에 효율적으로 대처하기 위해 저작권법을 여러 차례 개정하였다. 〈표 4−1〉은 1957년 제정법 이후 개정된 저작권법을 중심으로 주요 내용을 정리한 것으로, 개정의 흐름을 보면 저작권 보호기간의 연장,[13] 기술발전의 반영, 저작권 보호 강화 등을 특징으로 설명할 수 있다.

표 4-1. 저작권법 개정의 주요 내용

연도	주요 내용
1957년 1월 28일	• 우리나라 최초의 저작권법으로, 학문적·예술적 저작물의 저작자 보호를 통한 민족문화의 향상발전 도모가 입법목적임. 저작권법의 적용을 받는 저작물, 저작자 및 저작권의 범위 규정 • 무방식주의 채택/ 저작권 존속기간 저작자 사후 30년/ 제3자에 대한 대항목적으로 저작권 등록/ 조약에 특별 규정 있는 경우에만 외국인 저작물 보호/ 상당히 넓은 범위의 이용행위를 저작권 비침해행위로 규정
1986년 12월 31일 개정	• 첫 번째 전면개정으로, 저작권자의 권익 보호·신장과 함께 그 권리행사를 공공의 이익과 조화시킴으로써 문화향상발전에 이바지함을 목적으로 함 • 업무상저작물 조항 신설/ 저작재산권의 세분화/ 저작권 존속기간 저작자 사후 50년으로 변경/ 저작인접권 신설/ 저작물의 영상화와 영상저작물 이용권리 조항 신설/ 저작권위탁관리업 제도 신설
2000년 1월 12일 개정	• 디지털 기술발전을 반영하기 위한 개정/ 전송권 추가/ 공용 복사기 복제에 대한 저작권자의 이용허락 요구
2006년 12월 28일 개정	• 1986년 개정 이래 두 번째 전면개정으로, 디지털 전환을 반영하여 내용을 대폭 수정 • 공중송신권(디지털음성송신권) 신설/ 실연자의 인격권 신설/ 실연자 및 음반제작자의 대여권 강화/ 실연자에 생실연권 부여/ 음반제작자의 권리보호시점 조정/ 특수한 유형의 온라인서비스제공자(OSP)의 의무조항 신설/ 비친고죄의 범위 확대/ 저작물 기증제도 신설 등
2011년 6월 30일 개정	• 저작권 보호기간 저작자 사후 70년으로 연장/ 업무상저작물과 영상저작물의 보호기간 공표 시기로부터 70년으로 연장/ 온라인서비스제공자 유형별 면책요건 규정

---

13) 저작물의 상업적 가치에 비해 보호기간이 지나치게 길다면서 계속되는 보호기간 연장을 비판하는 시각도 존재한다(남희섭, 2014).

연도	주요 내용
2011년 12월 2일 개정	• 한·미 FTA 협정의 의무 이행을 위한 개정 • 일시적 복제 조항 신설/ 공정이용 제도 도입/ 배타적발행권 제도 신설/ 저작인 접권 보호기간 70년으로 연장/ OSP 면책요건 추가
2013년	• 7월 6일 개정: 청각장애인을 위한 저작재산권 제한 규정 신설 • 12월 30일 개정: 공공저작물 자유 이용 규정 신설/ 학교나 교육기관에서의 이용 형태에 '전시' 추가, '방송 또는 전송'이 '공중송신'으로 확대
2016년 3월 22일 개정	• 음반의 정의에 디지털 음원 포함/ 판매용 음반을 상업용 음반으로 변경/ 공정이용 규정 중 '보도·비평·교육·연구 등' 공정이용의 목적 삭제/ 공정이용 판단 시 '영리 또는 비영리성' 삭제/ 한국저작권보호원의 설립 근거 및 구성과 업무 규정 신설
2019년 11월 26일 개정	• 가상·증강현실 기술 등을 산업발전을 위해, 촬영 등의 주된 대상에 부수적으로 다른 저작물이 포함되는 경우 저작권침해 면책 근거 조항인 '부수적 복제 등' 조항 신설 • 공공문화시설이 문화향상발전에 이바지할 수 있도록 상당한 조사를 하였어도 저작재산권자나 그의 거소를 알 수 없는 저작물의 활용 근거로 '문화시설에 의한 복제 등' 조항 신설

* 국가법령정보센터; 오승종, 2020, 16~19쪽 참조.

2020년 7월 발표된 저작권법 전부개정안은 저작물의 창작과 이용이 디지털로 이뤄지고 쌍방향 온라인 기반(플랫폼)이 발달함에 따라, 음악 등 저작물이 매 순간 대량으로 이용되는 최근 상황을 반영하려는 취지에서, 창작자 권리보호를 강화하고 저작물 이용을 손쉽게 하는 것을 개정 목표로 하고 있다. 개정안에서 추진하는 핵심 내용은 추가보상청구권 도입, 확대집중관리제도 도입, 업무상저작물 조항 개선, 퍼블리시티권(일명 인격표지재산권) 도입, 조정 우선주의, 인공지능 개발·활용 촉진이다.

표 4-2. 2020년 저작권법 전부개정안 추진계획안의 세부 내용

핵심 내용	세부 내용
추가보상 청구권 도입	• 추가보상청구권은 창작자가 저작권을 이용자에게 양도한 경우라도 창작자와 저작물 이용자(저작권 양도받은 자) 간의 수익이 크게 불균형한 상황이 된다면, 창작자가 계약을 변경하거나 추가적인 보상을 청구할 수 있는 권리임. • 다만 저작물 이용자의 안정성이 흔들리지 않도록 일정 기간 내에만 청구할 수 있도록 제한
확대집중관리 제도 도입	• 온라인 음악 서비스나 온라인 동영상서비스(OTT)의 방송콘텐츠 제공 등 서비스 특성상 저작물을 신속하게 이용해야 하지만, 수많은 저작권 및 저작인접권을 확인하고 이용허락을 받기 어려운 분야에 대해 확대집중관리 제도 도입 • 확대집중관리 제도란 저작권 집중관리단체에 일정한 분야의 저작물 이용에 대해 그 단체가 신탁받지 않은 저작물에 대해서도 이용허락 권한을 부여하는 제도임. 단 저작권자의 명시적인 제외 의사가 있는 경우는 이용허락 대상에서 제외
업무상저작물 조항 개선	• 법인 등의 이름으로 저작물을 공표하는 경우 창작자에게 아무런 권리를 주지 않는 현행 업무상저작물 조항(제9조)을 개선하여, 법인에 고용된 창작자의 권익과 법인의 원활한 저작물 이용이 균형을 이루는 방안
퍼블리시티권 도입	• 한류 연예인 등 유명인의 초상·성명 등의 무단 사용 증가에 대응하고자 퍼블리시티권(일명 인격표지재산권) 도입
조정 우선주의	• 일상적인 저작물 이용이 형사처벌의 위험에 빠지지 않도록 비영리·비상습적인 저작권침해는 형사처벌 범위를 완화하고, 한국저작권위원회의 조정절차를 밟는 경우 수사 진행을 정지하는 방안 • 대신 권리자 보호와 균형을 맞추기 위해 민사적 배상제도를 강화함으로써 저작권침해 분쟁 시 형사처벌보다 민사적 해결 유도
인공지능 개발·활용 촉진	• 인공지능 개발 등을 위한 말뭉치 활용 등 정보 대량분석(데이터마이닝) 과정에서 저작물의 자유 이용을 위한 저작권 면책규정 도입 • 인터넷 기반의 실시간 영상송출을 저작권법상의 개념(가칭 디지털 송신)으로 명확히 하는 방안

* 문화체육관광부 보도자료(2020.7.1.) 참조.

4) 저작권법의 구성

저작권법은 총 제11장 제142조로 구성된다. 제1장 총칙에서 입법목적과 정의 조항 등을 두고 있고, 제2장과 제3장에서는 각각 저작권, 저작인접권을 다루고 있다. 동 법의 핵심인 저작권에 관한 장은 저작물, 저작자, 저작자의 권리 유형인 저

작인격권과 저작재산권, 저작물 이용허락과 등록 등의 절차에 관한 내용으로 구성된다. 저작인접권에 관한 장에서는 실연자, 음반제작자, 방송사업자의 권리와 보호기간, 제한·양도·행사 등에 관한 조항을 두고 있다. 저작권법에서는 특별히 배타적 발행 및 출판, 영상저작물과 프로그램에 관한 특례조항을 두고 권리관계를 좀 더 명확히 하고 있다. 또 지식정보사회의 진전이 가속화되면서 대두된 새로운 이슈들을 다루기 위해 데이터베이스, 온라인서비스제공자의 책임 제한, 기술적 보호조치에 대한 보호 등에 관한 조항을 두었다. 그 외에 저작권법에서는 위탁관리, 한국저작권위원회, 한국저작권보호원, 그리고 권리침해구제에 관한 조항을 두고 있다. 저작권법은 저작자의 권리와 이에 인접하는 권리보호, 저작물의 공정한 이용 도모, 문화 및 관련 산업의 향상발전이란 입법목적에 기초하여 내용을 구성하고 있다. 이는 다시 저작권, 일부 저작물에 관한 특례조항, 저작권 관리 및 피해구제와 같이 크게 세 가지로 구분할 수 있다.

저작권법 구성의 특징은 입법목적이 저작권자의 권리보호 외에도 저작물의 공정한 이용 도모를 통한 문화 및 관련 산업의 발전임에도 불구하고, 저작권자의 권리보호에 치중한 경향을 보인다는 점이다. 즉 저작권자의 권리보호를 위한 근거 조항과 보호를 위한 제도적 장치에 관한 조항 등이 전체 법 구성에서 차지하는 비중이 높다. 물론 법에서 부분적으로 저작권을 제한하는 조항을 두고 있지만, 저작물의 공정한 이용 도모를 위한 저작물 이용자의 이익에 관한 조항이 상대적으로 미흡한 것이 저작권법의 한계로 지적된다. 이처럼 이용자 입장을 충분히 고려하지 못한 법 구조와 관련하여 우지숙(1998)은 선진국 논리에 따라 저작자 권리를 보호하기 위해 기존의 저작권 보호범위를 확대하고 실행하는 데에만 급급하기보다는, 저작자, 저작권자, 사용자 등의 이해관계자들로 이루어진 저작권법 구조에 중요성을 둘 것을 강조하였다.

표 4-3. 저작권법 구성

제1장 총칙			제1~3조
제2장 저작권	제1절 저작물		제4~7조
	제2절 저작자		제8~10조
	제3절 저작인격권		제11~15조
	제4절 저작재산권	제1관 저작재산권의 종류	제16~22조
		제2관 저작재산권의 제한	제23~38조
		제3관 저작재산권의 보호기간	제39~44조
		제4관 저작재산권의 양도·행사·소멸	제45~49조
	제5절 저작물 이용의 법정허락		제50~52조
	제6절 등록 및 인증		제53~56조
	제7절 배타적발행권		제57~62조
	제7절의2 출판에 관한 특례		제63~63조의 2
제3장 저작인접권	제1절 통칙		제64~65조
	제2절 실연자의 권리		제66~77조
	제3절 음반제작자의 권리		제78조~83조의 2
	제4절 방송사업자의 권리		제84~85조의 2
	제5절 저작인접권의 보호기간		제86조
	제6절 저작인접권의 제한·양도·행사 등		제87~90조
제4장 데이터베이스제작자의 보호			제91~98조
제5장 영상저작물에 관한 특례			제99~101조
제5장의2 프로그램에 관한 특례			제101조의 2~7
제6장 온라인서비스제공자의 책임 제한			제102~104조
제6장의2 기술적 보호조치의 무력화 금지 등			제104조의 2~8
제7장 저작권위탁관리업			제105~111조
제8장 한국저작권위원회			제112~122조
제8장의2 한국저작권보호원			제122조의 2~7
제9장 권리의 침해에 대한 구제			제123~129조의 5
제10장 보칙			제130~135조
제11장 벌칙			제136~142조
부칙			

저작물과 저작자

1 / 저작권 객체로서 저작물

1) 저작물의 개념

저작권법 제2조에 따르면, 저작물은 인간의 사상 또는 감정을 표현한 창작물이다. 저작자의 창작 행위의 결과물이 곧 저작물이다. 2006년 12월 개정 이전의 저작권법에서는 저작물의 개념을 "문학, 학술 또는 예술의 범위에 속하는 창작물"로 규정하였다. 이것은 반드시 문학, 학술이나 예술의 범주로 한정하는 것이 아니라 지적이고 문화적인 창작물로 폭넓게 해석할 필요가 있다. 그러다가 디지털 시대를 반영하기 위해 2006년 개정을 통해 저작권법 내용을 대폭 개정하면서 저작물을 "인간의 사상 또는 감정을 표현한 창작물"로 정의하였다. 이러한 정의는 기술발전으로 등장한 컴퓨터프로그램이나 데이터베이스 등도 저작물에 포함된다는 점을 명백하게 해주는 효과를 가진다. 하지만 변경된 정의를 엄격한 의미로 해석할 필요는 없으며 이전의 정의와 해석상의 차이를 둘 필요가 없다는 의견이 지배적이다.

임원선(2020a)은 저작권법상의 정의를 구성하는 요소별로 저작물 개념을 나누어서 설명하였다(47~54쪽). 첫째, 저작물은 인간의 사상이나 감정을 표현한 것이어야 한다. 즉 저작물은 저작자의 사상이나 감정에 대한 표현물로, 표현의 주체가 인간이어야 함을 뜻한다. 이것은 저작물이 인간이 가진 생각의 산물일 필요가 있다는 것이다. 열차 시각표나 자동으로 촬영한 위성사진처럼 인간의 생각이 배제된 자연현상이나 그로 인한 결과물 등은 저작권 보호 대상이 아니라는 것을 의미한다. 인간이 아닌 원숭이와 같은 동물이나 사물이 표현한 것도 저작권법이 보호하는 저작물 범주에 포함되지 않는다. 원숭이가 물감을 팔레트에 풀어 벽에 뿌려 생긴 형상은 저작물로 인정받을 수 없는 것이다. 그러나 자연현상을 촬영한 사진이라 해도 사진 자체에 사진을 촬영한 자의 사상이나 감정이 표현되었다면 저작물로 보호받을 수 있다. 이때 저작물의 소재인 사상이나 감정은 철학적인 사상이나 심리학적인 감정으로 좁게 해석해서는 안 되며, 반드시 고차원적인 사상이나 감정일 필요도 없다. 둘째, 저작물은 창작적으로 표현되어야 한다. 이것은 저작물에는 창작성이 있어야 함을 의미한다. 셋째, 저작물은 표현되어야 한다. 인간의 사상이나 감정에서 그치는 것이 아니라 그것을 외부로 표현해야 저작물로 인정받는다. 그러므로 TV 드라마나 웹툰의 소재로 아무리 훌륭한 아이디어가 떠올랐다 해도 그것을 표현하지 않으면 저작권으로 보호받을 수 없다. 저작물 개념의 구성요소인 창작성과 표현은 곧 저작물의 성립요건으로, 저작권 보호 대상 여부를 판단하는데 중요한 기준이 된다.

저작재산권 객체로서 저작물의 특성을 살펴보면(김현경, 2013, 113~114쪽), 첫째, 유체물이 아닌 '정보'로서 경제적 특수성을 가지므로, 비경합적(nonrivalrous) 속성과 비배제적(nonexcludable) 속성을 가진다. 비경합성은 한 사람의 저작물 이용이 다른 사람의 '이용'에 영향을 미치지 않는 속성을 뜻하는데, 좋아하는 가수의 곡이 수록된 음반을 친구와 같이 들어도 내가 듣는 노래의 양이 줄어들거나 음질이 나빠지지 않는다. 즉 다른 사람의 저작물 이용으로 인해 나의 저작물 이용의 효용성이 떨어지지 않는다는 것이다. 비배제성은 일단 한 사람에게라도 이용된 후에는 다른 사람들의 접근을 막기가 불가능하거나 최소한 어렵다는 속성을 말한다. 일단 제공된 저작물의 소비는 소비자 간에 차별적 제한을 받지 않는다는 것으로, 서점에서 파는 책은 누구나 접근해서 읽어볼 수 있다. 비배제성은 정보에 대한 소유자의 통제를 실질적으로 어렵게 만든다. 둘째, 저작물은 경험재(experience good)로서의 특성을 가진다. 이것은 상품을 직접 이용해 보아야 상품의 가치를 파악할 수 있는 것을 의미한다. 책은 읽어 보아야 가치를 알 수 있고 소프트웨어 역시 사용해 보아야 유용한지 알 수 있다. 경험재라는 속성은 가치 파악뿐 아니라 구매동기 면에서도 다른 유체물과 차이를 보인다. 셋째, 무체물인 모든 저작물은 백지상태에서 비롯된 것이 아니라 대부분 이미 존재하는 다른 저작물에 기초하여 창작활동이 이루어진다. 즉 저작물은 사회적 맥락에서 형성되며 선험적 경험으로부터 많은 영향을 받는 사회적 속성을 가진다. 셰익스피어가 희곡의 많은 소재를 중세와 르네상스 시대 유행했던 신화와 전설에서 가져온 것이 바로 그와 같은 예이다. 이렇게 무체물로서 저작물은 비경합성, 비배제성, 경험재와 같이 정보재로서의 속성과 함께 사회성이란 특성을 내포하고 있다.

2) 저작물 성립요건

저작물성을 판단하는 요건은 저작물에 해당하는지를 결정하는 기준이자, 저작권법의 보호범위가 어디까지인지를 결정하는 기준이다. 즉 저작물이 법적 보호를 받기 위한 필요조건이면서, 저작권법 보호 대상 여부를 판가름하는 기준으로 활용될 수 있다(조연하, 2018, 45쪽). 또한 저작권침해 판단에서도 저작권침해를 주장하는 저작물이 저작권 보호 대상인지를 먼저 판단해야 한다는 점에서, 저작물 성립요건은 저작권침해 판단의 중요한 기준이 되기도 한다. 저작물 성립요건은 인간의 사상 또는 감정을 표현한 창작물이라는 저작권법상의 저작물 정의로부터 도출된다. 바로 표현과 창작성이다.

(1) 표현 요건

표현 요건은 인간의 사상이나 감정이 외부로 표현되어 저작물에 담겨있어야 한다는 것이다. 사상이나 감정을 구체적인 표현 매체를 통해 외부로 표현한 것만 저작물로 보호되며, 표현의 방법이나 수단이 무엇이든 상관없다. 표현 요건은 저작권법의 기본 원칙인 아이디어와 표현의 이분법(idea−expression dichotomy)으로 설명할 수 있다. 아이디어와 표현의 이분법이란 하나의 저작물을 구성하는 요소를 아이디어와 표현으로 나누어, 소재가 되는 아이디어는 저작물로 보호하지 않고 표현만이 저작물로 보호된다는 원칙으로, 저작권의 보호 대상을 개념적으로 한정하는 원리이다(오승종, 2020; 이해완, 2019). 예를 들어 다양한 종류의 김치를 맛있게 만드는 비법은 아이디어에 해당하므로 저작권 보호 대상이 아니다. 하지만 그 비법을 글로 표현한 요리책이나 말과 행동으로 보여주는 영상물은 저작권 보호를 받을 수 있다. 아이디어는 저작권 보호 대상이 아님에도 불구하고 아이디어가 유사하면 두 저작물이 상당히 유사한 것으로 인식되기가 쉽다. 예를 들어 미술저작물은 '작풍(作風)'이 유사하면 작품들이 매우 유사하게 보이는데, 작풍은 작품의 소재나 재료 또는 표현기법 등을 의미하는 것이므로 저작권으로 보호되는 대상이 아니다(임원선, 2020a, 434쪽). 그림의 표현기법과 표현을 구분하는 문제가 쉽지 않다고 볼 때, 그림의 저작권침해 판단이 쉽지 않을 것임을 짐작할 수 있다.

아이디어와 표현의 이분법 원칙은 현재 미국은 물론이고 우리나라를 비롯한 많은 나라에서 저작물의 보호범위를 정하는 기본적인 원리의 역할을 하고 있다. 미국 저작권법 제102조(b)에서는 "저작물의 아이디어, 절차, 공정, 체계, 조작 방법, 개념, 원칙 또는 발견에 대해서는 그것이 어떤 형식에 의하여 기술, 설명, 예시되거나 저작물에 포함되더라도 저작권의 보호가 미치지 않는다"는 내용으로 성문화되었다(오승종, 2020, 45쪽). 아이디어와 표현의 이분법 원칙의 취지는 모든 창작물에는 아이디어와 표현이 필요한데 창작 행위의 소재가 되는 아이디어의 자유로운 흐름을 보장해서 보다 풍부한 창작을 유인하기 위해, 아이디어에 대한 독점권을 부인하고 표현만을 저작물로 보호한다는 것이다(조연하, 2018, 45쪽). 인간의 사상이나 감정인 아이디어는 창작 행위의 소재가 된다. 그런데 만약 이것에 독점권을 부여한다면 자유롭게 창작할 수 있는 학문과 예술의 자유를 누릴 수 없게 된다.[1] 따라서 표현은 저작권법에서 보호하고, 아이디어는 특허법과 같은 다른 지식재산권법에서 보호하는 것이다.

아이디어와 표현의 이분법을 보충하는 원리이자 저작물 성립을 판단하는 기준으로 합체의 원칙(merge doctrine), 필수적 장면의 원칙 등이 있다. 합체의 원칙은 아이디어를 표현하는 방법이 한 가지밖에 없거나 여러 방법이 있으나 효율적인 방법이 하나뿐인 경우, 아이디어와 표현이 합체되었다고 보고 저작권 보호를 부정하는 이론이다. 이 원칙의 취지는 아이디어와 표현을 명확하게 구별할 수 없는 경우 이

---

[1] 대법원은 저작물에서 표현된 내용은 아무리 독창성이나 신규성이 있다 해도 저작물이 될 수 없으며, 학술 저작물의 내용은 만인에게 공통되는 것이어서 자유롭게 이용할 수 있어야 하므로 저작물 보호 대상이 되지 않고 표현형식만이 저작물의 보호 대상임을 명확히 하였다(대법원 1993. 6. 8. 선고 93다 3073, 3080 판결).

를 저작권으로 보호하면 합체된 아이디어까지 보호하는 결과를 초래할 수 있으므로, 아예 저작권 보호 대상으로 보지 않는 것이다. 또 필수적 장면의 원칙은 표현요건과 관련하여 작품의 아이디어가 전형적으로 예정하고 있는 사건이나 등장인물의 성격 타입과 같이 필연적으로 따르는 요소는 설사 표현에 해당하더라도 저작권보호 대상이 아니라는 것이다. 합체의 원칙이 컴퓨터프로그램과 같이 주로 기능적인 저작물에 적용된다면, 필수적 장면의 원칙은 소설, 시나리오와 같은 문예 저작물에 적용된다(조연하, 2018, 47쪽).

(2) 창작성 요건

저작물이 성립되기 위해서는 표현에 창작성이 요구된다. 저작물을 창작한 자라는 저작자 정의에서도 창작성 개념이 매우 중요한 요건임을 알 수 있다. 창작성 요건은 어떤 창작적 표현이 저작권의 보호를 받는 대가로 반드시 구현되어야 하는 것이 창작성이라는 것이다. 국내 저작권법에서는 창작성 개념을 정의하지 않고 있으며, 창작성의 수준이나 판단기준도 제시하지 않고 있다. 따라서 사법부 해석에 기댈 수밖에 없는데, 대법원[2]은 창작성 개념을 "완전한 의미의 독창성을 말하는 것은 아니며 단지 어떠한 작품이 남의 것을 단순히 모방한 것이 아니고 작자 자신의 독자적인 사상 또는 감정의 표현을 담고 있음을 의미"하는 것으로 설명하였다. 이렇게 볼 때 저작권법에서 창작성은 특허법에서 요구하는 기존의 것과 다른 새로운 것이 아니며, 기존 저작물에 비해 문학적·학문적, 예술적으로 진보될 것을 요구하는 개념도 아니다. 특허법에서 요구하는 신규성과 진보성이 절대적인 개념이라면, 저작권법에서의 창작성은 상대적인 개념이라고 볼 수 있다(오승종, 2016).

창작성의 의미는 두 가지 관점으로 접근할 수 있다. 첫째, 남의 것을 베끼지 않고 자신이 독자적으로 작성한 것이어야 한다. 둘째, 단순히 저작자가 독자적으로 만들었다는 것만으로는 부족하고 최소한도의 창조적 개성이 반영되어야 한다. 즉 독자성과 개성이 창작성의 주요 요소이다. 이것은 국내 대법원의 창작성 개념에 대한 해석과 일치된다. 대법원은 창작성 개념을 구체적으로 정의하기보다는 개념을 구성하는 요소들을 제시하는 방식으로 의미를 해석하고 있는데, 창작성 개념의 핵

---

2) 대법원 1995. 11. 14. 선고 94도2238 판결.

심 구성요소는 독자성과 개성이다. 독자성이란 저작물이 저작자에게서 유래되고 모방하지 않고 다른 저작물과 구분되는 속성을 말하며, 개성은 정신적 노력의 소산, 지적 노력, 개성적·정신적 창작의 성과 등을 의미한다(이해완, 2019; 조연하·유수정, 2011). 이렇게 볼 때 창작성은 독자성과 개성이라는 요소로 구성되는 개념이다.

창작성 요건에 대해서는 국가 간 약간의 견해 차이를 보인다. 미국의 저작권법에서는 독창성(originality)을 저작권 보호 요건으로 정하고 있다. 독창성이란 저작자가 다른 사람의 저작물을 복제하지 않고 저작물을 독자적으로 만들었음을 의미하며, 최소한의 지적인 노력만 있어도 독창성이 있다고 본다(Phalen, 1989; Stim, 2001). 또 미국 연방대법원의 판결 성향을 토대로 하면, 창작성 개념의 구성요소는 저작자 개인의 독자성, 기존 저작물과의 차별성, 저작자의 개성, 최소한의 지적 노력 등이다(Madison, 2010; Parchomovsky & Stein, 2009). 이에 비해 대륙법 국가에서는 창작성을 문화발전을 유인할 수 있을 정도의 최소한의 가치를 지닌 것으로 보면서, 일정 수준의 창작성을 요구하는 경향을 보인다(오승종·이해완, 2006; 정상조 편, 2007). 결국 표현과 창작성은 하나의 창작물이 법적으로 보호받기 위한 필수요건으로 저작권법상 보호 대상 여부를 판가름하는 잣대가 될 수 있는데, 동시에 저작권침해 여부를 판단하는 중요한 요소로도 작용할 수 있다.

3) 저작물의 보호범위

(1) 비보호저작물

저작권법에서는 일부 저작물을 비보호저작물로 규정하고 있다. 이것은 모든 저작물이 저작권법의 보호를 받는 것은 아니라는 점을 뜻한다. 동 법 제7조에서 비보호저작물로 규정하고 있는 저작물은 헌법, 법률, 조약, 법원의 판결·결정, 사실의 전달에 불과한 시사 보도 등이다. 이런 유형의 저작물은 공익적인 목적의 저작물이므로, 모든 국민이 실생활에서 자유롭게 이용할 수 있어야 한다. 즉 사회의 통합과 원활한 기능을 위해 국민에게 널리 알려야 할 저작물의 특성상, 그 이용을 통제하면 사회통합과 원활한 기능이 저해될 수 있다. 시사 보도를 제외하고는 정부나 지방자치단체가 저작권을 가지는 공공저작물에 속하므로 자유롭게 이용하도록 할 필요가 있는 것이다(임원선, 2020a, 58쪽). 사실 전달에 불과한 시사 보도를 비보호저작물로 규정한 이유는 사실 자체는 저작권법의 보호 대상에서 제외되며, 정보를 정확하고도 신속하게 전달하기 위해 사용되는 간결하고도 정형적인 문체와 표현방식에 창작적인 요소가 개입될 여지가 적다고 보기 때문이다. 또한 일반 국민은 세상에서 일어나는 사실들에 대해 알 권리가 있다는 점도 근거로 이야기할 수 있다. 이렇게 볼 때 비보호저작물을 정하고 있는 저작권법 제7조는 공익성과 국민의 알 권리 보장을 근거로 저작물 자체의 특수성을 고려한 조항이다.

(2) 저작물성이 문제 되는 저작물

표현과 창작성이 저작물의 보호범위가 어디까지인지를 결정하는 기준이 되지만, 저작물로 인정해야 하는지가 문제되는 저작물도 있다. 저작물 성립요건을 적용하여 명확하게 판단하기에 애매모호하거나 기술발전, 사회변화와 함께 등장한 새로운 형태의 저작물이 여기에 해당한다. 책, 노래, 영화 등의 저작물 제호는 결정하기까지 시간과 노력이 많이 요구된다. 대법원[3]은 제호에 대해 저작물의 창작물로서의 명칭이나 그 내용을 직접 또는 함축적으로 나타내는 것이라고 설명하였다. 그리고 서적의 제목은 저작물을 담고 있는 서적이라는 상품 그 자체를 가리키는 것일 뿐, 표현이 아니라 아이디어 영역에 해당한다고 해석하였다. 다른 저작물과 구별해 주는 표시 역할에도 불구하고, 사상이나 감정의 창작적인 표현이라고 보기 어렵다는 것이다.

짧은 문구로 구성된 표어나 슬로건, 일상생활에서 사용하는 표현 등도 저작물로 인정할 수 없다는 것이 법원의 입장이고 통설이다. 단어 몇 개를 조합한 것이어서 저작물성을 인정할 수 없을 뿐 아니라 이를 저작물로 보호한다면 일상적인 언어생활을 제약할 수 있다는 것이다. 짧은 광고문구의 저작물성도 부정하였는데, 단순한 내용을 표현한 것으로 문구가 짧고 의미도 단순하여 그 표현형식에 내용 외에 어떤 보호할 만한 독창적인 표현형식이 포함되어 있지 않다고 보았다. 한편 인공지능이 유명한 작가의 표현기법인 화풍을 학습해서 창작물을 만들어 내고 있는데, 서풍이나 화풍과 같은 창작 스타일 그 자체는 저작물이 아니라고 볼 수 있다.

---

3) 대법원 2004. 7. 9. 선고 2002다56024 판결.

실제로 일본에서는 다른 사람의 서풍이나 화풍을 모방하여 서화를 창작한 것은 특정한 작품을 복제한 것이 아닌 이상 저작권침해로 볼 수 없다는 판례가 있다(오승종, 2020, 170쪽). 또한 프로그램의 내용이나 형식상의 독창적인 요소들을 가지고 독특하게 구성하는 방식인 TV 프로그램 포맷에 대해서는 표현이라기보다 아이디어에 더 가깝다고 보고 저작물성을 인정하지 않으려는 경향을 보인다.4)

반면 특정한 한 벌의 글자를 형상하는 서체 자체는 저작물성이 인정되지 않지만, 컴퓨터 서체 프로그램 파일은 서체 저작물성과는 상관없이 하나의 컴퓨터프로그램저작물로 보호받는다. 음란물은 헌법상으로나 사회적으로 인정하기 어려운 음란성을 띠고 있는 성표현물이란 점에서 저작권 보호 대상인지가 논란의 여지가 있다. 이에 대해 대법원5)은 음란물이 저작권 보호 대상임을 분명히 밝힌 바 있다. 저작물성 판단에서 윤리성, 도덕성, 위법성 여부는 저작물성 판단에 문제가 되지 않으며, 창작적인 표현형식만 있으면 저작물성을 인정받을 수 있다고 본 것이다.

4) 저작물의 유형 분류

저작물은 분류기준에 따라 다양하게 분류된다. 우선 저작권법 제4조에서는 표현형식에 따라 저작물을 어문저작물, 음악저작물, 연극저작물, 미술저작물, 건축저작물, 사진저작물, 영상저작물, 도형저작물, 컴퓨터프로그램저작물 등을 예시로 열거하고 있다. 이들 저작물 유형을 다시 크게 구분하면 어문저작물, 음악저작물, 연극저작물, 미술저작물 등과 같은 예술저작물, 컴퓨터프로그램과 같은 기능저작물로 구분할 수 있으며, 그 밖에 사실 저작물도 있다. 표현형식 외에도 저작자 이름 표시 방법, 저작물 공표, 저작자 수, 저작물의 성립순서 기준으로 유형 분류가 가능하다. 저작자 이름 표시 방법에 따라 실명 저작물과 무명 또는 이명저작물로 나누며, 저작물의 공표 여부로 공표저작물과 미공표저작물로 나눈다. 공표 여부로 저작물을

---

4) 대법원은 SBS의 "짝" 패러디 사건에서 TV 리얼리티 프로그램이 무대, 배경, 소품, 음악, 진행 방법, 게임 규칙 등의 다양한 요소들이 일정한 제작 의도나 방침에 따라 선택되고 배열된다면 저작물성을 인정할 수 있다고 보았다(대법원 2017. 11. 9. 선고 2014다49180 판결). 리얼리티 프로그램도 일정한 요건을 갖추면 저작권 보호 대상이 된다는 국내 최초 판결일 뿐 아니라, TV 프로그램 포맷의 저작권 보호의 가능성을 보여주었다는 점에서 판결의 함의를 찾을 수 있다(조연하, 2018, 197~198쪽).

5) 대법원 1990. 10. 23. 선고 90다카8845 판결.

분류하는 실익은 저작권 보호기간의 산정은 물론이고, 미공표저작물에 국한해서 저작자의 저작인격권인 공표권이 발생한다는 점에서 찾아볼 수 있다.

저작물은 저작자 수에 따라 단독저작물과 공동저작물로 분류된다. 공동저작물은 2명 이상의 복수의 저작자가 창작한 저작물이라는 점에서 저작자가 1명인 단독저작물과 구별된다. 저작권법 제2조에서는 공동저작물을 "2명 이상이 공동으로 창작한 저작물로서 각자의 이바지한 부분을 분리하여 이용할 수 없는 것"으로 정의한다. 이에 기초하면 공동저작물은 2인 이상의 복수의 저작자가 관여하고 창작에서 공동관계가 존재하는 단일 저작물로, 공동저작자 각자가 기여한 부분을 개별적으로 분리해서 이용할 수 없다. 2인 이상이 창작에 관여한다는 것은 단순히 아이디어를 제공하는 것이 아니라 저작물 요건인 사상이나 감정의 창작성 있는 표현에 실질적으로 기여하는 것을 의미한다. 그리고 공동창작이란 다수의 창작 행위로 하나의 저작물이 발생하는 창작에서 공동관계가 있어야 하고, 창작에 관여한 저작자들 사이에 공동으로 저작물을 작성하려는 공동의사가 있어야 함을 요건으로 한다. 또 개별적 이용이 불가능하다는 것은 복수의 저작자가 기여한 부분을 물리적으로 분리해서 이용할 수 없다는 것을 말한다(이해완, 2019, 392~397쪽). 2인 이상 공저한 책이나 집단지성이 반영된 위키피디아 등은 창작활동의 성과를 분리, 이용할 수 없는 공동저작물의 사례이다.

또 저작물은 작성순서나 작성방식에 따라 원저작물과 2차적저작물, 편집저작물로 나누기도 한다. 2차적저작물은 원저작물을 번역·편곡·변형·각색·영상제작 그 밖의 방법으로 작성한 창작물로서, 독자적인 저작물로 보호된다. 만화나 웹툰을 토대로 창작성을 가해 각색한 영화 또는 TV 드라마, 편곡 음악, 번역서 등이 그 예이다. 2차적저작물의 성립요건은 원저작물과 실질적인 유사성이 존재해야 하며, 원저작물을 기초로 하여 실질적인 개변이 있어야 하는데, 원저작물의 아이디어가 아닌 표현 부분의 실질적인 개변에 창작성이 존재해야 한다. 그러므로 2차적저작물로서 보호받을 수 있는 범위는 2차적저작물 저작자가 원저작물을 창의적으로 수정하거나 증감시킨 부분이다. 즉 창작성이 가미된 부분에 한해 2차적저작물로 보호받는다. 한편 2차적저작물을 이용하려면 원저작물 저작권자에게도 이용허락을 받아야 한다. 2차적저작물은 원저작물과의 관계에서 탄생된 저작물인 동시에, 기존의 원저작물의 가치를 다시 새롭게 탄생시키는 견인차 역할을 하는 창작물의 성격을 가지므로 창작 및 문화의 활성화에 미치는 영향력이 크다. 저작권법에서는 2차적저작물의 예시로 번역·편곡·변형·각색·영상제작 등을 들고 있지만, 사회가 변화하고 기술이 발달할수록 다양한 2차적저작물이 나타날 것이며, 음악, 소설 등이 주류를 이루었던 과거와 달리 2차적저작물 제작에 투입되는 인적, 물리적 자원은 양과 질에서 매우 고도한 구성을 보일 것으로 예상된다(최상필, 2014). 특히 웹 환경에서는 다양한 기술과 제작방식에 의한 새로운 형태의 2차적저작물이 등장할 것이라는 점에서, 저작물의 창작 및 이용의 활성화 차원에서 2차적저작물과 관련된 새로운 쟁점이 무엇인지를 파악하고 그에 관한 심도 있는 논의가 요구된다.

편집저작물도 독자적인 저작물로 보호받는다. 편집저작물은 그 소재의 선택·배열 또는 구성에 창작성이 있는 저작물을 말한다. 대표적인 예로는 문학 전집 또는 백과사전, 연감 등이 있다. 이것은 소재 저작물을 개변 없이 그대로 수록한다는 점에서 원저작물의 개변이 수반되는 2차적저작물과 차이가 있다. 편집저작물의 보호범위는 소재의 선택·배열에 있어 창작성이 있는 부분, 즉 편집저작물 저작자의 독자적인 개성이 나타난 부분으로 한정된다. 편집저작물을 만들려면 2차적저작물과 마찬가지로 기본적으로 소재 저작물의 저작권자로부터 이용허락을 받아야 한다. 문학작품을 가지고 문학 전집을 만들려면 전집에 수록된 각각의 문학작품 저작권자의 동의가 필요한 것이다. 이상에서 살펴본 것처럼 여러 기준에 따라 저작물을 분류하는 실익은 유형에 따라 저작자 추정, 보호기간 산정, 저작권 행사 방법 등이 달라진다는 점에서 찾을 수 있다.

2 / 저작권 주체로서 저작자

1) 저작자의 개념과 추정

저작권으로 보호하는 대상인 객체가 저작물이라면, 저작물에 대한 저작권을 향유하고 행사하는 주체가 저작자이다. 저작권법 제2조에서는 저작자를 "저작물을 창작한 자"로 매우 단순하게 정의하고 있다. 이에 기초하면 저작자는 사상이나 감정을 표현한 창작물을 창작한 자이다. 좀 더 구체적으로는 사상이나 감정을 가지고 창작성이 있는 표현을 구체화한 자이다. 이렇게 표현행위를 실질적으로 한 자가 저작자이므로, 표현행위에 간접적으로 참여한 자는 저작자로 볼 수 없다. 예를 들어 웹툰작가에게 웹툰의 좋은 소재를 제공하거나 집필하는 데 필요한 자료를 수집, 제공했다고 해서 저작자 지위가 부여되지 않는다. 즉 저작물의 창작에 아이디어를 제공하는 데 그치거나 창작성 있는 표현에 실질적인 기여도가 없다면 저작자가 아니다.

인간의 사상이나 감정에 대한 창작적 표현을 한 자가 저작자이므로, 창작자원칙에 따라 창작물에 관한 모든 권리는 저작자에게 귀속된다. 저작자에게 부여되는 권리는 저작권 제10조에 따라 저작인격권과 저작재산권이다. 저작권은 저작물을 창작하는 순간 발생하므로, 저작자는 창작과 동시에 저작자 지위를 부여받게 되며 저작권자로서 권리를 행사할 수 있다. 하지만 저작재산권의 경우는 저작권법 제45조에 따라 전부 또는 일부를 양도할 수 있으므로, 저작자와 저작재산권자가 양도여부에 따라 분리될 수 있다. 즉 저작재산권을 양도받아 취득하게 될 경우, 저작자와 저작재산권자는 동일 인물이 아니게 되는 것이다. 또 저작재산권을 권리 유형별로 분산해서 양도할 수 있으므로, 하나의 저작물에 대해 권리 유형별로 저작재산권자가 다수가 될 수도 있다. 자연 양도와 상속이 거듭되면서 저작권자도 계속 달라진다. 반면 저작인격권은 일신전속적인 권리이므로 양도가 불가하다는 점에서 차이를 보인다. 따라서 저작자와 저작인격권자는 항상 동일 인물이라고 볼 수 있다.

저작권 이익을 잘 분배하는 방법을 결정하여 저작권법의 주목적인 창작활동을 최대화하기 위해서는 우선 누가 저작자가 될 수 있는가를 규명해야 한다. 저작자를 확정하는 문제는 저작자가 저작물에 대한 저작권을 향유하고 행사할 수 있다는 측면에서 중요하지만, 저작권의 보호기간을 정하고 저작물 이용허락을 받는 등, 효율적인 저작권 집행을 위해서도 필요하다. 이에 저작권법에서는 저작자가 분명하지 않거나 저작자를 둘러싼 분쟁을 해결하기 위해 저작자 추정 규정을 두고 있다. 제8조에서 저작자로 추정할 수 있는 요건을 제시하고 있으며, 이에 해당하는 자를 저작자로 보고 그 저작물에 대한 저작권을 가지는 것으로 추정한다. 저작자 추정요건은 저작물의 원본이나 복제물에 저작자로서의 실명 또는 이명으로 널리 알려진 것이 일반적인 방법으로 표시된 자이다. 일반적인 표시 방법이란 사회적인 관행에 따라 책의 표지나 속표지에 저작자 명을 표시하거나 그림에 낙관을 표시하는 방식등이다. 또 저작물을 공연하거나 공중송신하는 경우에도 실명이나 이명으로 표시된 자를 저작자로 추정하지만, 저작자 표시가 없는 경우에는 발행자·공연자 또는 공표자로 표시된 자를 저작권자로 추정한다. 이와 같은 저작자 추정조항은 저작자 입증을 용이하게 하고 저작물 이용과 유통을 원활하게 하는 것에서 그 의의를 찾을 수 있다.

2) 창작자 원칙에 따른 저작자 결정

근본적으로 저작자 확정에서 염두에 둘 것은 저작물의 개념과 보호범위이며, 저작자의 개념과 확정도 그것과의 관계에서 파악해야 한다. 즉 인간의 사상이나 감정의 창작적 표현이 저작물이고, 그런 창작적 표현을 창작한 자가 저작자이다. 저작물의 저작자를 결정하는 일반론은 창작자 원칙이다. 이 원칙은 창작자 주의로도 부르는데, 창작적인 표현형식 자체에 기여한 창작자를 저작자로 인정하고 그에게 모든 권리를 귀속시키는 것이다. 다시 말해서 정신적·신체적 활동을 통해 저작물을 만들어내는 사실행위인 창작 행위는 자연인만이 할 수 있고, 저작물을 실제로 창작한 자연인만이 저작권을 원시적으로 취득할 수 있는 저작권법상의 일반 원리이다(이해완, 2019; 조연하, 2018).

창작물의 표현행위에 실질적으로 기여한 자를 저작자로 보는 원리에 따라, 다음의 경우는 저작자가 될 수 없다. 첫째, 창작을 위한 아이디어나 소재, 동기를 제공한 자이다. 소설 작가가 친구나 지인이 제공한 아이디어를 토대로 저술한 소설이 베스트셀러가 되었어도, 실제 창작에 실질적으로 관여하지 않은 이상 친구나 지인은 소설 작가로 인정받을 수 없다. 그 아이디어를 활용하여 구체적으로 글로 표현한 작가가 저작자이기 때문이다. 교수가 소재 및 아이디어를 제공한 것을 토대로 대학 강사가 강의교재를 저술한 사건에서, 대법원6)은 책을 직접 집필하지 않고 아이디어나 소재, 자료를 제공한 것만으로는 공동저작자가 될 수 없다고 판시한 바 있다. 2인 이상이 저작물작성에 관여한 경우, 외부로 표현되는 창작적인 표현형식 자체에 이바지한 자만이 저작자가 될 수 있음을 분명히 한 것이다.

둘째, 창작을 의뢰하거나 주문을 한 자이다. 즉 창작을 위임하거나 도급계약

---

6) 대법원 2009. 12. 10. 선고 2007도7181 판결.

등으로 타인에게 창작을 맡긴 자는 원칙적으로 저작자가 아니다. 위임이나 도급계약에서 수임인이나 수급인은 위임인이나 도급인과의 관계에서 독립적인 지위에 있고, 지휘 감독이 아니라 자기 재량으로 활동하기 때문이다. 그림의 주문자, 건축주 등 제작 기회를 제공만 한 자는 저작자로 볼 수 없다(오승종, 2020, 182쪽). 누군가가 유명 화가에게 자신의 초상화를 그려줄 것을 의뢰한 경우, 초상화를 그릴 수 있도록 재료비와 인건비를 제공했더라도 실제 창작적인 표현에 참여하지 않았다면 저작자가 아니다. 또 사진 촬영이나 연구 용역을 의뢰하는 경우, 저작자는 사진가나 연구자이지 이를 의뢰한 사람은 아니다. 계약에 다른 정함이 없다면, 의뢰자는 의뢰 목적에 따라 그 결과물을 활용하는 권한만 가진다(임원선, 2020a, 83쪽).

셋째, 보조역할을 하거나 자료를 제공한 자이다. 창작에 보조역할을 수행한 자는 저작자의 지휘 감독 아래 그의 손발이 되어 단순 작업에 종사한 자로서, 저작자의 창작활동을 돕는 데 불과하고 스스로 창의적으로 제작한 자가 아니기 때문이다(오승종, 2020, 181쪽). TV 드라마 메인작가는 보조 작가나 자료 조사원들이 드라마 관련 자료를 수집하거나 정리해 준 것을 토대로 극본을 쓰는 것이 보통인데, 이 경우 보조 작가나 자료 조사자도 저작자 지위를 부여받을 수 없다. 법원은 사진 촬영에서 기술적으로 조력을 해준 자가 단순히 보조적인 역할만 수행하는 것에 그쳤다면 공동저작자로 볼 수 없다[7]고 판시한 바 있다. 그 밖에 저작물을 감수하거나 교열을 담당한 자는 저작물을 직접 대폭 수정하거나 보완하지 않는 한 저작자가 아니다.

3) 공동저작물 저작자

공동저작물은 2인 이상의 저작자가 창작한 저작물이므로 저작자 각자가 공동저작자의 지위를 부여받는다. 저작자로서 저작권법상 보호되는 권리를 향유하지만, 저작자 상호 간에 밀접한 결합 관계가 존재하기 때문에 저작재산권이나 저작인격권의 행사에서 통상의 저작자와는 다른 일정한 제약을 받는 것이 특징이다(오승종, 2020, 190쪽). 공동저작물의 특성상 공동저작자의 저작권 행사에 제약이 따를 수밖에 없는 것이다.

---

7) 서울서부지방법원 2016. 1. 14. 선고 2015가합32059 판결.

공동저작물은 분리해서 이용할 수 없다는 특수성으로 인해 복수 저작자가 하나의 저작재산권을 원시적으로 공유하고, 저작자 각자의 저작인격권이 해당 저작물에서 경합하게 된다. 그런 이유로 저작권법 제15조와 제48조에서는 공동저작물의 이용허락이나 권리행사 등과 같은 경제적 이용과 관련하여 특별 규정을 두고 있다(박성호, 2018, 178쪽). 공동저작물의 저작재산권 행사는 저작물의 이용허락이나 저작권 양도와 같이 저작권의 내용을 실현하는 적극적 행위를 말한다. 이에 대해서는 저작권법 제48조에서 규정하고 있다. 공동저작물의 저작재산권자 전원 합의로 권리를 행사할 수 있고, 각 저작재산권자는 공동저작물의 작성 목적 등 신의에 반하여 합의의 성립을 방해하거나 동의를 거부할 수 없다. 또 공동저작물 이용에 따른 지분은 특약이 없는 한 저작물 창작에 각자 이바지한 정도에 따라 배분되며, 각 저작자가 공동저작물에 이바지한 부분을 달리 정하지 않았거나 이바지한 정도가 명확하지 않다면 균등한 것으로 추정한다. 즉 공동저작물은 각 지분권을 행사하거나 처분하기 위해 지분권자 전원의 동의가 필요하며, 공동저작물의 이용 대가는 각 지분권자에게 지분 비율로 배분하면 된다.

저작자가 다수인 공동저작물은 저작인격권자도 다수이므로 저작인격권 행사도 제약이 따르기 마련이다. 공동저작물의 저작인격권 행사에 대해서는 저작권법 제15조에서 다루고 있다. 이에 기초하면 공동저작물의 저작인격권은 공동저작자 전원의 합의에 따라 행사할 수 있고, 공동저작자 중에서 저작인격권을 대표하여 행사할 수 있는 자를 정할 수도 있다. 전자가 거래의 안정성을 우선시하는 접근법이라면, 후자는 거래의 효율성을 높이는 방법이다. 우리 저작권법은 거래의 안정성을 우선시하는 방법을 택하고 있으나, 합의가 성립되지 않아 권리 행사가 어려워지는 것을 막기 위해 신의에 반한 합의 성립을 방해하지 못하도록 규정하고 있다(임원선, 2020a, 106쪽). 인격권의 속성상 공동저작자 개개인의 일신에 전속되는 저작인격권은 양도가 불가하므로, 공동저작권 지분이 양도되더라도 원래의 공동저작자가 저작인격권을 행사한다는 점에서 공동저작물의 저작인격권은 저작재산권과 본질적인 차이가 있다(조영선, 2009, 111쪽).

한편 공동저작물은 공동저작자 중에서 누구를 기준으로 저작권 보호기간을 산정할 것인지가 문제가 된다. 공동저작물은 공동저작자 중 맨 마지막으로 사망한 저작자를 기준으로 사후 70년까지 저작권이 보호된다. 이렇게 맨 마지막에 사망한 저작자를 기준으로 하는 것은 베른협약 제7조의 2[8])에 따른 것으로, 각 저작자의 기여 부분을 분리하는 것이 불가능한 공동저작물에 대해 보호기간을 개별적으로 계산하게 되면 권리관계가 복잡하게 된다는 점을 고려한 것이다(박성호, 2018, 176쪽). 또 법인과 법인 간의 공동저작물은 업무상저작물의 보호기간이 적용되므로, 저작재산권은 원칙적으로 공동저작물을 공표한 때로부터 70년간 보호된다.

4) 업무상저작물 저작자

업무상저작물은 법인·단체 그 밖의 사용자의 기획 하에 법인 등의 업무에 종사하는 자가 업무상 작성하는 저작물이다. 한 마디로 법인이나 단체에 고용된 자가 업무상 필요해서 작성한 저작물이다. 신문기자가 작성한 기사나 방송국 PD가 제작한 방송프로그램, 광고회사에 소속된 카피라이터가 작성한 광고카피 등이 업무상저작물에 해당한다. 업무상저작물의 저작자에 관한 저작권법 제9조에서는 계약이나 근무규칙 등에 정한 바가 없으면 법인이나 단체 등을 저작자로 정하고 있다. 이를 종합하면, 법인 등의 사용자가 업무상저작물 저작자가 되는 조건은 법인 등 저작물 작성기획, 업무종사자에 의한 작성, 업무 목적의 작성, 법인 등의 명의로 공표, 별도의 다른 약정이 없는 경우이다.

이렇게 업무상저작물 저작자를 법인 등으로 규정하는 이유는 첫째, 업무상저작물의 작성은 대부분 협동 작업이고 작성에 관여한 사람들 각자의 기여도가 다양하므로, 자연인 중에서 창작자를 정하기가 쉽지 않기 때문이다. 둘째, 과거에는 음악, 미술 등 창작자 개성이 중시되는 창작이 주를 이루었으나, 오늘날에는 방송, 영화, 뮤지컬, 컴퓨터프로그램과 같이 종합적, 기술적, 사실적 저작물 창작이 급증하고 있다. 그런데 방송이나 컴퓨터프로그램 창작에는 다양한 인력이 필요하고, 이를 기획하고 지휘, 감독하며 자본을 투하하는 법인 등 사용자가 존재하며, 저작물의 특성상 법인 등이 필요해서 기획되는 경우가 많다. 그러므로 창작에 가담한 모든 개인에게 저작물에 관한 모든 권리를 부여하는 것이 불합리하다. 이런 문제점을 해

---

8) The provisions of the preceding Article shall also apply in the case of a work of joint authorship, provided that the terms measured from the death of the author shall be calculated from the death of the last surviving author.

결하기 위해 사용자에게 저작물에 대한 일정한 권리를 인정하고 있는 것이다(조연하, 2018, 67~68쪽).

　　한편 법인이나 단체는 실제로 정신적 활동을 할 수 없으므로 창작 행위의 주체가 될 수 없다. 따라서 법인이나 단체에 저작자 지위를 부여하는 업무상저작물 저작자 규정은 실제로 창작 행위에 참여한 자연인만이 저작자가 된다고 보는 창작자 원칙에서 벗어난다. 그럼에도 불구하고 업무상저작물의 저작자를 법인이나 단체로 규정하는 실질적인 취지는 우선 협동 작업사례가 많아서 창작 기여도가 각기 다른 업무상저작물의 특성상 저작물의 원활한 이용과 창작을 보장하기 위해서이다. 또한 법인 등에 저작권을 원시적으로 귀속시킴으로써 업무상저작물의 권리관계를 명확히 하고, 법인 등의 사용자 명의로 공표될 경우 저작물에 대한 대외적 신뢰도를 높이는 효과가 있다는 점에서도 그 취지를 찾아볼 수 있다. 예를 들어 방송사나 신문사의 뉴스나 기사는 기자가 아닌 해당 언론사에 저작권을 귀속시킴으로써, 뉴스나 기사에 대한 권리관계를 명확히 할 뿐 아니라 사회적 책임을 높일 수 있다. 그뿐만 아니라 법인 등의 사용자가 투자 자본을 회수하도록 저작물에 대한 이용권리를 보장해주고, 피용자가 고용계약의 범위 내에서 저작물을 창작하면 이에 상응하는 보수를 받도록 해서, 양자 간의 이해관계를 조정하고 저작물의 창작 및 이용을 활성화하려는 취지도 배제할 수 없을 것이다(조연하, 2018, 68쪽). 영화나 컴퓨터 프로그램처럼 기업이 기획하는 저작물은 많은 인력이 창작하므로 창작자 원칙에 따라 개별 창작자를 확인해서 그 기여도에 따라 저작권을 분배해야 하지만, 그렇게 되면 저작물에 대한 권리관계가 너무 복잡해져서 기업이 투자한 저작물을 사업화하기에 충분한 통제력을 확보하기 어렵고 기업이 창작에 대한 투자를 위축시킬 우려가 있기 때문이다(임원선, 2020a, 86쪽).

　　한편 업무상저작물 저작자에 관한 입법구조가 창작자 원칙을 근간으로 하는 저작권법의 체계와 맞지 않으며 법인 등과 같은 사용자에게 저작인격권까지 부여하는 것은 이치에 맞지 않는다는 점에서, 법인 등의 사용자에게 저작자 지위를 인정하지 않고 저작물에 대한 저작재산권 양도나 이용자 지위를 확보하는 것으로 개정하고, 창작자인 피용자에게 저작인격권을 유보하는 것이 타당하다는 견해도 있다(박현경, 2010). 실제로 최근 저작권법에 실질적인 창작자인 피용자의 권익과 법인의 이익 간에 균형을 이루는 방향으로 입법을 개선하려는 움직임이 나타나고 있다.

5) 영상저작물 저작자

저작권법 제2조 정의 조항에 따르면, 영상저작물은 "연속적인 영상(음의 수반 여부는 가리지 아니한다)이 수록된 창작물로서 그 영상을 기계 또는 전자장치에 의하여 재생하여 볼 수 있거나 보고 들을 수 있는 것"을 말한다. 영상저작물은 주로 공동저작물이자 원저작물을 토대로 만들어지는 2차적저작물9)의 성격을 가지는 종합예술의 한 형태이다. 대표적인 영상저작물인 영화, TV 드라마, 뮤직비디오 등의 제작에는 많은 저작물이 활용되고 많은 사람이 관여한다. 소설이나 웹툰과 같은 원저작물은 음악이나 그림 등 기존의 많은 저작물이 배경으로 활용되고, 감독이나 배우 등 많은 사람이 제작과정에 창작적으로 관여한다. 이 때문에 많은 권리가 관계될 수밖에 없고 권리처리가 어려워 영상저작물의 원활한 이용이 저해될 위험이 있다. 이것은 영상저작물 제작에 대한 투자위축으로 이어질 수 있다(임원선, 2020a, 313~314쪽). 이렇게 영상저작물은 권리관계도 복잡하고 유통단계에서도 이용이 수월하지 않다. 이런 영상저작물의 특성상 영상저작물의 저작자를 누구로 볼 것인지도 간단한 문제가 아니다.

통상적으로 영상저작물 제작에 창작적으로 관여하는 저작자는 크게 고전적 저작자(classical author)와 근대적 저작자(modern author)로 분류하여 설명하고 있다(오승종, 2020; 이해완, 2019). 고전적 저작자는 그의 저작물이 영상저작물의 소재 저작물로 이용되는 저작자로, 영상저작물에 원저작물로 이용되는 각본, 시나리오, 음악, 미술 등의 저작자를 말한다. 근대적 저작자는 영상저작물 자체의 형성에 창작적으로 활동하는 감독, 연출, 촬영, 미술, 음악, 음향, 조명 등을 담당하는 자를 의미한다. 기타 영상저작물의 중요한 제작 주체로 실연자도 있는데, 이들은 저작권법에서 저작자가 아닌 저작인접권자로서 보호를 받는다는 점에서 영상저작물의 저작자 범주에서 벗어난다.

영상저작물은 제작과정에 많은 사람이 참여하고 협력하므로 복잡하게 얽혀 있는 권리 부분을 법으로 간명하게 정리해주지 않는다면, 영상저작물의 원활한 이용

---

9) 그림이나 음악을 특별한 변형을 가하지 않고 영상화하는 것은 복제와 공연이 수반될 뿐으로 2차적저작물 작성의 성격을 띠는 것은 아니다. 따라서 영상저작물의 성격을 2차적저작물로 한정할 수는 없다.

과 유통이 어렵다. 그런 이유로 저작권법에서는 여러 참여자의 권리관계를 적절히 조정하고, 영상저작물의 원활한 유통과 이용을 도모함으로써 영상제작자에게 투자 자본의 회수를 용이하게 하려는 취지에서 영상저작물 특례조항을 두고 있다. 비록 영상저작물의 저작자가 누구인지 명확하게 정하고 있지는 않지만, 영상저작물을 이 용할 수 있는 권리를 영상제작자가 행사하도록 허용함으로써 거래비용을 줄이고 원활한 이용을 도모할 수 있다는 점에서 의미를 찾을 수 있다(조연하, 2018, 71쪽).

영상저작물 특례조항은 저작물의 영상화(제99조), 영상저작물에 대한 권리(제 100조), 영상제작자의 권리(제101조)에 관한 조항으로 구성된다. 먼저 저작권법 제99 조에서는 저작재산권자가 저작물의 영상화를 다른 사람에게 허락한 경우에 특약이 없는 때에는 저작물의 각색, 영상저작물의 공개상영, 방송, 전송, 그리고 영상저작 물 본래의 목적으로 복제·배포 등을 허락한 것으로 추정한다고 규정하고 있다. 이 것은 영상저작물 이용허락의 추정에 관한 조항으로 설명된다. 이에 기초하면, 웹툰 작가가 다른 사람에게 자신의 웹툰을 토대로 TV 드라마를 제작하도록 허락했다면 웹툰의 각색은 물론이고 방송 등을 허락한 것이며, 소설 작가가 소설을 원저작물로 하여 영화 제작을 허락한 경우에도 소설의 각색은 물론이고 영화 상영 등을 허용 한 것으로 보아야 한다. 이 조항의 취지는 고전적 저작자가 자신의 저작물을 영상 화하는 것을 허락했음에도 불구하고 영상화를 위한 각색이나 그것의 영상 결과물 을 사용하는 것을 허락하지 않는다면, 영상저작물의 제작과 유통에 큰 제한이 따를 수밖에 없다는 점을 고려한 것이다. 이렇게 볼 때 저작물의 영상화에 관한 조항은 영상저작물의 창작을 위해 고전적 저작자의 저작물을 이용할 때, 권리관계를 규율 해 주는 역할을 한다.

창작자 원칙에 따라, 구체적인 영상을 만드는 과정을 기획해서 지휘하고 책임 지는 근대적 저작자인 총감독, 촬영감독 미술감독 등을 영상저작물의 저작자로 볼 수 있다. 영상저작물은 일반적으로 기획부터 완성에 이르기까지 다수의 창작자가 참여하는 공동저작물에 해당하므로, 이것을 이용하기 위해서는 반드시 공동저작자 전원의 동의가 필요하다. 그런데 동의를 구하지 못한다면 영상저작물을 기획하고 고액의 자본을 투자한 영상제작자가 영상저작물을 유통하는 데 어려움을 겪을 수 있다. 이와 같은 이용허락의 어려움과 복잡함을 고려하여, 저작권법 제100조에서는 영상저작물에 대한 권리관계를 규정하고 있다. 먼저 제100조 제1항에서는 "영상제작자와 영상저작물의 제작에 협력할 것을 약정한 자는 그 영상저작물에 대한 저작권을 취득한 경우 특약이 없는 한 그 영상저작물의 이용을 위해 필요한 권리는 영상제작자가 이를 양도받은 것으로 추정한다"는 조항을 두고 있다. 여기서 영상제작자란 영상저작물의 제작에 있어 그 전체를 기획하고 책임을 지는 자이다. 영상저작물에 대한 권리에 관한 저작권법 제100조 제1항은 근대적 저작자의 권리에 대하여 영상저작물의 원활한 이용을 위한 양도추정 규정에 해당한다고 볼 수 있다.

제100조 제2항은 영상저작물의 원저작물 저작자가 향유하는 저작재산권에 관한 규정이다. 이 조항에서는 "영상저작물 제작에 사용되는 소설·각본·미술저작물 또는 음악저작물의 저작재산권은 제1항의 규정으로 인하여 영향을 받지 아니한다"고 규정하고 있다. 영상저작물의 소재가 되는 저작물의 저작재산권은 영상제작자의 영상저작물 이용에 필요한 권리행사로 인해 영향을 받지 않는다는 것을 의미한다. 예를 들어 소설을 토대로 제작한 TV 드라마에서 음악이 배경음악으로 사용된 경우, 소설 작가, 음악 작곡가와 작사자는 각각의 저작재산권 행사에 아무런 제약을 받지 않는다. 이것은 소설이나 각본, 음악 등이 영상저작물과 별도의 저작재산권 대상임을 분명히 한 것인데, 이에 비추어 볼 때 작가와 음악 작곡가와 같은 고전적 저작자는 원칙적으로 영상저작물의 저작자가 아닌 것으로 해석할 필요가 있다(오승종, 2020, 594쪽). 실제로도 작가나 음악 작곡가는 자신의 저작물을 소재로 제공하고 영상저작물의 제작에 직접 참여하지는 않는 것이 일반적이다. 그러므로 실제 영상저작물 창작활동의 주역인 감독이나 연출 등을 저작자로 보는 것이 통설이다.

저작권법 제101조는 영상저작물의 이용을 위해 필요한 영상제작자의 권리 내용을 설명해 주는 조항이다. 이 조항에서는 영상제작자가 양도받는 영상저작물 이용에 필요한 권리를 복제·배포·공개상영·방송·전송 등의 방법으로 이용할 권리로 정하고 있고, 이를 양도할 수 있도록 규정하고 있다. 또한 이 조항에 따라 영화저작물 제작에 참여한 실연자도 영상저작물을 원활하게 이용하기 위해 자신의 실연에 대한 복제권, 배포권, 방송권, 전송권을 영상제작자에 양도한 것으로 추정하며, 영상제작자가 실연자의 권리를 양도할 수 있다. 예를 들어 영화감독이 영화의 저작권을 취득한 경우, 영화의 복제나 배포, 상영 등을 위한 권리를 영상제작자에게 양도한 것으로 보며, 영화제작자가 그런 권리를 양도할 수도 있다.

하지만 저작권법에서는 권리 양도와 관련하여 '특약이 없는 한'이라는 단서를 두고 있으므로, 영상저작물 제작에 참여한 공동저작자들이 그 권리의 양도를 거부할 수도 있어서 영상산업 발전을 저해하고, 더 나아가서 저작자에게도 불리한 결과를 초래하기도 한다. 하동철(2015)은 이런 입법상의 문제점을 해결하는 방안으로 일본 저작권법과 같이 영상제작자를 영상저작물의 저작권자로 인정하거나, 영상제작자를 실질적인 저작권자로 인정하는 미국 저작권법의 직무저작물 제도를 반영할 것을 주장하였다. 이렇게 영상저작물을 업무상저작물로 인정해서 저작권을 영상제작자에게 귀속시키는 것을 '소유모델'이라고 부른다. 반면 창작자 원칙에 따라 영상저작물을 창작하는 자를 저작자로 정하고, 그것의 이용에 필요한 저작재산권 일부를 영상제작자에게 양도하는 것으로 간주하거나 추정하는 방식을 '이용허락모델'이라고 한다. 우리 저작권법의 영상저작물 이용 규정은 이용허락모델에 해당한다고 볼 수 있는데, 양도받은 것으로 추정하는 권리를 복제권, 배포권, 공개상영권 등으로 한정적으로 열거하고 있으므로 2차적저작물작성권까지 양도한 것으로 추정하지는 않는다. 이것은 리메이크 또는 캐릭터 상품화를 통해 영상저작물을 2차적으로 이용하는 것을 제약할 우려가 있다. 그런 점에서 영화나 드라마 등에 대규모 자본이 투여되고, 디지털 기술로 인해 콘텐츠 유통이 폭발적으로 늘어나고 있는 환경에서 영상 유통산업의 발전을 고려할 때, 영상저작물에 대한 권리를 보유하는 모델로 소유모델이 어느 정도 타당성이 있다. 그러나 한편으로 이 모델은 창작자 원칙에서 벗어나는 것이며, 기본적으로 저작자의 권리보호를 통해 문화산업을 발전시키려는 저작권법의 근본 취지보다는 산업 논리에만 의존한 모델로 볼 수 있다(조연하, 2018, 70~71쪽). 결국 영상저작물의 저작자를 누구로 결정할 것인지, 그리고 권리를 누구에게 귀속시킬 것인지는 영상저작물의 유통과 관련성이 크다고 볼 수 있다.

한편 영상저작물의 저작자를 누구로 볼 것인지에 대한 입법례를 보면(이해완, 2019, 1067쪽), 첫째, 영상제작자를 영상저작물의 저작자로 보는 나라들이 있다. 이것은 영상저작물의 형성에 대한 창작적 기여를 따지지 않고 영상제작자를 저작자로 간주하는 입법례이다. 앞에서 설명한 소유모델에 가깝다. 둘째, 원저작물의 저작자를 포함하여 영상 제작에 창작적으로 참여한 사람들을 공동저작자로 보는 나라들이 있다. 프랑스가 대표적인 사례이다. 셋째, 원저작물의 저작자를 제외한, 제작, 감독, 연출, 촬영 등 영상저작물의 전체적 형성에 창작적으로 기여한 자들을 저작자로 보는 나라들이 있다. 일본이 대표적인 예이다. 창작자 원칙이 영상저작물에도 적용됨을 분명히 하면서 원작 소설이나 각본 등의 고전적 저작자를 영상저작물 자체의 저작자가 아니라고 보는 입법례이다. 창작자 원칙에 따라 영상저작물을 창작하는 자를 저작자로 정하고, 그것의 이용에 필요한 저작재산권을 영상제작자에게 양도하는 이용허락모델이 여기에 해당한다.

제 6 장

저작자의 권리와 저작인접권

저작권법은 저작물의 공정한 이용을 도모함으로써 문화 및 관련 산업의 향상발전에 이바지하기 위해 저작자의 권리와 이에 인접하는 권리를 보호하는 것을 입법목적으로 한다. 즉 저작권법에서 궁극적으로 지향하는 목적인 문화 및 관련 산업의 향상발전을 위한 수단으로 저작자의 권리와 저작인접권을 보호하는 것이다. 저작자와 저작인접권자의 권리보호는 저작자의 창작 동기를 유발하고 저작물의 해석과 전달을 통해 저작물이 지닌 가치를 증진한다는 점에서 문화의 향상발전에 이바지하는 수단으로서의 성격을 가진다. 이에 저작권과 저작인접권의 유형 및 각각의 특성을 살펴보는 것이 저작권의 핵심을 이해하는 데 유용하다.

1 / 저작자 권리의 유형과 침해

저작자의 권리는 저작자가 저작물을 작성함으로써 취득하게 되는 저작권법상의 권리이다. 저작권법에 따라 저작권은 저작자가 가지는 저작인격권과 저작재산권으로 구성된다. 저작권의 가분성 속성에서 살펴보았듯이, 각각의 권리는 다시 여러 권리로 나누어진다. 저작권 제도가 등장한 초기에는 저작권이 현재와 같은 다양한 권리로 구성되지는 않았다. 컴퓨터 기술이 발달하면서 컴퓨터프로그램이 저작권 보호 대상에 포섭되었고, 인터넷이 등장하면서 오프라인에서 송신, 배포의 개념을 대신하는 전송권이라는 개념이 생겼으며, 온라인 음악 서비스가 제공되면서 저작권법에 디지털음성송신권이란 새로운 권리가 포함되었다. 새로운 창작물과 유통 매체가 수시로 출현하면서 저작물에 대한 권리 보유자의 유형이 다양해지고 확대된 것이다(민경재, 2013). 그러므로 저작물의 창작은 물론이고 이용에서도 저작권은 여러 가지 권리의 다발로 묶이는 특성을 가진다는 점을 항상 염두에 두어야 한다.

1) 저작자 권리의 유형과 특성

저작권은 가장 넓게 보면 저작권과 저작인격권, 출판권 등 저작권법에서 보호하는 모든 권리를 포함하는 개념으로 볼 수 있으며, 가장 협의의 개념으로 저작재산권을 의미하는 것으로 사용된다. 하지만 저작자의 권리로 저작인격권과 저작재산권을 명시하고 있는 저작권법 제10조에 기초하여, 저작권을 저작인격권과 저작재산권을 포괄하는 개념으로 보고 각각의 권리를 살펴보기로 한다.

(1) 저작인격권

저작인격권은 저작물에 대한 인격적·정신적 이익을 보호하는 권리이다. 저작인격권은 개인의 인격이 투영된 저작물을 보호함으로써 저작자의 인격적 이익을 간접적으로 보호하는 개념이다. 저작인격권이 저작자에게만 보장되는 인격권이라는 점에서 명예권, 초상권과 같이 개인의 인격 자체를 직접 보호하는 일반적인 인격권과 구분해야 한다는 견해도 있다. 대부분 국가에서는 기본적으로 저작인격권을 인정하지만, 구체적인 권리 내용이나 유형은 나라마다 다소 차이가 있어서, 저작물의 이용권을 철회할 수 있는 철회권과 저작물에 대한 접근을 통제할 수 있는 접근권을 인정하는 나라도 있다. 우리 저작권법은 공표권, 성명표시권, 동일성유지권을 저작인격권으로 보호한다.

공표권은 저작자가 자신의 저작물을 공표하거나 공표하지 않을 것을 결정할 권리이다. 이에 공표권을 이해하기 위해서는 먼저 공표의 개념을 이해할 필요가 있다. 저작권법에서 의미하는 공표란 저작물을 공연, 방송, 전시, 기타 방법으로 일반 공중에게 공개하거나 저작물을 발행1)하는 것이다. 발행이 복제와 배포를 의미한다

---

1) 저작물을 복제해서 배포하는 것으로, 녹음물, 녹화물과 같은 재생 가능한 복제물의 배포도 포함하는

고 볼 때, 공표는 공중을 대상으로 한 공개 또는 복제 및 배포의 개념으로 설명할 수 있다. 이에 따르면 공표권은 공중을 대상으로 저작물을 공개하거나 복제 및 배포할 수 있는 권리이다. 공표권을 권리행사의 측면에서 설명하면, 저작물의 공표 여부, 공표 시기, 공표 방법을 선택할 수 있는 권리이다. 그러므로 공표권은 미공표 저작물일 경우에만 권리를 행사할 수 있다는 제한이 따른다. 예를 들어 작곡가가 여름 휴가철에 발표하려고 바다를 주제로 곡을 작곡해 두었는데, 누군가가 작곡가의 동의를 구하지 않고 이른 봄에 그 음원을 미리 발표해 버렸다면 작곡가의 공표권을 침해한 것이 된다.

공표권에 관한 저작권법 제11조에서는 추정조항들을 두고 있다. 이에 근거하면, 저작자가 미공표된 저작물의 저작재산권을 양도 또는 이용을 허락하거나 출판권이나 배타적발행권을 설정한 경우, 상대방에게 저작물의 공표를 동의한 것으로 추정한다. 또 미공표된 미술저작물 등의 원본을 양도했다면 상대방에게 저작물 원본의 전시방식으로 공표하는 것에 동의한 것으로 추정하며, 원저작자의 동의를 얻어 작성된 2차적저작물이나 편집저작물이 공표된 경우에는 원저작물도 공표된 것으로 본다. 대법원[2]은 저작자가 일단 저작물의 공표에 동의하였거나 저작재산권을 양도하거나 미공표된 저작물 이용을 허락할 경우 공표에 동의한 것으로 추정되므로, 그 저작물이 완전히 공표되지 않았다 해도 저작자가 공표에 대한 동의를 철회할 수 없다고 판시한 바 있다. 저작자가 일단 권리를 양도하거나 이용허락을 한 이후에는 공표권이 의미가 없어진다는 것을 의미한다.

성명표시권은 저작자가 저작물의 원본이나 복제물, 또는 저작물의 공표 매체에 성명을 표시할 수 있는 권리이다. 저작권법에서는 저작자의 특별한 의사표시가 없는 한, 저작물 이용자는 저작자가 그의 실명이나 이명을 표시한 것에 따라 표시해야 하는 의무조항을 두고 있다. 이 권리를 근거로 화가는 자신이 그린 그림에 이름을 표시할 수 있고, 작곡가는 자신의 곡이 수록된 음반을 제작할 때 음반에 이름을 표기해 달라고 요구할 수 있다. 저작물에 저작자 성명을 표시함으로써 저작물 내용에 대한 책임과 평가의 귀속 주체를 명확히 한다는 점에서 성명표시권은 중요

개념이다.
2) 대법원 2000. 6. 13.자 선고 99마7466 결정.

한 의미가 있다(이해완, 2019, 465~466쪽). 음원 미리 듣기 서비스 웹사이트에서 음원 목록을 게시할 때, 웹페이지의 화면상에 또는 간단한 클릭 과정을 통해 생성되는 창 등에 적정한 방법으로 작곡·작사가의 성명을 표시하지 않은 행위에 대해 법원[3]은 성명표시권을 침해했다고 판시한 바 있다. 이처럼 다수가 동시에 접속하는 웹서비스 이용환경에서는 저작자 성명 표시가 쉽게 무시되는 경향이 있어서 원저작자의 저작인격권 침해로 인한 손해의 범위가 기존 매체보다 훨씬 더 크다. 그러므로 디지털 환경에서는 성명표시권의 실효성이 더 강조될 필요가 있다(배대헌, 2006, 165쪽).

　　저작권법에서는 저작물의 성질이나 그 이용목적 및 형태 등에 비추어 부득이하다고 인정되면 저작자 성명을 표시하지 않아도 된다는 제한조항을 두고 있다. 예를 들어 방송 드라마에서 배경으로 사용된 음악에 대해서는 드라마 전개와 방송시간, 방송매체의 특성 등을 이유로 작곡가와 작사자의 성명을 일일이 밝히지 않아도 된다. 이처럼 매체특성론에 입각해서 접근한 판결이 있는데, 법원[4]은 광고매체가 라디오라면 청각 매체라는 특성상 사용된 음악의 저작자 명을 표시하는 적정한 방법이 없다는 점을 부득이한 경우로 인정했던 반면에, 시청각 매체인 TV는 저작자 명을 자막 처리할 수 있으므로 그렇게 하지 않은 것은 성명표시권 침해라고 판시하였다. 극장에서 상영되는 영화의 엔딩 크레딧에 미술이나 음악감독의 성명을 표시하지 않았다면 부득이한 경우로 인정할 수 없으며, 따라서 성명표시권 침해로 볼 수 있을 것이다.

　　마지막으로 동일성유지권은 저작자가 자신의 저작물의 내용, 형식, 제호[5]의 동일성을 그대로 유지할 수 있는 권리이다. 동일성유지권의 본질은 저작자에 의한 저작물의 적극적인 변경이 아니라 다른 사람이 함부로 저작물을 변경하는 것을 금지하는 것이다. 저작인격권 중에서도 동일성유지권은 저작자의 정신적·인격권 이익을 보호하는 중요한 권리임에도 불구하고 재산상 이익을 얻기 위해 가장 많이 남용되고 있으며(박인회, 2018, 326쪽), 저작물을 쉽게 변경할 수 있는 디지털 환경의 특성상 저작인격권 침해 위협이 크기 때문에 분쟁 사례가 비교적 많은 편이다. 동

3) 서울고등법원 2008. 9. 23. 선고 2007나70720 판결.
4) 서울고등법원 2008. 9. 23. 선고 2007나127657 판결.
5) 내용은 저작물에 담긴 인간의 사상이나 감정의 표현 또는 이 중 형식을 제외한 내용적인 부분을 의미한다. 형식은 저작물의 구성, 문장 형식, 표현 방법 등이고, 제호는 저작물의 제목이다.

일성유지권을 저작인격권으로 보호하는 취지는 저작물은 저작자의 사상이나 감정을 표현한 것이므로 저작자만이 저작물을 수정하거나 개변할 수 있도록 한다는 점에서 찾을 수 있다. 즉 저작물은 저작자의 인격을 표현한 것이어서, 그 변경을 자유롭게 허용하면 저작자의 감정을 해칠 뿐 아니라 창작 의욕에도 부정적인 영향을 미쳐서 결국 사회 전체의 문화를 쇠퇴시킬 수 있으므로, 저작자의 의사에 반하는 변경행위를 금지하는 것이다(이규호, 2010). 따라서 저작자의 동의를 받지 않고 저작물의 내용이나 형식, 제목이 변경되었으면 동일성유지권 침해에 해당한다. 결국 저작물의 변경 및 동일성 손상, 그리고 동의 여부가 동일성유지권의 침해요건이다. 한편 동일성유지권은 원저작물에 변형을 가한다는 점에서 2차적저작물작성권 침해와도 연관되는데, 저작자의 허락을 얻어 2차적저작물 작성행위에 수반되는 원저작물의 변경은 동일성유지권 침해가 아니라는 견해가 통설이다(박인회, 2018, 301쪽).

동일성유지권도 학교 교육 목적의 표현 변경, 건축물의 증축이나 개축, 다른 컴퓨터에서 이용하기 위한 프로그램 변경, 그리고 저작물의 성질이나 이용의 목적 및 형태에 따라 부득이하다고 인정되는 범위 안에서 변경과 같이 일정한 경우 제한할 수 있는데, 다만 본질적인 내용을 변경할 수는 없다. 법원[6]은 동일성유지권을 제한할 수 있는 범위는 저작물 이용에 있어 기술상의 한계나 실연자 능력상의 한계 등으로 인해 변경이 불가피한 경우라고 해석하였다. 건축물의 개축이나 증축을 허용하는 것은 사용하기 불편한 점을 개선하거나 사용공간을 좀 더 늘릴 수 있는 건축물의 경제적, 실용적 기능을 고려한 것이다. 또 컴퓨터 시스템을 업그레이드하기 위해 운영체제를 변경시키거나, 미술 전시회 팸플릿에 수록할 전시 화가의 그림이 인쇄 기술상의 문제로 원작의 색채가 충분히 구현되지 않았거나, 음반 제작에서 가수가 가창력 부족으로 원곡의 음을 이탈해서 정확히 부르지 못했거나 하는 경우가 불가피한 경우라고 할 수 있을 것이다.

(2) 저작재산권

저작물 이용으로 인해 생기는 경제적 이익을 보호하는 권리가 저작재산권이다. 저작자가 자신의 저작물을 이용하도록 허락하고 그로부터 대가를 취득하는 방

---

6) 서울고등법원 2008. 9. 23. 선고 2007나127657 판결.

법으로 얻게 되는 경제적 이익에 대한 권리로, 복제권, 공연권, 공중송신권, 전시권, 배포권, 대여권, 2차적저작물작권이 있다.

복제권은 저작물을 유형물에 고정하거나 다시 제작할 수 있는 권리이다. 유형의 저작물을 이용할 수 있는 유형적인 권리이자 복제행위를 통제하는 권리로서, 보호되는 저작물의 다양한 이용 형태에 대한 법적 근간이 되는 권리이기도 하다(이영아, 2002, 76쪽). 즉 원저작물의 전시나 생방송을 제외하고는 저작물의 배포, 방송, 전송의 경우 대부분 복제가 선행되어야 한다는 점에서 저작재산권 중 가장 기본적인 권리에 해당한다. 복제란 인쇄·사진촬영·복사·녹음·녹화 그 밖의 방법으로 일시적 또는 영구적으로 유형물에 고정하거나 다시 제작하는 것을 의미한다. 그림을 스마트폰으로 촬영하거나, 유명 작곡가가 만든 곡을 영화에 삽입하거나, 또는 자신이 좋아하는 시인의 시를 일기장에 그대로 쓰는 것도 침해 여부와 상관없이 복제행위에 해당한다. 디지털 환경을 반영하기 위해 2000년 1월 개정된 저작권법에서는 복제요건에 '유형물로의 고정' 개념이 추가되었고, 2011년 12월 개정법에서는 복제 개념에 '일시적 또는 영구적으로'가 추가되었다.

복제권이 성립되기 위해서는 복제의 방법이나 수단에 제한을 받지 않는다. 따라서 저작자는 자신의 저작물을 손으로 베끼거나, 기계적, 전자적, 화학적인 방법을 사용해서 복제하거나, 다른 사람이 그런 방법을 사용해서 복제하는 것을 허용하거나 금지할 수 있다. 또 저작물을 전부 또는 일부를 복제해도 복제로 인정되기 때문에, 다른 사람이 쓴 시의 한 구절을 무단으로 베껴 써도 복제권 침해일 수 있다. 특히 디지털 환경에서는 저작물을 복제, 배포할 수 있는 기술적인 능력이 누구에게나 있으므로 일상생활에서 수시로 복제행위가 발생한다. 그러므로 새로운 기술 서비스가 등장할 때마다 저작권 논쟁에서 빠지지 않는 것이 복제권 침해이다.

공연권은 저작물을 공연하거나 타인에게 공연을 허락하거나 금지할 수 있는 권리이다. 복제권과 함께 오랜 역사를 가지면서 가장 이용 빈도가 높은 저작권 유형이자, 가장 제한을 많이 받는 권리이기도 하다. 저작권법에서는 공연을 "저작물 또는 실연·음반·방송을 상연·연주·가창·구연·낭독·상영·재생, 그 밖의 방법으로 공중에게 공개하는 것을 말하며, 동일인의 점유에 속하는 연결된 장소 안에서 이루어지는 송신(전송은 제외한다)을 포함한다"고 정의하고 있다. 이와 같은 정의에는 공연의 각 행위 유형과 '공중에게 공개'한다는 요건이 제시되어 있다(정경희, 2012, 137쪽). 공연 개념에 포섭되기 위해서는 공중 개념이 중요하다. 저작권법에서 의미하는 공중은 불특정 다수인(특정 다수인을 포함한다)을 뜻하는데, 인적 연결 관계가 없는 사람들이다. '공중에게 공개'한다는 것에 대해 법원[7]은 "불특정인 누구에게나 요금을 내는 정도 외에 다른 제한 없이 공개된 장소 또는 통상적인 가족 및 친지의 범위를 넘는 다수인이 모여있는 장소에서 저작물을 공개하거나, 반드시 같은 시간에 같은 장소에 모여있지 않더라도 위와 같은 '불특정 또는 다수인'에게 전자장치 등을 이용하여 저작물을 전파, 통신함으로써 공개하는 것"이라고 해석하고 있다. 이와 같은 사법부 해석과 입법에 기초하면, 저작권법에서 공연의 개념은 통상적으로 사용되는 공연과 다르게 해석할 필요가 있다. 무대 실연은 물론이고 공중을 상대로 음반을 재생하는 행위도 포함한다. 공연의 각 행위 유형의 의미를 보면, '상연'은 각본이나 무보, 기타 연극적 저작물을 무대 위에서 실현하는 것, '연주'와 '가창'은 각각 음악저작물을 악기나 음성으로 실연하는 것을 말한다. '구연'과 '낭독'은 주로 어문저작물을 구두로 표현하는 것이며, '상영'은 영상저작물이나 사진, 회화 등을 영사막이나 기타 물체에 영사하는 것을 말하고 '재생'은 상연이나 연주 등을 녹음 또는 녹화한 복제물을 재생하는 것을 말한다(오승종, 2020, 303~304쪽). 동일인의 점유에 속하는 연결된 장소 안에서 이루어지는 송신의 예로는 노래방이나 카페에서 음반과 같은 복제물을 재생하는 경우를 예로 들 수 있다. 공연권은 무형적 복제권으로 이해할 수 있지만, 유형의 저작물을 이용할 수 있는 권리인 복제권과 엄격히 구분된다. 이렇게 볼 때, 공연권은 무형의 저작물을 이용하는 무형적 권리이자 무형적 복제권의 성격을 가진다.

공중송신권은 저작물을 공중이 수신하거나 이에 접근하게 할 목적으로 무선 또는 유선통신의 방법에 의해 송신하거나 이용에 제공하는 권리를 말한다. 무형의 저작물을 전달하는 권리의 성격을 가지는 공중송신권은 방송통신융합 등에 따라 새롭게 등장한 저작물 이용 형태를 포괄하기 위해 2000년 전송, 2006년 디지털음성송신의 개념이 저작권법에 신설되면서 등장한 개념이다. 이에 공중송신권은 방송권, 전송권, 디지털음성송신권을 포함하는 상위개념의 권리이다. 방송권은 다양한 저작물이 방송에 사용되면서 저작재산권으로 인정되었고, 전송권은 스트리밍 및 P2P 파

---

7) 대법원 1996. 3. 22. 선고 95도1288 판결.

일교환 행위와 같이 인터넷 등의 정보통신망을 통한 저작물 이용을 통제하기 위한 목적에서 생긴 권리이다. 디지털음성송신권은 공중이 동시에 수신하게 할 목적으로 공중 구성원의 요청으로 개시되는 디지털 방식의 음을 송신할 수 있는 권리로, 인터넷상의 실시간 음악 서비스와 같은 새로운 기술에 입각한 공중전달방식에 대응하기 위해 저작권법에 추가되었다. 영상이 아닌 음의 송신에 한정하여 이루어지는 실시간 인터넷방송, 방송 웹캐스팅이 디지털음성송신에 해당한다. 실연이 녹음된 음원을 사용하여 디지털음성송신을 행하는 경우, 디지털음성송신사업자는 방송사업자와 마찬가지로 음원을 먼저 사용한 다음에 실연자와 음반제작자에게 보상하면 된다는 실익이 있다(박성호, 2017, 72쪽). 디지털음성송신권은 전송권과 더불어, 디지털 기술에 입각한 새로운 미디어 콘텐츠 전달이나 이용방식이 저작권의 범위를 확장한 사례로 지적할 수 있다.

전시권은 미술저작물, 건축저작물, 사진저작물로 한정해서 원본이나 그 복제물을 전시할 권리이다. 전시권은 저작인격권인 공표권이 해결되어야 행사할 수 있으므로, 공표권과 서로 밀접하게 관련된 저작권 유형이기도 하다. 저작권법에서는 전시에 대해 별도의 개념 정의를 하지 않고 있다. 전시는 일반인에 대한 공개를 전제로 하는 개념으로, 원작품이나 그 복제물 등의 유형물을 일반인이 자유롭게 관람할 수 있도록 진열하거나 게시하는 것을 의미한다. 이렇게 유형의 저작물을 전달하는 권리인 전시권은 공중에게 전달할 목적으로 하는 전시, 즉 공개 전시에만 영향을 미친다. 전시 장소는 화랑이나 상점 진열장, 공원, 호텔 로비 등 전시 가능한 장소를 모두 포함하며, 전시 방법이나 관람료 징수 여부는 묻지 않는다. 한편 전시의 주 대상인 미술작품은 대부분 원본 소유자와 저작권자가 일치하지 않은 경우가 대부분이다. 따라서 미술작품의 소유권과 저작권이 충돌하는 문제가 발생한다. 이를 해결하기 위해 저작권법 제35조 제1항에서는 미술저작물 등의 원본의 소유자가 원본을 전시할 수 있도록 허용하고 있다. 저작권자의 전시권 제한으로 이해할 수 있다. 또 위탁을 받고 제작된 초상화나 사진저작물은 위탁자의 동의가 없는 한 저작자라 할지라도 함부로 전시할 수 없다. 위탁자의 초상권이라는 다른 인격권과 저작권의 충돌을 방지하기 위해 전시권을 제한하는 것이다.

배포권은 저작자가 저작물의 원본이나 그 복제물을 배포할 권리이다. 배포는 일반적으로 유형의 저작물을 전달하거나 거래하는 개념이지만, 저작권법에서는 저작물 등의 원본 또는 그 복제물을 공중에게 대가를 받거나 받지 아니하고 양도 또는 대여하는 개념으로 정의한다. 저작권법상의 배포 개념을 적용하면, 배포권은 저작물 등의 원본 또는 그 복제물을 공중에게 대가를 받거나 받지 아니하고 양도 또는 대여하는 권리를 말한다. 따라서 배포권은 유형의 저작물을 전달하는 유형적 권리에 속한다. 과학기술의 발달로 저작물 유통이 범세계적으로 활발해지면서 저작권을 효율적으로 관리할 필요성에 생겼다. 이에 1986년 12월 개정 저작권법에서 복제권으로부터 분리되어 하나의 독립된 권리로 인정받은 것이 배포권이다.

배포권은 최초 판매의 원칙에 의해 제한된다. 이 원칙은 저작물의 원본이나 그 복제물이 해당 저작재산권자의 허락을 받아 판매 등의 방법으로 거래에 제공된 이후에는 저작권자가 배포권을 행사할 수 없다는 것이다. 저작물 배포 이후 그 저작물을 재배포하려고 할 때 배포권이 작용한다면 저작권자의 허락을 또 받아야 하는데, 이것은 저작물의 원활하고 자유로운 거래를 방해한다. 이를 해결하기 위해서 배포권에 한해 적용하는 것이 최초 판매의 원칙이다. 따라서 이 원칙은 도서나 영화 DVD 등과 같은 유형물에만 적용되는 것으로서, 디지털화되어 유형물 없이 거래되는 저작물에는 적용되지 않는다. 이렇게 볼 때 최초 판매의 원칙은 저작권자의 배포권을 제한하는 반면, 저작물 소유권자의 권리를 보장하는 성격을 가진다.

대여권은 상업적 목적으로 공표된 음반과 컴퓨터프로그램을 영리를 목적으로 대여할 수 있도록 허락하거나 이를 금지할 수 있는 권리이다. 대여권은 모든 종류의 저작물에 적용되는 것이 아니라, 상업용 음반이나 상업용 컴퓨터프로그램과 같은 특정한 종류의 저작물에 한정해서 영리적인 목적인 경우에만 인정되고 전자책과 같은 무형의 저작물에는 발생할 수 없는 권리이다. 따라서 대여권은 유형의 저작물을 전달할 수 있는 유형적 권리이다. 저작물이 처음 판매되면 최초 판매의 원칙에 따라 저작권자의 배포권이 소진되므로 저작물을 넘겨받은 자는 이를 재판매하거나 상업적으로 대여할 수 있다. 이로 인해 저작권자의 저작물 판매수익이 감소하는 현상을 시정하기 위해 최초 판매의 원칙의 예외로 인정하는 것이 바로 대여권이다. 대여권의 등장 배경을 보면, 1990년대 워크맨의 보급으로 비싼 CD를 사지 않고 대여점에서 CD를 대여한 후 카세트테이프에 복제해서 사용하는 추세를 보이자, 음반 매출이 감소하고 음반 대여에 대한 통제가 필요해지면서 2006년 전부 개정된 저작권법에 대여권이 신설되었다.[8] 이렇게 음반과 컴퓨터프로그램에 대여권을 부여하면서도 사실상 대여업이 성행했던 만화, 소설과 같은 도서 분야와 비디오 등 영상저작물에 대여권이 부여되지 않았던 이유는 저작권자 허락 없는 상태에서 이미 대여업이 널리 성행했고 대여업자 대부분이 영세업자들이었기 때문이다(오승종, 2020, 331쪽). 하지만 대여권을 부여하게 된 근본적인 배경은 대여 자체를 통제하는 것이 아니라 대여를 통한 복제를 통제하기 위한 것과 관련 있다(임원선, 2020a, 138쪽). 그런 점에서 대여권은 상업용 음반이나 상업용 컴퓨터프로그램의 대여를 통한 복제를 통제하기 위한 개념이다.

마지막으로 저작재산권인 2차적저작물작성권은 원저작물을 토대로 하여 번역·편곡·변형·각색·영상제작 그 밖의 방법으로 작성한 창작물을 작성하여 이용할 수 있는 권리이다. 이 권리는 저작물의 번역이나 개작을 통해 유형적 복제를 한다는 점에서 '변형권(transformation rights)'의 성격을 띠고 있다. 2차적저작물작성권은 복제권과 함께 저작권침해사건에서 핵심을 이루는 중요한 권리이며, 새로운 작성행위를 수반한다는 점에서 이미 작성된 저작물이나 그 복제물을 단순히 이용하는 형태로서 새로운 작성행위를 수반하지 않는 출판권, 배포권, 전시권, 공중송신권, 공연권 등의 권리와 그 성격이 다르다(김병일, 2012; 오승종, 2020). 원저작물의 저작자가 아닌 다른 사람이 원저작물을 토대로 2차적저작물을 작성하기 위해서는 반드시 원저작물 저작자의 동의를 받아야 한다. 만약에 동의를 구하지 않으면 원저작물 저작자의 2차적저작물작성권을 침해하게 되는 것이다. 원저작물의 저작자가 자신의 저작물을 토대로 2차적저작물을 작성할 수 있는 저작재산권을 가지고 있기 때문이다. 따라서 웹툰을 원저작물로 TV 드라마를 제작하려면, 반드시 웹툰 작가의 허락을 받아야 한다.

한편 저작재산권으로서 2차적저작물작성권은 원저작물을 왜곡하지 않고 변경해서 이용하는 권리라는 점에서 저작인격권인 동일성유지권과 다르다. 복제권과 함께 저작권침해 사건에서 가장 큰 쟁점을 초래하는 중요한 권리로, 각각 원저작물을 기초로 하여 그와 동일 유형물을 작성하거나(복제), 또는 동일하지는 않지만 실질적

---

8) 2006년 대여권 신설 당시에는 판매용 음반 대여권이었으나, 2009년 개정된 저작권법에 프로그램 대여권이 추가되었다. 그리고 2016년 개정에서 판매용 음반이 상업용 음반으로 변경되었다.

으로 유사한 새로운 저작물을 작성하는 행위(2차적저작물작성)를 통제할 수 있는 배타적 권리이다(오승종, 2020, 332쪽).

표 6-1. 저작자의 권리 유형 및 개념

유형		개념
저작인격권	공표권	저작물의 공표 여부, 공표 방법, 공표 시기를 선택할 수 있는 권리
	성명표시권	저작물의 원본, 복제물이나 공표 매체에 성명을 표시할 수 있는 권리
	동일성유지권	저작물의 내용, 형식, 제호의 동일성을 유지할 수 있는 권리
저작재산권	복제권	저작물을 인쇄·사진촬영·복사·녹음·녹화 등의 방법으로 일시적 또는 영구적으로 유형물에 고정하거나 다시 제작할 수 있는 권리
	공연권	저작물 또는 실연·음반·방송을 상연·연주·가창·구연·낭독·상영·재생, 그 밖의 방법으로 공중에게 공개할 수 있는 권리
	공중송신권	저작물에 대한 공중의 수신이나 접근을 목적으로 무·유선통신의 방법에 의해 송신하거나 이용에 제공할 수 있는 권리
	전시권	미술저작물 등의 원본이나 그 복제물을 전시할 권리
	배포권	저작물의 원본이나 그 복제물을 양도하거나 대여할 권리
	대여권	상업용 음반이나 프로그램을 영리를 목적으로 대여할 권리
	2차적저작물 작성권	저작물을 원저작물로 하여 번역·편곡·변형·각색·영상제작 그 밖의 방법으로 작성한 2차적저작물을 작성하여 이용할 수 있는 권리

2) 저작자 권리의 행사

(1) 저작권 보호기간

저작권은 일정한 기간에 한정해서 보호한다는 점에서 유한성이란 속성을 가진다. 이것은 저작권 보호기간이 만료되면 저작권 효력이 소멸한다는 것을 의미한다. 만약 물건에 대한 소유권인 물권처럼 저작권을 무한정 보호한다면 저작권자의 허락 없이는 저작물을 이용할 수 없으며, 저작물은 시간이 지나면서 문화 자산으로 축적되는데 새로운 저작물을 창작할 때 선인의 문화유산을 이용할 수 없게 되어 문화발전에 지장을 준다. 또한 일정 기간이 지나면 저작물은 대개는 더 이용되지 않거나 실질적인 저작권 행사가 어려워져서 저작권 보호의 실익이 없어진다. 따라서 사회적 편익을 극대화하기 위해 저작물 이용을 극대화할 필요가 있으며, 가능하면 일찍 저작권 보호를 종료시키는 것이 바람직하다는 점에서 보호기간 제한의 근거를 찾을 수 있다(임원선, 2020a, 158쪽). 저작물을 자유롭게 이용함으로써 얻게 되는 공중의 이익과 창작활동에 대한 충분한 보상을 기대하는 저작자 이익 간의 조화를 찾으려는 입법 취지에 근거하여, 저작권법은 일정 기간만 저작권을 보호한다. 그리고 보호기간이 만료되면, 권리가 소멸하고 저작물이 공중의 영역에 들어가서 누구든 자유롭게 이용할 수 있게 된다. 만약 저작권 보호기간이 지나치게 짧으면 저작자가 누리는 이익이 너무 적고, 반대로 너무 길면 새로운 저작물의 창작을 가로막고 저작권법의 목표인 문화발전을 지향할 수 없다. 결국 저작권 보호기간은 권리자에게는 심리적·경제적으로 자신의 권리를 보장받는 마지노선으로 작용하며, 공익적 입장과 저작물 이용자에게는 자유로운 이용과 재창작의 활성화를 위한 방아쇠 역할을 한다는 점에서 의미를 찾을 수 있다(민경재, 2020, 237쪽).

저작권 보호기간을 산정하는 기준은 저작자 사망시기와 저작물 공표시기 또는 창작시기이다. 보호기간 산정의 일반 원칙은 저작자 사망시기를 기준으로 하는 것인데, 단독저작물은 저작자 사망 후 70년까지이고 공동저작물은 마지막으로 사망한 저작자의 사후 70년간이다. 이에 비해 무명 저작물, 업무상저작물, 영상저작물 등의 일정 유형의 저작물은 공표시기 기준을 적용하여 공표시기로부터 70년간 보호받는다.[9] 사실 처음부터 저작권 보호기간이 길었던 것은 아니다. 최초의 근대적 저작권법인 영국 앤 여왕법에서는 14년의 보호기간을 정하고, 저작자 생존의 경우 14년의 보호기간 연장제도를 두었다. 미국도 영국의 갱신 시스템을 계승하였다.[10] 이후 '생존 기간 + 저작자 사후 α'라는 저작권 보호기간 시스템이 그대로 유지되었다. 1990년대 들어 유럽에서 저작권 보호기간 강화 분위기가 확립되면서 EU 지침에서 사후 70까지 확대되었고, 미국도 1998년 소니 보노(Sony Bono)법 제정으로 사후 70년으로 연장되었다. 이처럼 장기간 보호기간에 대해 부정적인 시각도 존재한다. 일부 창작자만이 이익을 누리고 창작자 대부분이 이익을 향유하지 못할 뿐

---

9) 무명이나 이명 저작물의 경우 공표 후 70년 이내 저작자가 확인된다면, 사망 후 70년간 저작권이 보호된다. 창작한 지 50년 이내 공표되지 않은 업무상저작물과 영상저작물은 창작 시기를 기준으로 70년간을 보호기간으로 정한다.

10) 1837년 독일이 저작자 사후 30년이란 보호기간 시스템을 채택하였고, 1842년 영국도 저작자 사후 저작권 보호기간 제도를 처음 도입하였다. 이후 베른협약과 1934년 독일 저작권법이 저작자 사후 50년으로, 다시 1965년 사후 70년으로 설정했다.

아니라 장기적으로는 문화창작 비용을 증가시키면서 문화발전이라는 거시적 목적을 해친다는 것이다(민경재, 2020, 269쪽).

사후 일정 기간으로 보호기간을 명시하고 있는 저작재산권과 달리, 저작권법에서는 저작인격권의 존속기간에 관한 규정을 두고 있지 않다. 해석을 통하여 밝혀야 하는데 저작인격권은 저작자 생존 기간만 인정된다고 보는 것이 타당하다. 인격권은 일신전속적인 권리에 해당하며, 자연인은 사망하면 권리나 의무의 주체가 될 수 없기 때문이다. 하지만 업무상저작물의 경우 저작인격권이 법인 등의 사용자에게 부여되고 있고 저작인격권 보호기간에 관한 법 규정이 부재하기 때문에, 업무상저작물의 저작인격권 보호기간은 무한정 존속할 수 있다는 문제가 발생한다. 이와 관련하여 창작자인 피용자에게 저작인격권을 유보하는 것이 타당하다는 주장(박현경, 2010)과 저작인격권의 존속기간에 관한 규정을 신설할 필요가 있다는 주장(박인회, 2018)에 주목할 필요가 있다.

(2) 저작권 양도와 저작물 이용허락

저작권 양도와 저작물 이용허락은 서로 다른 개념으로 명확히 이해해야 한다. 저작권 양도는 저작권을 완전히 넘기는 개념인 반면, 저작물 이용허락은 저작물 이용을 허용한다는 의사표시일 뿐 저작재산권은 저작재산권자가 그대로 보유한다는 점에서 차이가 있다. 기본적으로 저작재산권은 재산권의 성격을 가지므로 양도가 가능하다. 그러므로 저작재산권은 저작자 또는 저작재산권을 양도받은 다른 사람이 가지는 권리라고 볼 수 있다. 권리를 일부 분리해서 양도할 수 없는 소유권과 다르게, 저작재산권은 권리 전부 또는 일부를 양도할 수 있다. 저작재산권 일부를 양도할 수 있을 뿐 아니라 공중송신권인 방송권, 전송권, 디지털음성송신권 각각의 권리를 분리해서 양도하는 것도 가능하다. 공동저작물의 저작재산권 행사는 저작재산권자 전원의 합의로 행사할 수 있으며, 저작재산권은 당사자 간 계약이 성립하면 바로 양도 효력이 발생한다.

저작재산권 전부를 양도한다 해도 특별한 약속이 없는 한 2차적저작물작성권은 포함되지 않은 것으로 유보 추정한다.[11] 이것의 입법 취지는 2차적저작물은 원

---

11) 저작권법 제45조 제2항.

저작물의 원형을 훼손시킬 수 있으므로, 원저작자의 저작인격권인 동일성유지권과 창작의 자유를 존중하기 위한 것이다. 만약에 웹툰 작가가 특별한 약속 없이 웹툰의 저작재산권 전부를 A에 양도했더라도, 웹툰의 2차적저작물작성권은 여전히 웹툰 작가에게 남아있는 것으로 추정한다. 따라서 방송사 B가 웹툰을 토대로 드라마를 제작하려면 웹툰 작가로부터 허락을 받아야 한다. 2차적저작물작성권까지 양도받는다는 특약이 없었기 때문이다. 하지만 컴퓨터프로그램의 경우는 좀 다르다. 컴퓨터프로그램은 지속적인 업그레이드가 필요하고 산업적인 활용도를 고려해야 하는 기능적 저작물의 성격을 고려하여, 저작재산권 전부를 양도할 경우 특약이 없는 한 2차적저작물작성권도 함께 양도한 것으로 추정한다는 단서 조항을 두고 있다. 이에 따라 소프트웨어와 같은 프로그램저작물 개발자가 프로그램을 개발 위탁자에게 전부 양도할 경우 2차적저작물작성권도 함께 양도되기 때문에, 추후 제3자가 주문할 경우 프로그램 원 개발자는 자신이 작성한 소프트웨어 모듈을 재사용할 수 없게 된다. 이에 단서 조항이 프로그램 저작권자의 이익을 부당하게 침해한다는 비판도 있다(김병일, 2012, 227쪽).

저작재산권과 달리, 저작인격권은 저작자의 일신전속적인 권리로 다른 사람에게 양도할 수 없다. 이와 관련하여 대법원[12]은 저작인격권의 본질을 해하지 않는 한도에서만 권리행사를 대리하거나 위임할 수 있으나, 저작인격권 그 자체는 저작자에게 여전히 귀속되어 있다고 해석하였다. 공동저작물의 저작인격권은 공동저작자 개개인에게 전속되는 권리이므로 양도할 수 없으며, 저작자 전원의 합의로 행사할 수 있다.[13]

저작재산권자는 저작물 이용자와 이용의 범위, 방법, 조건 등에 관한 계약을 체결하는 방식으로 저작물 이용을 허락할 수 있다. 양도와 다르게 저작물 이용허락은 저작물 이용을 허용한다는 의사표시이므로, 이용허락을 하더라도 저작재산권은 저작재산권자가 그대로 보유한다. 저작물 이용자는 저작재산권자에게 이용료를 지

---

12) 대법원 1995. 10. 1. 선고 94마2217 결정.
13) 저작자 사망 후 공표권이나 성명표시권과 같은 저작인격권이 침해된다면, 사자의 명예훼손은 물론이고 문화유산을 보전하는데 혼란을 초래할 수 있다. 이런 문제를 해결하기 위해 저작권법 제14조 제2항에서는 저작자 사망 후라도 저작물 이용자가 저작자가 생존하였더라면 저작인격권 침해가 될 수 있는 행위를 금지하고 있다. 이를 근거로 저작권법 제128조에 따라 저작자가 사망했어도 유족이 저작인격권 침해 정지나 명예 회복 등의 청구를 할 수 있다.

급해야 하며, 허락받은 이용 방법 및 조건의 범위 안에서 저작물을 이용할 수 있다. 만약 허락을 받지 않고 저작물을 이용했거나 허락받은 이용 방법과 조건의 범위에서 벗어나서 저작물을 이용한다면, 저작권침해에 해당한다. 즉 저작권침해는 저작물의 무단 이용과 허락범위 밖의 이용을 뜻한다.

저작물 이용허락은 배타적 성격 유무에 따라 비배타적 이용허락과 배타적 이용허락으로 나눌 수 있다. 비배타적 이용허락은 일정한 형태의 저작물 이용이 여러 이용자에게 허락되는 경우를 말한다. 복수의 사람에게 저작물 이용을 중첩적으로 허락하는 경우로, 단순 이용허락이라고도 한다. 배타적 이용허락은 일정한 형태의 저작물 이용이 단지 한 이용자에게만 허락되는 경우, 다른 이용자에게는 허락하지 않겠다는 내용이 계약에 포함되는 경우이다. 즉 이용자가 저작재산권자와의 사이에 일정한 범위에서 독점적인 이용을 인정하거나 이용자 이외의 다른 사람에게는 이용허락을 하지 않기로 하는 특약을 체결하는 경우로, 독점적 이용허락이라고도 한다(오승종, 2020; 임원선, 2020a).

또 이용허락은 협상과 개별성 유무에 따라 개별 이용허락, 포괄 이용허락, 일반 사용자 이용허락으로 분류된다. 개별 이용허락은 저작권자와 이용자가 저작물의 개별적인 이용조건과 대가를 협의한 결과로 이루어지는 이용허락이다. 포괄 이용허락은 일정 기간 권리자가 관리하는 일정한 범위의 저작물을 일정한 형태로 이용하는 것을 일괄해서 허락하는 것이다. 1년 동안 방송에 사용한 음악에 대한 한국음악저작권협회와 방송사 간 계약체결 사례가 여기에 해당한다. 일반 사용자 이용허락은 아무런 협상 없이 권리자의 일방적인 이용조건에 이용자가 동의함으로써 이루어지는 이용허락을 의미한다. 이것은 거래비용의 최소화라는 이점이 있으나, 이용자에게 불리한 조건을 수용하도록 압박하는 수단으로 활용될 수 있다는 문제점이 있다(임원선, 2020a, 328~329쪽).

한편 저작권자와 협의가 잘 성립되지 않거나 이용허락을 받을 수 없어 저작물을 이용하지 못하는 경우가 있다. 이때 활용할 수 있는 제도로 법정허락[14] 또는 강제허락 제도가 있다. 이것은 공중입장에서 저작물 이용이 필요불가결한 경우 저작권자의 허락을 받지 못했어도 적정한 대가를 지불하거나 공탁하고 이용할 수 있는

---

14) 저작권법 제50조~제52조.

제도이다. 법정허락제도의 취지는 이용허락을 받기 어려운 상황15)에서 불가피한 저작물의 사회적 이용을 가능하게 함으로써 저작물의 문화적 가치를 일반 국민이 향유하도록 하는 데 있다. 이 제도는 단지 권리 행사 방법에 일부 제약을 가할 뿐 배타적 권리 자체의 성격을 변화시키는 것은 아니므로, 보상금을 지불하지 않거나 공탁하지 않고 저작물을 이용했다면 저작권침해가 된다(오승종, 2020, 497~501쪽).

그 밖에 저작물 자유이용 라이선스인 CCL(Creative Commons License)16)이 있다. 이것은 저작자에게 별도의 허락을 구하지 않고서도 저작자가 미리 제시한 이용 방법을 지키는 조건으로 저작물을 자유롭게 이용하는 일종의 오픈 라이선스의 개념이다. 일반적으로 많이 사용되는 저작물 이용조건은 〈표 6-2〉에서 볼 수 있듯이, 저작자 표시(Attribution), 비영리(Noncommercial), 변경금지(No Derivative Works), 동일조건 변경허락(Share Alike)이다. 4개의 이용허락 조건들은 저작자가 원하는 조건으로 구성할 수 있어서 CC라이선스 종류는 6가지 종류로 구성된다. 이렇게 저작자가 이용 방법이나 조건을 표시하면, 이용자는 저작물에 첨부된 이용조건을 확인한 후 저작물을 이용함으로써 저작자와 이용자 사이의 이용허락이 체결된 것으로 간주하는 효과가 있다. 즉 저작자와 이용자가 개별적인 접촉을 하지 않고서도 저작물 이용허락 관계를 간편하게 설정할 수 있는 포괄적 이용허락계약의 성격을 가진다(윤종수, 2008). CCL은 저작물 창작자가 자신의 권리를 지키면서 동시에 자신의 창작물에 대한 자유로운 공유를 도모할 수 있다는 점에서 매우 유용한 제도이다.

---

15) 구체적으로 저작재산권자가 누구인지 알 수 없어서 이용허락을 받을 수 없는 경우, 공표된 저작물을 공익적인 목적으로 방송해야 하는데 협의가 성립되지 않는 경우, 상업용 음반이 판매된 지 3년이 경과하고 그 음반에 녹음된 저작물을 다른 상업용 음반 제작에 사용하고자 협의했으나 협의가 성립되지 않은 경우, 법정허락제도를 활용할 수 있다.
16) CCL은 리처드 스톨먼(Richard Stallman)이 제기했던 자유 소프트웨어 운동에서 비롯된 개념으로, 법학자 레식(Lessig)이 창안한 제도이다.

표 6-2. CCL 이용요건의 유형과 의미

마크 유형	이용요건	의미
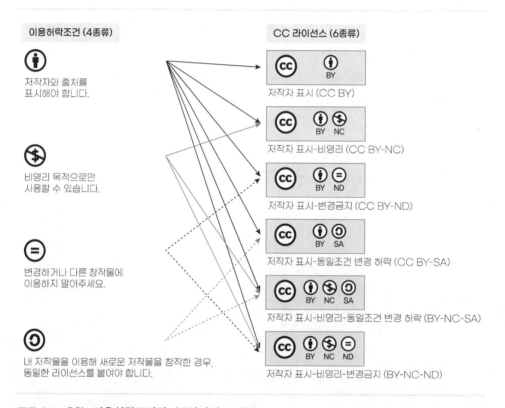	저작자 표시 (Attribution)	저작자의 이름과 출처 등 저작자에 관한 사항을 반드시 표시해야 하는 조건
	비영리 (Noncommercial)	저작물을 영리 목적으로 이용할 수 없음을 표시하는 것으로, 영리 목적으로 이용하려면 별도의 계약이 필요함을 의미
	변경금지 (NO Derivative Works)	저작물을 변경하거나 저작물을 이용해서 2차적저작물을 제작하는 것을 금지하는 표시
	동일조건 변경허락 (Share Alike)	2차적저작물 창작을 허용하되, 2차적저작물에 원저작물과 동일한 라이선스를 적용해야 한다는 의미

이용허락조건 (4종류)

저작자와 출처를
표시해야 합니다.

비영리 목적으로만
사용할 수 있습니다.

변경하거나 다른 창작물에
이용하지 말아주세요.

내 저작물을 이용해 새로운 저작물을 창작한 경우,
동일한 라이선스를 붙여야 합니다.

CC 라이선스 (6종류)

저작자 표시 (CC BY)

저작자 표시-비영리 (CC BY-NC)

저작자 표시-변경금지 (CC BY-ND)

저작자 표시-동일조건 변경 허락 (CC BY-SA)

저작자 표시-비영리-동일조건 변경 허락 (BY-NC-SA)

저작자 표시-비영리-변경금지 (BY-NC-ND)

그림 6-1. CCL 이용허락조건과 CC라이선스 종류

3) 저작권침해

(1) 저작권침해의 개념 및 판단기준

저작권침해란 저작권자의 허락을 받지 않고 저작물을 무단 이용하거나 저작권자가 이용허락을 한 방법과 조건에서 벗어난 저작물 이용행위[17]를 말한다. 예를 들어 도서관에서 대여한 책을 복사기로 무단 복사해서 판매하거나 유명 가수의 최신곡을 온라인에 무단으로 업로드하는 행위는 저작권을 침해하는 행위로 볼 수 있다. 또 웹툰 작가에게 웹툰을 각색해서 영화를 제작하기로 이용허락을 받아 놓고 웹툰이 아닌 TV 드라마를 제작했거나, 저작물 일부만 사용하기로 하고 전부를 사용했다면 역시 저작권침해이다.

저작권침해는 또 다른 차원의 분류도 가능하다. 임원선(2020b)은 저작물 이용 양태에 따라 단순 불법 이용, 불법 인용, 모방 이용으로 나누었다. 단순 불법 이용이 저작권자의 허락 없이 기존 저작물 등의 전부 또는 대부분을 그대로 복제하거나 그 복제물을 배포, 전시, 공연 또는 공중송신하는 등의 방법으로 이용하는 경우라면, 불법 인용은 저작권자의 허락 없이 기존 저작물을 다른 저작물작성에 그대로 이용하는 것이라는 점에서 단순 불법 이용과 차이가 있다. 모방 이용은 저작권자의 허락 없이 다른 저작물작성에 이용하되, 기존 저작물을 변경해서 이용하거나 맥락을 달리하여 이용하는 것이다. 다른 저작물작성에 이용하는 점이 불법 인용과 같지만, 기존 저작물 이용을 숨기는 경우가 많다는 점에서 차이가 나는데(135~137쪽), 윤리적 차원의 개념인 표절과 유사하다. 결국 저작권침해 분류의 주된 기준은 저작물을 그대로 이용하거나 변경해서 이용했는지, 다른 저작물작성에서 저작물을 이용했는지, 기존 저작물 이용 사실을 숨기고 있는지이다. 이와 같은 유형 분류의 실익은 우리나라 학설과 판례에서 침해유형을 구분하지 않고 의거관계와 실질적 유사성(substantial similarity)과 같은 공통의 침해 판단기준을 적용하는 문제점을 해결하는 데 유용하다는 점이다.

---

17) 송영식·이상정(2015)은 이와 같은 허락된 범위 외의 이용과 같은 저작권침해유형을 부정 이용으로 설명하였는데, 출판을 허락하였는데 출판권자가 무단으로 영화제작자와 합의하여 영화화하는 경우 등을 말한다(263쪽).

넓은 범위에서 저작권은 저작재산권과 저작인격권 외에도 저작인접권과 배타적 발행권, 출판권 등을 포함하는 개념이다. 그러므로 저작권침해는 '저작재산권 침해', '저작인격권 침해', '저작인접권 침해', '배타적발행권·출판권·데이터베이스제작자의 권리침해' 등의 4가지 형태로 분류된다. 저작재산권 제한 규정에 따른 저작물 이용이 아니거나 법정이용허락 규정에 따라 보상금을 지급 또는 공탁하지 않고 저작권자의 허락 없이 무단으로 저작물을 이용한 행위는 저작재산권 침해에 해당한다. 저작재산권 침해는 다시 저작물 이용행위에 따라 복제권, 배포권, 공연권 등 각각의 지분권 침해로 구분할 수 있다. 또 저작권자의 허락 없이 미공표된 저작물을 이용하거나, 저작물에 표시된 저작자명을 변경 또는 삭제하거나, 저작물 내용이나 제호를 변경했다면 저작인격권을 침해한 것이다. 그 밖에 저작권법에서 보호하는 저작인접권, 출판권, 배타적발행권, 데이터베이스제작자의 권리도 동의를 구하지 않고 무단으로 이용한다면 해당 권리를 침해했다고 본다(이해완, 2019; 조연하, 2018).

어떤 행위가 저작권을 침해하는 행위에 해당하는지를 판단하는 것은 권리보호와 저작권 제도의 효과적인 운영을 위해 매우 중요하다(임원선, 2020b, 114쪽). 저작권침해인지 판단하기 위해서는 기본적으로 저작권 보호 대상이 아닌 것과 저작권 보호 대상을 서로 분리해서 볼 필요가 있다. 즉 침해라고 주장되는 부분이 표현인지 아이디어 또는 사실인지를 먼저 구분하고 표현에 해당하는 부분에 대한 침해 여부를 판단해야 한다. 가장 흔한 저작권 침해 형태인 저작재산권 침해는 저작권침해 주장자가 해당 저작물의 저작재산권을 가지고 있으면서, 직접 침해행위를 입증해야 성립한다. 우리 학설과 판례에서는 저작권침해 유형을 고려하지 않고, 주관적 요건인 의거관계와 객관적 요건인 실질적 유사성을 실질적 저작권침해 판단기준으로 적용하고 있다. 의거관계란 침해자가 침해 주장자의 저작물에 의거해서 저작물을 이용했는지를 말한다. 실질적 유사성은 침해자의 저작물과 침해 주장자의 저작물 사이에 동일성이나 종속성이 있는지를 의미한다. 저작물에 의거한 이용임을 주장하려면, 침해 당사자가 침해 주장자의 저작물이 이미 존재한다는 사실은 물론 그 내용을 알고 있어야 하며, 그것에 접근했거나 접근할 수 있었던 정황적인 증거가 필요하다. 즉 의거관계의 판단기준이 저작물의 존재, 표현내용에 대한 인식, 그리고 그에 대한 접근 가능성인 것이다.

의거관계 요건이 충족되면, 두 저작물 사이에 실질적 유사성이 존재하는지를 판단해야 한다. 실질적 유사성은 복제행위 가운데 위법한 복제행위나 저작권침해에 해당하는 복제행위가 무엇인지를 가려내기 위한 기준이다(정상조, 2003, 114쪽). 저작권침해를 판단하는 현실적이고 실용적인 기준으로, '실질적'은 저작물의 표현을 변형한 경우를 전제로 하며, '유사성'은 침해 주장자의 창작성이 침해자의 저작물에 재생되어 있다는 의미이다(서달주, 2007). 이에 두 저작물 사이의 실질적 유사성 판단에는 저작권법의 보호 대상과 범위에 해당하는 창작적인 표현의 존재를 전제로 한다. 한편 접근에 관한 증거가 없는 경우, 현저한 유사성(striking similarity)을 기준으로 저작권침해를 판단할 수 있다. 이것은 두 저작물 사이의 유사성이 실질적인 유사성을 넘어서서 충분히 현저하다고 보는 경우, 접근에 대한 입증을 요구하지 않고 의거가 추정된 것으로 보는 것이다. 즉 유사성 정도가 우연의 일치나 공통의 소재 등을 설명하기 어렵고, 오직 침해자의 저작물이 침해 주장자의 저작물에 의거한 것으로 설명될 수 있어야 한다(오승종, 2020, 653쪽).

저작권침해 판단의 전제로서 아이디어와 표현의 구분을 위한 이론을 적용하는 전통적인 방법으로 추상화 이론(abstraction test)과 유형 이론(pattern test)이 있다. 추상화 이론은 미국의 판결[18]에서 주장된 이론으로, 저작물에서 구체적인 표현이나 사건들을 하나씩 제거해 나가면 최종적으로 작품의 주제만 남게 되는데, 이 과정에서 어느 단계를 넘어가면 아이디어를 보호하게 되는 경계가 있다는 것이다. 그 경계가 어디인지에 대해서는 명백한 기준을 제시하지 않았지만, 대체로 판례의 성향은 사건의 구성이나 줄거리가 이에 해당한다고 본다(임원선, 2020a, 435쪽). 어느 단계인가에 그 부분을 보호하면 표현이 아닌 아이디어를 보호하는 결과를 초래하는 경계선을 찾아내는 것으로,[19] 각종 저작권침해 판단의 기초를 이루는 이론이라는 점에서 의미를 찾을 수 있다. 유형 이론은 추상화 이론에 대한 일종의 보완이론이다. 표현과 아이디어의 경계선은 저자의 아이디어와 그가 사용한 정교한 패턴 사이의 어딘가에 놓여 있는데, 이때 저작권의 보호범위는 저작물의 패턴, 즉 사건의 전

---

[18] Nicholas v. Universal Pictures, Co., 45 F. 2d 119, 121(2d Cir. 1930).

[19] 예를 들어 셰익스피어의 희곡작품인 '로미오와 줄리엣'이 저작권 보호기간이 만료되지 않았다고 가정할 때, 발코니에서 사랑의 대사와 같은 구체적인 표현, 결국 두 연인이 모두 죽음이라는 비극적 결말에 이르게 된다는 구체적인 사건들을 하나씩 제거하면, 결국 '두 젊은 남녀의 비극적인 애정극'이라는 한 마디로 추상화해 나갈 수 있는데, 그중 어느 단계에서인가 아이디어와 표현의 경계선을 찾아낼 수 있다.

개 과정과 등장인물 간 상호작용의 발전 등 요소에까지 미친다는 이론이다. 이 이론은 특히 소설, 희곡 등 어문저작물의 아이디어와 표현의 구별기준을 제시해 준다는 점에서 유용하다(오승종, 2020, 661~662쪽).

한편 저작권침해에 대한 책임은 직접침해와 간접침해에 대한 책임으로 구분된다. 직접침해 행위는 저작권자의 허락을 받지 않고 무단 복제나 배포 등을 직접적으로 한 행위이다. 이에 비해 간접침해 행위는 직접적인 침해행위를 하지 않았으나 간접적으로 관여하는 행위를 말한다. 간접침해 행위에 대한 책임이론은 미국에서 많이 축적된 판례법을 통해 매우 정밀하게 발전된 이론이다. 넓게는 직접침해를 제외한 저작권침해행위에 대한 책임을 의미하지만, 주로 직접침해 행위를 하지 않고 그것을 방조하거나 그에 가담하는 자가 침해에 대해 일정한 법적 책임을 부담하는 경우를 말한다. 좀 더 구체적으로는 저작권 직접침해 수단이 되는 도구나 시설, 장소, 기회, 서비스 등을 제공함으로써 저작권 직접침해에 가담한 행위에 대한 책임이다(조연하, 2018, 106쪽). 현행 저작권법상 직접적 또는 물리적인 이용행위의 주체가 저작권침해 주체로 인정된다는 점에는 특별한 이론이 없고, 침해 주체를 그러한 직접적 행위자로 제한하는 것은 문제해결이 명료하고 간명하게 된다는 장점이 있다. 하지만 그런 직접적인 행위 주체가 아니면서 침해행위에 대한 간접적인 관여에 대해서도 일정한 책임을 물어야 할 경우가 있는데, 그런 점에서 간접침해 책임의 의미를 찾을 수 있다. 간접침해 책임은 한마디로 저작권의 직접침해 행위에 해당하지 않으면서 침해 책임을 지는 모든 경우를 말한다고 할 수 있다. 온라인서비스제공자가 이용자의 침해행위에 대한 방조 책임을 지는 경우를 비롯하여 그 유형이 매우 다양하다(이해완, 2019, 1231쪽). 콘텐츠 플랫폼이 다양화됨에 따라 설비나 수단을 제공하는 방식으로 저작권침해환경을 조성할 가능성이 커진다는 점에서, 플랫폼 사업자의 간접침해 책임을 논하는 경우가 더 많아질 것으로 예상된다.

(2) 저작권침해와 표절의 구분

학술논문, 대중가요, 소설 등의 분야에서 표절(plagiarism) 사건이 자주 보도되고 있다. 표절 형태는 행정관료, 대학교수와 같은 지식 계층이 행한 표절에서부터 음악, 영화, 소설 등에 이르기까지 다양하다. 실제로 정부 고위 관료 등의 취임 과정에서 표절 논란으로 도덕적인 처분을 받는 경우가 흔하다(이일호·김기홍, 2009). 미디어에서는 저작권침해보다는 표절이란 용어가 더 자주 사용되는 경향을 보이는데, 사회적 파급효과가 크다는 점에서 표절의 의미에 대해 정확히 이해할 필요가 있다. 표절의 사전적 의미는 "다른 사람이 쓴 문학작품이나 학술논문, 또는 기타 각종 글의 일부 또는 전부를 직접 베끼거나 아니면 관념을 모방하면서, 마치 자신의 독창적인 산물인 것처럼 공표하는 행위"[20]이다. 학문, 문학, 예술의 세계에서, 혹은 언론에서 자주 사용하는 용어로, 타인의 창작물을 베꼈음에도 출처를 명시하지 않고 마치 자신의 창작품인 것처럼 '속이려' 하는 개념이다. 저작권침해가 저작권자의 허락을 받지 않고 저작물을 무단 이용하거나, 설사 이용허락을 받았다 해도 허락된 이용 방법이나 범위를 벗어나는 저작물 이용을 뜻하는 개념이라면, 표절은 타인의 저작물 일부나 전부를 마치 자신이 창작한 것처럼, 몰래 이용하거나 제시하는 행위를 의미한다. 표절은 저작권침해와 적용영역을 공유하고 있으나, 사실 법률 용어는 아니며 타인의 저작물을 무단으로 이용한다는 점에서 무단 이용의 한 유형이라고 볼 수 있다. 하지만 '타인의 저작물을 마치 자신의 저작물인 것처럼 발표한다'는 요소가 첨가되어 있어, 윤리적 비난 가능성이 크다는 점이 일반적인 무단 이용과 구별된다. 저작권침해는 표절에 해당할 필요는 없지만, 표절에 해당한다면 저작재산권 침해와 동시에 저작인격권 중 성명표시권 침해도 성립할 수 있다(이해완, 2019, 1127쪽). 이렇게 볼 때 저작권침해가 법률상의 개념이라면, 표절은 윤리적인 문제를 다룬 개념으로 이해할 필요가 있다.

임원선(2020a)은 다음 몇 가지 점에서 표절과 저작권침해가 뚜렷한 차이가 있다고 설명하고 있다. 첫째, 표절은 대상 저작물이 저작권으로 보호되는 것과 관계가 없지만, 저작권침해는 그것이 저작권으로 보호되어야만 성립한다. 둘째, 표절은 자신의 것 인양 속여야 하지만, 저작권침해는 허락받지 않고 이용하면 공공연하게 다른 사람의 것임을 밝혀도 성립한다. 셋째, 표절은 저작물의 작성단계에서 발생하지만, 저작권침해는 작성된 저작물의 이용단계에서 주로 발생한다(425쪽). 한마디로 저작권침해는 저작권 보호 대상에 대한 무단 이용이며, 표절은 저작물 작성단계에서 출처를 밝히지 않는 비윤리적인 행위에 초점이 맞추어진 개념이다. 표절을 저작권법상의 용어로 보지 않는 이유도 이용된 저작물의 저작권 보호 대상 여부가 문

---

20) 위키백과. https://ko.wikipedia.org/wiki/%ED%91%9C%EC%A0%88 (2022년 2월 26일 최종접속).

제 되지 않는다는 점에서 찾을 수 있다.

표절은 가장 좁은 범위의 자기표절에서 출발하여, 중복게재, 저작권침해를 포함하는 개념으로 확대되며, 가장 넓게 보면 위조, 변조, 저작자 부당표시와 같은 연구윤리 전반에 걸친 것을 더한 개념이다. 저작권침해가 대립한 이해당사자 간의 첨예한 갈등을 불러오고, 침해 판단에서 입법목적과 정책적 고려가 가능하다면, 표절은 사회 구성원 간 약속, 합의와 같이 규범적인 측면이 강하면서 상대적으로 정책적 고려가 약하다는 차이를 보인다(남형두, 2009). 따라서 저작권침해는 저작자가 침해자에게 정신적 손해배상을 청구할 수 있지만, 표절은 표절자에 대해 사회규범 위반에 대한 도덕적 비난이 가해질 뿐이라는 점이 그 한계이다.

(3) 저작권침해의 피해구제

저작권은 무체재산권으로, 유체물에 대한 침해와 달리 그 침해가 용이한 반면에, 저작권침해로 인한 손해는 다양한 변수에 따라 영향을 받고, 손해액 산정을 위한 대부분 자료가 침해자의 수중에 있어, 저작권자로서는 침해행위와 손해 사이의 인과관계, 손해액 등을 입증하기 쉽지 않다(김종철, 2016, 28쪽). 저작권침해에 대한 피해구제를 위해 저작권법에서는 저작권침해 행위에 대해 민사적, 형사적, 행정적 구제 또는 처벌과 기술적 보호조치의 보호 등을 규정하고 있다. 먼저 민사적 피해구제 방법으로는 침해정지청구와 손해배상청구가 있다. 저작권침해구제에 관한 저작권법 제123조 제1항에서는 저작권자 등이 "그 권리를 침해하는 자에 대해 침해정지를 청구할 수 있으며, 그 권리를 침해할 우려가 있는 자에 대하여 침해의 예방 또는 손해배상의 담보를 청구할 수 있다"고 규정함으로써, 침해정지청구권과 침해예방청구권 등을 인정하고 있다. 침해정지청구는 침해가 현재 발생하거나 발생할 우려가 있는 침해의 상태 자체를 제거하는 기능을 하는 저작권침해의 사전적 구제 방법이다.

또 다른 민사상의 피해구제 방법인 손해배상청구와 관련하여 저작권법 제125조에서 손해배상청구 규정을 두고 있으나, 입증 부담 경감을 위한 민법의 특칙일 뿐이므로 저작권자는 이를 원용하지 않고 민법 법리에 따라 권리침해로 입은 손해액을 산정하여 청구할 수 있다(이해완, 2019, 1251쪽). 즉 저작권침해에 대한 손해배상책임이 인정되기 위해서는 그 침해행위가 불법행위이어야 하므로 민법 제750조의 일반 불법행위 성립요건을 갖추어야 한다(김종철, 2016, 30쪽). 제750조에서는 불법행위 구제 수단으로 손해배상만을 규정하고 있으며, 손해배상 방법으로 금전배상을 원칙적인 방침으로 정하고 있다. 손해배상제도는 피해 방지나 예방 기능을 하지만, 권리침해가 발생한 후의 사후적 구제 수단이다. 저작권법상의 권리 침해자에 대한 손해배상청구권이 성립하기 위해서는 침해 행위자의 고의 또는 과실, 권리침해, 손해의 발생, 권리침해와 손해 발생의 인과관계 존재와 같은 요건이 필요하다.

민사상의 구제제도와 함께 저작권법에서는 형사상의 제재 규정을 두고, 저작재산권 침해죄와 저작인격권 침해죄 등을 처벌하고 있다. 형사상의 저작권법 위반죄는 친고죄이므로, 피해자가 고소해야 처벌할 수 있다. 또 행정적인 피해구제로는 불법 복제물의 수거, 폐기 및 삭제 등이 있으며, 저작자가 저작물에 대한 접근을 제한하거나 복제를 방지할 수 있는 기술적 보호조치도 간접적으로 저작권침해 방지와 억제 수단으로 활용된다.

2 / 저작인접권과 기타 권리

1) 저작인접권

(1) 저작인접권의 개념과 등장 배경

저작인접권(neighbouring rights)은 저작물을 일반 공중이 향유하도록 창의적으로 해석하고 전달하는데 기여하는 자에게 주어지는 권리로서, 저작권에 유사한 권리로 해석된다. 이것은 저작물 전달에 기여하거나 자본을 투자한 자에게 일정한 권리를 보호함으로써 최근의 복제, 전달기술의 발달로 생겨난 경제적 손실을 보전해 주고자 하는 제도이다(나강, 2016, 116쪽). 저작물은 창작과 동시에 가치가 발현되고 저작권이 발생하지만, 널리 전달되어 많은 사람이 이용할수록 그 가치가 더 커지고 사회 전체의 문화발전을 실현할 수 있다. 이를 위해 저작물을 일반 공중이 향유하도록 창의적으로 해석하고 전달하는 역할이 필요하다. 그런 취지에서 생긴 권리가 바로 저작인접권이다. 즉 저작자와 일반 공중 사이에서 저작물을 전달, 유통하는 매개 역할을 한 자에게 일정한 권리를 부여함으로써 저작물 보급을 촉진하고 저작물 이용을 증가시킴으로써 그 저작물의 가치를 높이는 것이 저작인접권 사상의 기본이다. 이렇게 저작물을 해석해서 실연하거나 전달 수단을 제작하기 위해서는 정신적인 창작성이 요구된다. 저작물의 실연자와 전달자는 저작물의 직접적인 창작자는 아니지만, 저작물의 실연이나 전달 수단의 제작에서 정신적인 창작성이 요구되며, 저작물의 가치를 높여주는 해석과 전달은 창작에 준하는 활동이라고 볼 수 있다. 그런 점에서 저작인접권은 기본적으로 저작물의 해석과 전달에 창의성이 존재해야 성립되는 개념이다.

저작인접권은 과학기술의 발전으로 형성된 권리이다. 기술이 발전하기 이전에는 음악이나 연극은 가수나 배우의 직접적인 실연을 통해 감상할 수 있었고, 실연은 반복해서 재생하는 방법이 없으므로 1회의 공연 형태에 그쳤다. 그리고 가수나 배우도 관객으로부터 실연에 대한 대가를 받는 것으로 충분했기에, 실연에 대해 법적으로 보호를 받을 필요성을 느끼지 못했다. 그러다가 1900년대 초 측음기, 영화, 라디오 등이 대중화되고 녹음, 녹화, 방송기술이 개발되면서, 음반이나 방송을 통해 실연을 즐길 수 있게 되었다. 이로 인해 실연자의 경제적 이익을 저작권과 유사한 권리로 보호하고, 음반을 제작하거나 방송으로 콘텐츠를 전달하는 자들을 법적으로 보호할 필요가 생기면서 등장한 개념이 저작인접권이다. 이렇게 저작인접권은 저작권법의 탄생 초기부터 존재했던 개념은 아니며 기술발전과 긴밀한 관련을 맺으면서 등장한 개념으로, 저작인접권의 보호는 정보산업 기술발전에 대한 저작권법의 입법적 대응이라고 볼 수 있다(정상조, 1996a, 206쪽).

저작인접권은 독일에서 1920년대 후반부터 보호에 관한 논의가 시작되면서 1930년대 이후 유럽 각국에서 저작권법에 도입되었다(박성호, 2011). 우리나라에서는 1957년 저작권법에서 가창, 연주, 음반 등을 저작물로 인정했으나, 저작인접권 개념은 따로 존재하지 않았다. 그러다가 1986년 개정법에서 저작권법 목적이 '저작자 보호'에서 '저작자의 권리와 이에 인접하는 권리보호'로 바뀜에 따라 저작인접권이 보호 대상에 포함되었다.

(2) 저작인접권자의 범주와 유형

우리 저작권법에서 저작인접권으로 보호하는 대상인 저작인접물은 실연, 음반, 방송이다. 이에 따라 저작인접권의 주체는 실연자, 음반제작자, 방송사업자이다. 저작인접권에 대해서는 각국이 보호 대상의 종류, 그 성질 및 권리의 내용 등에 있어 다르게 접근하고 있다. 실연자, 음반제작자, 방송사업자는 물론이고, 일부 국가에서는 특정 출판물과 사진저작물에 해당하지 않는 사진·비디오그램 등의 제작자 등도 저작인접권자로 인정한다(최경수, 2000, 44쪽).

실연자는 저작물을 창의적으로 해석해서 실연[21]을 통해 일반 공중에게 전달하는 자이다. 저작권법에서는 실연자를 "저작물을 연기·무용·연주·가창·구연·낭독 그 밖의 예능적 방법으로 표현하거나 저작물이 아닌 것을 이와 유사한 방법으로 표현하는 실연을 하는 자를 말하며, 실연을 지휘, 연출, 감독하는 자를 포함한다"[22]로 정의한다. 로마 협약 제3조에서는 실연자를 "배우, 가수, 연기자, 무용가, 기타 문학·예술 저작물을 연기·가창·낭독·웅변·표현하거나 기타 실연하는 사람들을 말한다"고 정의한다. 이들 정의에 따르면, 배우, 가수, 무용가, 연주자 등이 실연자에 해당하며, 악단 지휘자, 무대연출자와 같이 실연을 지휘, 연출, 감독하는 자도 넓은 범위의 실연자에 포함된다는 것이 일반적인 해석이다. 실연이 저작인접권으로 보호받기 위해서는 저작권의 창작성에 준하는 창의가 인정되어야 하며, 저작물의 해석과 전달 능력에 있어 어느 정도 전문성을 인정받아야 한다. 일반적으로 운동경기는 경쟁적이고 상대적이므로 결과를 예측할 수 없으며, 경기에서 선수가 사용한 기술이나 내용은 다른 선수들이 모방하거나 배울 필요가 있다는 점에서 저작권 보호 대상이 아니라고 해석한다. 이처럼 운동경기는 실연에 해당하지 않지만, 리듬체조나 피겨스케이팅처럼 예술적인 창작성이 포함된 경기는 실연의 범주에 포함될 수 있다.

음반제작자와 방송사업자는 고도의 기계적 기술과 정신적 노력을 통해 저작물을 매개하는 기능을 한다는 점에서 예능적 재능을 가진 실연자와 구별된다. 음반제작자는 음반을 최초로 제작하는 데 있어 전체적으로 기획하고 책임을 지는 자이다. 여기서 음반은 음성과 음향을 의미하는 음이 유형물에 고정된 것으로, 음을 디지털화한 음원도 음반에 포함된다.[23] 방송이란 공중송신 중 공중이 동시에 수신하게

---

[21] 실연이란 저작물을 공중에게 전달하는 매체 행위로서, 저작물을 연기하거나 가창, 연주, 무용, 구연, 낭독하는 행위와 미술, 곡예 등과 같이 저작물이 아닌 것을 표현하는 행위도 실연에 포함된다.

[22] 저작권법 제2조 제4호.

[23] 저작권법 제2조 제5호와 제6호.

할 목적으로 음·영상 또는 음과 영상 등을 송신하는 것을 말한다.[24] 따라서 방송사업자는 공중송신 중 공중이 동시에 수신하게 할 목적으로 음·영상 또는 음과 영상 등을 송신하는 방송을 업으로 하는 자이다. 방송[25]에 대한 저작인접권을 주장할 수 있는 방송사업자로 지상파방송사업자, 케이블방송사업자, 위성방송사업자 등이 있다. 방송사업자가 다른 방송사업자의 방송을 이용할 때는 이용허락을 받아야 하는데, 만약 케이블방송사업자나 위성방송사업자가 동의를 받지 않고 지상파방송 프로그램을 재송신한다면 지상파방송사업자의 저작인접권을 침해하는 것이다.

한편 우리 저작권법에서 저작인접권은 실연자, 음반제작자, 방송사업자로 한정되는 권리이지만, 저작물의 해석과 전달에 기여하는 새로운 영역의 사업자에게 저작인접권을 부여할 필요성이 인정된다면 저작인접권으로 보호함으로써 저작인접권 주체의 범위가 넓어질 가능성도 배제할 수는 없다. 좁은 의미로는 실연자의 권리, 음반제작자의 권리, 그리고 방송사업자의 권리를 뜻하지만, 넓은 의미로는 사진에 관한 권리, 영화필름 제작자의 권리, 책의 판면에 관한 권리 등과 같이 저작권에 유사하거나 그에 관련된 권리도 포함하는 개념으로 저작인접권을 넓게 해석할 수 있다(정상조, 1996a, 208쪽).

최근에는 언론출판사에 대해서도 저작인접권을 도입하여 보호할 필요가 있다는 주장이 있다. 언론출판사의 저작인접권 도입은 최근 유럽연합의 각 국가에서 새로운 입법의 형태로 구체화되고 있으며 많은 논란을 야기하고 있다(나강, 2016, 150쪽). 이런 논란 속에 2019년 6월 시행된 'EU 디지털 단일시장 저작권 지침(EU Directive on Copyright in the Digital Single Market)'[26] 제15조에서 정보사회서비스제공자가 언론간행물을 온라인에서 이용하는 경우, 언론간행물의 발행자에게 복제권 및 공중전달권 또는 공중이용제공권을 제공할 것을 규정하고 있다. 이 규정은 온라인 콘텐츠, 특

---

24) 저작권법 제2조 제8호와 제9호.

25) 저작인접권으로 보호받는 방송의 객체는 저작물일 수도 있지만 뉴스나 스포츠 중계와 같은 사실적인 정보도 포함된다.

26) EU 디지털 단일시장 저작권 지침은 대체로 뉴스콘텐츠 생산 주체인 '뉴스 발행자'와 뉴스 발행자가 생산한 뉴스의 일부분을 제공하는 뉴스 통합서비스제공자(news aggregator) 및 검색엔진의 관계를 규정하는 것이다. 뉴스 통합서비스제공자는 뉴스 기사의 일부분이나 적은 양의 발췌물을 독자들에게 제공함으로써 뉴스 기사 전체를 이용하기 위해 발행자 사이트로 접속하는 행위를 자극해서 트래픽과 수익을 증가시킬 수 있으며, 이용자들이 종합한 뉴스를 제공하거나 블로그를 종합하여 제공하는 등 가공하거나 편집한 뉴스를 제공할 수도 있다(박민주·최신영·이대희, 2019, 244쪽).

히 언론간행물을 위한 공정한 시장을 형성하고 정보를 확산하기 위한 것으로서, 언론간행물 발행자에 대한 저작인접권 부여(박민주·최신영·이대희, 2019, 243쪽)로 해석할 수 있다.

(3) 저작인접권자의 권리 유형

저작인접권도 저작권과 마찬가지로 기술발전이나 시대적 배경에 따라 권리 유형이 점차 다양해지면서 범위가 확대되었다. 실연자의 권리는 복제권에서 출발하여 배포권, 대여권, 공연권, 방송권, 전송권을 포함하게 되었다. 음반제작자의 권리도 복제권, 배포권에서 전송권, 대여권을 포함하는 것으로, 방송사업자의 권리는 복제권, 동시중계방송권에서 공연권을 포함하는 것으로 확대되었다. 〈표 6-3〉에서 볼 수 있듯이, 저작인접권은 저작권과 비교할 때 권리 내용에서 차이를 보이며, 존속기간도 더 제한적이다.

실연자는 저작물의 실연에 대해 주어지는 권리로 인격권과 재산권을 가진다. 음반제작자와 방송사업자와 달리 실연자에게는 인격권이 부여된다. 그 취지는 음반제작자와 방송사업자가 단순히 기계적이고 자동적인 작동에 그치는 데에 비해, 실연에는 실연자의 개성에 의한 창작 행위가 개입될 여지가 있다는 점에 있다.[27] 인격권에는 자신의 실연이나 실연 복제물에 성명을 표시할 수 있는 성명표시권, 실연의 내용과 형식을 그대로 유지할 권리인 동일성유지권이 있다. 실연 자체가 공표를 전제로 하는 것이므로 공표권은 주어지지 않는다. 그러므로 영화의 엔딩 크레딧에는 등장 배우의 성명이 표시되어야 하며, 가수나 연주자의 실연 내용을 변경하고자 한다면 동의를 받아야 한다. 실연자의 인격권도 실연의 성질이나 이용의 목적과 형태에 따라 제한을 받을 수 있다. TV 드라마에서 사용되는 배경음악에는 극의 흐름에 방해가 될 수 있으므로 작곡가, 작사가는 물론이고 가수나 연주자와 같은 실연자의 성명을 반드시 밝히지 않아도 된다. 실연자의 재산권에는 실연에 대한 복제권, 배포권, 대여권, 공연권, 방송권, 전송권이 있다. 유명 가수의 음원을 인터넷에서 불법 유통했다면 가수의 실연에 대한 복제권과 전송권을 침해한 것이다. 실연자

---

27) 실연자의 권리는 복제기술의 발달에 수반하는 실연자의 기술적 실업을 구제하는 생활보장적인 목적이 강한 데 비해, 음반제작자와 방송사업자의 권리는 주로 독점적 이익의 확보에 의한 기업 유지라는 측면이 강조된다.

의 권리는 어디까지나 실연자 자신의 실연에 대해서만 행사할 수 있다. 유명 가수가 발표했던 곡을 제3자가 불러서 제품 광고의 배경음악으로 사용하여 문제가 되었던 사건에서, 법원[28]은 저작인접권 침해를 인정하지 않았다. 판결의 근거는 실연자 본인의 실연에 대해서만 복제권을 행사할 수 있으며, 다른 사람이 실연을 모방한 행위는 실연자의 복제권이 미치지 않는다는 것이었다.

음반제작자에게는 음반에 대한 복제권, 배포권, 대여권, 전송권과 같은 재산권만 부여된다. 이에 TV 드라마나 영화에서 무단으로 음반을 사용한다면 음반제작자의 복제권을 침해한 것이며, 음악 공유사이트에서 이용자들이 개인적으로 보유한 파일을 공유 폴더에 저장하면 음반제작자의 복제권과 전송권을 침해한 것이다. 음반제작자에게는 방송권, 디지털음성송신권, 공연권을 재산권으로 부여하지 않는 대신, 음반의 방송, 디지털음성송신, 그리고 공연에 대해 보상금 제도를 적용하고 있다. 방송, 디지털음성송신, 공연에서는 음반이 대량으로 사용된다. 이와 같은 속성을 고려하여, 과도한 권리처리 비용에 대한 부담을 줄이고 일일이 계약하는 번거로움을 해결하기 위해 보상금 제도를 적용하는 것으로 풀이할 수 있다. 이에 방송사업자가 실연이 녹음된 상업용 음반을 사용하거나, 디지털음성송신사업자가 실연이 녹음된 음반을 사용하거나, 상업용 음반을 사용하여 공연할 경우, 음반제작자와 실연자에게 보상금을 지급해야 한다. 예를 들어 방송 예능프로그램에서 상업용 음반을 사용했다면 방송사는 수록된 곡의 음반제작자와 가수, 연주자에게 보상금을 지급해야 한다.

저작인접권자로서 방송사업자는 그의 방송에 대한 복제권과 동시중계방송권, 공연권을 가진다. 방송사업자의 복제권은 방송을 복제할 권리로서, 방송의 고정 및 그 고정물의 복제에 관한 권리이다. 따라서 방송되고 있는 음이나 영상을 복제하고자 한다면 방송사업자의 허락이 필요한데, 예를 들어 TV 드라마의 일부 장면을 이용하여 영상을 만들어 유튜브(YouTube)에 올렸다면 방송사업자의 복제권을 침해한 것이다. 방송사업자의 동시중계방송권이란 그의 방송을 수신과 동시에 재방송(simultaneous broadcasting)할 수 있는 권리이다. 방송사업자의 복제권이 방송의 유형적 이용 형태에 관한 권리라면, 동시중계방송권은 방송의 무형적 이용에 관한 권리

---

28) 서울지방법원 1997. 2. 20. 선고 96가단188973 판결.

이다(김병일, 2009, 156쪽). 그러므로 TV 드라마를 무단으로 녹화하여 파일로 제작해서 판매했다면 방송사업자의 복제권을 침해한 것이고, 허락을 받지 않고 방송이 수신됨과 동시에 그 방송의 공급 영역 외의 수신인에게 재송신했다면 방송사업자의 동시중계방송권을 침해한 것이다. 방송사업자의 공연권은 공중의 접근이 가능한 장소에서 방송시청에 대한 입장료를 받는 경우 그 방송을 공중에게 공개할 수 있는 권리로, 2011년 6월 개정된 저작권법에 추가되었다. 만약 방송 시청시설을 갖추어 놓고 입장료를 낸 사람들에게 방송프로그램을 시청하도록 했다면, 해당 프로그램 방송사의 공연권을 침해한 것이다. 방송사업자의 공연권은 공중이 접근 가능한 장소와 방송시청에 관한 입장료를 요건으로 한다는 점에서 저작자의 공연권과 근본적으로 다르다. 한편 방송사업자는 저작인접권자이면서, 드라마나 예능프로그램과 같은 영상저작물의 저작권자 지위를 동시에 가진다는 점이 특징이다.

표 6-3. 저작인접권자의 권리 유형

저작인접권자 유형	권리 유형	
	저작인격권	저작재산권
실연자	성명표시권, 동일성유지권	복제권, 배포권, 대여권, 공연권, 방송권, 전송권
음반제작자	-	복제권, 배포권, 대여권, 전송권
방송사업자	-	복제권, 동시중계방송권, 공연권

(4) 저작인접권의 보호기간과 권리행사

권리 내용과 마찬가지로 저작인접권의 보호기간도 저작권보다 제한되어 있다. 저작인접권은 실연을 하는 순간, 음이 음반에 처음 고정된 순간, 그리고 방송을 하는 시점에 각각 발생한다. 저작인접권 발생에도 저작권과 마찬가지로 어떤 절차나 형식의 이행을 필요로 하지 않는다. 실연과 음반의 저작인접권은 실연을 하고 음반을 발행한 다음 해를 기점으로 하여 70년간 보호된다. 다만 방송사업자의 저작인접권은 방송을 한 다음 해를 기점으로 하여 50년간 존속한다는 점에서 차이를 보인다.

저작인접권도 양도할 수 있으며, 실연이나 음반, 방송에 대한 이용을 허락할 수 있다. 저작인접권은 저작물을 창작한 자에게 부여되는 저작권과는 다른 성격의 권리이므로, 저작권에 영향을 미치지 않는다. 이것은 실연, 음반, 방송은 필연적으로 저작물을 이용해야 하므로 저작권자의 허락을 받아야 하며, 제3자가 실연, 음반, 방송과 같은 저작인접물을 이용할 때도 저작인접권자뿐 아니라 저작권자의 허락을 둘 다 받아야 함을 의미한다. 음반을 제작하기에 앞서 음반제작자는 음반에 수록될 음악 저작권자의 허락을 받아야 하며, 방송사가 무용 공연 장면을 녹화해서 방송에 사용하려면 실연자인 무용수와 공연에 사용된 음악과 안무 등의 저작권자 등으로부터 허락을 받아야 한다.

한편 저작인접권자인 실연자와 음반제작자는 몇 가지 배타적인 권리와 함께 특별한 성격의 보상청구권을 부여받는다. 보상청구권은 배타적 권리에 근거하는 이용허락권이 아니라 이용자의 이용행위에 대한 사후적인 사용료만을 요구할 수 있는 권리이다(박윤석, 2021, 36쪽). 이에 따라 방송사업자나 공연자가 실연이 녹음된 상업용 음반을 사용하거나 디지털음성송신사업자가 실연이 녹음된 음반을 사용하는 경우, 실연자와 음반제작자에게 보상금을 지급해야 한다. 음반 사용에 대한 보상청구권 행사가 방송사업자와 공연자에 대해서는 상업용 음반의 이용으로 한정되지만, 디지털음성송신사업자는 상업성 여부에 상관없이 음반의 이용이라는 점에서 차이를 보인다.

2) 기타 권리

(1) 데이터베이스제작자의 권리

데이터는 사상, 개념, 의사, 명령 등을 표현한 것으로 인간 또는 기계가 인식할 수 있도록 숫자, 문자, 기호 등을 이용하여 형식화한 것, 즉 현실 세계로부터 관찰이나 측정에 의해 얻은 가공되지 않은 수치, 문자, 사실 등을 의미한다. 이러한 데이터의 결합이 파일이며, 정보는 데이터를 어떤 목적에 맞도록 처리하고 가공하여 얻어진 결과로서, 자본, 사람, 기술과 더불어 기업 경영에 중요한 요소이다(구대환, 2006, 246쪽). 그리고 다양한 정보를 축적한 것이 바로 데이터베이스이다. 이것은 일반적으로 컴퓨터로 검색할 수 있도록 신문 기사, 학술논문 초록, 서지사항, 자연과학과 사회과학의 각종 수식 데이터, 법령, 판례, 그 초록 등 다수의 정보를 체계적으로 정리 통합한 것으로, 어느 것이나 꺼내서 이용할 수 있게 한 시스템을 말한다(김문환, 1997, 7쪽). 정보의 편집물이라고 할 수 있는 데이터베이스는 정보화시대 그 경제적 가치가 크고 인류 활동의 필수적인 기반이 되며 인터넷 등 디지털 네트워크와 함께 정보 인프라를 구성하는 중요한 축이라는 점에서, 그 보호나 공유는 경제적으로나 사회적으로 중요한 의미를 가진다(임원선, 2020a; 정상조, 2006). 특히 인공지능이 콘텐츠를 창작하기 위해서는 기존의 지적 성과나 저작물을 축적하여 이용해야 하는데, 이런 축적대상으로서 데이터베이스의 중요도가 매우 크다.

지식정보사회의 진전으로 데이터베이스·디지털콘텐츠 등에 대한 수요 급증에 따라 데이터베이스의 제작 등에 드는 투자 노력을 보호하려는 목적에서, 2003년 저작권법 개정에서 창작성이 없는 데이터베이스를 보호하는 규정을 신설하였다. 이로써 저작권법에 저작권과 저작인접권 외에 기타 권리의 하나로 데이터베이스의 권리에 관한 장을 두게 되었다. 동 법 제2조 제19호에서는 데이터베이스를 "소재를 체계적으로 배열 또는 구성한 편집물로서 개별적으로 그 소재에 접근하거나 그 소재를 검색할 수 있도록 한 것을 말한다"고 정의하고 있다. 정의에 따르면, 데이터베이스 요건은 소재의 배열과 구성에서의 체계성, 개별적인 소재에 대한 접근성이나 검색의 가능성, 그리고 편집물이다. 여기서 편집물이란 저작물이나 부호·문자·음·영상 그 밖의 형태의 자료(이하 "소재"라 한다)의 집합물을 말하며, 데이터베이스를 포함하는 개념인데, 편집물을 구성하는 소재의 저작물성은 상관없다.

데이터베이스는 보통 원자료 정보 수집선정, 데이터베이스의 체계 설정, 정보의 분석 가공, 키워드의 선정 부여, 파일 축적이라는 작성과정을 거쳐 구축된다(김문환, 1997, 7쪽). 그런 점에서 데이터베이스는 정보수집물이자 자본 투입물이며 편집 결과물이다. 데이터베이스의 특성을 보면, 데이터가 일정한 구조와 질서로 정리되어 있으므로 다양한 관점과 방법으로 정보의 용이한 검색, 신속한 정보의 갱신과 보수가 가능하다. 또 컴퓨터로 처리할 수 있으므로 추가, 삭제, 복사, 전송, 편집, 발췌 등이 편리하며 이용자의 정보요구 변화에 잘 대응할 수 있다. 그리고 대량의 데이터가 모여 있으므로 다수의 이용자가 네트워크를 통해 동일 형식과 내용의 데이터를 공유할 수 있다(구대환, 2006, 248쪽). 즉 신속하고도 용이한 정보검색으로 이용자가 편리하고 신속하게 정보를 활용하도록 해 주며, 대량 정보의 체계적인 정리와 관리로 정보를 자원화하는 역할을 한다.

데이터베이스 자체의 법적 보호는 크게 두 가지로 구분된다. 첫째, 미국, 영국과 같이 데이터베이스를 저작권법상의 편집물이나 수집물로 보고 보호하는 것이다. 둘째, 일본과 같이 데이터베이스의 저작물을 일반 편집저작물과는 구별하여 보호하는 것이다. 우리나라 현행 저작권법은 창작성 있는 데이터베이스를 편집저작물로서 보호함과 아울러 창작성 없는 데이터베이스는 2003년 7월 1일부터 저작인접권 유사의 권리로서 5년간 보호한다(김병일·신현철·안창원, 2017, 35쪽). 종전에는 저작권법에서 데이터베이스를 별도로 보호하지 않고 소재의 선택과 배열에 창작성이 있는 경우에 한해 동법 제6조에서 보호하는 편집저작물로 독자적인 저작물로 보호하였다. 즉 창작성이 있는 데이터베이스에 한해 권리로서 보호했으나, 개정 이후에는 창작성의 유무를 구분하지 않고 데이터베이스 제작 등에 상당한 투자를 한 자에 대해 일정 기간 복제·배포·방송 및 전송할 권리를 부여하게 되었다. 데이터베이스를 소재의 선택과 배열에 창작성이 있는 경우 편집저작물로 보호하는 것과는 별도로, 저작물성이 없어도 데이터베이스로서 보호를 받을 수 있게 됨으로써 그 보호범위가 확대된 것이다. 따라서 데이터베이스는 창작성 유무를 가리지 않고 저작권법의 보호를 받는다. 데이터베이스로서 보호 대상에는 사전이나 연감처럼 비전자적인 형태의 편집물도 포함되지만, 컴퓨터에 의해 자료를 저장·추출할 수 있는 형태의 것에 대한 보호의 필요성이 더 강조된다. 컴퓨터에 의해 전자적 형태로 자료를 저장·추출할 수 있는 것은 극히 적은 노력으로도 데이터의 추출, 복제, 재이용이 가능하기 때문인데, 이에 저작권법뿐 아니라 「콘텐츠산업진흥법」의 보호도 받는다(오승종, 2020, 566쪽). 데이터의 제작, 갱신 등 운영에 사용되는 컴퓨터프로그램은 별도의 저작물로 보호되므로 데이터베이스 보호 대상에서 제외되며,29) 무선이나 유선통신을 기술적으로 가능하도록 제작되거나 갱신·검증 또는 보충 등이 되는 데이터베이스도 보호 대상에서 제외된다.

데이터베이스는 개발비용이 많이 드는 반면, 복제 비용이 낮다. 만약 데이터베이스를 보호하지 않는다면 단기적으로 그 이용이 활성화될 수도 있다. 하지만 장기적으로는 사회가 필요로 하는 데이터베이스의 개발 의욕이 상실될 것이고 경제계,

---

29) 데이터베이스는 그것을 이용하기 위한 컴퓨터프로그램과 구별할 필요가 있는데, 컴퓨터프로그램은 별도의 저작물로 보호받고 있기 때문이다.

과학계, 교육계 등의 많은 어려움을 겪으면서 데이터베이스를 이용한 다른 많은 분야의 발전이 저해되고 정보화 사회가 실현될 수 없다. 반면 지나친 보호는 정보 확산이 제한되고 데이터베이스 이용이 위축되며, 데이터베이스에 포함된 정보에 대한 사용자 접근을 제한함으로써 정보의 공유를 토대로 발전하는 학문과 과학기술이 더 발전할 수 없다는 문제점을 초래한다. 따라서 데이터베이스의 무단 복제, 무임 편승을 방지해서 개발자에게 적절한 보상과 인센티브를 제공하는 동시에 데이터베이스 이용자 정보의 접근을 최대한 보장하고 영리적·학술적 목적의 이용을 허용하는 조화와 균형의 기술이 요구된다(구대환, 2006; 정상조, 2006).

　　데이터베이스제작자는 데이터베이스의 제작 또는 그 소재의 갱신·검증 또는 보충(이하 "갱신등"이라 한다)에 인적 또는 물적으로 상당한 투자를 한 자를 말한다. 최초 제작자뿐 아니라 갱신, 검증 또는 보충에 상당한 투자를 한 자도 데이터베이스제작자로서 보호된다. 저작권법상의 음반제작자와 영상제작자가 "기획과 책임"을 그 개념 요소로 함에 반해, 데이터베이스제작자는 "상당한 투자"를 개념 요소로 한다(오승종, 2020, 568쪽). 그런 점에서, 전자는 기획과 책임, 후자는 투자가 권리보호의 핵심적인 근거이다. 저작권법30)에 따라 데이터베이스제작자는 자신이 데이터베이스의 전부 또는 상당한 부분을 복제, 배포, 방송 또는 전송할 권리를 가진다. 데이터베이스가 주로 복제, 배포, 방송, 전송의 방식으로 사용된다는 점에 근거한 권리부여이다.

　　데이터베이스제작자에 대한 보호는 데이터베이스 제작 및 소재의 갱신 등에 깃들여진 노력과 투자를 보호하는 것이고, 데이터베이스제작자의 권리는 창작적 기여와 무관하게 부여되므로 속성상 저작인접권에 가깝다. 그러므로 데이터베이스제작자의 복제권은 다른 사람이 기존 데이터베이스를 모방해 유사한 데이터베이스를 제작하는데 미치지 않는다(임원선, 2020a, 310쪽). 또한 데이터베이스제작자 보호는 편집저작물의 저작권과 마찬가지로 데이터베이스의 구성 부분이 되는 소재의 저작권에 영향을 미치지 않는다. 데이터베이스제작자의 권리는 데이터베이스 제작을 완료한 때부터 발생하며, 그 다음 해를 기점으로 5년간 보호된다. 데이터베이스의 갱신 등을 위해 상당한 인적·물적 투자가 이루어지면 보호기간이 갱신된다. EU의 데이터

---

30) 저작권법 제93조 제1항.

베이스에 관한 특별법적 보호에 관한 지침 등이 15년간으로 존속기간을 정하고 있는데 비해, 국내에서 보호기간은 지나치게 짧다(정상조, 1996b, 51쪽)는 문제점이 있다.

데이터베이스제작자의 권리 양도, 이용허락, 거래제공, 공동데이터베이스에 대한 데이터베이스제작자의 권리행사, 그리고 등록 등에 관한 사항과 데이터베이스제작자의 권리에 대한 제한과 예외에 대해서는 저작권 보호의 관련 규정을 모두 준용하도록 하고 있다. 특히 데이터베이스제작자의 권리 제한은 비영리목적의 교육, 학술 또는 연구를 위해 데이터베이스가 이용되는 경우 통상적인 이용과 충돌할 때를 제외하고는 누구든지 데이터베이스의 상당 부분을 복제, 배포, 방송 또는 전송할 수 있도록 함으로써, 저작권에 대한 제한과 예외보다 그 범위를 대폭 확대했다고 볼 수 있다.

(2) 배타적발행권과 출판권

저작인접권을 포함하여 출판권, 배타적발행권 등은 저작권법상의 권리이다. 이들 권리는 저작권법에서 다루고 있는 권리이지만, 저작물 창작자인 저작자에게 독점적으로 부여되는 권리에는 해당하지 않기 때문이다. 특히 배타적발행권과 출판권은 저작물 이용허락의 특수한 형태로 볼 수 있다. 그와 같은 이유로 저작권법에서는 배타적발행권[31]과 출판권 특례규정[32]을 두고 있다.

배타적발행권은 저작물을 발행하거나 복제·전송할 권리를 가진 자로부터 설정을 받은 제3자가 발행 등의 방법으로 그 저작물을 이용할 권리이다. 배타적발행권을 설정받은 제3자가 배타적발행권자가 되며, 배타적발행권의 설정범위는 발행 및 복제·전송으로 한정된다. 따라서 배타적발행권에서 발행 등은 저작권법에서 복제·배포로 정의되는 발행의 범위에 전송이 포함된 개념으로 확대된 것으로 볼 수 있다. 배타적발행권은 서적 등을 디지털 형태로 출간한 전자책을 활성화하고, 오디오북, 비디오북과 같은 비종이책을 발행하거나 녹음, 녹화에 의한 복제를 규율하기 위해 저작권법에 신설[33]된 권리로, 저작물 생산 및 이용환경의 변화에 따라 새롭

---

31) 저작권법 제57조~제62조.
32) 저작권법 제63조~제63조의 2.
33) 한·미 FTA 이행을 위해 개정된 2011년 12월 저작권법에서 새로 도입하였는데, 그 취지는 출판권과 프로그램 배타적발행권의 경우에만 인정되고 있는 배타적 권리를 모든 저작물의 발행 및 복제·전송

게 등장한 권리이다. 출판권이 전통적인 형태의 도서나 도화 등을 다루고 있는 반면에, 배타적발행권은 모든 저작물을 대상으로 한다. 이에 저작권법에서는 출판권에 관한 특례규정을 따로 두는 방식으로 배타적발행권에서 출판권을 제외하여 배타적발행권과 출판권의 관계를 명확히 하고 있다.

배타적발행권은 존속 기간이 발행일로부터 3년간이며, 양도가 가능하다. 다만 저작물의 영상화를 위한 배타적발행권 설정을 한다면 존속기간이 5년이다. 배타적발행권의 존속기간은 특별히 정한 것이 없으면 맨 처음 발행한 날로부터 3년간이지만, 설정행위에 의해 임의로 정할 수 있다. 만약 계약기간 만료 시점에서 특별한 의사표시가 없을 경우 자동으로 기간이 갱신된다는 조항이 없다면, 배타적발행권은 소멸된다. 배타적발행권자가 저작물을 재발행할 경우 저작자는 정당한 범위 안에서 저작물 내용의 수정·증감권을 가지며, 저작권법에 따라 저작재산권자는 자신의 저작물에 대해 발행 등의 방법 및 조건이 중첩되지 않는 범위 내에서 새로운 배타적발행권을 설정할 수 있다.

출판은 발행의 개념에 포함되므로 저작권법에 새로 도입된 배타적발행권의 내용에 포함된다. 그러나 출판은 가장 전통적이고 오래된 보편적 저작물 이용행위의 하나로, 출판권 설정 제도를 통해 독립된 관행을 형성해 왔다. 그러므로 기존의 출판권을 설정받거나 관행에 따라 출판권을 설정받은 경우, 기존의 출판권 규정을 적용하기 위해 배타적발행권에 대한 특례규정으로 출판권 설정 규정을 두고, 배타적발행권 개념에서 출판권을 제외하는 것으로 규정하고 있다(이해완, 2019, 921쪽). 저작권법에서는 배타적발행권과 별도로 출판에 관한 특례조항을 두고 있다. 이에 따라 저작물을 복제·배포할 권리를 가진 자(이하 복제권자)가 저작물을 발행하려는 자에게 출판권을 설정할 수 있다. 출판권은 저작물을 문서나 그림으로 발행할 수 있는 권리로, 저작권법에서는 "저작물을 복제·배포할 권리를 가진 자가 그 저작물을 인쇄나 그 밖의 이와 유사한 방법으로 문서 또는 도화로 발행할 수 있는 권리"로 설명하고 있다.[34]

에 설정할 수 있도록 하기 위함이다.

34) 발행이란 저작물 또는 음반을 공중의 수요를 충족시키기 위해 복제·배포하는 것을 의미한다. 저작물의 발행은 종이책으로 복제해서 유형물의 양도 등의 방법으로 배포하는 것을 전제로 하므로, 전자책과 같은 전자출판은 포함되지 않는다.

인쇄술의 발명으로 시작된 출판은 오랜 역사를 가진다. 저작물에 대한 공중의 수요 충족에 출판이 중요한 역할을 해 왔는데, 일반적으로 저작자는 기술과 재정에서 출판할 여건을 갖추지 못하므로 대부분 출판에 관한 전문성을 가지고 있는 출판사에게 출판권을 맡긴다. 이런 과정을 저작권법에서는 출판권을 설정한다고 한다. 출판사가 저작물의 재출판에서 저작물을 수정하거나 증감하고자 한다면 저작자로부터 반드시 동의를 구해야 하며, 그렇지 않을 경우 저작자의 저작인격권인 동일성유지권을 침해할 수 있다. 저작물에 대한 수정·증감권을 행사할 수 있는 주체는 저작자이며, 저작물을 수정하거나 증감하는 것은 내용을 변경하는 행위에 해당하기 때문이다. 출판권의 존속기간도 배타적발행권과 마찬가지로 설정행위에 의해 임의로 정할 수 있으나 특별히 정한 것이 없으면 맨 처음 발행한 날로부터 3년이고, 계약기간 만료 시점에서 자동 기간 갱신 조항이 없다면 출판권은 소멸된다. 한편 출판권에는 복제·전송의 권리가 포함되지 않으므로, 종이책 출판 후 전자출판을 파고자 한다면 배타적발행권 설정계약을 다시 해야 한다.

제 7 장

저작재산권 제한과 공정이용

1 / 저작재산권 제한

1) 저작재산권 제한의 의의와 근거

셰익스피어는 작품의 많은 소재를 중세 후기와 르네상스 시대 유행했던 신화와 전설에서 찾았다. '로미오와 줄리엣'은 그리스 신화의 한 부분에서 모티브를 가져왔고, '햄릿'과 '맥베스'는 전해져 내려오는 전설을 기반으로, '리어왕'은 영국의 민담을 각색해서 쓴 작품으로 알려져 있다. 영화 '반지의 제왕'의 소재도 북유럽 신화에서 가져왔으며, 영화 '다빈치 코드'는 성경에서 그 모티브를 가져왔다고 한다. 이처럼 저작물은 완전히 무에서 창조되는 것이 아니라, 선인의 문화유산과 선험적 경험을 토대로 탄생한다. 이것은 저작물의 사회성이란 속성으로 설명할 수 있다. 또한 저작물은 많은 사람이 이용할수록 그 존재 가치가 커지며 문화발전으로 이어질 수 있다. 저작물이 공공성이라는 속성을 가진다는 점을 의미한다. 이와 같은 저작물 속성에 기반하여 더 많은 창작이 이루어지기 위해서는 저작물이 원활하게 유통되고 활용되어야 한다. 저작물을 이용하기 위해서는 저작권자의 허락을 받기 위해 거래비용이 발생하는데, 거래비용은 저작물을 이용한 또 다른 저작물 창작에 대한 의욕을 떨어뜨리고 새로운 저작물 창작에 방해 요소로 작용한다. 이것은 저작자 이익 보호와 저작물의 공정한 이용 도모를 통해 문화발전에 이바지한다는 저작권법의 취지와 맞지 않는다. 따라서 저작물의 사회성과 공공성을 감안하여 저작물 이용의 불필요한 거래비용을 줄이고 문화적 자산인 저작물을 널리 이용하도록 하기 위해서는 저작자의 이익과 저작물 이용 간의 균형을 유지할 필요가 있다.

이에 저작권법에서는 일정한 경우 합리적인 범위 내에서 저작물의 자유 이용을 허용하거나 저작재산권을 제한한다. 저작물의 자유 이용 및 저작재산권 제한이란 저작권이 보호되는 저작물을 무상으로 또는 일정한 보상금을 지급하고 자유롭게 이용할 수 있는 경우를 말한다(오승종, 2020, 374쪽). 저작재산권 제한의 취지는 끊임없는 저작권법 개정을 통해 저작권자의 권리가 날로 확대·강화됨에 따라 저작권자의 권리행사와 제3자의 저작물 이용 간에 발생하는 충돌을 조정하고, 일정한 범위에서 자유롭고 공정한 이용을 보장해서 저작권자와 이용자 간의 균형과 조화를 유지하여 문화의 향상발전을 이루도록 하는 것이다. 즉 합리적인 범위 내에서 저작권자의 권리를 제한하는 저작재산권 제한 규정이 저작권법의 균형추 기능을 수행한다고 볼 수 있다(육소영, 2011; 이병규, 2012).

저작재산권을 제한하는 방식으로는 제한 규정을 열거하는 방식과 일반 규정(포괄적 규정)을 두는 방식이 있다. 전자는 제한과 예외에 해당하는 각각의 저작물 이용목적과 형태를 구체적으로 열거하는 방법이다. 후자는 일반 규정을 두어 제한과 예외에 해당하는지를 판단하는 일정한 기준만 두고 어느 사안이 구체적으로 이에 해당하는지는 법원이 판단하도록 하는 방법이다. 두 가지 방법은 서로 배타적이지 않으며, 일반 규정을 두더라도 구체적인 예외 규정을 함께 두는 것이 일반적이다. 이 경우 일반 규정은 구체적인 예외 규정에서 언급하지 않고 있는 목적과 형태의 이용에 대해 보완적으로 적용된다(임원선, 2020a, 187쪽). 저작재산권 제한의 구체적인 방법은 나라마다 다르다. 판례법을 중심으로 공정이용(fair use 또는 fair dealing) 개념이 발달한 영국과 미국에서는 공정이용과 같이 포괄적으로 저작권을 제한하는 일반조항을 두고 있다. 즉 실정법에서 저작물의 자유이용이나 저작재산권이 제한되는 상세한 규정을 두기보다는 구체적인 사례에서 판례나 거래 실무를 통하여 그러한 법리를 구축하고 있다. 이에 반하여 대륙법계인 독일이나 일본, 우리나라의 저작권법은 저작물의 자유 이용 및 저작재산권 제한이 가능한 경우에 관해 비교적 상세한 명문의 규정을 두고 있다(오승종, 2020, 373~374쪽). 우리 저작권법에서는 구체적인 제한과 예외 사항을 열거하는 방식을 취했으나, 2011년 일반 규정인 저작물의 공정한 이용조항을 신설함으로써 두 가지 방식을 다 사용하고 있다.

저작재산권 제한의 법적 근거는 헌법 제23조에서 찾을 수 있다. 헌법 제23조에서는 모든 국민의 재산권은 보장되며 그 내용과 한계는 법률로 정하도록 하고 있다. 또한 재산권의 행사는 공공복리에 적합하도록 하여야 한다고 규정하고 있다. 저작재산권도 헌법 제23조에서 보장하는 재산권에 속하며, 따라서 헌법의 보호를 받는 동시에 그 한계를 법률로 정할 수 있다. 이에 저작자 개인의 이익과 사회의 공공적 이익의 조화를 위해 일정한 범위 안에서 저작재산권을 제한할 수 있는 것이다. 즉 헌법적 근거를 토대로 저작재산권을 보장하는 내용과 그 한계를 정하기 위해 저작권법을 제정해 놓고, 공공복리에 적합하도록 저작재산권 제한조항을 두고 있다.

저작재산권을 제한하는 근거로는 공공재의 특성 및 공익적 관점, 경제 이론적 관점, 사회경제적 기대효과 등을 들 수 있다. 먼저 저작물의 비배타성, 비경합성과 같은 공공재(public goods)적 성격으로 인해 저작물 사용에 대한 협상이 시장에서 불가능하므로, 일정한 경우 공정이용을 인정해야 한다. 저작물에 '소유권과 유사한 좀 더 제한된 형태의 재산권'을 부여하는 것과 저작권의 권리 기간의 유한성, 저작재산권 배타적 행사의 제한 등이 모두 공공재적인 특성에서 비롯된 것이다. 또 경제 이론적 관점에서는 저작물의 효율성을 극대화하기 위해 저작자에게 배타적 권리를 부여함으로써 창작 인센티브를 줄 수 있어야 할 뿐 아니라, 현존하는 창작품이 사회적으로 가장 가치 있게 사용되도록 안정적인 시장 메커니즘이 제공되어야 한다. 저작권이 저작물 시장이 작동하기 위한 장치로서 인정되는 것이며, 저작권 제한은 잠재적 시장가치를 훼손하지 않은 예외적인 경우에만 자유롭게 이용할 수 있는 이용자 특권이라는 의미로 그 범위가 극히 제한적으로 축소되어야 한다는 것이다. 마지막으로 저작자 권리 제한을 통한 저작물의 공정한 이용은 사회경제적으로 긍정적인 효과를 부여한다. 예를 들어 미국에서 저작권법에 규정된 공정이용이 2006년 4조 5천억 달러 이상의 경제적 효과를 창출했다는 기록이 있는데, 저작재산권 제한을 통한 사회경제적 순기능이 긍정적인 효과를 주었다고 볼 수 있다(김현경, 2013, 123~125쪽). 이에 기반하면 저작권법상의 저작재산권 제한 규정이 가지는 의미는 저작물의 공공성과 공익성, 저작물의 효율성과 시장의 안정성 그리고 저작물 공정이용의 사회 경제성이란 속성으로 설명된다.

2) 저작재산권 제한의 취지와 규정

저작자 이익과 사회적 공익 간에 균형을 유지하기 위해, 저작권법에서는 저작물의 공공성과 사회성을 고려하여 일정한 경우 합리적인 범위 내에서 자유이용을 허용하는 규정을 두고 있다. 독일, 일본의 저작권법과 같이 우리 저작권법에서는 제23조에서 제35조의 5까지 저작재산권 제한 규정을 상세히 두고 있다. 저작재산권을 예외적으로 제한할 수 있는 일정한 경우는 〈표 7−1〉에서 볼 수 있듯이, 재판 등의 복제, 공공저작물의 자유 이용, 학교 교육목적의 이용, 시사보도를 위한 이용, 보도·비평·교육·연구목적의 공표된 저작물 인용, 사적 이용을 위한 복제, 도서관 등에서의 복제 등과 저작물의 공정한 이용이다. 저작재산권 제한 규정을 취지와 기능을 기준으로 보면, 크게 국가 목적의 실현, 언론의 자유 보호 및 국민의 알 권리 충족, 학문·예술·문화의 발전, 교육의 공공성 실현, 공익성 실현, 기술발달 및 산업발전의 뒷받침 등으로 분류할 수 있다.

표 7-1. 저작재산권 제한의 취지와 규정*

취지	기능	규정
국가 목적의 실현	사법권·입법권·행정권의 실현	재판 등에서의 복제
언론의 자유 보호 및 국민의 알 권리 충족	언론의 자유 보호	시사 보도를 위한 이용
	국민의 알 권리 충족(여론형성)	시사적인 기사 및 논설의 복제 등
	정치적 의견공유 및 토론 활성화	정치적 연설 등의 이용
	언론의 자유 보호	보도 목적의 공표된 저작물의 인용
학문·예술·문화의 발전	학술연구 및 문화의 발전	비평·연구목적의 공표된 저작물의 인용
	학술연구의 발전	도서관 등에서의 복제
	문화예술 이용, 향유의 기회 제공	영리를 목적으로 하지 아니하는 공연·방송
	원작품 소유권 및 원활한 거래 보장	미술저작물 등의 전시 또는 복제
	문화향상발전에 이바지	문화시설에 의한 복제

취지	기능	규정
교육의 공공성 실현	학습효과의 극대화	학교교육 목적 등에의 이용
	학습효과의 극대화	교육목적의 공표된 저작물의 인용
	시험문제의 비밀성 보장	시험문제로서의 복제
공익성 실현	공공저작물 이용 활성화 및 경제적 효과	공공저작물의 자유 이용
	공익적 서비스 실현	시·청각장애인 등을 위한 복제 등
산업발전의 뒷받침 및 기술사용환경의 반영	방송사업자의 원활한 사업 운영	방송사업자의 일시적 녹음·녹화
	원활하고 효율적인 정보처리	저작물 이용과정에서의 일시적 복제
	기술산업발전의 뒷받침	부수적 복제 등
기타	사적 공간에서 인간 행동의 자유 보장	사적이용을 위한 복제
	디지털 환경에 적합한 포괄적 저작재산권 제한	저작물의 공정한 이용

* 조연하, 2018, 120쪽의 내용 보완.

먼저 국가 목적의 실현을 위한 제한 규정으로는 재판이나 수사, 입법, 행정 목적의 복제가 있다. 재판 등에서의 복제에 관한 저작권법 제23조에 따라, 재판 또는 수사를 위해 필요한 경우와 입법·행정 목적을 위한 내부 자료로 필요한 경우, 그 한도 안에서 저작물을 복제할 수 있다. 이 조항은 종전에는 '재판절차 등에서의 복제'에 관한 조항이었으나 2020년 2월 일부 개정에서 '재판 등에서의 복제'로 제목을 변경하고, '재판절차를 위하여 필요한 경우'를 '재판 또는 수사를 위하여 필요한 경우'로 내용을 변경함으로써 수사 목적의 저작물 이용을 추가하였다. '재판절차 등'에는 수사도 포함된다고 해석할 수 있겠으나, 규정에 수사 목적을 명시함으로써 수사에 필요한 경우 저작권자의 허락을 받지 않고서도 저작물을 복제할 수 있는 근거 조항이 마련되었다고 볼 수 있다.

언론의 자유 보호나 국민의 알 권리 충족을 위해 저작재산권 제한이 허용되는 경우를 보면, 시사 보도 과정에서 우발적으로나 부수적으로 필요해서 저작물이 보이거나 들리는 경우 정당한 범위에서 이용하도록 함으로써 원활한 시사 보도를 목표로 언론인의 저작권침해 책임이 면제된다. 또 신문, 인터넷신문, 뉴스통신에 게재된 시사적인 기사 및 논설은 다른 언론기관이 복제, 배포 또는 방송하는 방식으로 이용할 수 있다. 이것은 공공성이 강한 저작물을 타 언론기관이 전재하는 것을 허용함으로써 국민의 알 권리를 충족시키고 건전한 토론문화와 여론형성에 기여하기 위한 것으로 풀이할 수 있다. 같은 맥락에서 국민의 알 권리 충족과 언론자유의 보호를 위해, 보도 목적으로 공표된 저작물을 정당한 범위 안에서 공정한 관행에 합치되게 인용할 수도 있다. 한편 공개적으로 행한 정치적 연설 및 법정·국회 등에서 공개적으로 행한 진술을 어떤 방법으로도 자유롭게 이용할 수 있는데, 동일 저작자의 연설 등을 편집 이용하는 것은 금지되어 있다.[1] 민주주의를 위해 정치적 의견을 공유하고 그에 관한 토론의 자유를 보장하려는 것이 목적이다.

학문·예술·문화발전의 취지로 저작재산권을 제한할 수 있는데, 연구나 비평을 목적으로 공표된 저작물을 인용[2]할 수 있다. 이것은 선행 학문과 예술을 바탕으로 비교검토하고 비판, 평가함으로써 학문과 예술이 발전할 수 있다는 점에 기반한 것이다. 도서관은 인간의 지적 활동의 결과물인 저작물을 빠짐없이 수집하고 세대를 이어서 보존하며 이를 공중이 쉽게 접할 수 있도록 제공하는 기능을 담당한다(임원선, 2020a, 226쪽). 도서관의 역할 수행을 통해 학술연구를 발전시키기 위한 목적에서, 제한 규정에서는 일정한 경우[3] 도서관이 주체가 되어 보관된 도서를 복제 또는 전송할 수 있도록 하고 있다. 또 문화예술을 이용하고 향유할 기회를 제공하기 위해, 저작재산권자의 허락을 받지 않고도 비영리 목적의 공연 또는 방송, 미술저작물 등의 전시, 문화시설에 의한 복제가 허용된다. 이에 따라 비영리 목적으로 청중이나 관중 또는 제3자로부터 반대급부를 받지 않는다는 조건으로 공표된 저작물을 공연하거나 방송할 수 있다. 그리고 미술저작물 등의 소유권과 원활한 거래를 보장하고자, 미술저작물 등의 원본의 소유자나 그의 동의를 얻은 자는 그 저작물을 원본에 의하여 전시할 수 있다. 미술저작물은 공중이 볼 수 있도록 공개하는 전시 형태의 이용이 중요하며, 양도 등을 이유로 저작자와 원작품의 소유자가

---

1) 원래 정치적 연설 등은 비보호저작물로 정하고 있었으나, 2006년 저작권법 개정에서 저작권 보호의 예외로 옮겨 규정했다. 이런 이유에서 다른 예외와 달리 이용 방법이 복제 등에 국한되지 않으며 공중송신 등 다양한 방법으로 이용할 수 있다(임원선, 2020a, 198쪽).
2) 저작물 이용 중에서 자신의 주장을 논증하거나 설명하기 위해 저작물을 이용하는 방식을 말한다.
3) 이용자 요구에 의한 복제, 도서의 자체 보존을 위한 복제, 다른 도서관 등의 요구에 따른 복제.

달라진다는 저작물 특유의 속성을 반영한 것이다. 2019년 11월 저작권법 개정에서는 공공문화시설이 문화향상발전에 이바지할 수 있도록 상당한 조사를 하였어도 저작재산권자나 그의 거소를 알 수 없는 저작물을 활용할 수 있도록 문화시설에 의한 복제 조항을 신설하였다. 공공문화시설이 저작자 불명의 저작물을 사용하여 문화향상 발전에 이바지할 수 있도록 하기 위함이다.

교육은 한 국가의 "가장 중요한 공익"에 속하므로, 교육적 목적으로 저작물을 이용하는 것은 중요한 공적 기능을 수행하는 것이다. 특히 학교 교육 활동은 사회를 유지하고 발전시키는 기능을 할 뿐 아니라 저작물 이용 능력을 배양하고 후발 저작자를 양성하는 측면에서 높은 공공성을 가진다. 학교와 기타 교육기관의 교육과정에서는 학습효과를 극대화하기 위해서는 기본적으로 교재 이외의 각종 자료를 활용하는 것이 필수적이다. 그런데 저작물을 이용할 때마다 일일이 저작재산권자의 동의를 받아야 한다면 교육이란 목적을 충실히 달성할 수 없다(김현경, 2013; 조연하, 2016). 이에 교육의 공공성을 실현하기 위해 저작권법에서는 학교교육 목적의 이용, 교육목적의 공표된 저작물의 인용, 시험문제로서의 복제 조항을 두고 저작재산권을 제한하고 있다. 구체적으로는 고등학교 및 이에 준하는 학교 이하의 학교교육 목적상 필요한 교과용 도서에 공표된 저작물을 게재할 수 있고, 수업 지원 목적으로 공표된 저작물의 일부분을 복제·배포·공연·전시 또는 공중송신할 수 있는데, 저작권자에게 보상금을 지급할 것을 전제로 한다. 또 교육목적일 경우 공표된 저작물을 인용할 수 있으며, 비밀을 요구하는 시험문제의 특수성을 고려하여 저작권자의 허락 없이 영리를 목적으로 하지 않는 시험문제에 공표된 저작물을 복제·배포할 수 있다.

저작재산권 제한 규정에서는 공익성을 실현하기 위한 조항들을 두고 있다. 정부나 공공기관이 소유하고 있는 저작물인 공공저작물의 이용을 활성화하고 그로 인한 경제적 효과를 높이기 위해 공공저작물을 자유롭게 이용할 수 있다. 또 시각장애인을 위해 공표된 저작물을 점자로 복제·배포할 수 있고, 청각장애인을 위해 공표된 저작물을 한국수어로 변환할 수 있으며 이런 한국수어를 복제·배포·공연 또는 공중송신할 수 있다.

산업발전의 뒷받침 및 기술사용환경의 반영을 목적으로 한 저작재산권 제한 규정으로, 방송사업자의 일시적 녹음·녹화, 저작물 이용과정에서의 일시적 복제,

부수적 복제가 있다. 방송사업자는 자신의 방송을 위해 자체적인 수단으로 저작물을 일시적으로 녹음 또는 녹화할 수 있다. 이것의 취지는 방송사업자의 원활한 사업 운영을 돕기 위한 것으로 볼 수 있다. 한편 디지털 환경에서 기술발달로 인한 저작물 이용방식을 반영하기 위해 2011년 12월 개정된 저작권법에서는 저작재산권 제한 규정으로 저작물 이용과정에서의 일시적 복제를 신설하였다. 일시적 복제는 저작물을 컴퓨터상에서 이용하거나 네트워크로 송신하는 과정에서 발생하는 불가피한 현상이다. 그런데 이런 일시적 저장을 저작권침해로 본다면 컴퓨터를 이용하여 온라인상의 정보에 접근할 수 없고, 저작물을 원활하게 유통할 수 없다. 따라서 컴퓨터 이용환경에서 원활하고 효율적인 정보처리를 위해 일시적 복제에 대한 저작재산권을 제한할 수 있다. 또한 2019년 11월 저작권법 개정에서는 사진 촬영, 녹음이나 녹화 과정에서 보이거나 들리는 저작물이 촬영 등의 주된 대상에 부수적으로 포함되는 경우 복제·배포·공연·전시 또는 공중송신할 수 있도록 하는 부수적 복제 조항을 신설하였다. 가상·증강 현실 기술을 이용한 산업발전을 뒷받침하기 위해 저작권침해를 면책할 수 있는 근거를 마련한 것이다. 저작권법상의 저작재산권 제한체계는 제한 규정을 한정적인 열거로 본다면 새롭게 저작재산권을 제한할 필요성이 발생해도 저작재산권을 제한할 수 없다는 문제가 있다. 정보통신기술의 발달로 초고속 인터넷망과 대용량의 정보유통 환경으로 변화하면서 저작권법 입법 당시에는 예상하지 못한 새로운 저작물 이용행태가 생기면서, 이를 어떻게 규율할 것인지의 문제가 제기된다(서계원, 2010). 저작물 이용과정에서 일시적 복제, 부수적 복제 등이 여기에 해당한다.

일반적으로 개별 이용자가 저작물을 이용하는 것은 비록 복제에 해당하더라도 저작권자의 경제적 이익에 큰 위협이 되지 않는다. 게다가 개인적으로 저작물을 이용할 때마다 저작권자의 허락을 받는 것은 비현실적이며, 무엇보다도 개인적인 이용행위를 저작권법으로 통제하는 것은 프라이버시권과 같은 다른 권리와 상충할 수 있다. 한마디로 사적복제를 저작권법에서 규제한다면, 규제의 실효성이 없는 것이다. 이와 같은 경제적이고 실용적인 이유로 대부분 국가에서는 사적복제를 저작권 제한 사유로 허용한다. 우리 저작권법에서도 영리를 목적으로 하지 않고 개인적으로 이용하거나 개인, 가정 및 이에 준하는 한정된 범위 안에서 이용하는 경우, 공표된 저작물을 복제할 수 있다. 다만 공중 사용에 제공하기 위해 설치된 복사기기 등에 의한 복제는 금지하고 있다. 즉 사적복제의 복제대상은 공표된 저작물, 복제목적은 비영리 목적, 복제범위는 복제 후 이용이 가정이나 이에 준하는 범위, 복제 주체는 사적 이용자, 복제 방법은 공중 사용을 위한 복사기기를 사용한 방법 제외, 그리고 복제의 양적 범위는 필요한 한도 내의 부수이다. 이렇게 사적복제에 대해 저작재산권을 제한하는 취지는 사적 공간에서 인간이 자유롭게 행동할 수 있는 자유를 보장하기 위한 것이다.

기술발전으로 인해 새로운 저작물과 이용행태가 등장할 때마다 이를 반영해서 제한 규정을 자세히 입법한다 해도, 사전에 모두 현상을 예상하고 입법화하는 것은 불가능하다. 그런 점에서 저작재산권 제한 규정을 유연하게 해석해야 하며, 포괄적인 일반 규정을 도입할 필요가 있다. 이를 위해 2011년 12월 개정 저작권법에 저작물의 공정한 이용 규정이 신설되었다. 이것은 미국식 '공정이용' 개념을 도입한 것으로, 도입의 취지는 열거된 제한 사유에 해당하지 않아도 저작재산권이 제한되는 경우가 존재할 수 있는 점을 고려하여 일반기준을 제시하려는 것이다. 베른협약 및 TRIPs협정 등의 경우처럼, 저작권 제한의 한계를 획정하는 일반 규정의 성격을 띠고 있는 '3단계 테스트'4)를 명문화한 것이다(김경숙, 2012; 최승재, 2013). 즉 향후 기술적 환경의 변화와 다양한 저작권 이용행태 등을 반영하여 저작권자의 이익에 부당한 해가 되지 않는 정당한 사용을 일정한 기준에 따라 인정할 필요에 따른 것이다. 이처럼 입법상의 한계를 극복하기 위한 취지 외에도, 저작권 보호가 점점 더 강화되는 현실에서 저작물 이용자의 이익과의 균형 유지 수단이 필요했던 것도 도입의 배경이 되었다고 볼 수 있다.

공정한 이용조항에서는 앞에서 열거한 경우 외에 저작물의 통상적인 이용 방법과 충돌하지 아니하고 저작자의 정당한 이익을 부당하게 해치지 않는 경우에만 저작물을 이용할 수 있도록 하고 있다. 그리고 특정한 저작물 이용행위가 공정이용인지를 판단할 때, '이용의 목적 및 성격, 저작물의 종류 및 용도, 이용된 부분이 저작물 전체에서 차지하는 비중과 그 중요성, 저작물의 이용이 그 저작물의 현재

---

4) 베른협약을 비롯한 국제조약에서 인정하는 권리 제한의 한계를 획정하는 기준이 되는 일반 규정이다. 3단계 테스트의 기초가 되었던 베른협약의 3단계 테스트는 "첫째, 가맹국이 복제권을 제한할 때에는 특별한 경우이어야 하고, 둘째, 저작물의 통상적인 이용을 방해하지 않아야 하며, 셋째, 저작자의 정당한 이익을 부당하게 해쳐서는 안 된다"이다.

시장 또는 가치나 잠재적인 시장 또는 가치에 미치는 영향' 등을 종합적으로 고려하도록 명시하고 있다. 2011년 조항을 신설하였을 당시에는 '보도·비평·교육·연구 등'의 목적으로 저작물의 공정한 이용을 한정하였으나 2016년 3월 개정에서 이와 같은 이용목적을 삭제하고, '이용의 목적 및 성격' 조항에 두었던 "영리 또는 비영리성"을 삭제하였다. 삭제 이유는 이용목적 및 고려사항이 제한적일 경우, 다양한 분야에서 저작물 이용행위의 활성화를 통한 문화 및 관련 산업의 발전이라는 공정한 이용조항의 원래 취지를 달성하기 어렵다고 판단했기 때문이다.

　　공정한 이용조항은 일반적이면서 포괄적인 규정이라는 점에서 저작권자와 이용자의 이익을 합리적으로 조율할 수 있다는 장점이 있다. 그러므로 구체적, 개별적으로 열거한 저작재산권 제한 사유만으로 자유 이용이 허용되지 않은 경우를 보충하는 상호보완적이면서도 중첩적인 성격을 가진다. 반면 광범위하고 불명확한 규정 형태로 인해 충분한 예측 가능성을 제공하지 못한다는 한계가 있다(윤정운, 2020, 5쪽). 하지만 공정한 이용조항은 공익과 같은 특정 목적을 위해 저작물을 정당하게 이용하기 위해 저작권침해에 대한 항변의 기능을 하면서 지나친 저작권 행사를 제한하는 법적 장치로서 역할을 한다는 점에서 그 의의를 찾을 수 있다.

　　그 밖에 저작권법 제36조에서는 저작재산권 제한조항에 따른 저작물 이용에서 번역, 편곡, 개작 등에 의한 이용을 허용한다. 또 출처표시에 관한 저작권법 제37조는 재판 등에서의 복제, 저작번역 등을 위한 저작물 이용, 시사적인 기사 및 논설의 복제, 공표된 저작물의 인용 등에서 출처를 명시하도록 함으로써, 저작재산권 제한의 한계를 명시하고 있다. 한편 제38조에서는 저작재산권 제한조항이 저작인격권에 영향을 미치지 않는다는 점을 분명히 하고 있다. 하지만 스포츠경기장 응원가 사례에서 볼 수 있듯이, 저작권법에 도입된 공정한 이용과 저작인격권이 충돌할 수 있다는 문제가 지속적으로 제기되고 있다. 이것은 타인의 저작물을 변형적으로 이용함으로써 공정이용에 해당하더라도, 저작인격권 침해의 소지는 여전히 남아 있다는 것을 의미한다.

2 / 공정이용(fair use)[5]

우리 저작권법에 도입한 공정한 이용조항은 영미법 국가에서 발전된 개념인 공정이용 원칙에 기반한 것이다. 인터넷의 등장과 통신기술 및 저장 미디어의 발달로 새로운 저작물 이용방식이 등장하면서 기존의 저작재산권 제한 규정으로 포섭하기 어려운 상황이 되었다. 법이 미처 예상하지 못한 저작물 이용행태를 규율하는 방법에 대한 명확한 기준이 세워지지 않은 채, 컴퓨터와 인터넷을 활용한 새로운 형태의 저작물 이용이 발견된 것이다(서계원, 2010). 또한 디지털 기술로 인한 저작권침해의 증가와 한·미 FTA와 같은 통상협상으로 인해 저작권법이 저작권자의 권리보호를 강화하는 방향으로 개정되면서 저작물 이용자의 이익과의 균형을 유지할 필요성이 제기되면서 국내 저작권 제도에 공정이용 개념을 도입하게 되었다. 공정한 이용조항 도입으로 인해 예상되는 긍정적인 효과로는 무엇보다도 권리 당사자 간의 균형 유지이다. 저작권자의 권리를 강화하는 저작권법의 끊임없는 개정으로 인해 저작물 이용의 장벽은 높아질 수밖에 없는데, 저작물 이용의 위축은 창작의 위축으로 연결된다. 더군다나 저작물의 창작자가 곧 이용자도 될 수 있는 현재의 미디어 환경에서는 양자를 대치시켜 이익을 조절하는 것이 의미가 없게 될 수도 있다. 이런 점에서 공정이용 조항의 도입은 저작권자와 이용자의 이익 간 균형을 맞추는 추로 기능한다는 점에서 의미를 찾을 수 있다.

1) 공정이용의 개념과 의의

공정이용은 일정한 경우 저작권자의 동의를 받지 않아도 저작물을 자유롭게 이용할 수 있는 원칙이다. 즉 공익과 같은 특정한 목적을 위해서 저작물을 정당하게 이용할 수 있도록 해주는 예외적인 이용허락의 성격을 띠고 있다. 공정이용은 저작권이 저작권자에게 부여된 독점적인 권리임에도 불구하고, 이용자가 저작권자의 동의 없이 공공 이익의 실현과 같은 합리적인 범위에서 저작물을 이용할 수 있는 제도이다. 그 취지는 저작물에 대하여 저작권법으로 권리를 보호하고 있음에도

---

5) 조연하 연구(2006, 2010, 2016)의 일부 내용을 보완하여 인용하였다.

불구하고, 저작권법의 엄격한 적용이 인간이 가진 창작성을 억압하는 것을 피해갈 수 있는 제도라는 점에서 찾아볼 수 있다. 즉 공정이용은 배타적 권리인 저작권법의 권리를 제한하는 사유로서, 주요 국가에서 저작권침해에 대한 예외 사항으로 채택하고 있다(양관석, 2018, 147~148쪽).

공정이용은 오랜 기간 판례를 통해 형성되어 온 이론이다. 미국에서 1976년 저작권법에 성문화되기 이전까지 공정이용은 저작권을 침해하지 않은 저작물 이용을 의미하는 개념으로 사용되었으나, 판례법에 근거하여 1976년 저작권법에 공정이용 조항이 포함된 이후에는 저작권침해에 대한 적극적 항변(affirmative defense)으로 해석했던 경향을 보인다. 특정한 상황에서는 저작권자의 동의를 받지 않았더라도 저작물 이용을 허락하는 일종의 면책 성격을 가진 것이다(Agostino, Terry & Johnson, 1980; Duhl, 2004; Lape, 1995). 그뿐만 아니라 공정이용은 무엇보다도 일정한 경우 저작권자의 독점권을 제한함으로써 저작물 이용의 통제와 균형을 유지해주는 역할을 한다는 점에서 의미를 찾을 수 있다. 저작권법이 저작물 창작자에게 한정된 기간 독점권을 부여해서 더 많은 창작을 유도하는 것이 목적이지만, 과도하게 보호한다면 다른 사람이 누리는 창작의 자유를 제한하거나 저작물에 대한 자유로운 접근과 이용을 제한할 수 있다. 이에 저작권의 지나친 배타적 권리행사를 제한하는 역할을 하는 법적 장치가 바로 공정이용 원칙이다. 과도한 저작권 보호가 다른 사람이 누리는 창작의 자유를 부당하게 제한하거나, 유용한 창작물의 생산과 배포를 가로막는 것을 피하는 장치로 기능하는 것이다(박현경, 2009).

덜(Duhl, 2004)은 공정이용이 저작권자의 저작물에 대한 배타적인 독점권이란 개인적인 권리와 저작물에 접근해서 이용하는 공중의 이익 간의 균형을 유지하는 기능을 한다고 보았고, 램리(Lemley, 2005)도 저작권자에게 인정된 배타적 권리와 공중에게 제공되는 사회적 이익 간에 균형을 이루기 위한 수단으로 설명하였다. 공정이용을 저작권자와 이용자의 권리의 경계선으로 보고 두 권리 간 균형의 관점에서 설명하고 있다. 공정이용에 관한 사법적 해석도 이익 간 균형과 조화에 초점을 두고 있다. 미국의 연방대법원[6]은 공정이용이 미국 수정 헌법 제1조의 표현의 자유와 저작권 제도를 조화롭게 한다는 점을 명확히 하였고, 우리 대법원[7]도 저작물

---

6) Kalen Co. v. Harper Bros. 222 U.S. 55, 62(1911).

의 공정이용은 저작권자의 이익과 공공의 이익이라는 대립하는 이해를 조정함으로써 성립된다고 설명하였다. 결국 공정이용은 저작권자의 배타적인 독점권이란 개인적인 법익과 저작물의 원활한 유통을 통한 문화창달이라는 사회적 이익을 이익 형량해야 하는 저작권 자체의 본질적인 딜레마를 해결하는 수단이다.

2) 공정이용의 판단요인

미국은 공정이용 관련 판례를 통해 공정이용 법리를 축적하였다. 그리고 축적된 법리를 1976년 저작권법에 성문화하였다. 공정이용 조항인 제107조[8])에서는 제106조 및 제106조의 A의 저작물에 대한 독점권 규정에도 불구하고, 비평, 논평, 시사 보도, 교육, 학문 또는 연구 등을 목적으로[9]) 저작권으로 보호되는 저작물을 복제물이나 음반으로 제작하거나, 또는 기타 제106조 및 제106조의 A에서 규정한 방법으로 사용하는 경우를 포함한 공정이용 행위는 저작권침해가 아니라고 규정하고 있다. 또 제107조에서는 공정이용 판단요인으로 저작물 이용의 목적과 성격, 이용된 저작물의 성격, 전체 저작물에서 이용된 양과 정도, 그리고 저작물 이용이 저작물의 가치나 잠재적 시장에 미치는 효과를 명시하고 있다. 이와 같은 판단요인들은 연방대법원의 해석처럼, 상호배타적이 아니라 예시적인 것으로 해석할 필요가 있다.

미국의 공정이용 판례에서 판단요인에 관한 판결 성향을 살펴보면, 첫 번째 이용의 목적과 성격 요인에서는 상업적 이용, 교육적인 이용, 사실적 역사적 내용 또는 표현형식의 이용, 변형적 이용(transformative use)[10])인지 등으로 판단하는 경향이 있다. 비영리적이고 교육적인 이용 또는 변형적 이용일수록 공정이용을 판단될 가능성이 더 크다. 변형적 이용은 원저작물에 새로운 목적이나 다른 성격을 가진 무엇인가 새로운 것을 추가하거나, 새로운 표현, 의미, 내용으로 원저작물을 변화

---

7) 대법원 2013. 2. 15. 선고 2011도5835 판결.

8) 17 U.S.C.A. §107.

9) 연방대법원은 제107조에 열거된 저작물 이용목적의 예는 한정적이 아니라 예시적이라고 보았다.

10) transformative use는 변형적 이용, 변용적 이용 등으로 번역되어 사용하고 있으나, 본 저서에서는 변형적 이용이라는 용어로 통일하여 사용한다.

시킬 것을 요구하는 개념이다. 미국의 Campbell 판결(1994)[11]에서 매우 중요하게 고려했던 개념이며, 이후의 공정이용 판결에서 중요한 판단 요소로 사용되고 있다 (Bunker, 2002; Heymann, 2008, Lape, 1995).

두 번째 이용된 저작물의 성격 요인의 판단에서는 저작물의 창의성과 공표 여부를 중요시한다. 법원은 사실적인 저작물과 공표된 저작물을 창작적이고 예술적인 저작물과 미공표된 저작물에 비해 공정이용으로 인정하는 성향을 보인다. 과학, 전기, 역사 등을 다룬 사실적인 저작물은 사실이나 아이디어 그 자체가 아니라 그것의 표현에 대한 보호라는 저작권법의 기본 목적[12]에 근거하여 저작권 보호를 적게 받으며, 일반적으로 공적 가치가 크고 특별히 학술적 유용성을 이유로 공정이용의 영역 안에 포함될 가능성이 크다. 또 저작자의 저작인격권 보호 차원에서 공표된 저작물이 공정이용으로 인정될 가능성이 더 크고, 저작물에 대한 접근 가능성을 고려하여 시장에서 절판된 저작물은 공정이용의 보호를 받을 가능성이 크다. 그 예로 미국의 Harper & Row 판결(1985)[13]에서는 미출판된 저작물의 이용을 공정이용이 아니라고 판시함으로써, 공표 시기를 결정할 저작자의 저작인격권을 중요하게 보호하였다.

세 번째 이용된 저작물의 양과 질에 관한 요인의 경우, 법원은 전체 저작물에서 이용된 부분의 양, 핵심적 부분인지, 원저작물과의 실질적인 유사성을 중요하게 고려하였다. 저작권법은 공정이용으로 인정되는 이용된 양의 적정 수준을 적시하지 않지만, 원저작물에서 차지하는 비중이 작거나 핵심적인 부분이 아니면 공정이용으로 판결하는 성향을 보인다. 즉 이용된 비율과 실질적 유사성이 높을수록 공정이용의 가능성이 작아진다. 반대로 비록 극히 이용된 양이 극히 적어도 원저작물에서 매우 핵심적인 부분에 해당하면 공정이용일 가능성이 작다. 그러나 이 기준은 절대적인 것은 아니다. 저작물 이용으로 인한 원저작권자의 손실보다 저작물 이용으로 발생하는 가치나 저작물 이용을 위한 협상 비용이 공정이용 판단에서 중요한 기준으로 작용하고 있음을 엿볼 수 있다.

---

11) Campbell v. Acuff-Rose Music, Inc., 114 S.Ct 1164(1994).
12) Salinger v. Random House, Inc., 811 F.2d 90(2d Cir. 1987); Miller v. Universal City Studios, Inc., 650 F.2d 1365(5th Cir. 1981).
13) Harper & Row Publishers, Inc. v. Nation Enterprises, 471 U.S. 539(1985).

마지막으로 저작물 이용이 저작물의 가치나 잠재적 시장에 미치는 효과 요인의 판단에서는 이용된 저작물의 잠재적 시장이나 가치에 미치는 영향이 적을수록 공정이용이라고 판시하는 경향을 보인다. 시장에 미치는 손해는 잠재적 시장에 대한 피해의 가능성만으로도 입증될 수 있다. 그 예로 Naspter 판결(2001)[14]에서 법원은 음악저작물 구매 이전에 미리 들어 보려는 용도로 이용하는 행위에 대해 잠재적 시장에 대한 피해의 가능성을 인정한 바 있다. 법원은 각 요인에 서로 다른 비중을 두고 판단했는데, 경제적 효과 요인은 저작물 이용의 목적과 성격 요인과 더불어 미국 법원이 중요한 판단기준으로 생각하고 있다. 판례주석과 판결기록을 보더라도 이용의 목적과 시장에 미치는 이용효과를 가장 중요시했던 경향을 보인다(Level, 1990, p. 1116). 두 가지 요인 중 경제적 효과 요인이 저작권 보호 차원에서 가장 중요하다는 견해가 있는가 하면, 이용의 목적과 성격 요인이 더 중요하다고 보는 견해도 있다. 특히 레벌(Leval, 1990)은 이용의 목적과 성격 요인이 저작물 이용이 정당한지, 어느 정도가 정당한지를 보여주기 때문에, 공정이용 판단의 핵심 요인이라고 주장하였고, 조연하(2006)도 이용의 목적과 성격은 저작권법의 근본 취지인 생산과 이용 간 균형에서 저작권 보호 이익과 상충하는 이용의 권리와 연관된다는 점에서 중요한 요소로 취급되어야 한다고 보았다(336쪽).

공정이용 판례에서 법원은 네 가지 기준을 분석한 다음 전체적으로 균형 있게 고려해서 공정이용 여부를 판단하려고 했지만, 실제로는 시간적 배경, 기술변화, 경제 환경, 공공정책에 따라 요인의 비중을 다르게 적용하였다(Schwartz & Williams, 2007). 미국 저작권법상 공정이용에 관한 규정은 추상적이어서 다양한 해석이 가능하다는 비판을 받고 있다. 공정이용은 오랜 세월을 거쳐 판례로서 일부 확립되어 온 측면이 있으나, 그 내용이 추상적이고 그 한계가 모호하여 다양한 해석이 가능하다. 특히 인터넷 시대에 접어들면서 그 구체적인 내용에 대한 불명확성이 한층 더 심화되었다(박현경, 2009)는 지적이 있는가 하면, 개념 해석에 일관성이 없어서 적용상의 어려움을 주고 있다(Duhl, 2004)는 비판도 있다. 또한 전통적으로 공정이용 원칙은 창작활동 촉진으로 대중에게 이익이 되는 것으로 이해되었지만, 오늘날 정당한 권리를 읽은 개별 저작권자들을 희생시키면서 거대한 부를 거머쥔 기업의

---

14) A&M Records, Inc. v. Napster, Inc., 239 F.3d 1004(C.A.9 2001).

경제적 이익에 점점 더 기여하는 방향으로 왜곡될 수 있다(김도경, 2020, 481쪽)는 문제점이 제기되고 있다. 공정이용 원칙 적용에서 개념 해석의 일관성과 공정한 이익 형량의 중요성이 더 강조될 필요가 있음을 시사한다.

3) 변형적 이용15)

저작물의 공정이용 판단에서 저작물 이용의 목적과 성격 요인에서 중요하게 사용되는 기준으로 변형적 이용(transformative use)이 있다. 변형적 이용은 저작물의 단순 복제가 아닌 새로운 저작물을 만들기 위해 원저작물을 기초로 하여 창의적으로 변형시킨 경우를 의미하는 개념이다(Lape, 1995). 이 개념은 Sony 사건의 연방항소법원 판결(1981)16)에서 나왔던 생산적 이용(productive use)으로부터 유래되었는데, 생산적 이용은 같은 사건의 연방대법원 판결(1984)17)에서 반대의견이 중요하게 사용했던 개념이기도 하다. 연방항소법원 판결의 다수의견은 소니가 생산한 VCR로 TV 프로그램을 녹화하여 시청하는 행위는 원저작물인 TV 프로그램과 같은 목적으로 복제를 하였을 뿐 더 이상의 추가가 없으므로 비생산적(non-productive) 이용이라고 주장하면서, 생산적 이용을 일상적인(ordinary) 이용이 아니라 원저작물을 이용하여 새로운 저작물을 창작하는 경우로 해석하였다. 연방대법원 판결에서 반대의견을 제시했던 블랙먼(Blackmun) 판사도 생산적 이용을 '비평, 논평, 시사 보도, 교육, 학문, 연구'를 위한 저작물 이용은 공중에게 원저작물이 제공한 이상의 이익을 추가하는 개념으로 설명하였다. 역시 원저작물과 다른 목적의 복제를 강조한 것이다. 이렇게 볼 때 생산적 이용에서 발전된 변형적 이용은 원저작물이 만들어낸 이익 이상으로 공적인 이익을 추가한 2차적 이용을 의미하는 것으로, 공익적 가치가 강조된 개념으로 이해할 수 있다.

1990년 발표된 레벌 판사의 논문은 변형적 이용 개념에 대한 단초를 제공하면

---

15) 조연하 연구(2010)의 일부 내용을 보완하여 인용하였다.

16) 판결에서 다수의견은 1심에서 중요시했던 이용목적의 상업성 여부보다는 TV 프로그램 녹화가 생산적 이용의 성격을 띠는지에 초점을 맞추고, 이용자가 원저작물에 창의적인 기여를 추가해야만 공정이용을 인정할 수 있다고 해석하였다(Universal City Studio Inc. v. Sony Corp. of America, 659F.2d. 963, 1981).

17) Sony Corporation of America v. Universal City Studios, 464 U.S. 417(1984).

서 "생산적 이용"에서 "변형적 이용"으로 기준을 전환하는 계기가 되었다. 논문의 내용을 인용하면, 2차적(secondary) 저작의 정당성은 저작물 이용이 변형적인지와 변형의 정도에 따라 달라진다. 변형적 이용이란 저작물을 생산적으로 이용하는 것이고, 인용된 부분을 원저작물과 다른 방식 또는 다른 목적으로 사용하는 것이다. 또 2차적 저작이 사회의 풍요를 보호하려는 공정이용 원칙의 취지에 부합하려면, 원저작물을 단순히 대체하는 데서 그칠 것이 아니라 새로운 정보, 미학, 통찰력과 이해를 창작하는 방식으로 원저작물을 변형해서 새로운 가치를 부가해야 한다 (Leval, 1990, pp. 1110~1111). 레벌 판사가 설명한 변형적 이용의 예로 비평, 패러디, 사실의 증명, 미학적 설명, 사상의 옹호나 공격 목적의 원저작물 아이디어의 요약 등을 지적할 수 있다. 이렇게 볼 때 레벌 판사의 변형적 이용 개념은 원저작물의 단순한 대체를 넘어서서, 일반적인 공익이 아닌 저작권법의 목표를 증진하는 방식으로 가치를 추가하는 것이다. 이런 견해는 원저작물에 가치를 추가하는 2차적 이용을 강조한 것이며, 저작권법의 목적으로서 사회적 이익을 고려한 것이다(Woo, 2004). 결국 레벌 판사가 제시한 변형적 이용조건은 원저작물과 다른 방식이나 목적으로 이용하고, 새로운 것을 추가하여 원저작물의 가치를 증대시킴으로써, 궁극적으로는 사회적 이익을 증진하는 것으로 요약된다. 공정이용의 판단요인인 이용의 목적과 성격을 저작권법의 궁극적인 목표인 공중 계몽을 위한 창작 장려의 관점에서 판단할 것을 요구하는 것인데, 이렇게 공정이용 판단에서 변형적 이용을 고려하는 것은 창작에 대한 인센티브를 감소시키지 않고 생산적인 사고를 촉진하려는 저작권법의 근본 목적에도 부합된다. 이렇게 볼 때 레벌 판사의 변형적 이용은 단순한 복제를 허용하지 않는다는 점에서 단순 복제를 어느 정도 허용하는 Sony 판결의 생산적 이용보다 그 범위가 더 제한적이고 엄격하지만(Kudon, 2000; Zimmerman, 1998), 공정이용의 첫 번째 판단요인의 범위를 확장하는데 크게 기여했다.

한편 변형적 이용 기준에 엄격한 잣대를 적용하는 것도 한계가 있다. 첫째, 이용자가 저작물을 이용할 때 공정이용으로 보호받을 수 있는 영역이 축소될 수 있다. 기존 저작물의 2차적 이용에서 비평, 논평, 학문의 형태로 독창적인 표현이 추가된 경우만 변형적 이용 기준을 통과할 수 있으므로, 일반적으로 공정이용으로 간주하는 저작물 이용도 변형적 이용에서 제외될 우려가 있다(Kudon, 2000). 둘째, 저작권법상의 공정이용의 중요한 관심사인 이용의 사회적 유용성이라는 취지에서 벗어날 수 있다. 레이프(Lape, 1995)는 변형적 이용이 전통적인 공정이용 분석에서 핵심적인 부분이 아니었음을 강조하면서, 변형적 이용 기준을 도입할 경우 법원이 새로운 저작물의 질을 평가하도록 함으로써, 이용의 목적과 성격 요인의 핵심인 저작물 이용으로 인한 사회적 유용성으로부터 관심이 벗어날 수 있다고 지적하였다. 마지막으로 디지털 환경에서 변형적 이용 기준을 적용할 경우, 디지털 미디어의 특성상 더 많은 창작물 생산 유도라는 저작권 본래의 취지를 저해할 우려가 있다. Campbell 판결(1994)에서 중요시했던 변형적 이용 개념은 저작물의 새로운 창작에 중점을 두는 접근방식으로, 디지털 기술을 사용해서 이용자들이 자유롭게 콘텐츠를 생산하고 재창조하는 환경에서 여러 가지 발생 가능한 현상들을 포괄할 수 없는 문제점을 지닌다. 이런 점에서 우지숙(2002)은 새로운 저작물 생산이 수월한 디지털 환경에서는 기술발전이 가능하게 하는 새로운 활동과 가능성을 고려하면서, 생산된 저작물 자체의 창작성이 아니라 이용자의 저작물 사용에서 나타나는 창작성을 인정하는 개념으로 볼 필요가 있다고 주장하였다. 또한 벙커(Bunker, 2002) 등과 같이 새로운 저작물의 변형성에 초점을 둔 변형적 이용 기준 적용에 비판적인 학자들은 이용자의 저작물에 대한 접근권과 사용권을 제한한다는 점에서 공정이용 원칙의 기본 정신과 맞지 않는다고 주장한다. 따라서 여러 학자(Kudon, 2000; Lape, 1995; Madison, 2010; Weinreb, 2004)가 주장하는 것처럼, 저작물의 2차적 이용이 보완적이거나 창의적인 표현 촉진 활동을 설명하는 것으로 확장될 수 있는지를 질문하는 것으로 변형적 이용 기준을 보다 법리적으로 적합하게 해석해서 적용할 필요가 있다.

제3부

인공지능 콘텐츠 창작과 저작권 쟁점

국내에서 인공지능과 저작권에 관한 연구는 2010년대 중반부터 주로 법학 분야에서 시작되었다. 연구대상은 크게 두 가지 영역으로 분류되는데, 창작의 결과물로서 인공지능 창작물의 저작권 보호와 인공지능의 콘텐츠 창작에서 저작물 이용의 법적 쟁점이다. 전자는 인공지능 창작물의 저작물성, 저작자 및 저작권 귀속, 저작권 보호 방식, 관련 입법을 중심으로, 후자는 인공지능의 콘텐츠 창작과정에서 다른 저작물 이용행위와 관련한 저작권 침해와 책임, 저작권 제한, 공정이용을 중심으로 논의되었던 경향을 보인다(조연하, 2020). 시기별로 보면, 2010년대 중반에는 인공지능 창작의 결과물 자체의 저작권법 성격에 관한 연구가 주류를 이루었고, 2010년대 후반부터 인공지능의 창작과정에서 제기되는 저작권 쟁점을 포함하는 것으로 연구범위가 확대되었다. 이것은 인공지능의 콘텐츠 창작과정보다 창작 이후의 저작권 쟁점에 먼저 관심이 집중되었음을 의미한다. 이와 관련하여 김도경(2020)은 2020년 이전까지 인공지능 창작물의 저작권자 관련 문제에 과도하게 초점을 맞춘 경향을 지적하면서, 저작권법 제1조의 목적 규정에 부합하는 균형 있는 발전을 위해 인공지능의 산출·결과물보다는 인공지능의 입력 데이터에서 발생 가능한 저작권 침해 문제에 초점을 맞추고 저작재산권의 포괄적 제한 사유인 공정이용 법리로 관심을 돌릴 필요가 있다고 보았다(478~479쪽). 같은 맥락에서 차상육(2020)도 인공지능이 관여한 창작물의 생성과정을 먼저 살펴보는 것이 인공지능 창작물의 쟁점을 정리하고 관련 법리를 형성하는 데 선결과제임을 강조하였다. 이에 본 저서에서는 인공지능의 콘텐츠 창작단계에서 저작권 쟁점을 먼저 다루고, 이어서 인공지능 창작 결과물의 저작권 쟁점을 다루는 방식으로 인공지능의 콘텐츠 창작 관련 저작권 쟁점을 논의하고자 한다. 이에 앞서 인공지능 콘텐츠 창작의 실태부터 알아본다.

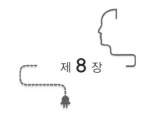

인공지능 콘텐츠 창작의 특징과 현황

1 / 인공지능 콘텐츠 창작 환경과 실태

인공지능과 관련된 최근 동향을 보면, 인공지능 플랫폼을 구축하고 서비스 형태로 인공지능을 이용하는 방식이 널리 이용되고 있다. 특히 구글, 애플, 아마존, 페이스북 등의 기업이 플랫폼을 중심으로 인공지능 서비스를 이미 제공 중이거나 제공할 계획이다. 인공지능 플랫폼1)은 저작물 창작에 인공지능을 이용하는 '창작 제공 인공지능 플랫폼'과 이용자 대상으로 적절한 저작물을 제공하는 '이용제공 인공지능 플랫폼'이 있다(정진근, 2021a, 6쪽).2) 이 중에서도 창작 인공지능 플랫폼은 인공지능이 인간의 고유 영역이라고 여겨지던 창작활동을 개척하면서 인간의 통제 없이 스스로 예술작품을 만드는 것을 가능하게 해 준다. 인공지능을 통해 연출되고 감상할 수 있는 창작물 형태는 음악, 시, 그림, 극본 등 다양한데, 인공지능 창작물

---

1) 인공지능 플랫폼은 논리적 관점에서 볼 때 "다양한 사업 영역의 사용자가 원하는 인공지능 서비스 구축에 활용되는 다양한 추상화 수준의 기계학습 라이브러리 또는 인터페이스를 제공하며," 활용의 관점에서 볼 때 "이들 라이브러리를 활용하여 효과적인 서비스 구축 프로세스를 인터렉티브하게 실행할 수 있는 기능을 갖추고," 물리적 관점에서 볼 때 "효과적인 자원 관리를 통한 데이터 준비, 개발, 검증 및 배포를 지원하는 관련 소프트웨어, 기계학습 라이브러리, 서비스 인프라스트럭처(infra structure)의 유기적 집합"으로 정의된다.
2) 전자로 구글의 오픈소스 라이브러리인 텐서플로우(TensorFlow)가 있고, 후자로 구글의 유튜브와 넷플릭스(Netflix)가 있다.

의 상업적 이용도 본격적으로 시작되고 있다(이양복, 2018, 369~370쪽).

인공지능의 콘텐츠 창작 시대의 도래에는 ICT 기술발달을 중요한 요인으로 손꼽을 수 있다. 프로그래머가 만든 기계학습 알고리즘을 통해서 인공지능이 인식한 데이터를 통해 학습하고 독립적으로 결정할 수 있는 딥러닝 방식을 통해, 인공지능이 대량 정보를 인식해 스스로 분석하고 학습함으로써 프로그래머의 추가적인 프로그램 없이도 스스로 창작물을 제작할 수 있게 된 것이다. 인공지능 스스로 인지한 그림, 음악, 문학 작품들을 분석하고 학습해 얻은 지식 정보를 통해 새로운 작품을 추론하고 예측함으로써 예술 분야의 새로운 콘텐츠 제작도 가능해졌다. 더 나아가 종래의 인공지능 기술의 한정된 영역에서 벗어나 다양한 분야로 그 기능과 역할이 확대되어, 인간의 창작물과 비교해 보아도 창작성의 차이를 구별할 수 없을 정도의 작품을 만들어 내고 있다(김승래·이창성, 2018, 510~511쪽). 인공지능 창작물이 서서히 증가하는 현상은 놀라운 혁신성과 사회적·산업적 편익에 대한 기대감을 크게 높이는 측면도 있다. 그러나 인간이 행위의 주도자에서 방관자나 관찰자로 전락할 우려가 있으며, 이에 따라 인간 본연의 창의성이 심각한 위기에 빠질 수도 있다. 게다가 인공지능 창작플랫폼에서 생산되는 지적창작물의 폭증이 저작물의 가치를 감소시키고 단순 계약법에 따라 저작물이 이용되는 등, 창작자를 위해 만들어진 지식재산권 제도에 영향을 미칠 것으로 예상된다(정진근, 2021a; 한국정보화진흥원, 2016).

인공지능의 표현활동 수준을 파악하기 위해, 일본에서 인공지능 기술발전을 근거로 표현활동에 대한 인공지능의 기여 수준에 초점을 두고 카테고리를 분류3)한 것을 보면, 〈표 8-1〉과 같다. 기계에 의한 단순 표현 단계인 카테고리 1단계에 속하는 활용 예로 PC의 키보드를 통한 문자 출력, CD 플레이어의 재생 버튼을 누르면 음악이 흐르는 경우가 있다. 통계 작업으로 표현하는 카테고리 2단계는 자동 음악 작곡 시스템을 들 수 있는데, 기계에 작곡 조건을 미리 설정해놓고 인간이 그중에서 곡풍이나 조, 리듬 등을 선택하여 그것을 조합하여 곡을 완성한다. 재료의 패턴화 작업을 통해 표현하는 카테고리 3단계는 구글이 공개한 신경 회로망 기술을 응용한 화상처리 기술을 들 수 있다. 이것은 적당한 그림이나 사진 데이터를 보내 복합적인

---

3) 出井 甫, "AI創作物に関する著作權法上の問題点とその対策案", バテント vol. 69 no. 15, 日本弁理士会, 2016. 12, 36頁;「インテリジェント化が加速するICTの未来像に関する研究会報告書2015」, 2015. 6, 3頁, http://www.soumu.go.jp/ main_content/000363712.pdf.

지시를 하면, PC가 그 지시에 따라 그림의 화풍을 인식하여 몇 초 내에 사진을 해당 화풍으로 믹스하는 시스템이다. 또 자동작사 기능이 있는 '오르페우스(Orpheus)'는 어떤 단어를 입력하면 그 단어를 포함한 가사를 몇 초 만에 작성해주고, 입력된 단어와 관련한 문장을 기계 자신이 추출한다. 현재의 인공지능 활동 수준은 카테고리 3단계 정도에 해당하며, 인공지능 스스로 재생산에 의한 가속도적 능력 향상이 일어나는 카테고리 4단계의 예는 아직 존재하지 않는다(고재종, 2018, 219~221쪽).

표 8-1. 인공지능의 표현활동의 카테고리

카테고리 1	단순 작업에 의한 기계적 표현	단일하고 단순한 동작을 명령하여 표현한다.
카테고리 2	통계에 의해 확립된 작업에 의한 표현	입력된 데이터와 조건에 의하여 확립된 통계를 검색하여 일정한 표현을 한다.
카테고리 3	재료의 패턴화 작업에 의한 표현	기존의 정보를 이용해 스스로 일정한 패턴화를 하여 표현한다.
카테고리 4	전 과정의 작업에 의한 표현	번쩍임이나 발상을 기본으로 유용한 재료를 수집하고 구상을 가다듬어 표현한다.

* 고재종, 2018, 219쪽.

콘텐츠 창작에서 인공지능의 활용 실태에 대해, 관련 전문가들은 빅데이터 분석을 통해 통계를 추출하여 기존 저작물을 모방하거나 변형하는 정도에 그치고 있으며, 산업 전반에 걸쳐 시험적인 단계로서 아직 본격적인 활용 단계는 아니라는 의견이 지배적이다. 알고리즘 수준이 개별 분야별로 다르다고 보면서 비교적 단순 작업을 요구하는 창작과정에서 활용도가 높다고 본다. 문학 분야는 초보적인 실험단계, 그림, 음악, 저널리즘 분야는 실용화단계, 번역은 주류적인 위치에 올라선 단계로 평가하고 있다. 앞으로 괄목할 만한 발전을 예상하면서도 인공지능 기술발달의 현 단계를 기준으로 할 때, 인공지능을 콘텐츠 창작의 새로운 주체라기보다 보조, 변형의 방식으로 창작의 효율성을 높이는 수단으로 보고 있다(조연하, 2022, 106쪽).

실제로 문학 분야를 보면, 2016년 일본의 인공지능 개발 기업인 쿼리아이(QueryEye)는 인공지능 '제로(Zero)'가 작성한 〈현인강림〉을 출판하였다. 이것은 두 권의 책을 학습하여 산출된 결과물인 만큼 품질이 높다고 보기는 어렵다. 분량은 일반 도서의 절반 정도이고, 학습한 책과 유사한 문장도 여러 번 반복되기 때문이다(오세욱·김수아, 2016). 반면 작곡 분야에서는 인공지능이 비교적 활발히 이용되고 있고, 그 수준 역시 상당한 것으로 보인다. 스페인 말라 대학의 '이아무스'는 주어진 주제에 맞게 무작위 방식으로 진화하는 과정을 통해 독창성 있는 표현이 가능하다(오세욱·최순욱, 2017). 기존의 작곡 알고리즘이 작곡가의 작곡 패턴을 모방하여 비슷한 스타일의 음악을 만들어내는 것이었다면, '이아무스'는 독창성 있는 창작적 표현을 할 수 있다는 점에서 해당 작품의 창작에서 인공지능 기술이 중요한 역할을 담당했다고 볼 수 있다. 그런가 하면 저널리즘 분야에서는 육하원칙에 따른 기본적인 단신 처리 외에 영상뉴스 제작에도 인공지능이 활용되고 있으나, 사실 기반의 기사 작성이나 수치의 텍스트화 등 '단순 반복 작업의 보조재' 정도로 이용되고 있다. 프로야구 뉴스 로봇의 경우, 알고리즘에 따라 야구 경기 결과 기사를 자동으로 작성할 수 있지만, 선수의 수상이나 실적 평가 등은 담지 못할 수 있어 전체적인 맥락이 없는 기사를 작성할 수 있다는 한계를 가진다. 2020년 4월 28일에는 연합뉴스와 엔씨소프트가 머신러닝으로 3년간 날씨 기사 학습과 기사 작성법 훈련과정을 거쳐 작성한 기사를 선보인 바 있다.4)

인공지능의 콘텐츠 창작 수준과 관련해서 관련 전문가들은 아직 인간의 수준에 미치지 못하는 것으로 평가하고 있다. 머지않아 판도가 달라지기는 하겠지만 이미지 인식5) 등 일부 특화된 영역만이 인간 수준을 능가하며, 특히 감성을 바탕으로 하는 문화예술 분야에서는 아직 인공지능의 창작성 수준이 인간에 못 미친다는 것이다(조연하, 2020, 91쪽). 실례로 오세욱·최순욱의 연구(2017)에서는 인공지능을 활용한 미디어 창작의 자동화 사례를 대상으로 각각의 작동방식을 분석한 결과, 새로운 것을 창작했다기보다는 기존 패턴을 분석한 결과를 토대로 새로운 형식을 만든 것이며, 기존 패턴의 구체적 맥락은 읽어내지 못하고 있음을 밝혔다. 이렇게 볼

---

4) 홍지인, "엔씨-연합뉴스, 국내 첫 AI기사 선보여…알파고에 쓴 기술 적용". 연합뉴스 2020년 1월 28일자. https://www.yna.co.kr/view/AKR20200428045800017.

5) 이미지와 영상을 생성하는 시각 AI는 다시 인식 AI와 생성 AI로 분류된다. 인물, 객체, 텍스트를 인식, 분류할 수 있는 이미지 인식 영역에서는 AI가 인간 수준을 능가한다는 평가를 받고 있는데, 스마트폰 사진 정리 앱이 그 예이다. 또 이미지 생성 AI는 최근 빠르게 발전하는 분야로, 윤리적으로 문제가 되었던 딥페이크(deepfake) 기술을 예로 들 수 있다(AI 서비스의 모든 것 1편: 이미지 인식 AI, 2021, https://brunch.co.kr/@herbeauty/28).

때 아직은 콘텐츠 분야별로 인공지능 활용도와 인공지능 창작물 완성도에서 차이가 있다고 볼 수 있다.

2 / 콘텐츠 분야별 인공지능의 창작사례

4차 산업혁명 시대, 인공지능은 산업을 포함한 모든 분야에서 가장 중요한 미래 인류 산업의 주축으로 주목받고 있다. 최근에는 산업과 같은 특정 분야를 넘어 일상생활 속에 깊이 관여해 편의를 증진하는 방향으로 발전하고 있다(이현남, 2020, 27쪽). 이와 함께 자율주행 자동차나 정밀 의료 등 인공지능 도입이 빠른 분야에서는 인공지능이 주는 혜택과 더불어 법률적, 윤리적, 사회적 장치에 대한 논의가 활발한 편이다. 반면 인간 고유의 행위 영역으로 간주하여 인공지능 활용에 다소 소극적이었던 글, 그림, 음악 등 예술 분야에서는 아직 법률적, 윤리적 논의가 부족하며, 창작도 비교적 활발하지 않은 편이다.[6]

그러나 인공지능 기술이 급속도로 발전하고 성능이 비약적으로 향상됨에 따라 산업 분야에서만 활용되던 여러 가지 인공지능 기술이 영화, 소설, 음악, 회화, 뉴스 등 다양한 분야의 창작영역으로 확장되고 있다. 인간 지능을 뛰어넘는 인공지능 기술의 발달로, 단순히 대규모 데이터의 연산 및 분석 능력을 넘어, 문화예술 창작 분야에서도 기계나 로봇 알고리즘에 의한 유사 창작사례가 점차 증가하고 있다(한국정보화진흥원, 2016, 6쪽).[7] 가까운 장래에 인공지능이 창작한 예술작품들을 자연스럽게 감상하게 될 것이며, 그에 따라 다양하면서도 복잡한 문제가 제기될 것으로 예상된다. 〈표 8-2〉에서 볼 수 있듯이, 텍스트, 영상, 음악, 미술, 뉴스 등의 영역에서 인공지능이 창작한 사례들이 나타나고 있는데, 콘텐츠 분야별로 많이 언급되고 있는 대표적인 사례를 중심으로 살펴본다.

---

6) 이교구(2020). "창작 주체로서 음악적 소양 깊어져 가는 'AI'". 아트 & 테크 2020년 8월 8일 자. https://m.kmib.co.kr/view.asp?arcid=0924150324.

7) 인공지능 기술 및 서비스 개발에 심혈을 기울이고 있는 몇몇 글로벌 IT기업이 인공지능 기반의 창작 소프트웨어 및 관련 작품을 선보였다. 2016년 3월 구글의 AI '인셉셔니즘'이 창작한 그림 29점이 전시되었던 사례가 바로 그와 같은 예이다(한국정보화진흥원, 2016, 6쪽).

표 8-2. 콘텐츠 분야별 인공지능의 창작사례

분야	인공지능	창작 결과물	학습데이터	작동방식
텍스트	제로(Zero)	책, 현인강림 (賢人降臨)	책 2권	인공지능만으로 자동 작성
	인공지능 소설 프로젝트	소설, 컴퓨터가 소설을 쓰는 날	소설 1,000편	사람이 줄거리 틀을 짜고, 인공지능이 적합한 문장 완성
	딥비트 (Deepbeat)	랩 가사	12,500곡의 랩	사람이 선택한 특정 주제에 따라 기존 랩 가사 짜깁기
영상	벤자민 (Benjamin)	선스프링 (Sunspring) 영화 대본	SF영화 대본 수십 편	등장인물 이름만 사람이 정하고, 나머지는 자동생성
	왓슨 (Watson)	영화 모건 (Morgan) 예고편	100편의 공포영화 예고편	인공지능이 10분가량의 장면 자동 추출 후, 사람이 최종 예고편 편집
	AI 오바마 (Obama)	오바마의 딥페이크 영상	오바마의 영상 데이터	입술, 얼굴 지도학습 후 목소리 입력하고 얼굴 움직임을 합성해서 조작된 영상 생성
회화	넥스트 렘브란트 (The Next Rembrandt)	360점의 렘브란트 작품	렘브란트 화풍의 그림	작품을 3D 디지털 기술로 스캔한 뒤, 안면인식 기술로 분석했고 빅데이터를 통해 그림 자료를 도출. 딥러닝 알고리즘 이용하여 회화 양식 학습한 것을 토대로 그림 창작
이미지	DALL·E	이미지	설명 텍스트	간단한 설명 텍스트를 입력하면 이미지 생성
	딥드림 (Deep Dream)	이미지	수백만 장의 과거 그림	기존 패턴과는 다른 패턴으로 이미지 조작
음악	이아무스 (Iamus)	현대 클래식 음악	데이터베이스 학습 아닌, 생물학적 진화 모델을 인공지능과 접목	기계 스스로 음을 진화시켜 작곡 사람이 악기 종류와 곡의 길이만 선택하면 자동생성
	마젠타 (Magenta) 프로젝트	피아노곡	1천 개 종류의 악기와 30만 가지 음이 담긴 데이터베이스	첫 4개 음표가 주어진 상태에서 머신러닝 알고리즘으로 80초짜리 피아노곡 생성

분야	인공지능	창작 결과물	학습데이터	작동방식
	플로우 컴포저 (Flow Composer)	현대음악	13,000여 곡의 현대음악	사람이 선택한 곡 스타일에 맞춰 자동생성 후 사람이 편곡 또는 작곡
	아이바 (AIVA)	클래식, 대중음악	유명 클래식 작곡의 음악	딥러닝 방식을 통해 기계학습하여 음악 이론을 정립하여 작곡
	보이드 (Boid)	음악 그레이 (grey)와 캐비티(cavity)	음악	학습 곡들로부터 음악적 요소들을 빼낸 뒤, 조합해서 무작위로 새로운 곡 작곡. 이것에서 진화된 곡 창작
뉴스	퀼, 워드스미스, 테크봇, 연예뉴스 로봇	텍스트 뉴스	과거 기사	데이터로 치환 가능한 미리 지정된 내용의 기사 자동 작성
	위비츠, 우칫 등	영상뉴스	이미지 및 영상 DB	이미 확보한 영상과 요약된 텍스트 뉴스를 자동 매칭
	브레이킹 뉴스	가상 영상뉴스	뉴스 기사 데이터	뉴스 기사 데이터와 인공지능을 결합해서 불명확한 영상뉴스 생산

* 오세욱·김수아, 2016, 68쪽 참조.

1) 텍스트 분야

앞에서 언급했듯이, 여러 문화예술 영역 중에서도 문학 분야에서 인공지능의 활용은 초보 단계이며, 특히 인간의 감성을 요구하는 부분에서 인간이 쓴 문학작품에 비해 창작성 수준이 떨어지는 편이다. 아직 인공지능의 문학작품 창작 능력이 부족하여 인간의 창작 능력에 못 미치고 있으며, 인공지능은 창작의 보조 수단에 머무르고 있다. 그럼에도 불구하고 문학 분야에서도 인공지능을 활용한 '자동 생성 프로그램'이 등장하여 작품을 생산한다. 미국, 영국, 일본, 그리고 우리나라와 같이 IT 기술이 발달한 나라를 중심으로 자동 생성프로그램이 활성화되고 있다. 가령 '렉터 알고리즘(Ractor A, 1970년대 미국)', '봇포엣(botpoet, 2013년 미국)', '구글 인공지능 (2016년 미국)', '제로(Zero, 2016년 일본)', '벤자민(Benjamin, 2016년 영국)', '사이버네틱스 포잇(Cybernetics Poet, 2017년 미국)', '쉘리(Shelley, 2017년 미국)', '포자랩스(POZAlabs,

2018년 한국)', '아트랩(Artlab, 2018년 한국)' 등은 실제 인공지능 문학작품을 생산한 경험이 있는 인공지능 프로그램들이다(이형권, 2021, 20~21쪽).

(1) 제로(Zero)

'현인강림(賢人降臨)'은 2016년 일본의 인공지능 개발 기업인 쿼리아이가 출판한 책으로, 인공지능 '제로'(Zero)가 2권의 책을 학습해서 창작한 결과물이다. '제로'는 후쿠자와 유키치의 '학문을 권함'과 니토베 이나조의 '자경록'을 딥러닝으로 학습한 후, 이를 바탕으로 인공지능이 '젊은이', '학문을 통한 입신', '세계를 제패하다', '성공이란', '인간이란 무엇을 말하는가'의 다섯 가지 주제로 구분하여 주제에 답하는 형식으로 소설을 썼다.

일반적으로 기계학습이나 딥러닝은 인간이 이해할 수 없거나 다 처리할 수 없는 방대한 데이터를 학습하는데, '현인강림'의 가장 큰 특징은 그러한 일반적인 딥러닝 학습의 경우와 달리 단 두 권의 책만을 학습했다는 점이다. 2권의 책을 학습해 산출된 결과물이기 때문에 내용이 완벽하지 않고 전체적인 품질도 떨어지는 것이 특징인데, '제로'가 학습한 책과 유사한 문장이 여러 번 반복되어 나올 뿐 아니라 전체 분량도 약 6만 자로 일반 도서의 절반가량 정도이다(오세욱·김수아, 2016; 오세욱·최순욱, 2017). 출판사인 쿼리아이는 현시점에서 인공지능 기술이 어느 정도 수준까지 와 있는지 보여주기 위해, 소설 본문은 일부러 교정과 교열을 하지 않았음을 밝힌 바 있다.[8]

(2) 인공지능 소설 프로젝트

'컴퓨터가 소설을 쓰는 날(The Day A Computer Writes A Novel)'은 인공지능이 쓴 A4용지 3페이지 분량의 미니 단편 소설이다. 이 소설은 일본의 하코다테 미래대학의 히토시 마쓰바라(Hitoshi Matsubara)와 그 연구진이 2012년부터 진행해온 '인공지능 소설 프로젝트'의 일환으로 집필되었다. 2016년 인공지능이 쓴 두 개의 소설을 호시 신이치 공상과학 문학상 부문에 응모했고 두 개의 소설 중 '컴퓨터가 소설을 쓰는 날'이 1차 심사를 통과하였다.

---

8) https://namu.wiki/w/%ED%98%84%EC%9D%B8%EA%B0%95%EB%A6%BC.

이 소설은 호시 신이치의 초단편 소설 약 1,000편을 학습한 결과인데, 인공지능의 생각과 감정을 묘사하는 스토리를 담고 있다(이양복, 2018, 372쪽). 줄거리와 틀을 짜는 핵심적인 역할은 인간이 수행했고 인공지능은 단어를 조합해서 말이 되는 문장을 만드는 보조역할만을 담당했기 때문에 소설 작성과정에서 인공지능의 역할이 컸다고는 볼 수 없다. 인공지능 개발자인 사토 사토시 교수는 '소설에는 정답이 없어 답을 찾아가는 과정인 머신러닝을 적용하지 않았으며, 소설 작성은 인간이 더 잘할 수 있는 영역이므로 앞으로 소설을 쓰는 인공지능 프로그램을 개발하지 않겠다고 밝히기도 했다(오세욱·김수아, 2016 오세욱·최순욱, 2017). 공상과학 작가 하세 사토시도 '컴퓨터가 소설을 쓰는 날'이 전체적으로 잘 쓰인 소설이지만, 인물 묘사와 인간의 감정을 표현하는 부분은 다소 부족하다고 평가했다(최희식, 2017). 아직은 문학작품과 같이 인간의 감성을 요구하는 부분에서 인공지능의 취약함을 여실히 보여주고 있다.

(3) 딥비트(Deepbeat)

랩(Rap)은 음악의 한 장르이기도 하지만 그 가사는 본질적으로 네러티브를 갖는 텍스트인데, 랩 가사를 자동으로 작성해 주는 인공지능도 있다. '딥비트'는 사용자가 선택한 키워드를 바탕으로 랩 가사를 자동 생성해 주는 머신러닝 기반 소프트웨어로, 2015년 에리크 말미(Eric Malmi) 등 핀란드의 인공지능 연구자들이 개발했다. '딥비트'는 보유한 랩 가사 데이터베이스를 기계학습으로 학습한 후, 사용자가 특정 주제를 선택하면 그것에 부합하는 랩 가사를 자동으로 생성해 준다. 아무런 정보가 입력되지 않을 경우 무작위로 가사가 생성되며, 랩 가사의 일부를 사용자가 직접 입력한 후 여기에 어울리는 나머지 랩 가사를 생성하는 것도 가능하다. 다만, 가사가 완전히 새로 생성되는 것은 아니며 데이터베이스에 저장된 가사의 각 줄에서 라임과 리듬, 내용이 서로 어울리는 것들이 모여 조합된다(오세욱·김수아, 2016, 48쪽). 하지만 '딥비트'는 이미 나와 있는 여러 노래의 가사에서 어울릴만한 부분들을 한 줄씩 가져와 짜깁기 방식에 그쳤다는 점에서[9] 창작성이 있는 가사로 보기에는 무리가 있다. 또 랩 시구들의 라임이 맞지 않으며 결정적으로 가사에 주제나 서사를 구성하는

---

9) Jae Rhee(2015. 12. 17). 가사를 쓰는 인공지능 딥비트(Deep Beat). http://jaeroom.blogspot.com/2015/12/deepbeat.html.

능력이 없다는 점에서 랩 가사의 기본인 서사 기술이 부족하다는 평가를 받았다.[10]

2) 영상 분야

(1) 벤자민(Benjamin)

'선스프링(Sunpring)'은 미국의 IT 전문 미디어인 아스 테크니카(Ars Technica)가 2016년 6월 유튜브를 통해 공개한 8분짜리 SF 단편 영화로, 인공지능 '벤자민(Benjamin)'이 처음부터 끝까지 작성한 시나리오를 바탕으로 제작되었다. 딥러닝 기반의 '벤자민'은 인터넷에서 수집할 수 있는 1980~1990년대 공상과학영화 대본 수십 개를 학습했는데, 각 대본들을 철자 단위로 쪼개, 특정한 철자 뒤에 어떤 철자가 나타나는 경향이 있는지, 어떤 단어와 구가 함께 나타나는지를 파악했다. 이 방법은 기존 문장을 조합하지 않고서도 완전히 새로운 문장을 만드는 데도 유용했다. 학습 결과 '벤자민'은 등장인물의 대사와 지시문을 만들어 냈는데, 다만 등장인물 이름을 그럴듯하게 만들지 못해서 모두 H, C 등으로 표기되었다. 그러나 시나리오 자체가 엉성할뿐더러 무엇을 말하려는지 알기 어렵다는 평가를 들었다(오세욱·김수아, 2016, 53~54쪽).

(2) 왓슨(Watson)

2016년 8월 미국 할리우드 영화사 20세기 폭스가 유튜브에 공개한 공상과학영화 '모건(Morgan)'의 예고편은 IBM의 인공지능 '왓슨'이 영화 본편과 기존 예고편의 패턴을 학습해서 만든 것이다. 첫 번째 단계에서는 '왓슨'이 공포영화라는 주제영역을 이해하도록 기존 공포 및 스릴러 영화 100편의 예고편을 각 장면으로 분할해서 학습시켰다. 두 번째 단계에서는 학습 내용을 바탕으로 실제 예고편을 제작하였는데, 영화 본편을 입력하자 '왓슨'이 영화 전체의 장면들을 분석했고 예고편에 적합한 후보로 총 10분 길이의 장면들을 선정했다. 그리고 최종 예고편은 인간 영화제작자가 영상 중 일부를 선택하고 새롭게 배열·편집하는 방식으로 1분 15초 길이로 만들었다(오세욱·최순욱, 2017, 71쪽). 보통 1주일이나 한 달 걸리는 예고편 제

---

10) The Verge(2015. 5. 22). DeepBeat is a rapping AI that probably won't any batttles. http://www.theverge.com/2015/5/22/8643873/deepbeat-ai-rapper.

작 시간을 하루로 대폭 줄이는 효과는 있었으나, 인공지능이 만든 짧은 영상을 1분 15초라는 최종 창작물로 편집한 주체는 결국 인간이었다. 인공지능을 영상 제작의 도구로 활용한 사례로 평가된다.

(3) AI 오바마(Obama)

미국의 워싱턴 대학교 연구팀이 2017년 7월 인공지능 기술을 기반으로 전직 대통령인 오바마의 영상 데이터 학습을 통해 실제로 존재하지 않는 영상인 딥페이크를 생성했다. 오바마의 목소리에 맞춰 립싱크로 말하는 일종의 '오바마 인공지능'이라고 할 수 있다. 이것은 컴퓨터에 오바마의 입술 모양과 얼굴을 지도학습 시킨 후, 그의 목소리 데이터를 입력하면, 목소리 데이터에 맞는 입술 모양을 만들고 입술 모양에 오바마의 실제 입을 합성한다. 다음 단계에서는 고갯짓, 눈짓, 턱 모양을 합성해서 자연스럽고 완벽한 영상 데이터가 산출되는데, 목소리 데이터만 동일할 뿐 말하는 장소와 의상, 제스처가 다른 조작된 영상이 생성된다. 최종결과물은 학습데이터인 오바마의 원본 데이터보다 높은 해상도로 산출되기 때문에 사실적 특성이 돋보인다. 이 창작물의 핵심은 음성 데이터에 맞는 입술 모양을 만드는 것인데, 여기에 실제 사람의 모습을 입히고 영상으로 만들어 영상처리영역에서 인공지능의 발전적 양상을 제시해 줄 뿐만 아니라 인간과 유사한 존재에 대한 강한 거부감을 발생시키는 '불쾌한 골짜기(uncanny valley)' 효과[11]를 극복했다는 점에서 의미 있는 성과로 평가된다(강은정·장윤영·이보아, 2018, 8쪽). 관련 연구자들은 이 기술로 디지털 모델이 가상현실이나 증강현실 애플리케이션을 위해 디지털 인간 모델을 만드는 것을 곧 실현할 수도 있다고 주장한다.[12] 반면 이와 같은 인공지능 기반의 소프트웨어가 가짜 영상이나 허위조작정보(fake news)로 오용될 우려가 있다는 점도 간과할 수 없을 것이다.

---

11) 1970년 세계적인 로봇학자 모리 마사히로가 주창한 이론으로, 로봇이 사람의 모습과 흡사해질수록 인간이 로봇에 대해 느끼는 호감도가 증가하다가 어느 수준에 이르면 갑자기 하강 곡선을 그리고 결국 강한 거부감이 크게 두드러지는 역효과 현상을 말한다. https://www.thegear.kr/news/articleView.html?idxno=14844.

12) Chowdhury, A. P. (2017). What's the latest buzz about Artificial Intelligence creating fake Obama?. https://analyticsindiamag.com/whats-latest-buzz-artificial-intelligence-creating-fake-obama/

3) 회화 분야: 더 넥스트 렘브란트(The Next Rembrandt)

네덜란드에서 천재 화가 렘브란트가 세상을 떠난 지 거의 400여 년이 되는 2016년, 딥러닝을 기반으로 한 '넥스트 렘브란트 프로젝트'13)가 개발되었다. 이 프로젝트의 목적은 인공지능을 활용한 렘브란트의 디지털화이다. 인공지능이 데이터를 사용하여 화가의 스타일을 스스로 학습한 것을 토대로 마치 렘브란트가 그린 것처럼 창의적이고도 독자적인 미술작품을 새롭게 창작하도록 하는 것이다. 이 경우 렘브란트 그림은 이미 저작권 보호기간이 만료되었으므로, 데이터 입력에서 그의 작품을 자유롭게 디지털화해서 사용하는 것은 저작권법상으로 문제되지 않는다 (Gillotte, 2020; Yanisky-Ravid, 2017).

18개월간 진행되었던 프로젝트 과정을 구체적으로 보면, 먼저 150GB에 달하는 346점의 렘브란트 작품을 3D 디지털 기술을 이용해 스캔한 뒤, 컴퓨터에 데이터를 입력해서 안면인식 기술을 이용하여 픽셀 단위로 분석했고 빅데이터를 통해 그림들 속에 있는 도형, 구성 패턴, 렘브란트가 사용했던 물감의 원료, 물감 두께와 질감 등에 관한 자료를 도출하였다. 그리고 딥러닝 알고리즘을 이용하여 인공지능이 렘브란트 초상화의 특징과 회화 양식을 학습하도록 하였다. 이를 토대로 인공지능에 모자를 쓰고 하얀 깃 장식과 검은색 옷을 입은 30~40대 수염 난 백인 남성을 그리라는 지시를 했고, 3D 프린터를 통하여 약 1억 5만 화소의 그림으로 재현하는 데 성공했다(강은정·장윤영·이보아, 2018; 최희식, 2016). 이렇게 해서 산출된 그림의 저작권법적 성격은 렘브란트의 화풍을 토대로 만든 새로운 결과물이라는 점에서 결코 렘브란트의 그림을 복제했다고는 볼 수 없을 것이다.

기술적으로 안면 기술, 딥러닝 알고리즘, 3D 스캔 기술, 3D 프린팅 기술을 활용한 것인데, 미술작품에 인공지능 기술의 활용 가능성을 보여주었다. 이 프로젝트에 대해서는 다양한 반응을 보였다. 우선 단지 렘브란트의 작화 스타일을 모방했기 때문에 렘브란트 화풍의 그림일 뿐, 인공지능 스스로 창작한 그림이 아니라는 비판이 있었다. 또한 '인공지능이 인간의 전유물인 예술 영역을 침범했다', '예술가들이 실업

---

13) 마이크로소프트사, 델프트 공대, 여러 네덜란드의 미술사학자들이 18개월 동안 합동해서 개발한 인공지능 소프트웨어이다.

자가 될 것이다', '인간만이 창의적이다' 등과 같은 논쟁을 불러일으키기도 하였다. 반면 알고리즘, 데이터와 휴먼 디자인, 테크놀로지와 감정 간의 관계에 대한 성찰의 기회를 주었고, 테크놀로지를 활용한 예술작품 분석에 대한 새로운 시각을 제공해 주었다는 긍정적인 평가도 있었다. 인공지능이란 기술이 미술 분야에도 많은 변화를 초래할 것을 보여준 사건으로, 예술의 정의에 대한 근본적인 질문을 제기(강은정·장윤영·이보아, 2018; 이현남, 2020)했던 사례였다. 저작권 관점에서도 저작물로 인정받을 수 있는 요건인 창작성 개념에 대해 다시 생각해 보도록 만든 사건이기도 하다.

4) 이미지 분야

(1) 달리(DALL·E)

'달리(DALL·E)'는 간단한 설명 텍스트로 이미지를 만들 수 있는 AI 이미지 생성기술(generator)이다. 미국의 인공지능 연구소인 오픈 AI가 2021년 1월 공개한 기술로, 초현실주의 화가 '살바도르 달리(Salvador Dalí)'의 이름과 디즈니 애니메이션 영화의 제목 '월·E(WALL·E)'를 합해서 이름을 붙였다. 달리는 간단한 설명 텍스트로 된 메시지가 입력되면 다음에 올 가능성이 가장 클 것으로 예측되는 픽셀을 채우는 방식으로 텍스트를 '완성'해서 이미지를 생성한다.[14] 예를 들어 '아보카도 모양의 의자'라는 텍스트를 입력하면 아보카도 안락의자 이미지를 생성하는데, 아보카도와 의자의 기본적인 특징이 모두 포함되어 있다. 2022년 4월에는 오픈 AI가 '달리2'를 선보였다. 이것은 자연어 텍스트로 설명하면 독창적이고 사실적인 이미지와 예술작품을 창작할 수 있으며, 개념, 속성, 스타일을 결합할 수 있다.[15] 사용자들은 '달리2'를 이용하여 동물들부터 운동화 디자인 등 다양한 사실적인 이미지들 제작할 수 있으며, 제작한 이미지를 판매 및 리프린팅(Reprinting) 하는 것도 가

---

14) Heaven, Will Douglass(2022). 말 타는 우주비행사 이미지는 AI가 세상을 이해하는 과정에서 중요한 단계를 보여준다. MIT Technology Review. https://www.technologyreview.kr/%EC%9D%B4-%EB%A7%90-%ED%83%80%EB%8A%94-%EC%9A%B0%EC%A3%BC%EB%B9%84%ED%96%89%EC%82%AC-%EC%9D%B4%EB%AF%B8%EC%A7%80%EB%8A%94-ai%EA%B0%80-%EC%84%B8%EC%83%81%EC%9D%84-%EC%9D%B4%ED%95%B4%ED%95%98%EB%8A%94/.

15) https://openai.com/dall-e-2/.

능하다. 오픈 AI는 달리2 유료 구독 서비스를 선보이면서 사용자들에게 제작한 이미지를 상업적으로 활용할 수 있는 권한도 부여했다.[16]

그림 8-1. '달리'가 만든 아보카도 모양의 의자 이미지
* https://openai.com/blog/dall-e/

(2) 딥드림(Deep Dream)

2015년 7월 구글이 공개한 '딥드림'은 모든 컴퓨터 시스템이 모든 정보를 일러주는 지도학습으로 이루어지는 시각화 소프트웨어이다. 이것은 인공신경망을 이용한 컴퓨터 학습방식인 딥러닝 기술을 시각 이미지에 적용한 기술로, 결과물이 마치 꿈을 꾸는 듯한 추상적인 이미지를 닮았다고 해서 '딥드림'이라고 부른다.[17] '딥드림'은 그림이나 사진 같은 다양한 이미지를 인식하고 저장한 뒤, 이미지들의 특징을 뽑아내서 이를 중심으로 나름의 형상을 재구성하여 추상화를 만들어 낸다. 예를 들어 구름, 얼굴 같은 평범한 이미지를 입력하면, '딥드림'이 이를 무작위로 눈이나 개, 새, 물고기, 자동차 등의 모습으로 바꿔놓는다. 이 과정에서 '딥드림'의 인공신경망은 자신이 원래 의도한 이미지 형태만을 과장하고, 그 외의 이미지 요소는 왜곡하여 새로운 이미지를 생성하는 것이다(오세욱·최세욱, 2017, 74~75쪽).

이와 같은 제작과정에서 핵심적으로 작용하는 기술이 인공신경망 알고리즘인

---

16) 출처: 디지털투데이(DigitalToday)(http://www.digitaltoday.co.kr) "이미지 생성 AI 급주상..'달리(DALL-E)'를 아시나요." 황치규 기자. 디지털투데이 2022년 8월 2일 입력 https://www.digitaltoday.co.kr/news/articleView.html?idxno=455806.

17) 오승주·최진모. 그림도 그리는 구글 인공지능 '딥드림'. news1. 2016.3.15. https://www.news1.kr/articles/?2602024.

'인셉셔니즘(Inceptionism)' 기술이다. 이것은 새로 입력된 이미지에서 발견된 수많은 변수와 기계학습을 통해 사전 학습한 이미지 세트들의 변수 조각과 연관성이 높은 것을 합성하는 기술이다. 웹사이트에 이미지를 업로드하고 꿈의 형태나 특정 이미지를 등록하면 약 10초 후에 새롭게 해석된 이미지를 받아볼 수 있다. '딥드림'은 기존에 학습된 이미지의 특징을 기반으로 새로운 이미지를 독창적인 방식으로 해석했다는 측면에서 단순히 유명 화가의 화풍을 모사하는 시도와 차별성을 지녔다 (강은정·장윤영·이보아, 2018, 7쪽). 그런 점에서 렘브란트 프로젝트에 비해 하나의 저작물로서 보호받는 정도가 조금 더 크다고 볼 수 있을 것이다.

5) 음악 분야

음악 분야 창작에서 인공지능의 활용은 작곡 분야에서 비교적 활발한 경향을 보이며, 수준도 다른 분야에 비해 높은 것으로 평가된다. 2016년 현재, 인공지능이 작곡한 음악은 인간 작곡가가 만든 음악을 섞어서 무작위로 들려주었을 때 청중들이 이를 거의 구분하지 못할 정도의 수준까지 작곡이 가능해졌다. 이미 인공지능이 만든 수많은 음악이 실제 콘서트에서 전문 연주자에 의해 연주되기도 하고 앨범으로 발매되어 대중들이 접하고 있다(정보화진흥원, 2016, 13~14쪽). 이처럼 작곡하는 컴퓨터 알고리즘은 1957년으로 거슬러 올라가는데, 레자렌 힐러와 레너드 아이잭슨이 어바나-샴페인 일리노이대에 있는 일리악(ILLIAC) I 컴퓨터를 이용해 만든 '현악사중주를 위한 일리악 모음곡'에서 처음 발견된다. 그리고 1960년대부터는 모차르트나 바흐 등 특정 작곡가의 스타일을 분석해서 그와 유사한 작품으로 곡을 쓰는 연구가 이루어졌다.[18]

(1) 작곡 인공지능 '이아무스(Iamus)'

'이아무스'는 데이터 학습이 아닌 독자적인 창작을 위해 생물학적 진화 모델을 인공지능과 접목하여 기계 스스로 음을 진화시켜 작곡한다는 점이 다른 음악창작 인공지능과 차별화된다(임효성, 2019, 50쪽). 이것은 스페인 말라가 대학의 프란시스

---

18) "구글 예술창작 인공지능 '마젠타' 공개... 80초 피아노곡 발표", 연합뉴스 2016년 6월 2일 자.

코 비코(Franscico Vico) 교수와 그의 연구진이 개발한 생물학적 유전모델을 적용한 인공지능 시스템 멜로믹스(Melomics)의 컴퓨터 클러스터로, 2010년 9월부터 작동했다. 멜로믹스는 음악 작곡에 진화적 관점을 적용한 음악 작곡 알고리즘이다. 먼저 곡의 각 테마들을 진화과정 시뮬레이션을 통해 확보한 후, 각 테마들을 형식적·심미적 측면에서 더 나은 적합도를 갖는지를 두고 다른 테마들과 서로 경쟁하도록 한다. 또한 테마들을 하나의 유전자로 인코딩하고 각각 독자적 진화 발생 과정을 겪게 한다(오세욱·최순욱, 2017, 72쪽). 여타의 인공지능 작곡 프로그램이 주어진 음악 작품들을 학습해서 작곡기법을 모방하는 방식이라면, '이아무스'는 주어진 주제를 무작위로 진화시키는 과정을 통해 자신만의 스타일로 작곡한다는 점이 결정적 차이점이다(임효성, 2019, 47쪽). 이렇게 독창성을 확보할 수 있을 뿐만 아니라 유전자의 진화과정에서 발생하는 돌연변이도 받아들이는 유연함까지 확보할 수 있다. 또한 작곡과 관련된 시스템상의 제약조건이 거의 없기 때문에, 잠재적으로 모든 음계·화성·구성의 작곡이 가능하다(오세욱·김수아, 2016, 42쪽). '이아무스'가 음악을 작곡하는 과정은 주제적 요소(음악적 단위)를 창의적으로 진화시켜 발전해 나가는 인간의 창작 행위와 유사하다. 또 인간의 개입은 실제 연주 가능한 음악이 되도록 형식을 설정하는 것에 그치기 때문에, 이런 유형의 인공지능 창작이 앞으로 기술발전과 함께 파급력이 큰 대중음악에 반영된다면 새로운 음악저작물 유통시장이 형성될 가능성이 있고, 인공지능 저작권 문제의 핵심이 될 가능성이 크다(임효성, 2019, 47~48쪽). 인공지능이 작곡의 또 다른 주체로서, 인간 작곡가들을 상대로 창의적인 도전을 할 수 있음을 엿볼 수 있는 사례이다.

(2) 마젠타(Magenta) 프로젝트

세계 최대 인터넷 기업인 구글은 2016년 6월 1일 예술작품 창작 인공지능을 만들겠다는 '마젠타 프로젝트'를 공개하였다. 이 프로젝트의 목표는 "머신러닝을 통해 설득력 있는 예술과 음악을 창조할 수 있는지" 알아보는 것이다. 1천여 가지 악기와 30여만 가지의 음이 담긴 데이터베이스를 구축하고 이를 인공지능에 학습시켜 새로운 소리, 음악을 만들어낸다. 구글은 프로젝트를 통해 예술가들, 프로그래머들과 머신러닝 연구자들의 커뮤니티를 형성할 것을 강조하였다(임효성, 2019, 50쪽; 정보화진흥원, 2016, 9쪽). 인공지능의 기술발전 속도를 고려할 때 창작자와 기술

전문가들의 협업을 위한 커뮤니티 형성은 매우 필요한 부분이라고 본다.

'마젠타 프로젝트'는 인공지능의 개발주체가 특정 기업이 아닌 오픈소스 플랫폼을 토대로 하는 인공지능 프로젝트이다. 인공지능의 개발과 진화를 공개된 프로젝트 커뮤니티에 맡김으로써 누구나 프로젝트에 기여할 수 있고, 마젠타 인공지능 소프트웨어와 이를 이용하여 창작한 음악을 자유롭게 이용할 수 있는 것이 특징이다. 프로젝트의 결과물로 첫 번째 공개된 80초짜리 피아노곡은 첫 4개 음표가 주어진 상태에서 머신러닝 알고리즘으로 생성되었다. 프로젝트에서 이용된 아파치(Apache) 라이선스는 저작권과 라이선스의 고지만을 주요 요건으로 요구하고 이용범위를 넓게 인정하는 라이선스이다. 이에 따라 음악저작권을 누구나 자유롭게 이용할 수 있는 공유의 세계로 발전하는 데 크게 기여했는데, 저작권 제도에 중대한 도전으로 평가된다(정진근, 2021b). 인공지능 창작물의 이용허락 범위의 확대 가능성을 보여주었고, 인공지능이 만든 음악창작물이 급격히 늘어날 경우 음악산업 구조는 물론이고 인간의 창작에 대한 동기부여 방식 등, 새로운 산업적, 법 제도적 문제를 제기하는 사례로 지적할 수 있다.

(3) 플로우 컴포저(Flow Composer)

2016년 9월 소니 컴퓨터과학연구소가 개발한 인공지능 작곡 보조도구인 '플로우 컴포저'가 'Daddy's Car'와 'The Ballad of Mr. Shadow'를 작곡하였다. 데이터베이스 LSDB에 담긴 13,000여 곡의 스타일을 기계학습으로 분석한 후, 사용자인 인간 작곡가가 선택한 스타일에 맞추어 작곡한다.[19] '플로우 컴포저'는 기계학습에 기반하여 인간이 최소한 개입(곡 스타일이나 곡의 길이 설정 등)하여 작곡하거나, 인간 작곡가가 작곡 과정에서 지속적으로 개입하면서 상호작용을 통해 작곡 또는 편곡할 수 있다(오세욱·최순욱, 2017; 이양복, 2018; 임효성, 2019). 인간의 개입이 어느 정도 필요한 경우에 해당한다.

---

19) 먼저 작곡자가 DB에서 만들어질 새로운 곡의 스타일을 선택하면, 이를 바탕으로 새 리드시트(lead sheeet)를 생성하는데, 이때 학습된 곡들의 패턴이 적용되며 화음, 길이, 코드 변화 등 몇 가지 옵션 조절이 가능하다. 마지막으로 DB에 저장된 다른 노래의 오디오 레코딩에서 추출한 사운드를 기반으로 리드시트의 멜로디에 맞는 반주를 생성해 추가한다. 이런 과정을 반복해 작곡자가 원하는 스타일의 음악이 만들어지면, 프로듀싱, 믹싱 작업이 종료된다.

(4) 아이바(AIVA; Artificial Intelligence Virtual Artists)

'아이바'는 룩셈부르크와 영국 런던에 설립된 아이바 테크놀로지(Aiva Technologies) 가 2016년 개발한 음악 작곡 인공지능이다. 당시 유럽에서는 인공지능의 창작에 대한 논란이 있었으나, 아이바는 프랑스 작곡가협회에 최초로 등록된 인공지능 작곡가이다. 클래식 음악 작곡에서 시작하여 이미 2장의 스튜디오 앨범을 발매했고, 2019년부터는 팝뮤직, 재즈, 영화음악 등 대중음악 장르로 영역을 넓혀 활발하게 창작활동을 하고 있다.[20]

'아이바' 테크놀로지는 '아이바'에 바흐, 베토벤, 모차르트 같은 유명 클래식 작곡가의 음악을 입력하여 딥러닝 방식을 통해 분석 및 기계학습을 하도록 하였다. '아이바'는 학습을 통해 자신만의 음악 이론을 정립한 후, 자신의 음악을 작곡할 수 있다. 전문 연주자들은 아이바가 작곡한 악보를 토대로 녹음하는데, 2017년 현재 아이바가 작곡한 클래식 음악은 영화, 게임, 광고 등에서 널리 쓰이고 있다. 다만 의뢰인이 매체의 이야기와 어울리는 음악을 요구할 경우, 이에 맞는 음악을 위해 작곡을 여러 번 해야 하는 것이 취약점이다(최희식, 2017).

(5) 보이드(Boid)

국내에서도 2016년 인공지능이 작곡한 음악이 처음 나왔다. 인공지능 작곡가 '보이드'[21]가 만든 음악 '그레이(grey)'와 '캐비티(cavity)'가 음원 공유 사이트인 멜론과 지니를 통해 공개되었다. '보이드'는 새들의 움직임과 같이 무질서해 보이는 자연계 현상에서 나타나는 일종의 규칙성을 의미하는 물리학 용어이다. 학습한 곡들로부터 음악적 요소들을 빼낸 뒤 이를 조합해 무작위로 새로운 곡들은 만드는데, 그렇게 만든 곡들로부터 또다시 진화된 곡을 뽑아낸다. 구글의 인공지능 바둑인 알파고가 셀프대국을 하면서 진화해 나간 것과 유사하다.[22]

---

20) 이교구(2020). "창작 주체로서 음악적 소양 깊어져 가는 'AI'", 아트 & 테크 2020년 8월 8일 자. https://m.kmib.co.kr/view.asp?arcid=0924150324.

21) 성균관대 컴퓨터공학과 안창욱 교수와 박사과정생인 정재훈이 개발한 인공지능 프로그램이다.

22) "바둑·소설 이어 음악까지… 인공지능의 진화", 동아일보 2016년 5월 25일 자. https://www.donga.com/news/article/all/20160525/78301132/1.

6) 뉴스 분야

디지털 환경에서 언론보도에서는 기사뿐 아니라 이미지, 영상 등의 활용이 중요하다. 이에 인공지능이 자동생성한 텍스트, 이미지, 영상 등을 활용한다면 보도 효과를 높일 수 있으며 뉴스 제작시간을 단축함으로써 뉴스 생산성을 높일 수도 있다.

(1) 퀼(Quill), 워드스미스(Wordsmith)

자동화된 콘텐츠 중에서 가장 일반화된 것은 자동으로 작성한 텍스트 형태의 뉴스 기사이다. 뉴스는 네러티브를 갖는 텍스트 혹은 영상이지만, 다른 미디어들과 명확하게 구분되는 특징이 있고 사실상 가장 활발하게 인공지능을 통한 자동생성의 가능성을 타진하고 있는 영역이기도 하다. 텍스트 뉴스 분야에서는 이미 2010년 무렵부터 자동 기사 작성 알고리즘, 또는 이런 알고리즘을 이용한 기사 작성 플랫폼들이 등장했다. 전 세계적으로 가장 잘 알려진 대표적인 로봇 기사 작성 플랫폼으로 내러티브 사이언스(Narrative Science)의 '퀼', 오토메이티드 인사이츠(Automated Insights)의 '워드스미스'가 있다. 이들 플랫폼에서는 대량의 데이터에서 기사로 작성할 만한 가치가 있는 사실들, 또는 이와 관련된 이벤트를 추출하고 이를 정리해 특정한 기사 형식(format 또는 template)으로 만들어 내고 있다. 형식이 비교적 명확하면서도 단순한 경제나 스포츠, 부음 등 기사들의 반복 작성 업무를 줄여주었다 (오세욱·김수아, 2016; 오세욱·최세욱, 2017).

(2) 테크봇(Techbot)

테크봇은 한국의 IT 관련 전문 미디어인 테크홀릭(Techholic)의 뉴스 작성 자동화 시스템이다. 2016년 10월 현재 '스페셜 리포트'와 '위클리 초이스'라는 기사를 매주 1회 작성해서 공개하였다. 전자는 전자 공시 시스템(DART)에 등록된 930여 개 기업에 대한 각종 매체, 블로그, SNS 등에서의 반응을 집계해 기업별 순위를 산출한 것이고, 후자는 기사 조회 수와 SNS 반응 등을 기준으로 화제 기사를 선정해 정리한 기사이다. 매주 공개되는 두 종류 기사의 문구는 완전히 동일하며, 기사에 포함되는 기업명이나 기사명, 순위만 변경된다. 한편 2016년 10월에는 자연어 처리 및 텍스트 분석 스타트업 '퀀트랩(QuantLab)'이 연예 분야 뉴스를 자동으로 생성해 주는 '연예뉴스 로봇'을 공개하였다. 실제로 작성된 기사를 보면 테크홀릭처럼 특정 템플릿 안의 문구만 바꿔 넣는 방식으로 기사가 작성된다(오세욱·김수아, 2016, 22~24쪽).

(3) 위비츠(Wibbitz)

2011년 이스라엘의 텔아비브에서 창업한 위비츠는 인공지능을 이용하여 뉴스 기사를 바탕으로 짧은 동영상을 생성해 주는 플랫폼이다. 즉 텍스트 기반의 뉴스 기사를 영상으로 전환해 주는 플랫폼이다. 자체적으로 개발한 자연어 처리 기술을 기반으로 선택된 텍스트를 분석해 블로그 포스팅과 보도자료의 핵심 정보만을 발췌한 뒤, 이를 바탕으로 관련 시청각 자료들을 수집한다.[23] 그리고 이렇게 수집된 특정 텍스트 뉴스와 관련된 시청각 자료를 가지고 영상 뉴스를 자동으로 제작해서 언론사에 공급한다. 그 과정을 보면, 이용자가 선택한 뉴스 혹은 문서 자료의 모든 텍스트를 자연어 처리 기술로 분석한 후, 텍스트에서 핵심 문장과 단어를 추출하고 이를 영상 뉴스에 맞는 내용으로 재구성한 뒤, 뉴스의 내용에 맞는 영상, 사진, 인포그래픽 등을 공개된 이미지/영상 아카이브나 제휴 콘텐츠 데이터베이스에서 자동으로 수집해 배치한다. 마지막으로 텍스트 음성화(Text to Sound) 기술로 뉴스 영상에 해설을 덧붙인다. 생산된 영상뉴스에 미비한 점이 있으면 사람이 재편집할 수 있는데, 일단 하나의 영상뉴스 제작과정에는 채 10분도 걸리지 않는다(오세욱·최세욱, 2017, 76~77쪽).

(4) 브레이킹 뉴스(Breaking News)

언론사가 생산한 뉴스가 아닌 인공지능을 활용한 가상 뉴스 제작 사례이다. 2017년 한국의 아트센터 나비에 전시되었던 '브레이킹 뉴스'는 뉴스 기사 데이터와 인공지능을 결합해서 산출한 일종의 불명확한 영상뉴스 작품이다. 이 작품은 관람객이 키워드를 입력하면 인공지능 학습모델이 가상의 뉴스를 스스로 생성하는데,

---

[23] 이한종(2015). 텍스트 기사를 비디오로 전환해 주는 '위비츠', 94억 규모 투자 유치. beSUCCESS 2015. 8. 19. https://besuccess.com/startup/wibbitz/.

관람객 모습을 뉴스 속 유명인의 얼굴로 변형시켜 제시해 준다. 여기에는 인공지능 학습모델인 RNN 모델이 한국의 전자신문에서 기간 및 분야별로 100여 개의 기사를 수집해서 사용했고, 관람객 영상을 인식, 유명인사의 얼굴로 자동 변형하기 위한 목적으로 GAN 모델을 사용하였다. 최종적으로 관람객은 자신이 입력한 정보가 이미지와 텍스트로 재구성된 결과물을 확인하는데, 이 과정에서 인공지능 도움으로 수동적인 독자에서 참여자의 지위로 전환되어 뉴스와의 상호작용을 경험하게 된다. 한편 가상 뉴스는 기초 문법을 갖춘 텍스트 형태로 산출되었으나, 의미 전달에는 한계를 드러냈다. 방대한 데이터가 축적되고 인공지능이 발달한 미래에 테크놀로지가 초래하는 정보전달의 혼재 가능성을 가시적으로 보여준 사례이다(강은정·장윤영·이보아, 2018, 6쪽). 지도학습에 의존하면서 관람객이 능동적으로 작품의 창작에 참여하는 일종의 상호작용형 예술창작물로 볼 수 있는데, 예술 창작과정에서 인간과 인공지능의 협업이 이루어지는 사례로 볼 수 있다.

제 9 장

인공지능 콘텐츠 창작과 저작물 이용

1 / 인공지능 콘텐츠 창작과정에서 학습

1) 인공지능 학습의 의미와 특성

인공지능은 대량의 데이터와 알고리즘을 통해 스스로 학습, 추론, 인식하면서 작업수행 방법을 익힌다. 여기서 학습은 다양한 지식과 정보를 축적하는 개념으로, 인공지능은 스스로 사고하고 학습하는 과정을 거쳐서 계속 진화한다. 추론은 축적된 지식을 기반으로 새로운 정보에 대한 답을 도출하는 개념이며, 인식은 학습을 바탕으로 한 추론을 통해 결과를 표출하는 과정을 포함하는 개념이다.

학습은 인공지능의 진화에서 가장 중요한 요소인데, 특성을 추출해서 분류하는 시스템을 만드는 일련의 과정이다(김재필·나현, 2016, 4쪽). 즉 여러 경험을 통해 패턴을 얻어내고, 이 패턴이 다음 행동에 영향을 주는 것이다. 학습에서는 인공지능이 기술 구동 원리에 따라 지식과 정보를 학습하는 이용자 입장이 된다. 이때 인공지능은 인간처럼 저작물을 선험적으로 학습해서 새로운 저작물을 창작하는 것이 아니라, 기술을 통해 기존의 저작물 데이터를 대량 수집한 후 예측 모델생성에 사용되는 '훈련 데이터(training data)'를 통해 저자의 저작물을 수집해서 스스로 글을 쓰고 음악을 작곡하고 영화를 제작하는 법을 학습할 수 있다(김도경, 2020, 479~480쪽). 그런 점에서 머신러닝은 엄청난 저작물 창작 욕구와 무한한 잠재력을 지닌 인공지능 기술이다(Sobel, 2017, p. 45).

　머신러닝에서 인공지능 학습은 저작물 그 자체의 향유가 아니라 단지 정보를 습득하고자 그 저작물을 구성하는 언어나 기호 등을 통계적으로 분석하는 경우 그 저작물 등을 복제하거나 번역 등 필요한 형태로 변환할 수 있다(임원선, 2020a, 193쪽). 인간의 학습은 정보가 갖는 특성에 대해 선행학습 또는 지도학습을 통해 이루어진다. 누군가가 답을 알려주거나, 바르다고 생각되는 방향을 제시함으로써 그에 따른 판단을 하게 되는 것이다. 반면 머신러닝은 인공지능이 스스로 학습하는 것으로 데이터를 '분류'하는 것을 말한다. 즉 다양한 특징을 분석하여 패턴을 분류하고, 분류된 결과를 바탕으로 새로운 데이터를 판단하게 된다. 특정 데이터에 대하여 잘 동작하도록 기계학습 모델을 학습시키면 실제 상황에서 그 데이터와 유사한 새로운 데이터가 입력되었을 때 학습된 것과 유사한 결과를 출력할 것이라고 기대할 수 있다(김윤명, 2016a, 203~204쪽).

　인공지능이 콘텐츠를 창작하기 위해서는 저작권 보호 대상이든 아니든 데이터를 기초로 학습을 통해 인공지능을 훈련해야 한다. 머신러닝의 기술적 운용원리에 따라 학습 과정은 크게 세 가지 단계로 구분된다. 데이터를 수집하여 데이터 세트[1]를 만들기 위해 데이터를 입력하는 단계, 학습데이터 분석으로 중간산출물을 만드는 중간단계, 학습의 최종결과물을 산출하는 생성단계이다(김인철, 2019; 정상조, 2020). 여기서 중간단계를 박현경(2020)은 데이터 세트의 훈련 중에 생기는 일시적 복제와 데이터를 이용하여 학습을 수행하는 단계로 구분했다. 그런가 하면 박성호(2020)는 인공지능이 빅데이터를 활용한 머신러닝의 실행과정을 데이터 수집, 생(生) 데이터의 집합체인 데이터베이스 구축, 데이터 처리, 학습용 데이터를 활용한 학습, 학습 완료 모델의 순으로 설명하고, 데이터의 수집 및 처리는 '정보검색', 실질적인 기계학습 부분은 'TDM(text data mining)'[2]에 해당한다고 설명하기도 하였다(42쪽). 이렇게 볼 때 인공지능의 콘텐츠 창작을 위한 학습은 데이터의 수집과 입력 단계, 일시적 복제와 학습수행 단계를 포함하는 중간단계, 학습모델로부터 최종산출물의 생성단계와 같은 과정으로 진행된다.

---

1) 인공지능 학습을 위해 특성과 목적에 필요한 체계적인 데이터 집합(박현경, 2020, 132쪽).
2) 유용한 정보의 생성과 가치를 추출하기 위해 텍스트와 데이터 자료를 분석, 처리하는 방식.

2) 인공지능 학습데이터의 특성

(1) 학습대상으로서 빅데이터 활용

인공지능은 방대한 분량의 데이터를 학습, 분석함으로써 일정한 패턴을 찾아내고 그 패턴을 토대로 결과를 예측하는 기능을 한다. 따라서 인공지능 학습의 성패는 투입되는 학습데이터 또는 훈련 데이터에 좌우된다고 볼 수 있으므로, 학습데이터의 수집과 확보는 중요하다. 인공지능이 학습과 분석을 통해 일정한 패턴을 찾아내고 예측도를 높이기 위해서는 대량의 데이터가 요구된다. 특히 딥러닝은 방대한 데이터의 보유 여부에 따라 성공 여부가 결정된다. 그런 점에서 인공지능 학습의 실질적인 대상은 대용량 데이터인 빅데이터라고 볼 수 있다.

빅데이터란 기존의 데이터 관리 방법이나 도구로 처리하기 어려운 대량의 데이터로부터 가치를 추출하고 결과를 분석하는 기술이다. 기존의 관리, 분석 체계[3]로는 감당하기 어려운 막대한 데이터 집합과 이를 해결하기 위한 플랫폼, 분석기법[4] 등을 포괄하는 개념이다. 인공지능의 학습으로 볼 수 있는 빅데이터의 활용은 '데이터 생성(소스) → 수집 → 저장 → 처리 → 분석 → 표현'의 처리 과정을 거치며, 프로세스마다 세부 영역과 관련 기술이 등장한다. 처리 과정은 다시 크게 데이터 → 수집 → 저장 → 처리단계로 구분할 수 있는데(이진태, 2013; 정지선, 2012a), 빅데이터를 활용한 인공지능의 창작과정에서 저작권 문제는 데이터 생성단계를 제외한 수집, 저장과 처리단계에서 주로 발생하리라고 예측할 수 있다.

빅데이터를 성공적으로 활용하기 위해서는 활용할 수 있는 데이터의 자원화, 데이터를 가공하고 분석·처리하는 기술, 그리고 데이터의 의미를 통찰하는 인력 등 세 가지 요소가 중요하다(정지선, 2012a, 8쪽). 빅데이터의 특징은 수작업이 아닌 기계, 프로그램 등에 의해 수집되는 대량의 데이터, 기존 데이터보다 훨씬 미세하고

---

3) 전통적인 정보서비스는 업무, 효율성 중심으로, 고객정보, 거래정보 등의 정형화된 데이터가 정부, 기업 등 조직을 중심으로 생성·소비되었으나, 통신, 정보기술의 발달로 모바일 환경 기반의 다양한 서비스가 일상화되면서 데이터가 생성되고 소비되는 원천 환경이 변화하였다(정지선, 2012b, 1쪽). 이로써 빅데이터는 기존에는 사용하지 않던 데이터 활용을 가능하게 하였고 이를 통해 새로운 가치를 창출해 냄으로써 IT시장에 새로운 블루오션이 되고 있다(이진태, 2013, 139쪽).

4) 데이터 분석기법들은 통계학, 전산학, 기계학습 등에서 이미 사용되고 있으나, 빅데이터의 등장으로 새롭게 주목받으며 발전하고 있다.

정밀한 데이터, 그리고 누가 언제, 어디서 데이터를 생산한 것인지에 대한 관리·감독이 불가능한 데이터 소유자의 불분명이다(정지선, 2012b, 17쪽). 이 중에서도 빅데이터의 소유자 불분명이라는 특성은 인공지능의 학습에서 데이터의 합법적인 사용에 장애 요소로 작용하면서, 저작권 쟁점을 불러일으키는 요인이 된다.

법적 관점에서 볼 때 학습데이터는 개인정보, 저작물, 서작불은 아니지만 데이터베이스제작자의 권리대상인 데이터, 영업비밀인 데이터, 제3자에 의한 무단 이용이 부정경쟁행위에 해당하는 데이터 등 그 유형이 다양하다. 학습데이터가 스스로 생산하거나 이용허락을 받고 구입한 데이터는 저작권법적인 문제가 없다. 하지만 사실, 정보와 같이 저작물이 아니더라도 저작권법의 보호 대상인 편집저작물이나 데이터베이스에 해당한다면 이용허락이 필요하다. 또 서비스 이용자가 제공하는 데이터나 웹크롤러(web crawler)[5]를 활용한 인터넷 수집 데이터라면 문제가 될 수도 있다. 만약 웹크롤러에 의한 수집 데이터와 편집저작물이나 데이터베이스에 대한 이용허락을 받지 않았더라도 공정이용인지를 살펴보아야 하는데, 공정이용이 아니라면 반복적이고 체계적인 데이터 복제로서 데이터베이스제작자의 권리를 침해한 것으로 볼 수 있다(정상조, 2020, 5~7쪽). 따라서 인공지능의 학습에서 학습 대상인 데이터가 이용허락 대상인지를 먼저 검토하고 사용해야 하는데, 이것은 학습데이터의 저작물성에 관한 논의의 필요성을 제기한다.

(2) 인공지능 학습데이터의 저작물성

인공지능의 머신러닝에서 학습데이터의 수집과 확보도 중요하지만, 그것의 법적 성격도 중요하다. 머신러닝의 어느 단계에서 어떻게 데이터가 이용되든 간에, 사용되는 학습데이터의 저작물성이 관건이기 때문이다. 데이터 세트를 만들기 위한 일부 학습데이터는 종이 서적과 같은 물리적 매체를 디지털화하여 수집할 수 있고, e-book, 인터넷 뉴스 사진과 같이 처음부터 디지털화된 데이터를 복제하고 처리하여 수집할 수도 있다. 이 중에는 저작물이 아닌 데이터, 오로지 저작권이 소멸된 공유영역에 있는 저작물만으로 구성되거나 특별히 데이터마이닝(data mining)과 머

---

5) 조직적이고 자동화된 방법으로 월드 와이드 웹(WWW)을 탐색하는 컴퓨터프로그램이며, 이것이 정해진 규칙에 따라 복수의 웹페이지를 브라우징하는 행위를 웹 크롤링(web crawling)이라고 한다.

신러닝을 위해 이용허락을 받은 저작물로만 구성된 데이터 세트일 수도 있고, 개인적인 계약을 통해 합법적으로 확보한 데이터도 상당 부분 많을 것이다(Sobel, 2017, p. 61). 하지만 대부분이 저작권자의 정당한 이용허락을 받지 않고 수집되고 있을 것으로 추측된다.

데이터는 데이터의 생성 주체, 유형, 저장방식에 따라 다양한 분류가 가능하다. 생성 주체에 따라 컴퓨터 생산 데이터, 사람 생산 데이터, 개체 간의 관계 데이터 등으로 분류된다. 그리고 유형에 따라 DB에 저장된 정형, 웹 문서와 같은 반정형, 오디오, 비디오 등의 비정형 데이터가 존재하며, 저장방식에 따라 관계형DB에 저장된 기업 내부 데이터, 관계형DB에 저장이 어려운 3V 데이터, 별도의 포맷으로 저장된 개별 데이터가 존재한다(김병일·신현철·안창원, 2017, 34쪽). 현행법상 머신러닝의 대상이 되는 데이터가 저작권법상 저작물성을 갖춘다면 당연히 저작자의 동의를 얻어 활용해야 하는데, 데이터는 〈표 9-1〉에서처럼 데이터의 생성 주체와 유형에 따라 저작물성 여부를 판단할 수 있다.

기본적으로 생산 주체가 컴퓨터인 데이터는 우리나라를 비롯한 대부분 국가가 저작자를 인간으로 한정하고 있으므로, 저작물성이 없다. 또 나이, 이름, 성별 등의 수치, 문자, 사실과 같이 컴퓨터가 생산한 일정한 형식이나 틀이 있는 정형 데이터는 인간의 사상이나 감정을 창작적으로 표현한 것이 아니므로, 역시 창작성이 없는 부분에 대한 이용은 저작물로 보호받지 못한다. 그러나 생산 주체가 컴퓨터가 아니라 사람인 동영상, 이미지, 텍스트 등의 비정형 데이터와 XML, HTML 문서파일과 같은 반정형 데이터는 창작성 여부에 따라 저작물성을 인정받는다. 예컨대 트위터, 블로그, 페이스북 등에서 볼 수 있는 글, 그림, 사진, 음악, 동영상과 같은 비정형 데이터는 저작물성이 있다고 볼 수 있다. 여기서 비정형 데이터는 형태가 없고 데이터 모델도 준수하지 않는 것이며, 반정형 데이터란 형태가 있으나 데이터 모델을 준수하지 않는 데이터이다. 한편 개별 데이터로는 저작물성이 없으나 수집 및 처리 과정에서 인적, 물적으로 상당한 투자를 해서 만들어진 데이터베이스도 저작물성[6]이 있다. 따라서 머신러닝 과정에서 학습데이터로 저작물성을 갖춘 비정형, 반정형

---

6) 저작권법은 '데이터베이스제작자의 보호'에 관한 장을 두고 데이터베이스 제작을 위한 데이터의 수집 및 처리 과정에서 인적, 물적으로 상당한 투자를 한 경우 데이터베이스제작자에게 권리를 부여하고 있다.

데이터를 사용하거나 저작권법상 보호되는 데이터베이스 등을 이용하는 경우 저작권자의 동의를 얻어 활용해야 한다(박현경, 2020; 이지호, 2013). 인공지능의 콘텐츠 창작을 위한 학습 과정에서는 이와 같은 학습데이터의 저작물성이 저작권침해 판단의 중요한 요소로 작용한다. 저작물성이 없는 정형 데이터나 스스로 생산한 데이터는 이용허락에 상관없이 저작권법적으로 문제가 없는 반면, 저작권법상 보호되는 비정형, 반정형 데이터 또는 데이터베이스 등을 무단 이용하거나 허락범위 외로 이용할 때 저작권침해가 발생한다.

표 9-1. 빅데이터 자원의 생성 주체 및 유형

	컴퓨터 생산 데이터	사람 생산 데이터	관계 데이터
생성 주체	• 애플리케이션 서버 로그 (웹사이트, 게임 등) • 센서 데이터(날씨, 물, 스마트 그리드 등) • 이미지, 비디오(트래픽, 보안 카메라 등)	트위터, 블로그, 이메일, 사진, 게시판 글 등	페이스북, 링크드인 등
유형	정형 DB에 저장된 구조적 데이터	반정형 웹문서, 메타 데이터, 센서 데이터, 고정 콘트롤 데이터, 콜 상세 데이터 등	비정형 소셜 데이터, 문서, 오디오, 비디오, 동영상, 이미지 등
저장 방식	3V 데이터 관계형 DB에 저장하기 어려운 3V 특성을 갖는 데이터	기업 데이터 CRM, ERP, DW, MDM 등과 같이 주로 관계형 데이터베이스에 저장된 데이터	이산 데이터 스프레드시트, 파일 데이터베이스, 이메일, JSON/XML 데이터 등 개별적으로 관리되는 데이터

* 정지선, 2012b, 4쪽.

3) 인공지능 학습에서 데이터 이용의 법적 근거

데이터는 인공지능 학습의 대상으로, 인공지능 기술구현을 위해 가장 기본이 되는 기초 재료이다. 앞에서 살펴보았듯이 「데이터기반행정법」, 「데이터산업법」에 근거하면 데이터는 정보 처리능력을 갖춘 장치를 통해 생성되거나 처리될 수 있는 정형 또는 비정형의 자료이다. 인공지능이 창작의 정보로 활용하기 위해 데이터를 이용할 수 있는 법적 근거는 2021년 10월에 제정된 「데이터산업법」에서 찾을 수 있다. 정보분석을 위한 데이터 활용의 근거 조항인 동법 제13조에서는 정부 지원을 명시하고 있는데, 데이터 기반 정보분석을 활성화하기 위해 데이터의 수집, 가공 등 정보분석에 필요한 사업을 정부가 지원할 수 있도록 하고 있다. 그리고 정보분석을 위하여 데이터를 이용하는 경우, 그 데이터에 포함된 「저작권법」 제2조 제7호7)에 따른 저작물 등의 보호와 이용에 관하여는 저작권법에서 정하는 바에 따른다고 규정하고 있다.

저작권법에는 아직 인공지능이 창작을 위한 학습데이터를 이용할 수 있는 법적 근거가 없지만, 개정을 통해 데이터마이닝 면책규정을 신설하려는 움직임을 보인다. 2020년 7월 저작권법 전부개정안에서는 인공지능 개발과 활용을 촉진하기 위한 목적에서 인공지능 개발 등을 위한 말뭉치 활용 등 정보 대량분석인 데이터마이닝 과정에서 저작물의 자유 이용을 위한 저작권 면책규정을 도입할 것을 제안하였다. 또 같은 해 11월 2일 저작권법 전부개정안에서는 인공지능의 학습(딥러닝) 및 빅데이터 등 컴퓨터 분석을 위해 필요하다고 인정되는 범위 내에서 이용허락을 받지 않아도 저작물을 이용할 수 있는 저작재산권 제한조항으로 정보분석을 위한 복제·전송 허용 조항을 두고 있다. 2021년 1월 15일 발의된 저작권법 전면 개정안에서도 데이터마이닝 과정의 저작물 이용 면책규정 신설안을 제시하였다. 이 안은 컴퓨터를 이용한 자동화된 정보분석 과정을 위한 저작물 이용에 관한 저작재산권 제한 규정을 명시화하여, 인공지능·빅데이터 분석과정에서 저작권침해의 경계선을 명확히 하고 자동화된 정보분석 등 일정한 목적에 필요한 범위에서 적법하게 접근한 저작물에 한정하여 적용함으로써 저작권자의 권익과 균형을 꾀할 것을 목표로 하고 있다.

---

7) "공중송신"은 저작물, 실연·음반·방송 또는 데이터베이스(이하 "저작물등"이라 한다)를 공중이 수신하거나 접근하게 할 목적으로 무선 또는 유선통신의 방법에 의하여 송신하거나 이용에 제공하는 것을 말한다.

2 / 인공지능 콘텐츠 창작에서 저작물 이용의 성격[8]

1) 인공지능의 저작물 이용의 의미

일반적으로 인간이 저작물을 이용한다는 것은 저작물을 보고, 읽고, 듣는 것을 말한다. 인간의 감각을 통해 저작물에 담긴 메시지인 작가의 의도를 읽거나 보거나 느끼거나 작품의 의미를 이해하는 것이다(김윤명, 2016a, 205쪽). 이에 비해 컴퓨터와 같은 기계가 저작물을 이용하는 것은 컴퓨터 저장장치에 수록된 저작물의 복제물을 이용하고 외부에서 송신된 저작물을 수신하는 것을 모두 포함한다. 그러므로 기계의 저작물 이용은 저작물을 보고, 읽고, 듣고, 그리고 작동까지 포함하는 개념으로 볼 수 있다(임원선, 2020a, 247쪽).[9]

저작권법은 '저작물 이용'의 의미가 무엇인지 설명해 주지 않고 있다. 이에 사법부의 해석을 보면, 대법원[10]은 구 저작권법[11] 제12조 제2항[12]과 제34조 제1항[13]의 입법 취지나 관련 법 규정에 비추어 볼 때 저작권법에서 저작자 권리로서 보호하는 복제, 전송, 전시 등과 같은 방식으로 저작물을 이용하는 것이라고 해석하였다. 또 저작물의 이용허락에 관한 저작권법 제46조의 제1항과 제2항에서 명시하고 있는 저작물 이용에 대해 법원[14]은 저작권법 규정에 따라 저작권자가 배타적으로 전유하고 있는 형태로 사용하는 저작재산권의 내용으로 되어 있는 행위에 해당하는 복제, 공연, 공중송신, 전시, 배포, 대여, 2차적저작물작성 등 저작권의 지분권에 관한 행위를 말한다고 해석하였다. 이와 같은 사법적 해석에 따르면, 저작권법상의 저작물 이용이란 저작재산권 각 권리에 관한 행위를 말한다. 물론 이들

---

8) 조연하 연구(2022)의 일부 내용을 보완하여 인용하였다.

9) 컴퓨터에서 저작물 이용에 대해 과거에는 '사용' 또는 '접근'이라 해서 저작권의 허락을 필요로 하는 '이용'행위와 구별했으나, 디지털 환경에서는 이런 구별이 어렵고 불필요해졌다.

10) 대법원 2010. 3. 11. 선고 2009다4343 판결.

11) 2006. 12. 28. 법률 제8101호 전부 개정되기 전.

12) 저작물을 이용하는 자는 그 저작자의 특별한 의사표시가 없는 때에는 저작자가 그의 실명 또는 이명을 표시한 바에 따라 이를 표시하여야 한다.

13) 저작물을 이용하는 자는 그 출처를 명시하여야 한다.

14) 서울고등법원 2014. 11. 20. 선고 2014나19891(병합), 19914(병합), 19921(반소) 판결.

판결은 저작권법에서 명시한 '저작물 이용'의 의미를 해석한 것이고 인공지능의 저작물 이용을 염두에 두지는 않았지만, 이에 기초하면 인공지능의 저작물 이용은 복제, 전송, 전시 등의 방식으로 저작물을 이용하는 것이다. 하지만 인공지능 소유자가 인공지능이 타인의 저작물을 무단으로 또는 의도적으로 이용하게 한 경우 당해 소유자에게 저작권법 위반의 책임을 물어야 하는 것은 별론으로 하더라도, 인공지능이 빅데이터를 활용하는 딥러닝 과정에서 다양한 저작물을 활용하는 것이 과연 저작권법상 이용에 포함되는지는 불분명하다(손영화, 2016).

　　인공지능 시스템은 창의적이고 예측 불가능하며, 독립적이고 자율적이며, 합리적이고 진화하며, 데이터 수집능력이 있고 의사소통을 할 수 있으며, 효율적이고 정확하며, 여러 대안 중에서 자유롭게 선택하는 것이 가능하므로, 인간처럼 창의적인 저작물을 자율적으로 만들고 생성할 수 있다(Yanisky-Ravid, 2017, p. 659). 인공지능 기술이 더욱 발전되면서 산업 분야를 넘어 예술창작의 분야로까지 확장되고 있으며, 향후 강한 인공지능이 개발되면 인간의 지적 결과물과 견줄만한 높은 수준의 창작물을 빠른 속도로 대량생산할 수 있게 될 것이다. 이처럼 인공지능의 창작은 창작방식과 속도 및 창작 수량에 있어서 인간의 창작과 전혀 다를 뿐 아니라 빠른 속도로 대량의 콘텐츠를 생산, 소비하는 새로운 저작권 생태계를 만들 수 있다(정상조, 2018, 39쪽). 4차 산업혁명과 관련하여 특히 저작물 이용이 필요한 분야로서 소재 검색 서비스, 정보해석 서비스, 리버스엔지니어링 분야, 그리고 인공지능에 의한 심층학습 등이 꼽히고 있다. 이러한 기술은 TDM과 밀접하게 연관되는데, 저작권법과 관련하여 TDM 기술의 활용과정에서는 부득이하게 대량 정보에 대한 접근, 수집, 저장, 처리, 변형, 전송 등의 행위가 일어날 수 있다(오승종, 2019, 455쪽). 특히 인공지능의 콘텐츠 창작에서는 알고리즘을 이용하여 빅데이터를 수집하고 수집된 데이터를 학습하는 것이 필수적이므로, 대량의 저작물 이용을 전제로 하며, 그 규모는 인간의 저작물 이용과 비교가 되지 않을 정도로 크다. 이와 같은 인공지능의 창작에서 나타나는 특징을 고려할 때, 인공지능의 저작물 이용은 인간의 이용과 분명 다를 것이라는 점에서 그것의 저작권법인 성격을 검토해 볼 필요가 있다.

2) 인공지능의 저작물 이용의 법적 성격

디지털 네트워크 사회에서 저작물 이용의 특징으로 저작권으로 보호되는 정보와 그렇지 않은 정보의 혼재, 저작물의 데이터적 이용, 저작물 이용의 공공성을 지적할 수 있다(오승종, 2019, 466~467쪽). 첫째, 빅데이터 형태로 집적된 정보에는 저작권법의 보호를 받는 콘텐츠와 그렇지 않은 정보들이 혼재되어 있다. 이런 대량의 정보 이용과정에서 개별 정보의 저작물성 판단과 저작권자의 사전허락은 사실상 불가능하며 관련 기술과 산업의 발달을 저해하는 원인이 되기도 한다. 둘째, 디지털 네트워크에서 저작물 이용 형태는 외형적으로는 복제 등의 형식을 갖추고 있으므로 저작물 이용행위처럼 보이지만, '표현(expression)'이라는 저작물로서 본래의 가치를 향유한다고 보기 어려운 이용행태가 있을 수 있다. 이것은 표현에 내재된 정보나 아이디어를 활용하고 중간과정에서 저작물 이용행위를 수반할 뿐이어서 실질적으로 저작물 이용으로 보기 어려운 측면이 있다. 마지막으로 디지털 네트워크에서 각종 정보의 효율적인 이용에는 정보의 소재 검색과 이에 대한 해석 서비스가 필수적이며, 이것은 현대 정보사회에서 일종의 사회적 인프라 역할을 한다는 점에서 저작물 이용의 공익적 성격이 인정된다. 디지털 네트워크에서 이와 같은 저작물 이용의 특징은 인공지능의 저작물 이용에도 그대로 적용될 것이다. 그러므로 인공지능의 저작물 이용의 법적 성격과 쟁점에 관한 논의에서 정보의 저작물성, 데이터로서의 저작물 이용, 저작물 이용의 공공성과 같은 특징이 충분히 고려되어야 한다.15)

인공지능의 저작물 이용이 지니는 법적 성격을 저작권법으로 접근해 보면, 인공지능을 응용하여 결과물을 얻기 위해서는 기존의 지적 성과나 저작물을 딥러닝 등의 방법으로 학습해야 하며, 학습을 위해 데이터를 인공지능 컴퓨터에 입력해야 한다. 이와 같은 데이터 입력행위는 저작권 측면에서 복제에 해당한다. 또 인공지능의 훈련 단계에서는 데이터 처리를 위한 전송행위 형태로 저작물을 이용할 수도 있다. 그리고 컴퓨터 내부에서 데이터가 복제되고 개변된다면 2차적저작물 작성행

---

15) 일본의 학계와 실무계는 TDM과정에서 일어나는 저작물의 행위는 기존의 전통적인 저작권법이 상정하고 있는 저작물 이용행위 및 침해행위와 그 근본적 성질이 다르다는 점에 착안하면서, TDM을 비롯한 기술의 개발과 활용과정에서 일어나는 저작권침해의 문제를 어떻게 해결할 것인가에 관심을 기울였다(오승종, 2019, 466쪽).

위가 발생하는 것이며, 데이터 세트가 전체적으로 편집저작물의 성격을 띤다면 편집저작물을 이용하는 것으로 볼 수 있다(김인철, 2019; 신창환, 2019).

한편 인공지능의 저작물 이용의 성격을 좀 더 잘 이해하기 위해 인간의 저작물 이용과 비교해보는 것이 유용할 것이다. 이를 위해 인공지능의 저작물 이용이 인간의 저작물 이용과 다르거나 같다고 보는 근거를 살펴보면, 먼저 다르다고 볼 수 있는 첫 번째 근거는 인공지능의 기능적 차원에서 찾아볼 수 있다. 김윤명(2016a)은 인공지능이 빅데이터를 활용하는 딥러닝 과정에서 저작물을 분석하여 특징을 수치화하는 것은 저작물의 의미를 이해하거나 활용하는 것이 아니라 단어나 문장의 구성을 분석해서 정보 내용이나 표현의 특성을 학습하는 것이며, 이를 통해 인공지능의 지능 수준을 높이고자 한다는 점에서 저작권법이 의도한 인간의 저작물 이용방식과는 차이가 있다고 보았다(208쪽).[16) 또 인공지능이 렘브란트의 수많은 그림을 데이터로 사용하여 그의 화풍을 스스로 학습한 것을 토대로 마치 렘브란트가 그린 것처럼 창의적이고도 독자적인 미술작품을 새롭게 창작하는 렘브란트 프로젝트에서 볼 수 있듯이, 인공지능이 많은 양의 데이터를 학습하고 그 패턴을 모사해서 새로운 것처럼 보이게 만드는 인공지능 학습의 특성을 고려하더라도, 인간의 저작물 이용과는 근본적으로 다르다. 그리고 무엇보다도 가장 타당한 근거는 기계적 지능인 인공지능이 인간이 만든 알고리즘을 기계적으로 실현하면서 저작물을 학습하고 분석함으로써 인간의 저작물 창작을 보조하는 도구 역할을 한다는 점에서 찾아볼 수 있다. 이것은 강한 인공지능이 아니라 프로그래머나 사용자의 개입이 요구되는 현재의 인공지능 기술단계, 즉 자체 판단 능력이 없으면서 인간의 일부 지능적인 기능을 대체하는 약한 인공지능에 적용되는 논리이다. 그 밖에 인공지능은 짧은 시간에 다량의 저작물을 이용할 수 있고, 강한 인공지능일 경우 그런 학습에 인간이 개입하거나 통제할 가능성이 전혀 없다는 점도 인간의 저작물 이용과 다른 이유이다. 인공지능의 저작물 이용이 인간의 저작물 이용과 다르다고 볼 수 있는 이런 근거들은 데이터 규칙 학습을 통한 결과의 예측 가능성, 학습에 대한 인간의 통제 부재와 같은 인공지능의 기술적 속성, 학습 분석대상인 빅데이터의 양, 생성 속도, 형

---

16) 그는 인간이 이용하는 일반적인 저작물 이용 형태와 다르다는 또 다른 근거로 서로 다른 시장을 형성한다는 점을 지적하기도 하였다.

태의 다양성 및 그것이 야기하는 법적 쟁점 등, 인공지능 학습의 기술적 특성에 기반한 것이다.

두 번째 근거는 저작물 이용목적의 차원에서 접근할 수 있다. 저작물 이용의 목적과 성격이 저작물에 포함된 사상이나 감정의 인용 또는 감상이 아니라는 점에서 인간의 저작물 이용과 구분된다. 데이터마이닝과 같이 정보분석에서 저작물 이용은 각종 저작물로부터 특징점을 추출하고 특징량을 계산하는 것이므로, 저작물의 창작적 표현 자체를 탐지하거나 감상, 향유하는 것이 아니라 단지 정보를 습득하기 위해 저작물 등을 복제하거나 번역 등 필요한 형태로 변환하는 것이다(오승종, 2019; 임원선, 2020a). 또 인간의 저작물 이용은 때로는 특별한 목적 없이 그림, 음악 등의 저작물의 단순한 감상에 그칠 수도 있지만, 거기에 그치지 않고 새로운 구상에 영향을 줌으로써 창작의 기반이 될 수 있다. 이에 비해 인공지능의 저작물 이용은 단순한 감상이 아니라 반드시 후속 작품생산으로 이어지는 창작 목적적 활동의 성격이 강하다. 일본의 저작권법 제30조의 4에서 저작물에 표현된 사상이나 감정의 향유 목적이 아닌 정보해석을 위한 저작물 이용에 대해 저작권을 제한하는 것도 같은 맥락에서 이해할 수 있다. 즉 인공지능의 저작물 이용목적이 학습을 위한 정보의 습득과 해석으로 한정된다는 것이다. 따라서 생산적이면서 원저작물과 다른 목적의 사용을 의미하는 변형적 이용으로 인정될 가능성을 배제할 수는 없다.

반면 인공지능이 성능 향상을 위해 저작물을 학습하는 것이 인간이 창작 능력을 기르고 새로운 내용을 구상하는 창작과정의 일환으로 저작물을 감상하는 행위와 유사하다는 점에서 인공지능의 저작물 이용은 인간의 저작물 이용과 다르지 않다고 볼 수 있다. 인공지능이 단순히 기계적 복제나 디지털 복원이 아니라, 빅데이터 입력에 의한 학습자료를 이용해서 새로운 창작물을 생산하는 것은 인간이 '기억'을 통해 자기 학습과 문화계발의 '바탕'으로 기존 저작물을 감상하고 학습한 내용을 활용해서 새로운 창작물을 생산하는 원리와 다를 바 없는 것이다. 즉 창작활동은 본래 저작물 감상이나 학습을 통한 표현의 모방에서 출발한다는 사실이 똑같이 적용되며, 창작의 원리와 과정도 유사하다. 또 현재의 인공지능 기술단계에서는 창작과정에 여전히 인간의 관여가 필요하며, 인공지능의 콘텐츠 창작은 인간의 창작과정 구성요소 중 일부 혹은 전체를 인공지능으로 확장한 것이므로 굳이 인간의 저작물 이용과 구분할 필요가 없다고 볼 수도 있다. 이것은 인공지능이 인간을 보조하는 도구라는 점에서 인공지능의 저작물 이용이 인간의 그것과 다르다고 보는 논리와 접근방식만 다를 뿐 근본적으로 같다. 또 현재의 인공지능 기술 수준에서는 인간이 학습 저작물을 선택하고 프로그래머나 사용자가 함께 작업하므로, 인간의 저작물 이용과 하나 다를 바 없다. 역시 약한 인공지능을 전제로 했다고 보아야 할 것이다.

3) 인공지능의 저작물 이용허락의 차별화

인공지능이 새로운 콘텐츠를 창작하기 위해서는 방대한 데이터를 스스로 학습하고 분석해야 한다. 하지만 컴퓨터의 학습 능력은 인간의 계산 범위를 초월하므로 이용과정에서 매번 저작자의 허락을 받는 것이 거의 불가능하다(이양복, 2018, 370쪽). 때문에 사전허락이 매우 어려울 뿐 아니라 거래비용 자체도 상당히 높다. 이와 같은 인공지능의 저작물 이용환경의 특수성에 기반할 때, 차별적인 이용허락제도의 필요성이 제기된다.

먼저 인공지능의 저작물 이용에서도 기본적으로는 현행 저작권법에 따라 저작물의 사전이용허락을 받는 것이 원칙이나, 인공지능 창작의 특성을 고려할 때 차별화를 모색할 필요가 있다. 우선 이용허락제도를 적용하되 빅데이터 활용을 용이하게 하거나, 이용 후 사후 보상과 같은 방식으로 바꾸는 방안이 합리적이다. 인공지능이 대량 데이터를 학습하는 만큼 개별 데이터의 저작자를 찾는 일이 쉽지 않고, 이용허락에 필요한 거래비용이 많이 들며, 저작권자를 확정하기 어렵다는 현실을 고려할 때, 별도의 방법과 절차가 필요하기 때문이다. 그런가 하면 사전허락의 절차나 기술구현의 어려움 등을 반영해서 원칙적으로 아예 사전허락을 요구하지 않는 방안도 검토의 여지가 있다. 단지 데이터 학습에 그친다면 별도의 이용허락 계약이 불필요할 수도 있다. 이처럼 인공지능 창작의 특수성을 고려하여 이용허락 면제방안을 검토할 때, 몇 가지 조건을 전제로 해야 한다. 기본적으로 빅데이터 분석으로 한정하여 적용하는 법리 구성이 필요하며, 학습 결과가 누구의 이익을 위한 것인지에 따라 면제 판단기준을 정립해야 한다. 즉 빅데이터 분석에만 면제를 적용하면서, 적어도 인공지능 학습의 결과물이 오픈소스인 경우와 특정 개인이나 집단만의 향유를 위한 경우로 구분할 필요가 있다.

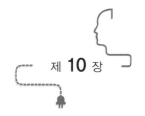

제 10 장

인공지능 콘텐츠 창작에서 저작권침해와 면책[1]

1 / 인공지능의 학습 과정에서 저작권침해

인공지능이 콘텐츠를 창작하기 위해서는 머신러닝 기술을 통해 기존의 데이터나 저작물을 수집하고 분석하는 학습 과정을 거쳐야 한다. 특히 딥러닝 기술은 대량의 학습자료가 필수적인데, 저작물 이용에 대한 허락을 받는 것이 기본임에도 불구하고 매번 개별적으로 저작권자의 동의를 받는 일이 쉽지 않다. 그렇다고 해서 학습과정에서 저작권으로 보호받지 않는 단순 사실이나 보호기간 만료 저작물만을 이용하기에는 한계가 있으며, 저작권 보호 저작물에서 표현 부분을 복제하여 이용해야 할 수도 있다(김인철, 2019). 이와 같은 인공지능 창작의 기술적 속성과 저작물 이용환경의 특성 등을 고려할 때, 학습 과정에서 투입된 학습데이터 또는 저작물을 이용하는 것이 저작권법상으로 어떤 문제가 있는지 검토가 필요하다. 즉 인공지능의 학습 과정에서 저작물 이용이 저작권침해에 해당하는지, 그리고 만약 침해가 인정된다면 불법행위의 책임을 누구에게 귀속시킬 것인지에 관한 논의가 요구된다.

기본적으로 저작권 보호를 받는 저작물을 이용허락을 받지 않고 무단으로 이용하면[2] 저작권침해로 본다. 저작물 소비에 해당하는 이용은 저작권자의 이용허락

---

1) 조연하 연구(2022)의 일부 내용을 보완하여 인용하였다.
2) 저작권자의 허락을 받지 아니한 이용이면 무조건 저작권침해가 되는 것은 아니다. 창작성이 없는 부분 또는 사소한 부분의 이용 만으로는 설사 그 부분이 기존 저작물과 동일성 또는 종속성을 가지고 있다

을 필요로 하기 때문이다. 저작물 이용을 허락한다는 것은 저작재산권자가 정한 이용의 범위, 방법, 조건의 범위 안에서 다른 사람이 저작물을 이용하는 것을 허용한다는 의사를 표시하는 것이다. 따라서 저작물의 무단 이용뿐만 아니라 저작재산권자의 허락범위를 벗어나는 이용일 경우에도 저작권침해에 해당한다. 반면 아이디어와 표현의 이분법에 따라, 저작권법의 보호 대상이 아닌 아이디어나 사실을 사용하는 것은 저작권침해가 아니다. 저작권으로 보호되는 표현을 사용했을 경우만 저작권침해가 성립된다. 마찬가지로 인공지능이 알고리즘을 통해 데이터를 학습하는 과정에서도 적법하게 저작자의 허락 없이 창작성과 표현 요건을 갖춘 저작물성이 있는 데이터를 이용한다면 저작권침해가 발생한다. 물론 합법적인 계약을 통해 목적과 용도에 맞는 데이터 세트를 사용하여 학습한다든지, 학습용 데이터를 만드는 과정에서 개발자나 이용자가 저작권이 있는 데이터를 필터링하여 학습한다면 저작권침해의 여지가 적다(박현경, 2020, 138쪽).

1) 인공지능 학습 과정의 단계별 저작권침해 가능성

인공지능 창작물을 만들기 위해서는 인공지능을 훈련해야 하는데, 이를 위해서는 저작권 보호 대상이든 아니든 데이터를 기초로 한 학습이 필요하다. 학습 과정은 데이터, 수집, 저장, 처리 단계 또는 수집, 저장, 분석, 표현 단계 등으로 진행된다. 이것은 크게 훈련용 데이터 세트 수집단계, 데이터 세트 수집 후 학습 과정인 중간단계, 최종결과물의 산출단계로 구분해 볼 수 있다. 저작권침해는 인공지능의 콘텐츠 창작의 어느 단계에서 저작물을 어떻게 이용하는지에 따라 논의가 달라질 수 있다. 이에 단계별로 발생할 수 있는 침해 문제에 초점을 맞추어 살펴볼 필요가 있다.

정상조(2020)는 딥러닝에 의한 학습데이터 이용을 기준으로 학습데이터의 투입과 저장 단계, 학습 및 훈련 결과 중간산출물을 만들어서 저장하는 단계, 이용자가 원하는 데이터를 처리해서 이용자에게 최종산출물을 제공하는 단계로 나누어 설명하였다. 김인철(2018)은 발생 가능한 복제를 중심으로 머신러닝의 단계를 데이터 세

하더라도 저작재산권의 침해는 성립하지 않는다(오승종, 2020, 643~644쪽).

트 입력 과정에서 복제, 중간단계로서의 복제, 최종 저작물에서 기존 저작물의 출현단계의 순으로 구분하였다. 다른 학자들은 단계를 좀 더 세분화하였다. 박현경(2020)은 인공지능의 학습 과정에서 이루어지는 복제를 기준으로 데이터 세트 만드는 과정에서 입력 데이터의 복제, 중간단계로서의 일시적 복제, 데이터 세트 학습 과정에서의 복제, 학습 결과물 생성단계로 구분하였다. 그리고 김도경(2020)과 소벨(2017)은 머신러닝 기술적인 운용원리에 따라 과정을 데이터 세트 수집과정에서의 복제, 중간단계에서의 복제, 데이터 세트 및 머신러닝 모델에서 포괄적·비문언적(non-literal) 복제,3) 머신러닝 결과물 생성 단계로 조금 더 세분화하였다. 학자마다 데이터 세트 구축 단계와 최종결과물 생성단계 사이의 과정에 관한 단계 구분에서 조금씩 차이를 보이는데, 박현경(202)의 중간단계로서의 일시적 복제와 데이터 세트 학습 과정에서 복제, 김도경(2020)과 소벨(2017)의 학습 단계에서 필수적인 일시적 복제, 데이터 세트와 훈련 모델에서 비문언적 복제는 정상조(2020)와 김인철(2018)의 중간복제(intermediate copy)에 포함하여 논의가 가능할 것으로 보인다.

전응준(2021)도 인공지능 기술의 실행과정을 단계별로 구분하고, 다시 단계별 수행 주체와 객체를 살펴봄으로써 과정을 좀 더 상세히 설명하였다. 우선 인공지능 기술의 실행단계를 학습모델을 생성하는 단계인 학습 단계와 학습이 완료된 모델의 이용단계로 구분하였다. 먼저 학습 단계를 학습용 데이터 세트의 생성 및 입력 단계, 학습 알고리즘에 의해 추론을 실행하는 학습용 소프트웨어를 구동하고, (하이퍼) 파라미터를 조정하여 학습 완료된 인공지능 모델을 생성하는 단계로 나누었다. 그리고 모델의 이용단계는 인공지능 창작물(생성물)을 얻기 위해 학습 완료된 모델에 필요할 때 데이터(문자, 영상, 소리 등)를 입력하는 단계와 학습 완료된 모델에서 인공지능 창작물을 출력하는 단계로 구분하였다. 그는 이 과정을 다시 주체별, 객체별로도 구분하였다. 인공지능 개발자는 ① 학습데이터의 수집, 생성, 입력, ② 학습용 소프트웨어의 실행(이행), ③ 학습된 파라미터(하이퍼 파라미터 포함)의 생성 및 조정, ④ 학습 완료된 모델의 생성을 수행한다. 인공지능 이용자는 ⑤ 학습 완료된

---

3) 원본 표현을 문자 그대로 복제(문언적 복제)하는 것이 아니라, 표현이 유사하지 않지만 전체적인 줄거리, 인물 구조 등 저작물 속의 근본적인 본질 또는 구조를 포괄적으로 복제하는 것이다. 컴퓨터프로그램에서 문언적 요소로는 저작권 보호 대상인 소스코드와 목적코드가 있고, 비문언적 요소로는 프로그램 순서, 구조, 조직 및 프로그램의 사용자 인터페이스가 포함된다(박형옥, 2018).

모델에 대해 필요할 때 특정 데이터를 입력하거나 이를 기초로 하여 인공지능 창작물을 출력하는 행위를 수행한다(260~261쪽). 여기서 이용단계는 앞의 학자들이 설명한 최종산출물의 생성 및 도출 단계로 볼 수 있다. 단계별 수행 주체는 인공지능 창작물의 저작자, 저작권 귀속 또는 저작권침해의 주체를 판단하는데 기초 자료로 활용될 수 있을 것이다.

이상의 논의를 토대로, 인공지능의 콘텐츠 창작과정을 훈련용 데이터 세트를 만들기 위한 데이터 수집 및 입력단계 → 학습데이터를 일시적으로 복제하거나 처리, 분석하는 단계 → 학습의 최종결과물 생성 및 제공단계와 같이 크게 세 가지 단계로 구분하여 학습데이터 이용의 저작권침해 가능성을 검토해 본다.

(1) 데이터 세트구축 목적의 데이터 수집 및 입력단계

인공지능의 창작을 위한 학습에서 저작권침해 가능성은 데이트 세트를 수집하고 입력하는 과정에서 제일 먼저 발견된다. 데이터 세트 수집단계에서는 데이터의 디지털 복제본 생성을 위한 데이터 입력 과정에서 기본적으로 수많은 복제가 발생하며, 정보의 식별에 많은 시간과 노력이 할애되므로 개별 데이터의 저작물성 판단이 어렵다는 점에서 저작권침해 가능성이 가장 크다(김도경, 2020; 김인철, 2019). 데이터 세트를 만들기 위해 수집단계를 거친 훈련용 데이터를 입력하는 과정에서는 데이터의 디지털 복제가 필수적이므로 가장 명백한 복제권 침해 가능성이 예측되는 것이다(Sobel, 2017).

인공지능이 학습하기 위해서는 우선 데이터 수집이 선행되어야 하는데, 학습용 데이터의 수집경로는 인간이 컴퓨터 등에 직접 입력하거나 자동차나 공장 등에 설치된 각종 센서나 사물인터넷 기술 또는 클라우드 컴퓨팅(cloud computing) 기술4) 등을 통하는 것이 통상적이다(차상육, 2021, 11쪽). 데이터 세트를 구축하기 위해 물리적인 매체를 디지털화한 데이터를 이용하는 경우에는, 이용자가 저작자 동의를 받을 수 있으며 저작권침해를 발견하기도 쉽다. 그러나 데이터가 처음부터 디지털화되어 자동 처리되는 경우라면 저작권침해를 발견하기 어렵다(박현경, 2020, 137쪽)

---

4) 정보를 자신의 컴퓨터가 아닌 클라우드에 연결된 다른 컴퓨터로 처리하는 기술을 의미한다. 네이버지식백과, https://terms.naver.com/entry.naver?docId=1691560&cid=42171&categoryId=42183 (2022년 3월 12일 최종접속).

는 점에서 데이터 이용이 제한적일 수 있다. 게다가 대량 데이터를 수집하는 과정에서는 해당 데이터의 저작물 여부를 개별적으로 확인하는 자체가 어려우므로, 수집된 데이터가 저작물에 해당한다면 해당 데이터 이용이 저작권침해가 될 수 있다. 일반적으로 머신러닝 과정에서 데이터 세트를 구성하기 위해서는 수많은 데이터의 저장, 즉 복제가 수반된다. 만약 저작권법으로 보호되는 저작물인 데이터를 이용허락을 받지 않고 입력했다면, 저작권 제한 규정, 특히 공정이용에 해당하지 않는 한 입력 자체가 저장이자 복제에 해당하므로 복제권 침해가 발생한다. 또 그런 데이터를 훈련과정에서 다른 서버로 전송하거나 변경한다면 전송권, 2차적저작물작성권 침해가 문제 된다. 그리고 개별 저작물에 대한 저작권뿐만 아니라 데이터 세트 전체적으로 편집저작물의 성격을 가진다면, 편집저작물에 대한 저작권침해가 발생할 수 있다(김인철, 2019, 114쪽). 이렇게 볼 때 저장행위의 저작권침해가 인정된다면 복제권, 디지털 복제물의 저장장치(서버) 간 이동에 대해서는 전송권, 원저작물의 변형에 대해서는 2차적저작물작성권과 같은 저작재산권과 저작인격권인 동일성유지권이 인공지능의 학습 단계에서 침해가 인정될 수 있는 저작권 유형이다.

한편 기술발전으로 점점 더 중앙집중화된 데이터 세트가 없어도 머신러닝이 가능하므로, 미래에는 데이터 세트에서 문언적 복제[5]로 인한 저작권침해 발생 가능성이 줄어들 수 있다. 그와 같은 기술발전의 예가 "연합 학습(federated learning)"이다. 이것은 사용자 로컬에 저장된 데이터가 클라우드에 저장된 공유모델을 통해 훈련되고 업데이트될 수 있는 새롭고도 간편한 머신러닝을 말한다. 이것은 머신러닝의 특정 응용 프로그램을 위해 사용자 데이터를 가지고 중앙집중화된 데이터베이스를 구축할 필요가 없어서, 사용자 개인정보보호 및 데이터 보안에 유리한 것이 특징이다. 또한 훈련용 데이터 수집과 통합에 필요한 복제물 중 일부를 삭제할 수도 있어서 머신러닝과 관련된 저작권 책임을 줄일 수 있는(Sobel, 2017, p. 62) 이점이 있다.

(2) 학습데이터의 일시적 복제 및 처리, 분석단계: 중간단계

일단 입력 데이터 세트가 구축되면, 이후 인공지능의 훈련과정인 중간단계에서는 입력 데이터 세트가 지속해서 복제되면서 입력 데이터에서 복제물이 만들어

---

5) 원본 표현을 글자 그대로(verbatim) 복제하는 것이다(박형옥, 2018).

지거나 2차적저작물이 만들어질 수 있다. 학습데이터 분석으로 중간산출물이 만들어지는 것이다. 이처럼 중간단계에서 발생하는 데이터의 재복제는 후속 이용을 위한 것이 아니라 일시적 복제물을 생성한다는 점에서 메모리에서 수행되는 소프트웨어의 "필수 단계" 복제와 매우 흡사하다(Sobel, 2017, p. 63). 따라서 중간단계에서 복제행위를 공정이용으로 판단할 수도 있고, 복제행위라고 판단하기에는 너무나도 짧은 시간(transitory)이라고 판단하여 복제행위에 포섭되지 않을 수도 있다. 또 컴퓨터에서 원활하고 효율적인 정보처리를 위하여 필요하다고 인정되는 범위 안에서 저작물을 컴퓨터에 일시적으로 복제할 수 있으므로 저작권침해가 아니라고 판단할 수 있다(김인철, 2019, 115쪽).

중간복제를 다루었던 미국의 Sega 판결(1992)에서, 제7연방항소법원6)은 역분석 과정에서 프로그램 전체를 일시적으로 복제하는 행위를 중간복제로 보았다. 역분석이란 기능적 저작물인 컴퓨터프로그램의 최초 제작과정에 적용된 절차 등에 관한 정보를 얻기 위해 최종결과물로부터 거꾸로 분석하는 것이다. 그리고 이처럼 프로그램 개발을 목적으로 한 역분석 과정에서 중간복제가 컴퓨터시스템의 호환 조건 등 저작권 보호 프로그램에 내재된 아이디어와 기능적 요소에 접근하는 유일한 방법이고, 그런 접근을 탐색하는 데 정당한 이유가 있다는 점을 근거로 저작권침해가 아니라고 보았다. 하지만 한편으로는 타인의 저작물에 존재하는 사실과 보호되지 않는 저작물을 이해하는 다른 방법이 없는 경우와 최종산출물에 타인의 저작물이 포함되지 않아야 한다는 엄격한 조건을 제시함으로써, 중간복제가 저작권침해가 아니라고 인정할 수 있는 범위를 제한적으로 해석할 필요성을 제기했다(김인철, 2019, 110쪽)는 점에서 판결의 함의를 찾을 수 있다.

미국 저작권법에서 컴퓨터프로그램 면책규정이 머신러닝에서 이루어지는 중간복제 행위를 완전히 허용하는 것은 아니다. 그 이유는 입력 데이터가 항상 컴퓨터프로그램인 것은 아니며, 흔히 인공지능 훈련 엔지니어들이 입력 데이터를 소유하고 있지 않기 때문이다. 중간복제와 관련된 첫 판례인 Walker 사건(1979)에서는 중간복제의 저작권침해 가능성을 인정하였다. 이 사건에서 제9연방항소법원7)은 저작

---

6) Sega v. Accloade, 977 F.2d 1510 (9th Cir. 1992).
7) Walker v. University Books, Inc., 602 F.2d 859 (9th Cir. 1979).

권으로 보호되는 저작물의 복제물이 상업적으로 거래될 최종 제품에 대한 초기 단계의 재현일 뿐이라는 사실이 저작권침해 가능성을 부인하지 않는다고 판시하였다. 그리고 그와 같은 중간복제가 창작에 대한 인센티브를 저해한다고 인정하면서, 저작권자의 이용허락 여부가 중요한 쟁점임을 강조하였다. 반면 훈련 단계에서 추가적인 저작권침해 주장은 실제로 거의 의미가 없다. 만약 입력 데이터의 초기 단계에서 사용이 공정이용에 의해 면책된다면 중간단계의 복제도 면책될 것이기 때문이다. 그리고 입력 데이터의 초기 단계 사용이 공정이용에 해당하지 않더라도, 이후 훈련 중 데이터의 중간 복제행위가 저작권침해 문제를 더 심화시킬 가능성은 낮다(Sobel, 2017, p. 63).

학습데이터의 분석 결과, 중간산출물을 만들고 저장하는 것은 인간의 저작물 이용과 전혀 다르다. 예컨대, 번역 서비스를 제공하기 위한 딥러닝은 단어와 단어의 관계, 구절과 구절의 관계, 그러한 관계의 반복되는 패턴을 찾아내고 그런 관계나 패턴 데이터를 중간산출물로 저장한다. 문자, 음성, 영상인식 서비스를 제공하기 위한 딥러닝도 저작물의 표현과는 전혀 무관하게 개별 문자, 음성, 사람, 개체 등의 데이터의 특징이나 패턴을 찾아서 중간산출물로 저장한다. 따라서 딥러닝에 의한 분석과 중간산출물은 대부분 데이터로서 가치만을 이용하는 변형적, 비표현적(non-expressive) 이용에 해당하고, 관련 연구 등 공익에 기여하므로 공정이용이 될 가능성이 크다(정상조, 2020, 16쪽).

한편 인공지능이 데이터 세트를 학습하는 과정에서 합법적인 입력 데이터를 이용해도 복제권 침해가 발생할 수 있다는 견해가 있다. 머신러닝을 통해 저작권침해 개연성이 높은 모델을 산출할 수 있기 때문에, 이 모델이 인간이 읽을 수 있는 데이터가 아닌 기계로 읽을 수 있는 데이터라 할지라도 일부 표현들은 복제물로 볼 수 있다는 것이다. 예컨대 'the Million Song Data Set'의 경우 백 만곡에 관한 사실적인 정보뿐만 아니라, 곡의 높이, 키, 음색, 템포 등에 대한 정보도 보유하고 있다. 또 구글이 구글 도서(Google Books) 코퍼스(Corpus)에 관한 메타데이터를 n-grams 형식으로 공표하였는데, 이는 단어나 절 등의 빈도를 나타내는 것이다. 이때 복제물의 의미를 광범위하게 해석한다면, 이러한 데이터들도 저작권법의 보호를 받는 표현의 복제로 보아야 할 것이다(박현경, 2020, 137~138쪽).

(3) 학습의 최종결과물의 산출(생성 및 제공)단계

인공지능이 콘텐츠를 창작하기 위해 머신러닝에서 학습데이터를 이용하는 최종적인 목표는 기계번역, 문자인식, 음성인식, 개체인식과 같이 최종적으로 이용자가 원하는 서비스를 제공하는 것이다(정상조, 2020, 16쪽). 이를 위해 인공지능이 훈련한 이후의 단계에서도 저작권침해 문제는 지속되는데, 훈련 데이터를 사용한 최종결과물의 출현단계에서 원저작물과 유사한 저작물이 만들어지는 경우 저작권침해가 발생한다. 인공지능의 창작에서 저작권침해의 상당 부분은 훈련용 데이터를 하드웨어에 입력할 때 발생하지만, 저작권법에서 복제 또는 2차적저작물을 광범위하게 정의하고 있으므로 훈련용 데이터인 저작물을 이용하여 최종결과물로 원저작물과 유사한 작품이 만들어진 경우에도 저작권침해가 발생하는 것이다. 이처럼 기존 저작물을 모방하도록 의도적으로 설계되지 않았다 하더라도, 인공지능의 창작 결과물이 저작권으로 보호되는 입력 자료들과 상당히 유사하다면 저작권침해로 판단될 수 있다. 결국 저작권법의 보호를 받는 입력 데이터는 일반적으로 모델을 훈련하여 유사한 출력·결과물을 생성하는 데 사용되므로. 원저작물과의 유사성이 "실질적"인 경우 해당 결과물은 기존 저작물의 저작권을 침해하게 된다(김인철, 2019; 김도경, 2020).

인공지능이 학습한 결과 어떠한 산출물을 생산하였을 경우, 이것이 데이터 세트 속의 원본과 실질적으로 유사하다면 복제권 침해, 또는 2차적저작물작성권 침해의 문제가 발생한다. 만약 훈련 데이터가 동일 또는 유사한 산출물을 생산하기 위하여 어떤 모델을 지속적으로 훈련시켜 왔다면, 그 결과물은 직접적인 복제가 없더라도 실질적으로 유사한 것으로 저작권침해 소지가 있다. 저작권침해로 인정되기 위해서는 의거성과 실질적 유사성을 충족시켜야 하는데, 이 경우 입력 데이터 속의 원본을 학습한 결과라는 점에서 의거성이 인정되고, 결과적으로 매우 유사한 산출물이 되었으므로 저작권침해를 인정할 수 있을 것이다(박현경, 2020, 137~138쪽).

중간산출물과 달리 최종산출물은 아주 다양하므로, 학습데이터 이용을 공정이용으로 볼 수 있을지를 일률적으로 말하기 어렵다. 그림이나 음악을 창작해 주는 서비스와 같이 투입된 학습데이터와 최종산출물이 동질적인 저작물뿐만 아니라, 경우에 따라 투입된 저작물과 산출저작물의 유사성이 크다면 공정이용으로 보기 어려울 것이다. '넥스트 렘브란트 프로젝트'가 바로 이 경우에 해당한다. 마이크로소프트의 딥러닝 알고리즘이 렘브란트의 작품 346점을 학습해서 작품 속 등장인물의 구조상 패턴과 붓 자국 패턴 내지 렘브란트 화풍에 따라 서양 남자의 초상화를 새롭게 그려낸 경우, 학습데이터와 최종산출물이 유사해서 학습데이터의 공정이용이라고 단언하기 어렵다. 물론 사후 수백 년이 지나서 공유저작물이 된 작품들이 투입데이터로 사용되었으므로 법적 분쟁의 소지는 없다. 하지만 만약 현재 저작권이 유효한 작품을 학습데이터로 이용했다면 복제권 및 2차적저작물작성권의 침해 가능성을 배제하기 어렵다(정상조, 2020, 16~17쪽).

이상 살펴본 것처럼, 인공지능의 콘텐츠 창작과정의 단계별로 보면, 인공지능 훈련을 위한 데이터 세트의 수집 및 입력단계에서 저작권침해 가능성이 가장 크며, 데이터를 분석할 때나 훈련받은 인공지능이 자신이 훈련받은 데이터와 유사한 결과물을 만들어내는 단계가 다음으로 저작권침해 가능성이 크다. 기본적으로 복제가 발생하고, 정보의 식별과정에 많은 시간과 노력이 할애되므로 개별적인 데이터의 저작물성 판단이 어렵다는 점이 그 이유이다. 또한 무엇보다도 인공지능의 학습은 데이터 전 처리(pre-processing)를 거친 데이터 전부 또는 대다수를 학습데이터로 입력하는 경우가 많으므로 데이터에 대한 적법한 이용 권한이 없다면 대규모의 저작권침해가 발생한다(전응준, 2021, 266쪽). 머신러닝이 빠르게 발전하고 있음에도 불구하고, 아직 그 결과물이 인간 창작물을 완벽하게 대체하지 못했기 때문에, 현재 기술 수준에서 저작권법적인 관심사는 입력 데이터의 활용에 있을 수밖에 없다(김도경, 2020, 493쪽).

한편 전응준(2021)은 인공지능의 학습데이터 생성 및 입력단계인 '학습 단계'에서 저작권침해 가능성이 인공지능 모델에서 창작물을 출력하는 '이용단계'의 그것보다 논의의 실익이 있다고 보았다. 그 이유는 이용단계에서 저작권침해는 기존 법리에 따라 처리하면 되지만, 대량의 학습데이터를 이용한 TDM 방식으로 이루어지는 학습 단계에서는 인공지능 발전을 위해서라도 저작권침해 문제를 시급히 해결할 필요가 있기 때문이라는 것이다(261~262쪽). 선행연구에서도 인공지능의 기술적 특성상 데이터의 수집과 훈련 단계에서 저작권침해 가능성에 관한 논의가 더 활발한 경향을 보인다. 이렇게 볼 때 인공지능의 실질적인 '학습 단계'에서 저작권침해 가능성이 인공지능 모델에서 창작물을 출력하는 '이용단계'보다 중요하다고 볼 수 있다. 결국 인공지능 학습의 최종결과물의 저작권침해는 기존의 저작권 논의를 토대로 하면 충분하다는 점에서, 새로운 법적 이슈로 제기되는 인공지능의 훈련과정에서 발생 가능한 저작권침해에 관한 논의가 확대되어야 한다.

2) 인공지능 학습 과정에서 저작권침해 판단

저작권법에서는 저작권침해의 개념을 정의하거나 침해 판단기준을 제시해주고 있지는 않다. 저작인격권의 일신전속성에 관한 제14조에서 저작자가 생존하였더라면 저작인격권 침해가 될 행위를 금지하고 있고, 재판 등에서의 복제, 저작물 이용 과정에서의 일시적 복제, 문화시설에 의한 복제 등의 저작재산권 제한 규정에서 저작물 이용이 저작재산권자의 이익에 대한 부당한 침해 또는 저작권침해에 해당할 경우 저작재산권을 제한할 수 없을 것을 명시하거나 침해방지 조치를 취할 것을 명하고 있을 뿐이다. 그 외에 기술적 보호조치의 무력화 금지와 관련하여 권리침해의 정지·예방 청구 등에 관한 조항을 두고 있다. 또 제9장에서 권리침해 구제 규정을 두고, 권리 침해자에 대해 침해정지를 청구하고, 그 권리를 침해할 우려가 있는 자에 대해 침해의 정지 등의 청구에 관한 조항과 배포목적의 저작권 등 침해물건 수입행위, 악의의 배포목적 소지 행위, 악의의 업무상프로그램 이용행위 등과 같은 침해로 보는 행위 등에 관한 조항을 두고 있지만, 저작권침해 판단요건에 관한 조항은 부재하다. 이에 인공지능의 콘텐츠 창작에서 저작권침해 판단은 저작권침해 성립요건에 관한 사법부 해석을 토대로 하고 있다.

전통적이고 일반적인 견해에 따르면, 저작재산권 침해요건은 크게 두 가지로 나누어 볼 수 있다. 첫째, 저작권침해를 주장하는 자가 해당 저작물에 대하여 유효한 저작권을 가지고 있어야 한다. 둘째, 두 저작물 사이에 의거관계와 실질적 유사성이 있어야 한다. 첫 번째 저작권 보유 요건은 저작물의 성립요건(창작성) 및 보호기간, 유효한 저작재산권의 양도가 있었는지 등과 관련된 문제이다(오승종, 2019, 645~646쪽). 두 번째 요건은 저작권침해를 인정하기 위한 실질적 성립요건으로, 주관적 요건인 '의거관계'와 객관적 요건인 "실질적 유사성"이다. 의거관계는 침해자의 저작물이 침해 주장자의 저작물에 의거하여 이용했는지를 말한다. 실질적 유사성은 침해자의 저작물이 침해 주장자의 저작물과 동일성 또는 종속성을 가지는지를 의미한다.

대법원 판례[8]에 의하면, 의거관계는 대상 저작물이 기존 저작물에 의거하여 작성되었다는 사실이 직접 인정되지 않더라도, 기존 저작물에 대한 접근 가능성, 대상 저작물과 기존 저작물 사이에 실질적 유사성 등의 간접사실이 인정되면, 대상 저작물이 기존 저작물에 의거하여 작성되었다는 점이 사실상 추정된다. 이 경우 저작물인 데이터 처리 과정을 거쳐 나타나는 출력물에 대해 원 데이터에 대한 의거성이 있는지가 문제 된다. 그러나 출력물에 포함된 저작물의 경우, 외견상 원저작물의 단순 이용이 아니라면 데이터에 대한 의거성 인정이 어렵다. 머신러닝을 통해 출력되는 데이터는 입력 데이터를 그대로 출력하는 것이 아니며, 데이터 이용과정에서 기존 데이터를 가공, 변형하였다면 저작물인 원 데이터와 실질적 유사성 입증이 어렵다. 특히 데이터 추출로 표현되는 데이터는 원 데이터를 기반으로 한다는 사실을 표시하지 않는다면 원 데이터와의 유사성 검증이 어려우므로, 저작권자는 현행법상 저작권침해를 주장하기 어렵다. 게다가 저작권자가 의도하지 않은 데이터 이용에 대해서도 외견상 유사성이 없다면 저작권법상 권리를 구제받기 어려울 수 있다(김용주, 2020, 5~6쪽).

저작권침해가 실질적으로 성립되기 위해서는 기본적으로 저작권침해 주장자가 직접 침해행위를 입증해야 한다. 하지만 인공지능 내부에서 정보처리와 창작과정을 알 수 없을 뿐 아니라 어떤 데이터를 기초로 하여 창작물을 만들었는지 파악하기조차 어려우므로, 의거성 입증이 쉽지 않다. 머신러닝에서 학습의 결과로 채택된 규칙, 알고리즘을 인간이 이해할 수 있는지도 문제이다. 설명 가능성을 원칙으로 하는 통계학적 방법론과는 달리, 데이터사이언스는 예측의 정도를 중요시하기 때문에 알고리즘의 설명 가능성 부족은 저작권 관점에서 인공지능 생성물의 창작성 정도는 물론이고 인공지능 생성물에 의한 타인 저작권침해 시 의거성 판단에 영향을 준다. 게다가 인공지능 개발자와 이용자가 관여하는 단계 및 객체가 분리된다는 사실도 인공지능에 의한 저작권침해의 주관적 인식이나 의거성 판단에 영향을 줄 수 있다(전응준, 2021, 259~261쪽). 창작과정 파악의 어려움, 설명 가능성 부족, 개발자와 이용자 역할의 분리성 등과 같은 인공지능 창작의 특성이 저작권침해 판단을

---

8) 대법원 2007. 12. 13. 선고 2005다35707 판결.

더 어렵게 만든다고 볼 수 있다.

3) 인공지능 콘텐츠 창작과정에서 저작권 침해책임 주체

저작권침해 성립요건에 따라 침해가 인정되면 그에 대한 책임의 문제를 거론하지 않을 수 없는데, 저작권 침해책임을 누가 어떻게 질 것인지, 책임 주체에 관한 논의가 필요하다. 역사적으로 혁신 기술이 출현할 때마다 제기되어 왔던 저작권침해에 대한 기술책임 문제는 창작과 혁신의 조화로운 발전을 위해 매우 중요하지만, 공정이용을 근거로 하여 부정되거나 직접침해가 아닌 간접책임을 물었던 경향을 보인다(김창화, 2017, 45~46쪽). 일반적으로 간접침해 책임이란 저작권을 직접적으로 침해하는 행위를 한 것이 아니라, 그런 저작권침해를 할 수 있도록 도구나, 시설, 장소, 서비스 등을 제공함으로써 직접침해 행위를 간접적으로 돕는 행위에 대한 책임을 말한다. 사실 저작권침해는 이전에는 단순히 저작권자와 이용자 사이의 관계에서 발생하는 직접침해에 대해서만 논하면 되었지만, 기술이 발전하면서 또 다른 행위자인 중간매개자의 간접책임까지도 함께 논해야 하는 상황으로 변한 것이다(조연하, 2018, 106쪽). 이처럼 기술로 인한 저작권침해에 대해 간접책임을 묻는 경향은 저작권침해행위를 돕거나 침해 수단이 되는 정보통신기술의 발전에서 그 요인을 찾아볼 수 있으며, 저작권자와 저작물 이용자 간의 관계에만 초점이 맞추어진 기존의 저작권 책임 논의에 새로운 패러다임을 제공한다고 볼 수 있다.

인공지능 기술을 이용한 창작에서도 머신러닝에 사용되는 수없이 많은 학습자료 중에 저작물성이 인정되는 데이터가 포함될 수 있다. 그 과정에서 저작재산권자에게 이용허락을 받지 않거나 받더라도 허용범위를 벗어나면 저작권침해가 발생한다. 이 경우 저작권침해를 어떻게 판단할 것인지, 누가 책임의 주체인지가 문제 된다. 우리 현행법 법리의 원칙에서는 "행위주체＝권리주체＝책임주체"라는 등식을 상정하고 있다. 이에 따르면 창작한 사람이 저작권의 주체가 되고, 창작 주체가 타인의 저작권을 침해하였을 경우 책임을 져야 하는 주체가 된다. 이 모든 것에는 의사능력과 책임에 대해서 인식할 능력이 전제된다. 그렇다면 인공지능이 창작하는 과정에서 저작권침해 등의 행위를 하였을 경우, 과연 누가 책임을 져야 하는가의 문제가 생긴다(계승균, 2020, 7쪽). 인공지능 창작물에 대한 인공지능의 법적 주체는 저작권 보유와 저작권침해와 관련하여 논할 필요가 있다. 인공지능이 저작권 보유의 주체에 될 수 있는지와 관련해서는 저작권은 저작자에게 인정되는 권리로서 저작자는 원칙적으로 사람을 전제로 하는데 인공지능은 사람이 아니며, 저작물은 인간의 사상과 감정을 표현한 것이므로 인공지능이 표현한 작품들은 외견상으로는 인간의 감정을 나타내는 것처럼 보이지만 인공지능에 인간과 같은 감정이 있다고는 볼 수 없다. 그리고 인공지능은 저작물 창작을 위해 방대한 데이터를 학습하는 과정에서 저작권으로 보호받는 저작물을 이용할 가능성이 매우 큰데, 이 경우 인공지능에 의한 저작권침해가 인정될 수 있는지, 인정된다면 과연 누가 그 불법행위책임을 지는지가 문제이다. 현 단계에서는 로봇이 아닌 사람이 불법행위책임의 주체가 되지만, 장기적으로 가장 정교한 지능형 로봇이 개발되면 그것에 '전자인'으로서의 지위를 부여하여 독립적인 책임 주체로 인정하는 방안이 주장되고 있기도 하다(이양복, 2018, 370쪽).

빅데이터 등을 활용한 약한 인공지능의 콘텐츠 창작에서 저작권침해가 인정된다면 그에 대한 책임이 누구에게 있는지는 상황에 따라 다르겠지만, 인공지능 운영자 또는 사용자에게 책임이 있다고 볼 수 있다. 결국 인공지능에 콘텐츠를 생산하도록 설계하거나 학습데이터를 지정해주거나 해당 침해행위를 명령한 자와 같이, 실제 저작권침해행위에 직접적으로 관여한 자에게 법적 책임이 있는 것이다. 물론 인공지능 개발자나 소유자도 책임 주체가 된다고도 볼 수 있다. 그 근거는 인공지능을 통해 수익을 누리는 자에게 법적 책임과 의무를 부과해야 하기 때문으로, 개인보다는 기업이나 조직이 책임의 주체가 되어야 할 것이다.

인공지능 종류도 침해책임 주체를 판단하는 하나의 기준이 될 수 있다. 약한 인공지능은 인공지능 사용자가 책임 주체인 것이 분명하다. 하지만 인공지능의 자율성과 합리성이 증가할수록 인공지능 개발자, 소유자로 책임 주체를 옮겨가면서 각각의 이익분배 계약에 따라 책임의 정도도 달라져야 한다. 반면 자율성과는 무관하게, 인공지능 자체에 대한 권리를 가진 자가 이용허락한 범위에 따라 이용자의 침해책임이 분산되어야 한다는 해석도 가능하다. 인공지능에 법인격이 부여되지 않는 한 자율성에 대한 고려는 무의미하기 때문이다. 창작과정에서 인간의 개입이 불필요한 강한 인공지능으로 한정하더라도, 저작권침해 책임 주체는 여전히 인공지능을 개발하거나 운영하는 인간이어야 한다. 그 근거는 첫째, 강한 인공지능이 아직 현존하는 기술이 아니고 기술구현 자체에 대한 이견이 존재하므로 논의 자체가 무의미하지만, 설사 인류의 지능을 능가하는 인공지능이 출현하는 특이점9)이 오더라도 그것을 개발해서 운영하는 주체인 인간의 문제로 보아야 하기 때문이다. 둘째, 강한 인공지능의 창작에서 발생하는 저작권침해는 학습 과정보다는 창작과정이나 공표와 전송 등의 방식으로 인공지능 창작물의 이용과정에서 발생하는 것이고, 따라서 책임 주체는 실질적으로 관여한 운영자이다. "행위주체＝권리주체＝책임주체" 등식에 따라 인공지능 창작물의 창작 행위 주체는 창작물에 대한 권리를 행사하는 주체이자 창작과정에서 발생하는 저작권침해에 대한 책임주체도 된다는 점에서 볼 때, 인공지능의 콘텐츠 창작에서 저작권침해의 책임 주체 판단 논의는 인공지능 창작물의 저작자와 저작권 귀속 주체 판단과 연결된다는 점에서 중요하다.

한편 자율성이 완전히 확보되어 인간의 개입이 필요 없는 강한 인공지능 시대가 되면, 인간의 통제 가능성이 완전히 배제되므로 사실 저작권침해 논의 자체가 무의미해질 수도 있다. 인간의 책임 정도가 약화할 것이고 현행법상 인공지능은 침해 구성요건이 성립되지 않기 때문이다. 강한 인공지능 환경에서는 인간 중심의 저작권법 체계를 유지하기 어려우므로, 궁극적으로는 인공지능을 독립적인 책임 주체로 인정함으로써 기존 저작권법 체계에 획기적인 변화를 추구하는 방식으로 법 제도적 개선이 필요하다는 주장도 그런 이유에서 나온 것이라고 볼 수 있다.

2 / 인공지능 콘텐츠 창작과정에서 저작권침해 면책

저작권침해의 성립요건에 따라 침해가 인정되면 저작재산권 제한조항에 따라 침해책임을 면제받을 수 있는지의 검토가 필요하다. 인공지능의 창작과정에서도 어떤 경우에 저작재산권을 제한하면서 면책을 받을 수 있는지를 논의해야 한다.

---

9) 기술적 특이점이란 특이점이 있는 기준 하에 그 기준을 적용할 수 없는 점으로, 인류의 지능을 능가하는 인공지능이 출현하는 기점을 의미한다(손영화, 2016).

1) 데이터의 수집·이용을 위한 저작권 제한의 필요성

저작권은 저작자의 권익을 보호하기 위해 부여된 배타적 권리이다. 따라서 저작권이 있는 타인의 저작물을 복제 등과 같이 그 배타적 권리가 미치는 방법으로 이용하기 위해서는 저작재산권 제한 규정에 따른 저작물 자유 이용으로 인정되거나 일정한 요건 아래 원칙적으로 저작권자의 허락을 받아야 한다. 이에 저작권법에서는 저작재산권 제한 규정을 두고 저작물의 이용목적 등에 따라 일정하게 매우 한정적으로 저작권자의 허락 없이도 저작물을 자유롭게 이용하도록 하고 있다(오승종, 2019; 이해완, 2019). 저작재산권을 제한한다는 것은 허락을 받지 않고 저작물을 이용해도 책임이 면제됨을 의미한다. 따라서 저작재산권 제한조항들은 일종의 면책조항으로 볼 수 있다.

저작재산권 제한 규정 외에도, 저작권법에서는 저작권침해에 대한 책임을 면책하는 성격의 조항을 두고 있다. 저작권법 제6장에서는 온라인서비스제공자(Online Service Provider, 이하 OSP)의 책임 제한 규정을 둠으로써, OSP가 저작권 등을 침해하는 것에 대한 책임과 저작권침해가 발생해도 일정한 경우 책임을 지지 않아도 되는 면책조항을 다루고 있다.10) 미국의 디지털밀레니엄저작권법(1988)에서도 OSP가 제공하는 서비스 종류별로 일정한 조건에서 저작권침해책임을 제한하는 소위 면책조항(Safe Harbor Rule)을 두고 있다. 그 취지는 OSP가 인터넷상의 저작권침해 최소화에 협력하고 법적 안정성과 예측 가능성을 가지기 위함이다. 즉 이용자의 침해행위에 대해 수동적 입장인 OSP를 저작권침해책임에서 면책해 주기 위해서이다.

디지털 기술발전은 정보의 소비자가 동시에 생산자가 되는 생비자(prosumer) 개념을 탄생시켰다. 온라인상에서는 지금까지 정보의 수신자였던 자도 정보의 발신자가 되므로, 정보의 생산자와 소비자의 구별이 불명확하다. 이처럼 타인의 저작물을 이용·창작하여 발신하는 상황에서는 그 창작의 전제로서 정보수집이 필요불가

---

10) 인터넷에는 누구든지 언제 어디서라도 접근할 수 있는 대량의 정보가 존재하는데, 인터넷상의 정보는 방대하고 전 세계 서버에 분산되어 존재하기 때문에 개인이나 기업 등 공중이 원하는 정보에 효율적으로 도달할 수 있도록 하는 정보검색서비스제공자의 도움이 필요하다(박성호, 2020, 44쪽). 저작권법에서 정보검색서비스제공자에 해당하는 OSP의 책임제한 규정을 두고 있는 취지는 저작권침해가 발생하는 경우 OSP가 어느 정도 책임을 지는가 하는 것이며, 저작권법의 핵심은 이를 균형 있게 해결하고자 하는 것이다(이재진·박성순, 2007, 68쪽).

결하다(박성호, 2020, 52쪽). 마찬가지로 인공지능의 콘텐츠 창작에서도 창작을 전제로 학습 과정을 위해 엄청난 양의 데이터나 데이터 세트가 필요하다. 게다가 인공지능의 머신러닝은 대량의 데이터가 필요하므로 데이터 이용에 대한 개별적인 허락 자체가 기본적으로 어렵다. 즉 저작권자로부터 이용허락을 받아 해당 저작물을 학습데이터로 활용하는 것이 가장 바람직하지만, 저작권자 확인 불가, 과다한 이용료 등의 현실적인 문제로 모든 학습데이터에 대해 저작권 라이선스를 받기 어려운 경우도 상당수 존재한다. 그러나 모든 경우 저작권 라이선스 정책을 펼친다면, 인공지능 산업발전에도 제약이 따를 뿐 아니라 인공지능 라이선스 이용료를 지불할 수 있는 대형 사업자만이 인공지능을 개발하게 된다. 또 합법적으로 라이선스 된 데이터만 사용할 경우 데이터의 종류와 수량이 극히 제한되어 인공지능 편향 문제가 발생할 수 있다. 즉 인공지능 산업발전과 학습데이터의 품질, 수량 등의 중요성을 고려하여 저작권자의 불이익을 최소화하면서 학습데이터를 이용할 수 있는 예외적 요건을 설정하는 것이 필요하다(전응준, 2021, 267~268쪽).11) 따라서 데이터가 저작권이 있는 타인의 저작물(예컨대 화상, 음성, 문장)이라면, 그 데이터를 딥러닝 내지 머신러닝을 위해 인공지능 프로그램에 입력하는 것이 과연 저작권침해로 평가될 수 있는지, 그렇지 않으면 저작재산권 행사가 제한될 수 있는지가 중요한 쟁점이자 현안이다(차상육, 2021, 12쪽). 다시 말해서 학습데이터 확보를 위해 인공지능 학습 용도로 제공되는 저작물에 대해 저작권 제한이 필요한데, 인공지능의 학습 목적 혹은 저작물 이용범위와 방법 등을 적절하게 설정하는 방식으로 학습 단계에서 발생할 수 있는 저작권침해에 대한 면책을 논의해야 한다.

---

11) 인공지능 학습 단계에서 발생 가능한 저작권침해를 전면적으로 면책하는 정책의 단점은 첫째, 저작권자가 개인 또는 소규모 사업자이고 저작물 이용자는 구글과 같은 대규모 플랫폼사업자인 상황에서 저작권자의 권리를 희생할 수 있다. 둘째, 인공지능 창작 결과물에 대해 저작권 내지 그와 유사한 권리가 부여하려는 논의가 있는 상황에서 학습데이터를 제공한 저작권자에게 아무런 보상이 없다는 것은 형평에 어긋나며 논리적이지 않다(전응준, 2021, 267쪽).

2) TDM의 개념과 저작권침해 면책

(1) TDM의 개념 이해[12]

인공지능의 콘텐츠 창작에서 저작권침해에 대한 면책은 가장 먼저 저작권 면책 논의가 진행되었던 TDM을 중심으로 생각해 볼 수 있다. 머신러닝과 유사한 기술인 TDM이란 빅데이터를 분석하여 통계적 규칙, 경향 등 가치 있는 정보를 찾아내는 기술이다(박성호, 2020, 41쪽). EU의 '디지털 단일시장 저작권지침'에서는 TDM을 "패턴, 경향, 그리고 상관관계 등의 정보를 생성하기 위해 디지털 형태의 텍스트와 데이터를 분석하는 것을 목적으로 한 모든 자동화된 분석기술"로 정의하고 있다. 이렇게 볼 때 TDM이란 유용한 정보의 생성과 가치를 추출하기 위해 텍스트와 데이터 자료를 분석, 처리하는 방식이다.

텍스트마이닝(text mining)은 주요 개념과 주제를 통해 저자가 해당 개념을 표현하는 데 사용한 정확한 단어나 용어를 알지 못하더라도 숨겨진 관계와 추세를 파악하기 위해 텍스트 자료 모음을 분석하는 과정이다. 입력 데이터로 문서 또는 웹 등에 나타나는 텍스트로, 인간이 사용하는 자연어 처리를 통해 정보를 추출하는 것이다(김용주, 2020, 3쪽). 좁은 의미로 텍스트마이닝은 데이터를 생성하기 위해 텍스트에 알고리즘을 적용하는 분석 과정이다(Sag, 2019, p. 346). 한마디로 비정형 데이터인 텍스트 데이터를 가지고 새로운 정보를 도출하는 기술이라고 볼 수 있다. 분석대상이 데이터마이닝이 정형화된 수치 데이터라면 텍스트마이닝은 텍스트 데이터이며, 텍스트마이닝은 자연어로 구성된 비구조적 데이터를 사용하므로 컴퓨터가 처리하도록 텍스트를 구조화시키는 과정이 필요하다는 것이 데이터마이닝과의 차이점이다(조태호, 2001, 76쪽).[13] 텍스트마이닝은 그 목적이 획득한 정보의 의미를 정제하고 범주화하는 것이며, 머신러닝 외에도 언어처리, 인덱싱, 온톨로지 등의 방법을 사용한다. 반면 데이터 마이닝은 머신러닝을 통해 데이터를 분석한다는 점에서 차이가 있다.[14]

---

12) 조연하 연구(2022)의 일부 내용을 보완하여 인용하였다.

13) 텍스트 데이터의 구조화 과정에서 가장 보편적으로 사용되는 것이 문서(텍스트) 색인이다. 이것은 문서를 구성된 단어와 단어에 정보의 리스트로 표현하는 과정으로 특히 정보검색엔진에서 가장 많이 활용된다.

14) http://www.codingworldnews.com/news/articleView.html?idxno=2104.

데이터마이닝은 대량의 데이터에서 통계적 규칙이나 패턴을 분석하여 가치 있는 정보를 추출하고 새로운 유용한 지식을 발견하기 위한 통계학적 관점의 분석과정이다. 일종의 인공지능 기술발전에 따른 데이터 분석기법이자 분석과정으로(김용주, 2020; 김창화, 2017), 한마디로 정보를 채굴하는 것이다. 협의의 개념에서 데이터마이닝은 수치 데이터만을 대상으로 하는 것이지만, 광의의 개념에서는 모든 종류의 데이터를 대상으로 하여 그들 간의 암묵적인 정보를 추출하는 과정을 말한다. 즉 수치 데이터는 물론 텍스트, 이미지, 사운드 등의 멀티미디어 데이터도 포함된다. 그런 점에서 데이터마이닝의 개념에 텍스트마이닝이 포함된다(조태호, 2001, 77쪽). 머신러닝의 목적이 기존 데이터로 학습시킨 후에 새로운 데이터의 예측값을 아는 것인데 비해, 데이터마이닝의 목적은 기존 데이터의 현상 및 특성을 발견하는 것이란 점에서 차이를 보인다(박현경, 2020, 133쪽). 예를 들어 강아지 사진을 놓고, 머신러닝은 새로운 특정 사진이 강아지인지를 예측하는 반면에 데이터마이닝은 강아지의 중요 특징인 귀, 입, 색깔 등을 발굴한다.

TDM은 4차 산업혁명에 성공적으로 진입하기 위하여 꼭 필요한 행위이고, 경제적·산업적으로 공공의 이익에 대한 기여도가 높은 행위이다. 그럼에도 불구하고 저작재산권의 제한 규정을 이용목적 등에 따라 일정하게 매우 한정적으로 규정하고 있는 저작권법의 한계로 인해, 권리 제한 규정에 TDM이 명백히 해당하지 않아 저작재산권 침해책임을 질 수 있다(오승종, 2019, 455~456쪽). 저작물은 개별적으로든 집합적으로든 개별 저작자들이 표현하거나 의도했던 것 외에도 정보를 생성하는 잠재력을 가지는데, TDM과 같은 통계학적인 텍스트 분석 방법을 통해 그와 같은 정보를 읽어낼 수 있다. TDM을 하기 위해서는 채굴하려는 텍스트를 복제하는 작업이 수반되므로, 복제행위의 합법성이 장애 요소로 작용한다(Sag, 2019, p. 292). 그러나 빅데이터 분석을 위한 데이터마이닝의 경우, 외형적으로는 저작물 복제 등 이용행위가 행해지지만, 그 과정은 저작물의 표현 자체를 이용하는 것이 목적이 아니라 저작물에 포함된 아이디어나 배경 정보 등의 추출이 목적인 경우가 대부분이다. 따라서 이처럼 '저작물 이용의 실질'을 충족하지 아니하는 빅데이터 분석을 위한 데이터마이닝의 경우, 빅데이터 산업 활성화를 위하여 저작권 행사가 제한될 필요가 있다(김병일·신현철·안창원, 2017, 30쪽). 저작권법상 사실이나 아이디어는 저작권 보호범위 밖에 있으므로, 데이터마이닝은 저작권침해 논쟁에서 조금 더 자유로

울 수 있다. 직접 사람이 읽기 위한 복제가 아니라 웹브라이징과 동일하게 인공지능을 구현하기 위한 부수적 이용목적의 복제 성격을 가진다는 점에서 현행법상 일시적 복제에 대한 저작재산권 제한 규정의 적용은 한계가 있다. 이에 데이터마이닝을 위한 저작물 이용을 원저작물을 대체하지 않는 변형적인 이용으로 보고 공정이용으로 판단할 수도 있으나 별도의 면책규정이 필요하다는 견해(김용주, 2020; 김창화, 2021; 신창환, 2019; 이지호, 2013)가 우세하며, 해외에서도 면책 입법을 두고 있거나 추진하는 추세이다.

EU, 영국, 일본, 미국 등은 인공지능 기술과 관련하여 데이터 학습이나 처리 과정에서 저작권 문제를 해결하고자 면밀한 검토를 거쳐 저작권법에 특별규정을 두어 면책 범위를 부여하거나, 공정이용 원칙에 따라 저작재산권 침해로 보지 않는 경향이 있다(윤박·정연덕, 2021, 94쪽). 유럽에서는 2014년 영국의 데이터 이용 조항의 명문화를 시작으로 하여 2019년 EU 차원의 TDM 지침에 이르기까지, TDM과 같은 인공지능 기술과 관련하여 데이터 학습이나 처리 과정의 저작권 문제를 해결하기 위해 저작권법에 특별히 면책규정을 두고 있다. 대부분 비상업적인 목적의 TDM을 허용하고 있지만, 국가별로 허용 목적과 방식에 차이가 있다. 영국이나 독일은 주로 학술적인 목적과 같이 특정 목적을 위한 복제만을 허용하지만, 일본은 TDM을 하는 주체나 목적, 방법 면에서 어떠한 제한도 두고 있지 않은 것이 특징이다(김용주, 2020, 308쪽). 프랑스도 2016년 저작권법을 개정하여 공적 연구목적을 위한 학술문서에 포함되거나 이와 관련된 텍스트와 데이터를 탐구할 목적의 TDM을 허용하였다(윤정운, 2020, 22쪽). 한편 개별적으로 TDM 면책규정을 두고 있지 않은 미국은 판례법에 근거하여 저작권법 제107조의 공정이용 규정을 적용함으로써 TDM의 법적 문제를 해결하고 있다. 그러나 인공지능의 학습 단계는 대규모의 데이터 입력을 요구하고 데이터로 사용된 저작물을 거의 전부 이용해야 하므로, 종래의 공정이용 법리로 해결하기 어려운 한계가 있다(전응준, 2021, 287쪽).

우리나라는 저작권법에 아직 TDM 면책규정을 두지 않으면서, 미국과 마찬가지로 현 저작권법상 공정한 이용 요건을 충족하면 저작재산권 제한 사유에 해당한다고 본다. 문제는 TDM 면책을 현행 저작권법상 공정한 이용조항으로 해결하기 위해 아직 명확한 판단기준이 이론적으로 정립되어 있지 않으며, 관련 판례가 충분히 축적되어 있지 않아서 예측 가능성이 떨어진다는 점이다. 이에 TDM을 위한 데이터 이용에서 법적 불확실성을 해결하기 위해 입법이 필요하다. 국내에서는 빅데이터와 인공지능 산업의 활성화를 목표로 데이터의 처리분석과 학습 과정에서 발생하는 여러 법적 문제를 해결하기 위하여, 데이터 분석 등으로 국한된 별도의 저작권 제한 사유를 추가로 도입하는 방안 등, 관련 법규의 제정에 노력하고 있다(김도경, 2021; 박현경, 2020; 신창완, 2019).[15]

데이터마이닝은 최근 인공지능 기술발전에 따라 데이터 분석을 위한 중요한 기법으로 자리 잡고 있다(김용주, 2020, 285쪽). 데이터마이닝을 통해 산출되는 정보의 질은 데이터 규모의 방대성 등과 그 분석기술 수준에 달려 있는데, 인공지능은 이런 빅데이터를 소재로 학습을 통해 특정한 결과를 구현하는 기술이다(박성호, 2020, 42쪽). 비록 데이터 이용목적에서 차이가 있지만, 빅데이터를 수집해서 활용하고 부수적 이용목적의 복제가 이루어진다는 점에서 데이터마이닝과 인공지능의 머신러닝은 유사하다고 볼 수 있다. 이에 데이터마이닝에서 데이터 이용에 대한 저작권 면책 입법의 논리를 인공지능의 학습데이터 활용에 적용할 수 있다는 점에서 각국의 입법례를 상세히 검토하는 것이 의미 있다고 본다.

(2) TDM의 면책 입법 동향

가. 영국의 TDM 면책규정

영국은 2013년부터 디지털 네트워크 환경의 진전에 따른 사회변화에 대응하고자 저작권법에 몇 가지 의미 있는 제도를 도입하였다(오승종 2019, 461쪽). 그중 하나로 EU 회원국 중에서 처음으로 저작권법(1988)에 TDM 면책조항을 도입하였다. 2014년 저작권법 제29A조에 비상업적 연구목적의 TDM을 위한 복제에 관한 조항을 신설하였는데, 그 취지는 비상업적인 연구를 위한 데이터 분석을 허용함으로써 과학 및 기술 연구의 새로운 발전을 촉진하는 것이다. 이에 근거하여 비상업적인 목적일 경우 저작물에 컴퓨터를 이용한 분석 수행에 대한 법적 권한이 있는 자는 복제에 대한 침해책임이 면제되며, 다른 목적의 전송이나 기타 사용은 허용되지 않

---

15) 2020년 11월 데이터마이닝의 저작권 면책규정을 마련하고자 저작권법 제35조의 5에 정보분석을 위한 복제전송 조항을 신설한 저작권법 전부개정안을 의원입법으로 발의한 바 있고, 2021년 1월 저작권법 제43조에 정보분석을 위한 복제·전송 조항을 신설하는 저작권법 전부개정안이 역시 의원입법으로 발의되었다.

는다. 여기서 법적 권한이 있는 자는 적법한 접근에 대한 권한을 가진 자를 말하는데, 접근이 라이선스에서 명시적으로 허가되어 있는지, 또 저작권침해가 발생하지 않았는지가 적법한 접근의 요건이다. 예를 들어 현재 기술적으로 크롤링이나 스크래핑, 미러링 등에 의하여 인터넷 접속을 하는 모든 자는 공개적으로 사용 가능한 웹사이트를 채굴할 수 있다(차상육, 2021, 15쪽). 즉 데이터에 기록된 것을 컴퓨터로 분석하기 위하여 복제물을 생성할 수 있는 것이다. 이에 근거하면 데이터 복제, 비상업적인 이용목적, 합법적인 접근, 출처표시가 영국의 TDM 면책요건이다.

영국에서 TDM에 예외 규정이 도입되기 전에는 연구자가 저작물에 대한 접근 대가를 지급하였더라도 저작권자의 특별한 동의가 없다면 그 저작물에서 데이터를 읽어내기 위한 소프트웨어를 사용하는 것을 금지했었다. 그러나 면책규정의 도입으로 인해 이용자가 저작물에 합법적으로 접근하여 그 출처를 표시한다면 비상업적 연구의 목적으로 온라인 저널의 내용이나 다른 문장을 복제할 수 있게 되었다. 단 데이터베이스의 복제에는 면책규정이 적용되지 않는다. 영국의 저작권법 TDM 면책규정은 데이터베이스의 복제에는 적용되지 않는 점이 일본의 면책규정과 같지만, 비상업적인 연구목적에 한해서만 적용되는 점에서 차이를 보인다(김병일·신현철·안창원, 2017; 차상육, 2021).

나. 독일의 TDM 면책규정

독일도 영국과 유사하게 2017년 저작권법을 개정하여 TDM을 허용하는 규정을 도입하였다. 저작권법(UrhG)에 제60d조를 신설하여 TDM 권리 규정을 두고,[16] 비상업적인 목적으로 학술적인 연구를 위한 정보분석을 허용하였다. 즉 비상업적 목적의 학술연구를 위해 다수의 저작물을 자동 분석하는 TDM 면책규정을 일정한 요건 아래 두고 있다(차상육, 2021, 15~16쪽). 면책조항에서는 다수의 저작물을 원자료로 하여 비영리의 학술적 연구목적으로 자동화된 방법으로 이용하기 위하여, 정형화, 구조화 및 범주화의 방법으로 이용되는 말뭉치(corpus)[17]를 생성하기 위해 원

---

16) 동조 제1항 본문 및 동항 제2호.

17) 자연언어 연구를 위해 특정한 목적으로 언어의 표본을 추출한 집합이다. 컴퓨터의 발달로 말뭉치 분석이 용이해졌으며, 분석의 정확성을 위해 해당 자연언어를 형태소 분석하는 경우가 많다. 확률/통계적 기법과 시계열적인 접근으로 전체를 파악한다. 언어의 빈도와 분포를 확인할 수 있는 자료이며, 현대 언어학 연구에 필수적인 자료이다. 인문학에 자연과학적 방법론이 가장 성공적으로 적용된 경

자료를 복제하는 것을 허용하고 있다. 이 경우 역시 출처를 표시하는 것을 원칙으로 한다. 이처럼 정보분석에서 말뭉치라는 단어를 명시적으로 사용하고 있는 것이 독일 저작권법의 특징인데, 말뭉치는 특별히 한정된 개인 집단(연구팀이나 다기관)과 공유할 수 있다. 영국과 달리, 데이터베이스[18]에 대한 TDM도 허용되며, 학술적인 연구를 위해 일정 범위 내에서 말뭉치를 전송하는 것도 허용된다(오승종, 2019; 차상육, 2021).

특이한 점은 일단 연구가 종료되면 원칙적으로 말뭉치와 원자료의 복제물을 삭제해야 한다. 즉 언어학적 분석을 위해 수집되는 일군의 데이터인 말뭉치와 원데이터의 복제물은 연구 작업이 종결된 이후 삭제해야 하고, 공중이 이용하도록 제공하는 것을 중단해야 한다. 단 기록보존소, 박물관과 교육시설 내에 장기 보존하기 위해 전송하는 것은 허용된다. 아울러 제23조도 개정되었는데, 이에 따르면 TDM 과정에서 오직 기술적으로 발생한 변경(예를 들어 비정형적 텍스트를 일정한 포맷으로 정형화하는 것)에 대해서는 저작자의 허락을 받을 필요가 없다(오승종, 2019; 차상육, 2021). 독일의 저작권법은 삭제와 보존 및 보상 의무까지도 규정함으로써 가장 구체적인 TDM 면책규정이라는 평가를 받는다(김창화, 2021, 8쪽).

다. EU '디지털 단일시장 저작권지침'의 TDM 면책규정

EU도 TDM 관련 규정을 마련해 두고 있다. 그 과정을 살펴보면, EU 집행위원회가 2015년 5월 6일 유럽 디지털 단일시장(Digital Single Market) 전략을 발표하였다. 이 전략의 목표는 회원국 간 저작권 체계의 차이점을 줄이고 저작물에 대한 온라인 접근성을 강화하는 조치를 취하는 것이었고, 주된 내용은 유럽 내에서 소비자와 관련 산업 부문이 디지털 재화 및 서비스에 잘 접근할 수 있도록 유럽 저작권법을 개정하는 것이었다. 이에 따라 EU 집행위원회는 2016년 9월, EU 디지털 단일시장 저작권 지침안을 제안하였고, 2019년 3월 유럽의회가 '디지털 단일시장 저작권지침(Directive on Copyright in the Digital Single Market)' 최종안을 채택하였다. 이에 따라 EU와 그 회원국은 '학문연구나 비상업적인 목적'으로 TDM을 하고자 할 경

우로 볼 수 있다. 위키백과, https://ko.wikipedia.org/wiki/%EB%A7%90%EB%AD%89%EC%B9%98 (2022년 3월 13일 최종접속).

18) 동조 제2항.

우, 저작권자 등 권리자의 동의를 받지 않아도 저작물을 활용할 수 있게 되었다(김창화, 2021, 8~9쪽; 오승종, 2019, 463쪽; 차상육, 2021, 19쪽).

　EU의 '디지털 단일시장 저작권지침'에서는 제3조와 4조에서 TDM과 관련된 내용을 다루고 있다. 이에 따르면 학술적인 연구목적으로 TDM이 가능하며, IT 산업에서 빅데이터를 사용하는 경우 TDM이 허용된다(김창화, 2021, 9쪽). 구체적으로는 연구기관과 문화유산 기구가 '학술적 연구'를 하는 경우 TDM이 허용되는데, 그것의 의미나 적용방식에 대한 기준은 국가별로 자율적으로 정할 수 있다. 데이터 이용 방법과 관련해서는 TDM의 목적에 필요한 범주하에서 데이터 복제와 추출이 허용되며, 따라서 타인에 대한 데이터 '공유'는 인정되지 않는다(김용주, 2020, 299쪽). 제3조와 제4조의 내용을 좀 더 구체적으로 보면, 어떤 행위가 데이터와 텍스트를 일정한 패턴이나 경향, 상호관계 등을 파악하기 위해 디지털 형식으로 분석하기 위한 자동화된 분석기술로 구성되어있는 경우, 저작권자의 사전 승인 필요성에 대한 여러 가지 예외를 제공하고 있다. 그러므로 회원국은 합법적으로 접근 가능한 저작물에 대해 수행된 TDM 활동이 저작권자의 허락 없이 가능하도록 저작권 예외 조항을 각국의 법에 규정해야 한다. 또한 복제 또는 추출한 자료들을 TDM 목적을 위해 필요한 기간 보유하도록 보유기간에 대한 제한을 두지 않았다. 다만, 이러한 예외 조항은 권리자가 명시적으로 권리유보를 표시하지 않은 경우에 적용된다. 권리자의 권리유보는 그 자료가 온라인을 통해 공중에게 접근이 가능한 형태로 되어 있는 경우, 기계적으로 가독성이 있는 방법과 같은 적절한 방법으로 표시되어야 한다(오승종, 2019, 463~464쪽).

　한편 EU 회원국들은 TDM에 대한 예외와 제한에 관하여 통일된 규정을 두고 있지 않으므로, 이를 어떻게 적용할 것인지에 대해서는 아직 불확실한 측면이 있다. EU의 '디지털 단일시장 저작권지침'은 강제조항이기는 하지만, 회원국들은 자유롭게 적용 가능한 모든 자발적 예외의 이행 여부 및 방법을 결정한다. 지침에 따른 구체적인 이행 방법은 유연하게 적용될 수 있는 것이다(김용주, 2020, 298쪽). 그럼에도 불구하고 '디지털 단일시장 저작권지침'은 EU 차원에서 TDM에 관한 합의된 사항을 도출하였고, 회원국에 TDM에 대한 통일된 기준을 제공했다는 점에서 의의를 찾을 수 있다.

라. 일본의 TDM 면책규정

일본은 다른 국가와 비교할 때 비교적 일찍부터 TDM과 관련하여 가장 진보적이고도 유연한 TDM 면책규정을 두고 있다. 2009년부터 여러 차례에 걸친 저작권법 개정을 통해 인공지능 개발을 위한 데이터의 수집, 처리 및 머신러닝 등에서 수반되는 데이터 복제 등의 저작권침해 문제를 해소하려는 정책을 펼치고 있다(차상육, 2021, 25쪽). 그것의 일환으로 2009년에 저작권법 개정을 통해 TDM을 허용하기 시작하였다. 정보해석을 위한 복제에 관한 제47조의 7을 신설하고, 저작권자에게 미칠 영향을 고려하면서 정보해석에 필요한 범위에서 저작물을 복제하고 번안할 수 있는 제한 규정을 도입하였다. 입법의 목적과 배경, 취지는 정보화 사회에서 정보량의 폭발적인 증가와 이용자의 다양한 정보요구를 충족시키기 위해서는 기존의 정보·지식을 추출하여 새롭게 가공할 필요가 있고, 이것의 원활한 수행을 위해 웹 정보 등의 방대한 정보의 축적·변경·해석 등이 요구된다는 점에서 찾을 수 있다. 그러나 이와 같은 행위는 저작물의 통상적인 이용 형태와 차이가 있으므로 저작권자의 정당한 이익에 대한 침해가 많지 않음에도 불구하고, 저작권법상의 복제·번안·개작에 해당할 것을 우려하여 공적인 연구기관 및 산업계에서 연구개발 활동이 위축될 수 있다(김병일·신현철·안창원, 2017, 48쪽). 이에 일본은 정보화 사회에서 정보해석 기술의 사회적 의의와 가치를 고려하여 정보해석을 위한 복제를 허용하는 방식으로 TDM의 저작권침해를 면책하는 규정을 마련하였다.

2009년 신설된 저작권법 제47조의 7에 따르면, 전자계산기에 의한 정보해석을 목적으로 하는 경우 필요하다고 인정되는 한도에서 데이터를 기록 매체에 기록하거나 번안할 수 있다. 여기서 정보해석이란 다수의 저작물, 그 밖의 대량의 정보로부터 해당 정보를 구성하는 언어, 소리, 영상, 그 밖의 요소에 관한 정보를 추출하여 비교, 분류, 그 밖의 통계적인 해석을 하는 것을 말한다. 이 규정은 TDM 과정에서 분석대상인 데이터 등이 저작물에 해당해도 저작권침해를 염려하지 않고 데이터 등을 수집, 기록, 분석할 수 있도록 했다는 점에서 의미를 찾을 수 있다(김용주, 2020; 김창화, 2021). 특히 말뭉치 등의 언어분석이나 음성인식, 화상인식 등의 기술개발을 위해서는 방대한 정보로부터 필요한 정보를 추출하여 분석하고 해석하는 처리 과정이 필요한데, 이러한 정보처리 과정에서는 대량 정보를 컴퓨터에 축적한 후에 이를 체계적으로 정리하는 행위가 수반된다. 일본 저작권법에는 이런 이용행위를 적법하게 보거나 면책하는 명확한 규정이 없었는데, 제47조의 7의 신설은 이에 대한 대응이 필요하다는 사회적 요청을 고려했다고 볼 수 있다(오승종, 2019, 461쪽).

그러나 기존의 권리 제한 규정에 이용목적이 개별적·구체적으로 규정되어 있고 기술혁신을 배경으로 한 새로운 저작물 이용에 동 법으로 대응하기 어려운 문제를 해결하기 위해 2018년 또 한 차례 저작권법을 개정하여, 환경변화에 대응한 저작물의 원활한 이용을 도모하고 유연한 권리 제한 규정을 보다 혁신적으로 정비하고자 하였다(김용주, 2020, 290쪽). 특별히 인공지능 개발에 필요한 저작물 등의 이용을 활성화하려는 목적에서 저작권자 등의 승낙 없이 이용할 수 있는 범위를 포괄적으로 확장하였다(차상육, 2021, 25쪽). 빅데이터, 인공지능 등을 이용한 산업발전을 통해 4차 산업혁명에 본격적으로 대처하려는 일본의 저작권 정책 방향을 엿볼 수 있다. 이에 따라 개정 이전의 저작권법 제47조의 7에서는 기록 매체의 기록과 번안만 허용되고 작성된 복제물의 양도까지는 허용하지 않았으나, 2018년 개정 이후에는 데이터의 '복제 내지 번안'은 물론 이전에는 허용되지 않았던 데이터의 '공유'도 허용됨으로써 이용 방법에 대한 제한이 없어졌다. 또 TDM과 관련하여 개정된 제30조의 4에 "저작물에 표현된 사상 또는 감정을 향유하는 것을 목적으로 하지 않는 경우에는 필요하다고 인정되는 한도에서, 어떤 방법에 따를 것인가를 막론하고 이용할 수 있다"는 조항을 두었다.[19] 즉 데이터에 표현된 사상이나 감정을 향유[20]하는 목적이 아닌 경우 저작권 제한의 정당성을 규정한 것이다. 다만 저작권자의 이익을 부당하게 해치지 않아야 한다는 단서 조항을 두고 있다(김용주, 2020, 290~292쪽). 한편 일본 저작권법 제47조의 7에서는 정보해석을 하는 자가 이용하기 위하여 작성된 데이터베이스의 저작물에 관해서는 본 조항이 적용되지 않는다는 예외 조항을 두었다. 분석대상인 빅데이터는 말뭉치처럼 데이터베이스에 해당하는 것으로 보기 어려운 경우가 많다. 일본은 우리나라와 달리 창작성 없는 데이터베이스를 보호하지 않고 있어서 그 실효성에는 의문이 있다(임원선, 2020a, 193쪽).

---

19) 구 저작권법 제30조의 4는 '저작물 이용에 관한 기술개발·실용화 시험을 위한 이용'에 관한 조항으로서, 이용목적에 한계가 있었으나, 개정 저작권법 제30조의 4를 '저작물에 표현된 사상 또는 감정의 향유를 목적으로 하지 않는 이용'으로 변경함으로써, 이용목적의 한계를 삭제하였다(김용주, 2020, 291쪽).
20) 향유란 '정신적으로 뛰어난 것이나 물질상의 이익 등을 즐기는 것'을 지칭한다(김용주, 2020, 291쪽).

이렇게 볼 때 일본 저작권법상의 TDM 면책규정은 주체를 개인 또는 기관으로 한정하고 있는 영국, 독일, EU와 달리, TDM의 주체를 제한하지 않고 있는 점이 특징이다. 또 이용목적에서도 데이터가 본래의 목적으로 사용되는 경우를 제외하고는 특별한 제한이 없어서 사적인 목적으로 데이터를 추출하거나 저장할 수 있게 되었다는 점에서, 학술적인 연구나 비상업적인 목적으로 한정하는 영국, 독일과 EU와 차이를 보인다. 이용 방법도 기록과 번안에 국한하지 않고 데이터 공유도 허용하고 있다는 점에서 매우 유연하고도 진보적이며 적극적인 입법이라고 볼 수 있다.

표 10-1. 국가별 TDM 면책규정 비교

	주체	목적	방법
영국	개인	비상업적인 연구	• (저작물에 대한 합법적인 접근과 이용, 저작물 출처를 표시한 경우) 온라인 저널의 내용이나 다른 문장 복제
독일	개인	학술적인 연구	• 원 재료 복제 • 원 데이터 뭉치의 장기보관을 위한 전송
EU	기관 (연구기관/ 문화유산기관)	학술적인 연구	• 데이터 복제와 추출
일본	제한 없음	저작물에 표현된 사상 또는 감정의 향유를 수반하지 않은 이용	• 데이터의 복제 또는 번안 • 데이터의 공유

* 김용주, 2020, 289~299쪽 참조.

마. 미국의 TDM에 대한 공정이용 적용

앞에서 살펴본 바와 같이, 영국, 독일, 일본 등의 국가는 저작권법에 TDM 면책규정을 두고 있는 반면, 미국은 저작권법에 TDM에 관한 특별한 명문 규정을 두고 있지 않다. 대신 데이터 이용과 관련한 판결에서 공정이용 원칙을 적용하는 방식으로 사법부 판단에 따른다.

미국 법원[21]은 TDM 과정에서 저작물 이용이 공정이용에 해당한다고 판결하

---

21) Authors Guild v. HathiTrust, 755 F.3d 87 (2d Cir. 2014); White v. West (S.D.N.Y. 2014); Fox v.

는 경향을 보인다. 법원은 저작물 이용의 목적과 성격, 이용된 저작물의 성격, 전체 저작물에서 이용된 양과 정도, 그리고 저작물 이용이 원저작물의 경제적 가치나 잠재적 시장에 미치는 효과와 같은 공정이용의 4가지 판단 요소를 종합적으로 고려해보고, TDM 과정에서 검색 가능한 데이터베이스나 검색엔진의 생성은 변형적이므로 공정이용이 될 가능성이 크다고 판단하였다. 대부분의 데이터마이닝이 저작물 전부를 그대로 복제하지만, 원저작물을 대체하지 않는 변형적인 이용이라는 것이다. 또한 검색 가능한 데이터베이스가 원저작물의 시장에 부정적 영향을 미칠 가능성이 없다는 점에 주목하고 공정이용으로 보았다(김경숙, 2021; 김병일·신현철·안창원, 2017). 역시 공정이용 판단에서 저작물 이용의 목적과 성격 기준과 저작물 이용이 원저작물 시장에 미치는 효과 기준을 중요시하고 있음을 엿볼 수 있다.

대표적인 판례로 Authors Guild v. Google, Inc. 사건(2013)[22]이 있다. 출판 서적의 저자들이 구글(Google)을 상대로 저작권침해소송을 제기한 사건이다. 사건의 개요를 보면, 구글은 검색엔진의 효율성 증진을 위해 미국의 대형 도서관에 보관된 수백만 권의 장서를 스캔한 디지털 복제본을 토대로 온라인 데이터베이스를 구축하는 구글 도서관 프로젝트를 진행하였다. 이에 대해 작가협회와 출판협회가 구글이 도서관 검색 프로젝트를 진행하면서 저작권자의 허락 없이 디지털 복제본을 만든 행위는 저작권침해라고 주장하면서, 구글을 상대로 저작권 침해소송을 제기하였다. 반면 구글은 공정이용에 해당한다고 주장하였다. 정보기술의 발전과 저작권이 서로 충돌한 사례로 볼 수 있는데, 법원은 결국 구글의 손을 들어주었다. 판단의 근거를 보면, 저작물에 대한 허락을 받지 않은 디지털화, 검색기능의 생성, 짧은 발제문 형태의 토막글(snippets)[23] 표시들은 매우 변형적이며, 텍스트의 공개가 제한적이고, 구글의 게시로 원저작물 시장이 대체되지도 않았고, 구글의 상업적

TVEyes (S.D.N.Y. 2014); Authors Guild, Inc. v. Google Inc., 2013 WL 6017130 (S.D.N.Y. Nov. 14, 2013); A.V. v. iParadigms, LLC(4th Cir. 2009); Perfect 10 v. Amazon, 508 F.3d 1146 (9th Cir. 2007); Field v. Google, 412 F.Supp.2d 1106(D. Nv. 2006); Kelly v. Arriba Soft, 336 F.3d 811(9th Cir. 2003).

22) Authors Guild v. Google Inc., 804 F.3d 202(2d Cir. 2015), pp. 216~218.

23) 저작권 보호가 되는 저작물에 대해서는 '일부 보기(Snippet View)' 형태로, 해당 도서에 대한 정보와 검색어가 포함된 몇 개의 문장으로 이루어진 일부를 카드 목록방식으로 제공했으며, 저작권이 존재하지 않는 저작물은 모든 내용을 보여주고 다운로드할 수 있는 '전체 보기(Full View)'의 형태로 제공하였다(유수현, 2010, 40~41쪽).

특성과 이익의 동기가 공정이용 부인을 정당화할 정도는 아니라는 것이었다.24) 특히 구글이 파트너 라이브러리 컬렉션의 책을 디지털 방식으로 스캔하여 학자와 연구자가 사용할 수 있는 검색 가능한 데이터베이스에 통합하는 과정에서 8분의 1페이지 길이의 짧은 발제문이 포함된 것에 대해, 이 프로젝트는 "새로운 분야의 데이터마이닝과 텍스트마이닝을 포함한 실질적인 연구를 목적으로 책 텍스트를 데이터로 변환하여 새로운 연구 분야를 열게 했다"면서, 책에 나오는 단어들은 지금까지 쓰이지 않았던 방식의 변형적 이용이라고 판단하였다. 이와 같은 판결은 데이터마이닝을 포함하여 원저작물의 목적과 다른 이용에 대해서는 공정이용의 가능성이 크다는 점을 보여준다(김경숙, 2021; 김창화, 2021).

이처럼 TDM에 대해 저작권법상의 공정이용 규정을 적용하는 것은 유연한 판단이라고 볼 수 있는 반면, 재판 결과를 예측할 수 없다는 단점이 존재한다. 법적 안정성과 예측 가능성을 제공하지 못하는 것이다. 그러나 한편으로는 변형적 이용 또는 생산적 이용에 해당하는가에 대한 해석을 통해 합법적인 저작물 이용 판단에서 새로운 이용 방법이 창조적인지를 고려하는 것은 저작권법이 혁신(innovation)을 저해하지 않는다는 측면에서 매력적인 판단 방법이라고도 볼 수 있다(김병일·신현철·안창원, 2017, 45쪽).

---

24) 특히 본 사건의 1심 재판을 담당했던 지방법원은 구글의 이용목적이 책을 찾을 수 있도록 하는 검색 가능한 색인의 제공, 데이터 마이닝, 그리고 프린트할 수 없는 접근의 제공이라고 제시하면서 이것은 원저작물의 이용목적과 다르다고 판단하였다. 또한 검색엔진이 TDM으로 알려진 새로운 연구 형태를 가능하게 해 준다는 점을 지적하였다(김창화, 2021, 11쪽).

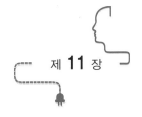

제 11 장

인공지능 콘텐츠 창작과 공정이용

1 / 인공지능 기술과 공정이용 원칙의 딜레마

콘텐츠 창작을 위한 인공지능의 저작물 이용에서도 저작권자의 권리와 저작물의 공정한 이용이란 이익 간의 균형을 이루는 것이 중요하다. 이에 두 이익 간의 균형을 이루는 수단인 저작권법상의 공정이용 법리를 적용해 볼 필요가 있다. 머신러닝 운용의 각 단계에서 저작권침해를 구성할 가능성으로 인해, 무단으로 복제된 저작물을 입력 데이터로 구성하여 머신러닝이 수행되는 학습 과정은 공정이용 등의 예외 사항에 의존할 수밖에 없기 때문이다(김도경, 2020, 493쪽). 저작권법의 공정한 이용조항은 포괄적이고도 일반적인 저작재산권 제한의 성격을 가지기 때문에, 인공지능이 허락받지 않은 데이터나 자료 사용에 대한 정당성을 주장하는 근거로 작용할 수 있다. 즉 인공지능과 같이 빠르게 발전하는 기술로 가능해진 다양한 저작물 이용 형태까지도 적시에 파악하여 저작권자와 이용자 또는 일반 공중 사이의 이익을 합리적으로 조율할 수 있는 장점이 있다(윤정운, 2020, 3쪽). 또한 인공지능의 저작물 이용에 관한 면책조항이 아직 부재한 저작권법의 한계를 보완하는 이점도 있다. 전통적으로 공정이용 원칙은 표현활동을 권장함으로써 사회에 이익이 되는 개념으로 이해되어 왔다. 그러나 오늘날에는 인공지능과 같은 기술발전이 개별 저작권자들의 권리를 희생시키면서 영향력 있는 기업에 경제적 이익을 가져다주는 현상을 보인다. 인공지능의 발전과 디지털 정보경제의 변화가 공정이용 원칙이 딜레마에 빠지게 하는 요인이 되고 있는데, 이런 딜레마는 공정이용 원칙이 본래의 목적을 수행하지 못하도록 만들 수 있다(Sobel, 2017).

인공지능의 콘텐츠 창작과 공정이용에 관한 논의의 핵심은 창작과정에서 발생 가능한 저작권침해가 공정이용 원칙에 의해 면책될 수 있는지, 아니면 고도로 지적인(sophisticated) 기술인 인공지능의 학습과 창작이라는 새로운 상황임에도 불구하고 기존의 공정이용 원칙을 고수할 수 있는지이다(박현경, 2020). 머신러닝의 새로운 응용 프로그램은 여러 가지 방법으로 비표현적 이용(non-expressive use)의 경계를 넓히고 있어 공정이용의 인정 범위를 충분히 확장한다. 그러나 비표현적 이용 원칙은 머신러닝의 일부 응용 프로그램은 쉽게 면책하지만 다른 응용 프로그램은 공정이용 항변이 인정될 가능성이 작을 수도 있다(김도경, 2020, 493쪽). 컴퓨터로 대량의 저작물을 복제하는 자체는 새로운 법적 이슈가 아닌데, 대부분 표현적인 저작물을 사용하지 않으므로 저작권침해가 아닌 것으로 간주되었다. 하지만 대량 데이터가 필요한 인공지능 기술인 머신러닝은 엄청난 속도로 저작물을 소비한다. 게다가 인공지능 학습을 위한 훈련용 데이터의 일부는 표현적인 저작물로 구성되어 저작권침해 문제가 제기되므로, 공정이용 원칙에 의존하지 못할 수도 있다. 미국의 저작권법 체계에서는 머신러닝에서 저작권 보호를 받는 데이터 이용을 활성화하기 위해 공정이용 원칙을 적용하고 있으나, 최근의 공정이용 원칙은 머신러닝의 발전을 저해하거나 인간 창작자들의 권리를 박탈하는 방식으로 작용하고 있어 위협이 되고 있기도 하다(Sobel, 2017, p. 45). 결국 인공지능에 의한 빅데이터 분석과 이용이 현행 저작권법상 공정이용에 해당하는지는 구체적인 알고리즘, 즉 데이터 이용방식과 정도에 따라 달라질 수 있다(허세현, 2021, 217쪽).

김도경(2020)은 인공지능 학습훈련에 대해 공정이용으로 인정하거나 인정하지 않는 경우 발생 가능한 사회적, 경제적 문제점을 비교, 설명하였다. 먼저 표현적 이용(expressive use)의 머신러닝에 대해 단정적으로 공정이용을 불인정할 경우, 방대한 데이터 저작물의 저작권침해에 대한 손해배상 등의 문제가 발생하며, 기술 진보 관련 연구를 취약하게 만들 수 있고, 무료나 쉽게 접근 가능한 데이터만으로 인공지능을 훈련하게 되어 편향된 시각의 모델이 만들어질 우려가 있다. 반면 표현적 이용의 머신러닝에 대해 공정이용을 인정할 경우, 무제한적인 표현적 이용의 머신러닝 수행으로 인공지능이 인간 노동자를 대체하고 소득이 노동에서 자본으로 전환되며, 인공지능이 저작자에 대한 적절한 보상 없이 저작물에서 표현적 가치를 추출할 수 있게 되는 등, 진보적인 저작권 정책변화가 인류에 대한 실존적 위험으로 작동할 수 있다(499~502쪽). 인공지능과 같은 과학기술의 발전이 저작권 등의 사회제도와 밀접한 관계를 맺으면서 진보되기도 하지만, 충돌하는 부분도 상당히 많아질 것으로 예상된다.

공정이용은 인간 창작자와 인공지능 간의 저작물 이용관계를 규정짓는데 유용한 도구이다. 특히 거대한 파급력을 지닌 인공지능 기술과 산업발전을 위해 인공지능의 콘텐츠 창작에서 저작물 이용으로 인한 잠재적 저작권침해의 위협으로부터 면책되는지가 핵심적인 사안(김도경, 2020; 박현경, 2020)이라는 점에서 저작권침해에 대한 항변의 기능을 하는 공정이용의 관점에서 논의가 필요하다. 기계학습은 방대한 사회적, 경제적 이익을 실현할 수 있는 기술로, 그것의 잠재력은 대부분 인간의 창의적인 저작물로부터 나온다. 공정이용의 딜레마는 인간 창작자에게 저작권이 제공되지 않을 수 있어서 온 위기이기도 하지만, 다른 한편으로는 저작물이 지닌 표현적 가치를 보호해주는 것을 통해 인간이 표현을 더 많이 창작하고 전달하도록 한다는 저작권법 본래의 목적을 분명히 함으로써 사회적 평등을 조성할 기회를 제공할 수도 있다(Sobel, 2017, p. 97). 인공지능 시대 공정이용 원칙에 관한 전통적 패러다임의 변화가 예상됨에 따라, 공정이용 원칙의 딜레마와 인공지능 기술이 사회에 초래한 여러 문제를 해결하고, 새로운 저작권 환경에서 공정이용 본래의 목적인 공공의 이익을 수호하기 위해 공정이용 법리의 범위와 이용가능성을 충분히 논의해야 한다.

2 / 인공지능 콘텐츠 창작에 변형적 이용 법리 적용[1]

공정이용 원칙은 인터넷의 등장으로 저작물의 창작과 이용이 활성화되는 환경변화에 대응하기 위해 저작권자의 이익을 크게 해하지 않으면서 저작물 이용을 적법한 것으로 허용하기 위한 포괄적인 저작권 제한의 개념이다. 이 원칙은 딥러닝에 의한 학습데이터 이용을 적법한 것으로 주장할 수 있는 효과적인 방어 논리가 될

---

1) 조연하 연구(2010)의 일부 내용을 보완하여 인용하였다.

수 있지만, 다른 한편으로 판단에서 고려해야 할 4가지 요소가 추상적이고 예측가능성이 낮다는 문제점을 갖고 있기도 하다(정상조, 2020, 9~10쪽). 저작물의 공정이용을 판단하는 4가지 요소는 저작물 이용의 목적과 성격, 이용된 저작물의 성격, 전체 저작물에서 이용된 양과 질, 저작물 이용이 저작물의 가치나 잠재적 시장에 미치는 영향이다. 앞에서도 언급했듯이 미국의 판결 성향을 보면, 법원은 4가지 판단 요소 중 이용의 목적 및 성격과 시장에 미치는 이용효과를 중요하게 고려하는 경향을 보이는데(Leval, 1990, p. 1116), 이용의 목적 및 성격을 판단할 때 중요하게 사용하는 개념이 바로 변형적 이용이다. 실제로 공정이용을 다룬 최근 판결에서도 변형적 이용의 법리가 빈번히 적용되는 추세를 보인다.

변형적 이용은 미국의 Sony 사건에서 제9 연방항소법원(1981)[2]의 다수의견과 연방대법원의 최종 판결[3]에서 반대의견이 사용했던 생산적 이용에서 발전된 개념이다. Sony 사건에서 논의의 핵심은 TV 프로그램을 VCR로 녹화해서 시청하는 행위가 생산적 이용인지 혹은 소비적 이용(consumptive use)인지였다. 생산적 이용이란 원저작물이 만들어 낸 것 이상으로 공적 이익을 일부 추가한 2차적 이용을 의미하는 개념으로,[4] 변형적 이용과 동의어로 사용되면서 서로 긴밀한 관련성을 공유하고 있다. 이렇게 볼 때 생산성(productivity)은 변형성(transformativeness)의 초석이 되었다고 할 수 있는데, 오늘날에는 공정이용 판단에서 핵심적인 기준이 되고 있다. 따라서 법원이 머신러닝에서 표현적 이용을 생산적 이용 아니면 소비적인 이용으로 판단하는가에 따라 공정이용 여부가 결정된다(Sobel, 2017, p. 73).

변형적 이용은 1990년 미국의 레벌 판사가 자신의 논문에서 처음으로 제창하였던 개념이다. 그가 주장한 변형적 이용의 조건은 저작물 이용이 생산적이어야 하고 인용된 부분을 원저작물과 다른 방식이나 다른 목적으로 사용해야 한다는 것이다. 또 2차적 저작은 원저작물을 새로운 정보, 미학, 통찰력과 이해를 창작하는 방식으로 변형시키는 것이어야 한다는 것이 그의 주장이었다. 원저작물에 새로운 가치를 부가하는 것이 공정이용 원칙의 추구하는 취지와 맞는다는 것이다. 이렇게 공정이용 판단에서 변형적 이용 기준을 중요하게 고려하는 것은 저작자에게 창작에

---

2) Universal City Studio Inc. v. Sony Corp. of America, 659F.2d, 963(1981).

3) Sony Corporation of America v. Universal City Studios, 464 U.S. 417(1984).

4) Sony Corporation of America v. Universal City Studios, 464 U.S. 417(1984), pp. 478~479.

대한 인센티브 부여로 생산적인 사고를 촉진하려는 저작권법의 근본 목적은 물론이고(Leval, 1990, pp. 1110~1111), 저작권법의 목적인 사회적 이익과도 부합된다. 이와 같은 논의에 기초하면, 변형적 이용이란 원저작물과 다른 방식이나 목적으로 이용하거나, 새로운 저작물을 창작하기 위해 원저작물을 기초로 하여 새로운 가치를 추가함으로써 창의적으로 변형시킨 개념으로 정의할 수 있다.

앞의 정의에 따르면 변형적 이용 기준은 새로운 저작물 창작에 중점을 두고 있다. 이와 같은 엄격한 변형적 이용 기준을 디지털 미디어 환경에 적용한다면 이용자들이 디지털 기술을 사용하여 자유롭게 콘텐츠를 생산하고 재창조하는 과정에서 일어나는 여러 현상을 포괄할 수 없게 된다. 이것은 더 많은 창작물 생산 유도라는 저작권 본래의 취지를 저해할 수 있다.[5] 따라서 저작물 생산의 증진이란 저작권법의 목표를 반영하기 위해 공정이용 판단에서 새로운 저작물 창작이 아닌 저작물 이용목적의 변형에 초점을 두는 기능론적인 접근(functional analysis)[6]에 기반할 필요가 있다. 기능론적 접근이란 원저작물을 토대로 만들어진 2차적저작물이 원저작물의 기능과 다른 기능을 하는지를 분석하는 방법이다. 이런 접근은 변형적 이용 기준을 창의적인 가치의 추가로 국한하지 않고 기술발전으로 인해 가능한 새로운 활동도 중요하게 고려할 수 있도록 한다(조연하, 2010, 225쪽)는 이점이 있다. 이와 같은 견해는 인공지능 기술발전이 가능하게 하는 새로운 창작활동에 대한 공정이용 판단에도 적용 가능하리라고 본다.

실제로 인공지능의 빅데이터 분석 및 이용이 공정이용인지의 판단에서 저작물 본래의 이용목적 외의 다른 목적, 예컨대 검색지원 또는 통계분석 등을 목적으로 하는 경우는 변형적 이용으로서, 공정이용에 해당한다고 보는 견해들이 많다(정상조, 2018, 49쪽). 그와 같은 견해가 반영된 대표적인 사례가 앞에서 언급했던 미국의 구글 도서관 프로젝트 사건(2015)이다. 이 사건에서 제2연방항소법원[7]은 대량 디지털 복제행위는 데이터 분석을 목적으로 이용되었고, 서적에 있는 표현이 아니라 인

---

5) 우지숙(2002)은 기술발전이 가능하게 하는 새로운 활동과 가능성을 고려하지 않은 채 기존 저작권자들의 잠재적 이익까지 극대화하려 한다면, 공정이용 원칙을 인터넷상의 활동에 대해서 원천적으로 포기하는 결과를 낳는다는 점을 강조하였다(250쪽).

6) 변형적 이용 판단기준에 대한 기능론적인 접근은 니머(Nimmer) 교수가 공정이용 원칙의 일부분으로 처음 주장하였다(Kudon, 2000, p. 606).

7) Authors Guild v. Google Inc., 804 F.3d 202(2d Cir. 2015), pp. 216~218.

터넷 이용자가 찾고자 하는 용어를 포함하는 서적을 검색해 주는 것이 목적이어서 비표현적 이용에 해당한다고 해석하였다. 그리고 이 프로젝트에서 저작물 이용은 정보를 제공해주는 기능을 하며, 원저작물의 기능과 다르다는 점에서 변형적 이용이라고 보았다. 이 판결은 인공지능의 콘텐츠 창작을 위한 저작물 이용이 공정이용인지에 관한 판단에서도 변형적 이용 기준을 어떻게 적용할 것인지에 대한 충분한 고민이 필요함을 시사한다. 예를 들어 딥러닝 기술로 문자인식, 음성인식 등의 서비스를 제공하는 것이 원저작물의 문학적·예술적 가치를 그대로 이용하는 것이 아니라 문자나 음성 데이터의 디지털 패턴 인식(pattern recognition)[8]과 같은 새로운 가치를 찾아내는 것이라면(정상조, 2020, 12쪽), 저작물 이용목적의 변형에 초점을 두는 기능론적인 접근에 따라 변형적 이용이므로 공정이용에 해당할 수 있을 것이다.

3 / 인공지능 콘텐츠 창작에서 공정이용 판단 요소[9]

그림멀먼(Grimmelmann, 2016a)은 디지털 기술이 대량 정보를 읽어내고 복제, 분석할 수 있게 되면서 저작물 이용을 저작자의 표현에 관여하는 인간의 저작물 이용(human copyright or human reading)과 로봇의 저작물 이용(robotic copyright or robotic reading)으로 구분하였다. 그는 로봇의 대량 저작물 이용도 저작권법상의 변형적 이용에 기초해서 공정이용을 판단해야 한다는 점을 강조하였다. 그리고 로봇의 저작물 이용이 가지는 특징으로 저작권으로 보호받는 표현이 아닌 기술 혹은 사실을 이용하는 비표현적 이용, 데이터 수집 과정에서 발생할 수 있는 중간복제(intermediate copy), 저작물의 대량이용(bulk reading) 혹은 대량 디지털화(mass digitization)를 제시하였다. 이런 특징들은 인공지능 학습을 위한 저작물의 공정이용에 관한 기존 판례나

---

8) 문자, 음성, 영상 등을 인식해서 알려주는 알고리즘은 창작알고리즘과 달리 그 최종산출물 단계에서도 학습데이터 이용이 공정이용으로 인정될 가능성이 상당히 크다. 창작알고리즘과 달리, 문자, 음성, 개체인식 알고리즘은 중간산출물뿐만 아니라 최종산출물에서도 학습데이터의 변형적, 비표현적 이용의 성격이 그대로 유지되기 때문이다. 반면 투입된 학습데이터와 최종산출물의 유사도가 유사할수록 변형적 이용이라고 보기 어렵고 시장가치 침해의 위험성도 있어, 공정이용으로 인정될 가능성은 작아진다(정상조, 2020, 17쪽).

9) 조연하 연구(2022)의 일부 내용을 보완하여 인용하였다.

연구에서도 공정이용의 중요한 판단 요소로 고려되고 있다. 특히 공정이용 관련 판례가 비교적 많이 축적된 미국에서는 컴퓨터나 인공지능의 저작물 이용이 공정이용인지를 판단할 때, 중간복제, 비표현적 이용을 비교적 넓게 해석하는 성향을 보인다.

정상조(2020, 10쪽)도 딥러닝을 위한 학습데이터의 공정이용 판단에서 일반적으로 저작물의 공정이용을 판단하는 4가지 인정 요소에 디하여 저작물 활용이 표현적 이용인지 여부와 학습 단계별 데이터 저작권침해 여부와 같은 판단 요소를 추가적인 법적 쟁점으로 제시하였다. 첫째, 저작물 활용이 표현적 이용인지 아니면 비표현적 이용인지에 대한 검토가 필요하다. 원저작자가 담고자 했던 표현의 가치가 아닌 전혀 다른 학습을 위한 비표현적 목적으로 표현을 보호하는 저작물을 활용한다면, 원천적으로 저작권침해가 아닐 가능성이 있다. 설사 저작권침해라고 하더라도 변형적 이용의 정도가 커져 공정이용으로 인정될 가능성이 크다. 둘째, 딥러닝의 투입, 학습, 산출의 각 단계에서 공정이용 여부를 별도로 판단해야 한다. 학습데이터를 투입하기 위한 데이터 수집과정에서 발생하는 저작권침해는 비표현적 이용으로 변형의 정도가 커서 공정이용일 가능성이 크지만, 학습의 최종산출물이 특정 투입저작물의 표현을 그대로 복제한 결과로 나타난다면 원저작물의 표현적 이용이므로 변형적 이용으로 인정될 가능성이 작아진다. 이렇게 볼 때 인공지능의 창작에서 이루어지는 저작물 이용의 공정이용 판단에서는 저작물 이용의 목적과 성격, 이용된 저작물의 성격, 전체 저작물에서 이용된 저작물의 양과 정도, 저작물 이용이 저작물의 가치나 잠재적 시장에 미치는 효과와 같은 4가지 판단 요소를 기본으로 하되, 특별히 이용의 목적과 성격 기준에서 비표현적 이용, 중간복제, 저작물의 대량 디지털화 등의 요소를 중심으로 논의할 필요가 있다.

1) 비표현적 이용과 공정이용

(1) 비표현적 이용의 개념과 발전과정

비표현적 이용에 대해 그림멀먼(2016a)은 디지털 기술환경에서 비표현적 이용과 대량 복제는 로봇과 같은 기계만이 할 수 있는 새로운 저작물 이용방식이라고 보고, 기계에 의한 저작물 이용에서 저작물의 사실을 이용하는 경우라고 설명하였다

(p. 661). 저작물에서 표현이 아닌 사실을 이용하는 것을 비표현적 이용이라고 본 것이다. 같은 맥락에서 정상조(2020)는 비표현적 이용을 원저작물의 표현 그 자체를 이용하는 것이 아니라 데이터 또는 정보와 같은 비표현적 가치를 이용하는 것으로 정의하였다(14쪽). 그런가 하면 새그(Sag, 2019)는 저작물 이용을 표현적 이용과 비표현적 이용으로 구분하고, 비표현적 이용10)의 개념을 인간이 표현으로서 복제된 표현을 감상하고 평가하고 이해하는 것을 의도하지 않은 모든 복제행위로 정의하였다(p. 301).11) 이처럼 비표현적 이용이란 저작물에 포함된 아이디어나 사실만을 차용하는 행위를 가리키는 것이다. 이런 행위가 저작권침해가 아니라는 점은 의문의 여지가 없다. 이것은 저작권법의 가장 중요한 원칙인 아이디어와 표현의 이분법의 원칙에서 직접적으로 도출되는 결론으로, 창작적 표현인 저작물 복제와 같은 저작권침해를 제재하는 것 못지않게 창작을 독려하기 위해 필수적일 뿐만 아니라, 헌법이 보장하는 표현의 자유에 맞닿아 있는 것이기도 하다(김기정·송석현, 2021, 190~191쪽).

비표현적 이용의 개념은 컴퓨터프로그램이 일상화된 1990년 전반기부터 정착되기 시작하였는데(김인철, 2019, 109쪽), 컴퓨터프로그램의 역분석이 문제가 되었던 Sega v. Accolade 사건(1992)12)이 논의의 시발점이 되었다. 이 판결에서는 역분석 과정에서 복제를 중간복제로 보고, 이용된 저작물 중에서 기능적이고 비표현적 정보를 추출했으며 소비자들이 원저작물인 프로그램의 '표현적인' 부분에 접근할 수 없다는 점을 근거로 공정이용이라고 해석하였다. 또 미국의 Kelly 판결(2003)과 Perfect10 판결(2007)13)에서는 검색엔진을 이용하여 검색하기 위해 저작권자의 동의 없이 저작물을 일시적으로 복제하는 행위를 비표현적 이용으로 보고 공정이용으로 판시하였다. 공정이용 판단에서 가장 중요한 원저작물의 잠재시장에 대한 악영향 문제를 우회하기 위하여 비표현 이용이라는 논리를 이용한 것이다(박현경, 2020, 111~112쪽). 이처럼 컴퓨터와 같은 기술이 방대한 분량의 저작물 복제와 저장, 분석에

---

10) 일부 학자들은 비소비적 이용(non-consumptive use)으로 부르기도 한다.

11) 새그는 표현적 이용과 비표현적 이용의 구분이 TDM에 대한 저작권 적용을 이해하는 데 중요하다고 보았는데, TDM과 같은 비표현적 이용은 저작자의 독창적인 표현을 공중에게 전달하지 않으므로 저작권자의 배타적 권리와 충돌하지 않는다는 점을 강조하였다(p. 302).

12) Sega v. Accloade, 977 F.2d 1510 (9th Cir. 1992).

13) Kelly v. Arriba Soft Corp. 336 F.3d 811(9th Cir. 2003); Perfect 10 v. Amazon. com, Inc., 508 F. 3d 1146(9th Cir. 2007).

활용됨에 따라, 저작권법은 이러한 컴퓨터 기능을 인간의 저작물 소비와 구분하고 변형적인 공정이용으로 간주해 왔다. 그리고 학자들은 이것을 '비표현적 이용'이라고 부르면서 발전시켜왔다(Sobel, 2017, p. 52). 컴퓨터 등의 기계 자체가 저작물을 이용하는 것은 저작물 내의 사실을 이용하는 것이라고 분석하거나, 저작물을 이용하는 경우라도 저작물의 표현을 이용한 것이 아니라거나 보호기간이 만료된 저작물을 이용하는 유일한 방법이기 때문에 변용적 이용으로 허용하면서 비표현적 이용이란 개념을 사용했다(김인철, 2019, 109쪽).

이상의 개념 정의에 기초하면, 비표현적 이용은 저작물에서 표현이 아니라 사실, 정보와 같은 창작성이 없는 비표현적 가치를 이용하거나 인간이 저작물을 감상, 평가, 이해하려는 의도가 배제된 이용을 의미하는 개념으로 정리된다. 디지털 기술 이전인 아날로그 저작물 세계에서는 비표현적 이용이나 이를 목적으로 한 복제의 법적 지위가 논란의 대상이 아니었다. 그러나 검색엔진과 기타 복제의존도가 높은 디지털 기술에서 비표현적 복제의 중요한 역할이 커지면서, 저작권법에서 비표현적 복제의 합법성이 저작권법상의 중요한 쟁점이 되었다(Sag, 2009, p. 1625)고 볼 수 있다.

(2) 비표현적 이용의 공정이용 판단

표현적 이용과 비표현적 이용의 구분을 통해 새로운 기술을 규율하는 유용한 틀을 제공했던 대표적인 학자로 새그(Sag, 2009)를 지적할 수 있다. 그는 아이디어와 표현의 이분법, 합체의 원칙에 따라 독창적이고 창의적인 표현만이 저작권 보호를 받으며, 저작물은 전형적으로 인간 행위자가 주체가 되어 감상하고 평가하고 혹은 이해할 수 있다는 점을 강조하였다. 그리고 영화관람, 음악감상, 독서와 같이 창작물 내의 창작성이 있는 표현으로부터 즐거움을 얻고, 표현의 질을 기준으로 저작물을 선택하여 경험적으로 이용하는 방식을 표현적 이용이라고 설명하였다. 그는 소설처럼 표현적인 저작물은 저작권의 보호를 받지만, 전화번호부 및 기타 창작성이 결여된 데이터 편집물과 같은 비표현적인 저작물은 보호되지 않는다고 판시한 Feist Publications, Inc. 판결(1991)[14]을 인용하면서, 표현적 이용과 비표현적 이용

---

14) Feist Publications, Inc. v. Rural Telephone Service. Co., 499 U. S. 340(1991).

의 구분은 저작권법에서 저작권 보호범위를 결정짓는 기준이라는 점을 강조하였다. 특히 비표현적 이용에 대한 공정이용 판단 논리에 주목할 만한데, 그는 대부분 저작물에서 저작권법이 인정하는 저작권자의 배타적 권리는 "공중에 대한 표현적 전달"을 중심으로 정의되고 한정된다는 기술적 명제(descriptive proposition)를 제시하였다. 그리고 이를 바탕으로 하여 저작자의 독창적인 표현이 일반 공중에게 전달되지 않는 복제행위와 같은 비표현적 저작물 이용은 일반적으로 저작권침해가 아니라는 규범적 명제(normative proposition)를 주장하고, 그런 결과를 얻는 최적의 수단이 공정이용 법리라는 "실천적 명제(prescriptive proposition)"를 주장하였다(pp. 1624~1626). 저작권자의 권리침해 판단에서 창의적인 표현이 일반 공중에 전달되었는지를 중요한 기준으로 보면서, 그와 같은 표현이 전달되지 않은 비표현적 이용은 저작권침해가 아니며 공정이용 판단의 중요한 요소로 작용할 수 있음을 제시한 것이다.

저작권법은 창작적인 표현만을 보호하므로, 표현적 가치가 없거나 기능적 가치만을 가지는 데이터 또는 정보만 이용하는 것은 저작권침해가 아닐 가능성이 크고, 설사 저작권침해라도 변형적 이용으로 볼 수 있다. 이런 의미에서 저작물의 창작성이 없는 비표현적 가치를 이용하는 비표현적 이용은 공정이용 판단에 긍정적 요소로 작용한다. 공정이용이 인정된 국내외 사례에서 볼 수 있듯이, 이미지 검색이나 정보검색과 같은 변형적 이용은 비표현적 이용의 성격을 가지는데, 비표현적 이용은 인간이 확인할 수 없는 컴퓨터 속에서 이루어지므로 인간을 대상으로 한 시장에 아무런 영향을 미치지 않는다는 점에서 비표현적 가치만을 이용하는 것은 공정이용에 해당할 가능성이 매우 크다. 마찬가지로 기계번역도 다양한 저작물을 학습데이터로 이용하지만, 표현보다는 단어의 조합에 관한 통계학적 데이터를 이용하는 비표현적 이용에 해당한다면 공정이용으로 인정될 가능성이 크다. 그러나 기계번역이 특정 작가의 작품만 학습한 후 그 작가의 문체로 번역한다면, 학습데이터의 표현과 유사한 표현이 최종산출물로 나타날 수 있어서, 이런 경우도 비표현적 이용 내지 공정이용에 해당한다고 말할 수 있을지 의문이다(정상조, 2020, 14쪽).

소블(Sobel, 2017)은 인공지능의 머신러닝이 공정이용인지를 논의하기 위해 표현적 내용을 이용하는지를 기준으로 표현적 머신러닝과 비표현적 머신러닝으로 구분하였다. 이에 기초하여 운박·정연덕(2021)은 표현적 머신러닝을 머신러닝의 저작물이 특정 작가에 기인하는지를 기준으로 다시 일반 표현적 머신러닝과 특정 표현적 머신러닝으로 나누어 설명하였다. 우선 비표현적 머신러닝을 출력된 내용이 표현적인 내용이 아닌 머신러닝 종류로 설명하고, 창작된 표현이 아니라 사진에서 추출한 얼굴 특징을 사용하는 얼굴인식시스템이나 표절체크서비스를 예로 들었다. 표현적 머신러닝 중에서도 일반 표현적 머신러닝은 표현적인 내용을 만들어내어 머신러닝에 활용하는 원재료의 수가 많거나 특정하지 않은 작가에서 나오는 머신러닝이다. 메시지 내용을 분석하여 이메일에 빠르게 답장할 수 있는 구글의 이메일 클라이언트 서비스인 인박스(Inbox)에 추가된 기능인 스마트 릴라이드(Smart Relied)가 있다. 또 특정 표현적 머신러닝은 기계학습에서 표현적 내용을 만들어 내고 학습에 활용하는 저작물이 모두 특정 작가에게서 나오는 머신러닝으로, 렘브란트 화풍으로 그린 그림을 디지털화한 '넥스트 렘브란트'가 여기에 해당한다. 연구자들은 다시 머신러닝 유형에 따라 공정이용 여부 및 저작권침해 여부를 논의했다. 비표현적 머신러닝은 저작권법상 저작물 이용이 아니므로 침해책임이 없으며, 일반 표현적 머신러닝은 공정이용으로 판단되기 때문에 저작권침해책임이 없는 반면, 특정 표현적인 머신러닝은 공정이용으로 인정할 수 없어 저작권침해책임을 져야 한다고 해석하였다. 표현적 내용의 이용 유형에 따라 머신러닝을 구분함으로써 인공지능의 머신러닝에 관한 구체적인 공정이용 판단기준을 제시했다는 점에서 실용적인 의미가 크다.

한편 소블(2017)은 비표현적 이용에 공정이용 원칙을 적용하는 취지와 그 한계를 지적함으로써, 인공지능 머신러닝의 저작물 이용에 대한 공정이용 원칙 적용에서 요구되는 논의점을 제안해 주었다. 먼저 비표현적 공정이용 원칙은 컴퓨터가 수행하는 허락 받지 않은 대량 복제를 허용하기 위해 두 가지 기본 전제에 의존한다고 보았다. 첫째, 기계는 그 자체가 저작권 보호를 받는 표현을 저작권을 침해하는 방식으로 소비할 수 없다. 따라서 저작물의 표현에 대해 인간이 쉽게 관여하도록 하지 않는 한, 기계가 저작물을 사용하는 것은 비표현적인 목적에 해당한다. 두 번째 전제는 저작권자의 권리에는 컴퓨터가 분석해서 가치를 찾아내는 저작물의 비표현적 요소들이 포함되지 않기 때문에, 컴퓨터의 대량 복제를 위한 저작물 이용은 저작권법상으로 문제가 되는 방식으로 저작물의 잠재적 시장에 영향을 주지 않는다. 반면에 그는 이와 같은 전제가 최근 부상하는 응용 머신러닝으로 인해 도전을 받는다고 주장하였다. 첫째, 머신러닝은 컴퓨터로 하여금 저작자가 아이디어를 표현한 방식으로부터 가치 있는 정보를 얻을 수 있도록 한다. 단순히 저작물에 대한 사실을 얻는 대신에 컴퓨터는 저작물의 표현적인 측면으로부터 가치를 얻을 수 있는데, 그 결과 그와 같은 머신러닝의 저작물 이용 성격이 더 이상 비표현적인 이용으로 인정받지 못할 수도 있다. 둘째, 머신러닝 기술은 저작자의 표현을 위한 시장에 새로운 형태의 위협이 될 수 있다. 표현적인 머신러닝은 개별 저작물 시장을 단순히 대체하기보다는 더 값싸고 보다 효율적인 작은 로봇으로 대체함으로써 인간 저작자들을 능가할 수도 있다(p. 57).

김도경(2020)도 이와 비슷한 견해를 피력했는데, 일부 최첨단 머신러닝이 두 가지 방식으로 공정이용 판단을 변화시킨다고 주장하였다. 첫째, 정교한 머신러닝은 더 이상 "비표현적이지" 않을 수 있어 공정이용의 제1 판단 요소를 충족할 만큼 충분히 변형적이지 않을 수 있고 둘째, 표현적 이용의 머신러닝은 공정이용의 제4 판단 요소의 분석을 변화시킬 수 있는 원저작물을 대체하는 새로운 시장가치의 위협을 가져올 수도 있다(493쪽). 인공지능 산업이 발전할수록, 그리고 끊임없이 기술발전이 진행 중인 머신러닝의 속성상, 인공지능의 머신러닝에 대해 비표현적 사용을 근거로 공정이용을 저작권침해의 항변으로 사용하기에 한계가 있다는 것이다. 또 김인철(2019)은 새로운 작품 생산방법을 인공지능에 훈련하기 위해서는 기존 저작물의 표현 부분을 이용할 수밖에 없고 기존 저작물 시장과 직접적으로 경쟁 관계에 있는 작품들을 제작하므로, 공정이용을 인정한 판례의 기존 논리로는 저작권침해를 회피하기 어렵다고 보았다. 저작권자들을 설득하여 인공지능이 타인의 저작물을 이용하도록 하는 저작권법적 다른 논거를 개발하지 않는 한, 공정이용의 보호를 받을 수 없는 것이다(105쪽).

이렇게 볼 때 머신러닝의 응용프로그램은 여러 가지 방법으로 비표현적 사용의 경계를 넓히면서 공정이용의 인정 범위를 충분히 확장할 가능성이 있으나, 머신러닝의 응용프로그램에 따라 공정이용이 될 수 있고 아닐 수도 있다. 결국 새로운 콘텐츠 창작을 위한 인공지능의 훈련과정에서, 특히 최근에 발전된 응용 머신러닝에서는 아이디어를 표현하는 방식으로부터 가치 있는 정보를 얻을 수 있으므로, 기존의 공정이용 논리 적용에 한계가 따른다. 따라서 기술발전 단계를 기준으로 인공지능의 콘텐츠 창작에서 저작물 이용을 허용할지를 정해야 하며, 허용한다면 허용의 방법과 요건에 관한 명확한 법 규정을 신설할 필요성이 제기된다.

2) 중간복제의 의미와 저작권법적 접근

딥러닝에서 수집된 데이터를 학습하고 훈련하는 단계는 데이터 분석 결과 중간 산출물을 만드는 단계이다. 저작물의 표현과는 무관하게 데이터의 특징, 데이터 간 관계 내지 반복되는 패턴을 찾아내서 그런 관계 내지 패턴 데이터를 중간산출물로 저장함으로써 복제가 발생한다(정상조, 2020, 16쪽). 이런 중간복제를 패짓(Padgett, 2007)은 주어진 처리 과정이나 기술의 부산물로 만들어지는 복제 또는 최종 작업이나 이용에 부가적으로 생기는 복제를 포함하는 개념으로 정의하였다(p. 657). 예를 들어 대학생들이 영화 "지붕 위의 바이올리니스트'의 패러디 작품을 공연하고자 희곡 대본과 악보의 주요 부분을 복사하거나, 영화감독의 작품을 비평하는 단편 비디오를 제작하려고 자신이 소장한 DVD에 수록되어있는 감독의 영화를 컴퓨터 하드디스크 드라이브에 복사할 수 있다. 이때 대본과 악보의 복사와 하드디스크 드라이브 복제가 바로 중간복제에 해당한다. 마찬가지로 머신러닝에서 인공지능 학습의 부산물로 생기는 복제나 부가적인 복제도 중간복제로 설명할 수 있다.

인공지능의 학습에서는 입력 데이터 세트가 수집되면 훈련 단계에서 수많은 복제가 이루어진다. 이처럼 훈련 중에 발생하는 데이터 복제는 후속 이용을 위한 것이 아니라 일시적인 복제물을 생성하는 것이다. 이 단계에서 입력 데이터로부터 저작권을 침해하는 복제물이나 2차적저작물을 생성하는 경우라도 중간과정의 복제를 저작권법이 면책해 줄 수 있는데, 중간단계의 복제는 저작권자에게 산정 가능한 명확한 손해를 입힐 가능성이 없기 때문이다(김도경, 2020, 488~489쪽). 이처럼 딥러닝에 의한 학습데이터 분석과정에서 중간산출물을 만들고 저장함으로써 생기는 중간복제는 대부분 데이터로서의 가치만을 이용하는 변형적이고, 비표현적 이용에 해당한다. 관련 연구 등 공익에 기여할 수 있으므로 공정이용으로 인정될 가능성이 큰 것이다(정상조, 2020, 16쪽).

실제로 미국의 Tichetmaster Corp. 사건(2000)[15]에서, 연방지방법원은 아이디어와 마찬가지로 사실도 저작권의 보호 요소가 아니기 때문에 사실 추출을 위한 중간단계의 복제에도 공정이용이 성립한다고 판시하였다. 판결의 근거는 해당 복제

---

15) Ticketmaster Corp. v. Tickets.com Inc., 54 U.S.P.Q. 2d 1344(C.D. Cal. 2000).

가 보호되지 않는 데이터(기초 사실 관련 데이터)를 취득하기 위한 목적으로만 사용되었고, 그 한정된 목적이 종료한 후에 데이터가 폐기되었다는 점이었다(박성호, 2020, 61쪽). 또 Sony v. Connectix 사건(2000)[16]의 제9연방항소법원은 Connectix가 표준 컴퓨터에서 Sony PlayStation 콘솔을 모방한 소프트웨어를 개발하려는 목적으로 역분석하는 과정에서 Sony의 소프트웨어 전체를 여러 차례 복제했음에도 불구하고, 최종산출물 자체에 저작권침해에 해당하는 저작물이 포함되지 않았다는 점을 근거로 중간단계의 복제를 공정이용이라고 판시하였다. 법원은 역분석 과정에서 만들어지는 파일과 출력물은 복제로 인정되는 필요조건에 해당하고 금지된 행위 범주에 정확히 해당한다면서, 침해 가능성의 근거로 중간복제가 저작권침해라는 주장을 진지하게 고려하였다. 하지만 컴퓨터 소프트웨어의 역분석에 요구되는 중간복제는 공정이용에 해당한다는 법원의 입장은 변함이 없었다(Sag, 2009, p. 1638). 법원의 해석은 비교적 명료하고도 합리적이었는데, 역분석은 공정이용의 보호를 받는 "중간복제"의 한 형태라고 판시하였다. 복제가 저작권이 있는 컴퓨터프로그램에 포함된 아이디어와 기능적 요소들에 접근할 수 있는 유일한 방법이었다는 점을 중요하게 고려한 것이다. 다만 우리 저작권법에서 프로그램 호환에 필요한 부분으로 한정하여 컴퓨터프로그램 역분석을 허용하는 것처럼, Sega 판결(1992)[17]에서도 컴퓨터프로그램의 역분석을 매우 제한적으로 해석하면서 공정이라고 판시하였던 점에 주목할 필요가 있다. 즉 컴퓨터시스템의 호환 조건 등 타인의 저작물을 이해하기 위한 다른 방법이 없는 경우, 일시적으로 복제한 경우, 최종산출물에 타인의 저작물이 포함되지 않는 경우와 같이 엄격한 조건을 전제로 중간복제가 공정이용이라고 보았다. 판결을 토대로 할 때, 인공지능의 머신러닝에서 중간복제의 공정이용 인정 범위에 대해서는 제한적으로 해석할 필요가 있다.

선행 연구(손승우, 2016; 정원준, 2019a; 차상육, 2017)에서는 인공지능의 데이터 수집과 분석과정에서 이루어지는 복제행위가 새로운 창작을 위한 중간복제에 해당한다면, 공정이용으로 볼 여지가 있다고 보았다. 그러나 중간복제 관련 첫 판례인 Walker 사건(1979)에서는 중간복제의 저작권침해 가능성을 인정하였다. 이 사건에

---

16) Sony Computer Entertainment, Inc. v. Connectix Corp., 203F.3d 596, 606(9th Cir.2000).
17) Sega v. Accloade, 977 F.2d 1510(9th Cir. 1992), pp. 1521~1528.

서 제9연방항소법원[18]은 중간복제가 창작에 대한 인센티브를 저해한다면서, 저작권으로 보호되는 저작물의 복제물이 상업적으로 거래될 최종 제품에 대한 중간단계의 재현일 뿐이라는 사실이 저작권침해 가능성을 부인하지 않는다고 판시하였다. 결국 모든 중간복제가 허용되는 것은 아니고, 사실, 정보와 같은 비표현적인 이용, 변형적 이용, 대안적인 저작물 이용방식의 부재, 최종산출물의 원저작물과의 실질적인 유사성, 상업적 이용, 원저작권자에게 미치는 경제적 효과 등을 기준으로 중간복제의 공정이용 여부가 결정된다고 볼 수 있다.

기존 논의에서는 인공지능 학습의 데이터 수집이나 분석단계에서 이루어지는 복제행위는 새로운 창작을 위한 중간복제로 볼 수 있으며, 이런 중간복제의 내용과 이 단계를 거쳐 산출된 결과물의 이용목적과 성격이 서로 다르면 공정이용으로 보아야 한다는 논리가 지배적이다. 중간복제의 공정이용 판단에서도 '이용의 목적과 성격' 기준이 중요시되는데, 데이터 수집 목적이 단순히 학습 용도이거나 공적 목적이라면 공정이용에 해당할 것이다. 2016년 3월 저작권법 개정에서 이용목적 및 고려사항이 제한적이어서 다양한 저작물 이용의 활성화 등의 입법목적을 달성하지 못하는 문제를 해결하기 위해 '이용의 목적 및 성격' 조문의 영리성 또는 비영리성 부분이 삭제되었다. 이것은 공정이용의 활용범위가 확대되면서 중간복제의 공정이용 인정의 가능성이 커졌음을 뜻한다. 하지만 렘브란트 프로젝트 사례처럼, 학습을 통해 다른 사람의 스타일을 그대로 복제해서 만든 새로운 창작물의 이용목적이 원저작물과 같다면, 중간과정이라 하더라도 공정이용으로 보기 어려울 것이다. 또 인공지능이 기존 영화 콘텐츠를 수없이 복제하여 학습한 후 새로운 영화를 만들어낸다면, 똑같이 '감상'을 목적으로 한 결과물을 만들어 낸 것이기에 변형적 이용으로 보기 어려우며, 공정이용의 범주에 포함된다고 보기 어렵다. 이런 예들은 학습에 활용하는 저작물이 모두 특정 작가에게서 나오는 특정 표현적 머신러닝에 해당한다고 볼 수 있다.

한편 인공지능 학습을 위한 데이터 입력을 기존 저작물의 복제, 전송과 같은 저작물 활용행위와 다르게 새롭게 나타난 저작권법상의 행위로 보고 현행 저작권법 제35조의 5에서 요구하는 '저작물의 통상적인 이용 방법'의 범주에서 벗어날 수

---

18) Walker v. University Books, Inc., 602 F.2d 859(9th Cir. 1979).

있다는 점에 대해서도 검토의 여지가 있다. 즉 인공지능의 학습에서 중간복제는 인공지능 창작의 결과물이 지향하는 통상적인 시장의 범위를 넘어섰다고 볼 수 있기에, 통상적인 기존 저작물 이용에 대한 대응인 공정이용 원칙의 적용이 쉽지 않을 수 있기 때문이다. 현재 국내에서는 중간복제와 관련된 저작권 해결의 문제점으로 명시적인 면책규정이 없다는 점과 미국과 달리 아직 공정이용 판례가 충분히 축적되지 않았다는 점을 이유로 입법과 사법적인 한계를 동시에 지적할 수 있다. 결국 공정이용 원칙이 인공지능의 저작물 이용 관련 면책조항이 부재하다는 저작권법의 한계를 보완하는 방향으로 작용할 수 있음에도, 중간복제 문제는 독자적인 입법으로 해결할 필요가 있다.

3) 저작물의 대량 디지털화(mass digitization)

인공지능 학습에 필수적인 데이터 세트는 디지털화된 데이터가 아닌 경우 물리적 매체를 디지털화하여 수집된다. 이때 기존 저작물의 대량 디지털화가 이루어진다. 특히 딥러닝에서는 기존 정보를 토대로 한 새로운 정보의 표출을 목적으로 한 대량 디지털화가 필수적이다. 대량 디지털화란 말 그대로 수많은 저작물 이용을 전제로 하는 개념이다. 대량 디지털화를 디지털화에 수반되는 제반 행위, 즉 TDM에 더하여 저작물의 일부 현시(顯示)나 송신 등의 행위도 아울러 포함하는 것으로 본다면 TDM보다 좀 더 넓은 개념이 된다. 여기에는 디지털화되는 대상으로 창작성이 인정되는 저작물, 저작물성이 없는 데이터, 그 자체로는 저작물성이 없으나 전체로서는 데이터베이스로서 보호를 받는 자료 등이 비구조적으로 섞여 있을 수 있다. 대량 디지털화는 디지털화되는 대상 범위가 넓을수록, 또 목적 범위에 속하는 대상들이 대량으로 빠짐없이 포섭될수록 그 효용이 높다.[19] 대량 디지털화[20])에

---

19) 기존 저작물의 대량 디지털화 사례로 1971년 시작된 구텐베르크 프로젝트에서는 5만 8천 종 이상의 책을 디지털화하여 수집하였는데, 주로 저작권 만료된 책들을 디지털화하여 온라인 도서관에 축적하였다. 또 2008년 이래 여러 대학도서관이 HathiTrust Digital Library를 결성하여 서적 스캐닝을 통한 디지털화를 진행하고 있으며, 구글은 2004년부터 구글 북스 프로젝트를 진행하여 1,500만 권 이상의 책들을 협력 도서관들과 함께 디지털화하고 있다.
20) 대량 디지털화 프로젝트의 경향을 보면, 저작권 보호기간 도과 등으로 공유영역에 있는 작품을 디지털화하는 프로젝트, 이용허락을 구한 후 대량 디지털화를 진행하는 프로젝트, 확대된 집중관리 대상

는 저작물이나 기타 저작권 보호 대상에 대한 복제 및 후속 이용행위가 포함되기 마련이다. 따라서 저작물의 사전 이용허락을 기본으로 하는 저작권법 체계와의 사이에 일정한 긴장 관계가 형성된다(신창환, 2019, 146~147쪽).

저작물을 대량으로 디지털화하여 복제하는 행위는 새로운 법적 쟁점은 아니다. 저작물의 대량 디지털화의 공정이용에 대해 미국 법원은 엇갈리는 판단을 했던 경향을 보인다. 우선 여러 판결[21]에서 이용허락 없이 저작물을 복제하여 이용하였음에도 불구하고 공정이용이라고 판결함으로써 저작권 문제를 해결하였다. 그 이유 중 하나가 저작물 이용행위가 기존 저작물의 표현이 아니라 사실이나 저작권으로 보호되지 않는 저작물을 이용하는 것이 목적이었다는 점이다(김인철, 2019, 104쪽). 즉 비표현적인 이용목적이었다는 점을 공정이용 판단의 근거로 본 것이다. 실제로 데이터 분석을 위해 대량 디지털 복제행위를 했던 구글 도서 프로젝트 판결(2015)[22]에서는 비표현적 이용, 변형적 이용을 근거로 공정이용으로 인정했다. 또 Perfect10 판결(2007)에서 제9연방항소법원[23]은 비록 대량의 저작물을 복제했지만, 이용자들이 정보에 쉽게 접근하도록 하고 정보수집 기술을 향상시킴으로써 공중에게 혜택을 주는 검색엔진의 공익적 기능을 근거로 변형적인 이용으로 보고 공정이용으로 판시했다.

반면 대량 디지털화를 인정하지 않았던 대표적인 사례로 TVEyes 판결(2018)이 있다. TVEyes가 방송프로그램을 녹음·녹화해서 프로그램 검색 데이터베이스 서비스를 이용자에게 제공한 행위가 공정이용인지가 문제되었던 사건이다. 제2연방항소법원[24]은 이용자가 도서 전체를 볼 수 없도록 기술적 조치를 했던 구글 도서 프

이 되는 작품이나 고아 저작물과 같이 특별한 법적 취급을 받는 저작물을 주 대상으로 하는 프로젝트, 저작권자의 이용허락을 받지 않고 공정이용과 같은 저작권의 제한과 예외에 기대어 진행하는 프로젝트 등으로 크게 나뉜다. 첫 번째와 두 번째 방식은 저작권법에서는 별로 문제 되지 않고, 세 번째 방식은 입법적·제도적 정비가 이루어진 일부 국가의 저작권법이나 제도에서는 허용되지만, 마지막 방식은 상세한 검토가 필요하다(신창환, 2019, 147쪽).

21) 역분석 단계에서 저작물 이용을 다룬 Sega v. Accolade 판결(1992), 검색서비스를 다룬 Kelly v. Arriba Soft Corp. 판결(2003)과 Perfect 10, Inc. v. Amazon.com, Inc. 판결(2007), 디지털 도서관 서비스를 다룬 The Authors Guild Inc., et al. v. Google. Inc. 판결(2015) 등.

22) The Authors Guild Inc., et al. v. Google. Inc. 판결(2015).

23) Perfect 10, Inc. v. Amazon.com, Inc., 508 F.3d 1146(9th Cir. 2007).

24) Fox News Network, LLC v. TVEyes, Inc., No. 15-3885(2nd Cir. 2018).

로젝트와 다르게, TVEyes는 사실상 이용자가 Fox의 방송프로그램 전체를 시청할 수 있게 하면서도 FOX에게 대가를 지불하지 않음으로써 Fox의 라이선스 수입을 박탈하고 시장에 영향을 미쳤기 때문에 공정이용에 해당하지 않는다고 해석하였다.

저작물의 대량 디지털화의 공정이용 판단에서도 역시 저작물 이용의 목적과 성격이 중요하게 작용할 것이다. 대량 디지털화 과정에서는 창작의 결과에 복제되지 않고 오로지 학습만을 목적으로 한 데이터 분석과 훈련 단계의 중간 생성물에서 복제가 발생한다는 점에 주목하고 법적으로 유연하게 해석할 필요가 있다. 같은 맥락에서 와소프(Wasoff, 2011)는 위험 요소보다 도서 자료의 보존이나 효율적인 저작물 유통 등 잠재적인 이점이 더 많은 대량 디지털화를 활성화하기 위해서라도, 저작권 집중관리제도25)를 도입하고 저작권법에 면책조항을 두는 방식으로 입법을 보완할 것을 제안하였다. 신창환(2019)도 기존의 데이터를 검색, 비교하기 위해 일시성의 범위를 벗어난 복제가 개입될 여지가 크다는 점을 이유로 저작물의 대량 디지털화에 저작권법의 일시적 복제 규정의 적용은 한정적이라고 보면서, 독자적인 면책규정의 도입을 최선의 방안으로, 공정이용 법리의 적용을 예비적인 대응 방안으로 제시하였다. 이렇게 볼 때 저작물의 대량 디지털화의 이점을 최대한 살릴 수 있도록, 일본과 같이 면책 입법을 통해 해결하거나 미국의 구글 도서 프로젝트 판결(2015)처럼 판례의 명시적 해석이 요구된다.

4 / 인공지능과 기술적 공정이용(technological fair use)26)

1) 기술적 공정이용의 의미

사진촬영, 녹음, 녹화기술이 발전하면서, 가수와 연주자의 실연이나 연극을 공연장에서만 감상할 수 있었던 사회에서 음반이나 영상을 통해서도 감상할 수 있는 사회로 변화되었다. 기술발전으로 인해 저작물 제작 방법은 물론 저작물의 이용방

---

25) 저작권자 등이 개별적으로 권리를 행사하는 것(개별 관리) 대신에 저작권자 등으로부터 권리를 위탁받은 저작권관리단체가 집중적으로 저작권 등을 관리하는 것(오승종, 2020, 631쪽).
26) 조연하 연구(2022)의 일부를 보완하여 인용하였다.

식이 새로워지고 다양해진 것이다. 이렇게 기술은 저작물의 창작과 이용의 편의성을 도모하는 데 절대적으로 필요한 수단이다. 하지만 저작권법이 '기술 중립'을 의도하고 있음에도, 기술발전은 일정 부분 저작권에 압력을 가하고 있다(Wasoff, 2011, p. 731). 저작권 역사를 볼 때, 새로운 기술이 출현할 때마다 저작권자들은 그것이 자신들의 권리에 악영향을 미칠 수 있다고 추정하고 법적 소송을 진행하였다. 복사기, 스캐너, double deck, Sony BetaMax, P2P 기술, 슬링박스, MP3 플레이어, Aereo 기술, P2P 관련 소송에서, 법원이 공정이용을 부정하여 기술이 사장되기도 하였고, 어떤 경우에는 공정이용을 인정하여 사회에서 기술을 자유롭게 이용할 수 있게 되었다(김인철, 2019, 108쪽). 하지만 공정이용 원칙은 예측이 어렵다는 한계 때문에 신기술에 대한 투자가 위축되고 기술개발이 어려워질 수 있다.

이에 기술을 다루는 공정이용 판결의 부분집합을 묘사하기 위한 목적에서 리(Lee, 2010)는 기술적 공정이용개념을 주창하였다. 그는 정보 시대에 정보기술이 경제의 중심이 되면서 저작물의 개별적 이용은 물론이고 표현의 생산, 전시, 전달 기능을 하는 새로운 기술발전을 포함하는 새로운 형태의 공정이용이 부상하고 있다면서, 미국 경제에서 기술과 관련된 공정이용 관련 판결들이 전통적인 공정이용 판결보다 더 복잡하고 중요하다고 보았다. 그리고 일정한 저작물 이용의 적법성뿐만 아니라 시민들의 일상생활은 물론이고 이처럼 미국 경제의 혁신과 성장에 심오한 영향을 미칠 수 있는 새로운 기술의 합법성을 강조하였다. 그는 특별히 커뮤니케이션 기술 관련 판결에 적합한 공정이용 원칙이 필요하다고 보고, 공정이용 예측의 모호함을 해소하고 대중에게 더 나은 가이드라인을 제시하기 위해 법원이 기술에 특화된 공정이용 형태로 기술적 공정이용을 인정할 것을 주장하였다(pp. 797~800). 리의 기술적 공정이용에서 착안하여 김도경(2019)은 '기술을 고려한 공정이용'이란 명칭을 사용하였다. 그는 기존의 공정이용이 약 180년의 세월 동안 변함없이 "저작물을 중심"으로 4가지 판단지침에 따라 저작물의 공정이용 여부를 판단하였으나, 기술이 사회 전반에 커다란 영향력을 행사하는 4차 산업혁명 시대에는 그 패러다임의 중심축을 '저작물'에서 '기술'로 옮기는 것이 타당하다고 보았다. 그리고 새로운 패러다임의 공정이용 판단기준으로 "기술을 고려한 판단기준에 따라 사법부가 해석할 수 있는 판단기준을 제시하는 공정이용"이라는 '기술을 고려한 공정이용'을 제안하였다(304쪽). 이렇게 기술과 관련된 사례에서 공정이용 여부를 예측하고자 하는 개념인 기술적 공정이용은 기술개발과정의 창작 - 작동 - 운영 스펙트럼을 제시하고, 창작/작동의 단계에서 이용하였다면 원저작물을 대체할 가능성이 작으므로 공정이용에 해당한다고 봄으로써, 기술개발자에게 새로운 기술을 개발할 수 있는 자유를 줄 것을 강조하였다는 점에서 그 의의를 찾을 수 있다.

2) 인공지능 콘텐츠 창작에 기술적 공정이용의 적용

인공지능의 발전과 디지털 정보 경제의 변화로 인해 공정이용 법리의 중요성이 더욱 커졌다. 그 이유는 과학기술은 물론 경제, 사회, 창작문화에까지 거대한 파급력을 지닌 인공지능 기술발전을 위해서는 잠재적 저작권침해의 위협으로부터 면책되는지가 핵심이기 때문이다(김도경, 2020, 516쪽). 인공지능에 의한 빅데이터 이용은 과거 공정이용이 주로 문제가 되었던 전통적인 사안과 분명히 다르다. 빅데이터 이용의 특징은 첫째, 인공지능이 진화하기 위해서는 빅데이터의 활용이 필수적이고 그 과정에서 복제가 불가피한데, 빅데이터 학습을 위해 모든 경우에 저작권자의 허락을 받는 것이 불가능하다. 둘째, 인공지능의 빅데이터 활용은 자금 능력과 기술력을 갖춘 거대 기업이 많은 양의 정보를 빠른 속도로 처리, 저장, 활용하고 이를 통해 직·간접적으로 경제적 이익을 취득할 수 있도록 하며, 이것은 경제적 또는 사회적 불평등을 일으킬 수 있다. 셋째, 인공지능은 여러 국가의 인터넷 서버에 저장된 빅데이터를 학습하므로 국경을 초월한다는 특성을 가진다(윤정운, 2020, 16쪽).

김도경(2020)은 "저작자·발명가·과학기술자와 예술가의 권리는 법률로써 보호한다"고 규정한 헌법 제22조 제2항, "국가는 과학기술의 혁신과 정보 및 인력의 개발을 통하여 국민경제발전에 노력하여야 한다"고 규정한 헌법 제127조 제1항, 그리고 저작권은 "국가안전보장·질서유지 또는 공공복리를 위하여 제한할 수 있다"고 명시한 헌법 제37조 제2항을 저작권법의 헌법적 의무의 근거로 제시하였다. 그리고 저작권은 공정이용과 같은 공공복리의 필요에 따라 제한될 수 있는 권리임을 강조하면서, 공정이용 판단이 '저작물'만을 중심으로 이루어졌던 과거의 시각에서 '기술'까지 다각적으로 균형 있게 고려할 수 있는 패러다임의 전환과 변화가 필요하다고 보았다. 그는 무조건적 공정이용의 인정과 불인정은 돌이킬 수 없는 사회적 해악 및 기술적 후퇴를 야기할 것이기 때문에, 인공지능 시대에 적합한 균형점을 설정해줄 수 있는 새로운 공정이용 판단기준에 의하여 저작권법의 헌법적 의무를 달성할 수 있는 공익에 부합하는 방향으로 나아갈 것을 주장하였다(517쪽). 인공지능의 머신러닝과 같은 기술의 공정이용 판단에서 기술적 공정이용 적용의 필요성을 제기한 것이다.

반면 기술적 공정이용은 아직 저작권법의 범주에 속하지 않는 개념이며 그에 관한 구체화 된 법적 판단기준이 마련되지 않은 상황을 고려할 때, 인공지능의 창작을 위한 머신러닝 기술에 기술적 공정이용을 적용하는 데는 한계가 있다(조연하, 2022, 122쪽). 저작권법상 주어지는 독점·배타적 권리는 천부적인 권리라기보다는 국가의 입법정책에 따라 보호와 이용의 경계가 변동될 수 있는 권리(김도경, 2019, 288~289쪽)라는 점에서 정책적 관점에서는 기술적 공정이용이 타당할 수도 있다. 그러나 기본적으로 기술은 수단일 뿐 목적이 되어서는 안 되며, 인공지능 기술개발 목적으로 저작권자의 권리를 제약하는 것은 인간 창작물의 감소와 인공지능 산출물만 남는 결과를 초래할 수도 있다. 즉 공정이용 면책의 근거를 새로운 문화적 가치 창출이 아닌 기술산업발전에서 찾는 것 자체가 설득력이 떨어지기 때문에 기술발전이라는 목표가 기술을 고려한 공정이용을 합리화할 수 없다. 저작권 제도가 기술 중립을 전제로 해야 한다는 점을 고려하더라도, 인공지능의 콘텐츠 창작에서 기술이 사회변화의 주요 원인이자 사회에 결정적인 영향을 미친다는 기술결정론을 가능한 지양할 필요가 있다. 또한 국내에서는 공정이용 도입의 역사도 짧고 해석론이 아직 정립되지 않았다는 점을 고려할 때, 좀 더 충분한 사회적 논의가 이루어져야 한다.

5 / 기술과 공정이용 판결 성향

기존 연구에서 주로 다루었던 비표현적 이용과 중간복제가 논의의 초점이 되었던 미국의 판결을 중심으로, 새로운 기술과 관련한 공정이용 판결 성향을 살펴보기로 한다.

1) 공정이용이 인정된 판례

(1) Sega v. Accolade 사건(1992)[27]

이 사건에서 원고인 Sega는 제네시스 콘솔게임의 개발자이자 판매자이고, 피고 Accolade는 비디오게임 개발자이자 판매자이다. 피고 Accolade는 제네시스 콘솔에서 작동할 수 있는 게임을 개발하려는 목적으로 Sega의 허락을 받지 않고 제네시스 시스템과의 호환 조건을 확인하기 위해 Sega의 프로그램을 역분석하였다. 역분석이란 최종결과물에서는 직접 확인할 수 없는, 최초 제작과정에 적용된 절차 등에 관한 정보를 얻기 위해 최종결과물로부터 이를 되짚어 분석하는 것을 말한다. 저작권 분야에서는 컴퓨터프로그램과 같은 기능적 저작물이 주로 그 대상이 된다(임원선, 2020a, 251~252쪽). 이 사건에서 피고는 저작권으로 보호되는 컴퓨터프로그램 전체를 일시적으로 복제하였으나, 피고의 컴퓨터프로그램에 최종적으로 복제된 것은 저작권법에서 보호하지 않는 기능과 사실, 보호기간이 만료된 저작물에 불과하였다. 하지만 원고인 Sega는 역분석 과정에서 저작물을 복제하였다는 이유로 소송을 제기하였다.

제7연방항소법원은 프로그램을 역분석하기 위해 중간복제한 행위는 저작권 보호 프로그램에 내재된 아이디어와 기능적 요소에 접근할 수 있는 유일한 방법이라는 점을 근거로 공정이용이라고 보았다. 저작물 중에서 기능적이고 비표현적인 정보 추출을 위한 이용에 해당하며, 소비자들은 원저작물인 프로그램의 '표현적인' 부분에 접근할 수 없으므로 저작권침해가 아니라고 해석한 것이다. 이 논리에 따르면, 타인의 저작물에 존재하는 사실과 보호되지 않는 저작물을 알 수 있는 다른 방법이 없는 경우 타인의 저작물을 일시적으로 복제할 수 있으며, 최종결과물에 타인의 저작물이 포함되어 있지 않다면 저작권침해가 아니다.

Sega 판결은 비표현적 이용과 중간복제가 중요하게 논의되었던 대표적인 판례이다. 이 판결은 컴퓨터프로그램 전체에 대한 일시적 복제를 중간복제 행위로 보고, 중간복제가 공정이용으로 인정받을 수 있는 엄격한 조건을 제시하였다는 점에서 함의를 찾을 수 있다. 그 조건을 보면 첫째, 컴퓨터시스템의 호환 조건 등 타인

---

27) Sega Enterprises v. Accolade, Inc., 977 F.2d 1510(9th Cir. 1992).

의 저작물을 이해하는 다른 방법이 없는 경우에만 일시적으로 복제할 수 있고 둘째, 최종산출물에 타인의 저작물이 포함되지 않아야 한다. 즉 컴퓨터에 중간복제하는 모든 경우가 공정이용이 되는 것은 아니라 매우 제한적인 경우에만 적용된다는 점을 분명히 한 셈이다. 이 판결에 기초하면, 인공지능의 머신러닝을 수행하는 데이터 수집 및 분석과정에서 중간복제를 공정이용으로 볼 수 있겠으나, 중간복제의 공정이용 인정 범위에 대해서는 제한적으로 해석할 필요가 있다.

(2) Kelly v. Arriba 사건(2003)[28]

Kelly 판결은 검색엔진에서 썸네일(thumbnail) 이미지 표시가 공정이용이 성립한다고 판시한 최초의 판결이다. 이 사건에서는 웹사이트상의 이미지 색인 서비스를 제공하는 검색엔진 Arriba Soft가 사진작가 Kelly의 사진저작물을 복제하여 소형 이미지인 썸네일로 제공한 행위가 공정이용인지를 다루었다. 이에 대해 1심(1999)[29]은 원저작물인 Kelly 사진저작물의 목적과 썸네일 제공행위인 2차적 이용목적이 다르다는 점에서 Arriba Soft의 복제가 변형적 이용이라고 보았다. 2심(2003)에서 제9연방항소법원도 썸네일 제공행위를 공정이용으로 판단하였다.

Kelly 판결에서는 검색엔진 Arriba Soft의 썸네일은 인터넷상의 정보수집 기술을 향상함으로써 공중에게 혜택을 주고 저작권법의 목표를 증진시킨다는 점을 근거로 공정이용이라고 보았다. 인터넷상의 정보수집기술 향상이란 공익성을 강조한점에 주목할 만한데, 온라인 저작물에 대한 접근성 향상이라는 검색엔진의 기능도 저작권법의 목적에 부합된다는 것을 분명히 했다는 점에서 의미가 크다. 이 사건은 검색엔진과 같은 새로운 기술에 순응하려던 시기에 발생한 판결이다. 만약 당시 공정이용이 아니라고 판시했다면 온라인 기술혁신에 위축 효과를 주었을 것이라고 볼 때, 새로운 기술발전을 장려하는 역할을 했다는 점에서도 판결의 의의를 찾을 수 있다. 무엇보다도 이 판결에서는 변형적 이용에 대해 원저작물에 새로운 의미, 가치를 추가할 것을 강조한 Campbell 판결의 논리보다는 이용목적의 차별성에 의존하여 변형적 이용 개념을 해석하였다. 소위 '기능 차별성(functionality distinction)'

---

28) Kelly v. Arriba Soft Corp. 336 F.3d 811(9th Cir. 2003).
29) Kelly v. Arriba Soft Corp. 77 F. Supp. 2d 1116(C.D. Cal. 1999).

에 기초한 접근방식을 취한 것이다. 썸네일이 변형적인 이용에 해당한다고 판시함으로써, 정보검색서비스는 물론 검색서비스로부터 데이터 등 정보를 받은 TDM에 대해서도 공정이용 법리를 적용할 수 있는 길을 열어 놓았다는 점에서 판결의 함의를 찾을 수 있다(박성호, 2020; 조연하, 2018).

(3) Perfect 10 v. Amazon(2007) 사건30)

Kelly 판결과 마찬가지로 썸네일 이미지가 문제가 되었던 사건이다. 피고인 구글이 가입이 필요한 성인 웹사이트인 원고 Perfect 10의 이미지를 썸네일로 축소해서 자신의 검색엔진에 전시하고, 또 다른 피고인 Amazon이 구글의 검색엔진을 이용한 서비스를 제공한 행위가 저작권침해인지가 주요 법적 이슈였다.31) Perfect 10은 자체적인 이미지의 썸네일 버전 시장을 가지고 있으며, 구글은 Kelly 사건에서 Arriba Soft 보다 상업적인 속성이 더 강한 검색엔진을 만들 수 있는 광고 프로그램을 개발하였다. 구글은 Perfect 10의 전면 크기 이미지가 아닌 썸네일 버전만을 전시하였고, 출처 사이트와 링크를 제공하였다.

1심(2006)32)에서는 구글이 Arriba Soft보다 상업성의 정도가 더 크고 Perfect 10의 썸네일 이미지 사용이 이중적인 이용목적이라는 점에 비중을 더 두면서, 공정이용이 아닌 쪽에 가깝다는 판결을 내렸다. 하지만 2심에서 제9연방항소법원은 구글 검색엔진이 Perfect 10의 이미지를 다른 목적으로 "새롭게 다른 상황"에서 사용한다는 점에서 변형적 이용이라고 보고 공정이용으로 판시하였다. 비록 대량의 저작물을 복제했지만, 이용자들이 정보에 쉽게 접근하도록 하고 정보수집 기술을 향상시킴으로써 공중에게 혜택을 주는 검색엔진의 공익적 기능을 근거로 변형적인 이용이라고 본 것이다. Perfect 10 판결은 검색도구를 위한 이미지 크롤링 복제를 공정이용으로 인정한 판결로 가장 빈번히 인용된다. 검색엔진은 원저작물과 전혀 다른 새로운 이용을 초래한다는 점에서 패러디보다 매우 변용적인 이용이라고 판단한 것인데, 특히 Kelly 판결을 받아들여 검색엔진이 정보검색이라는 사회적 편익

---

30) Perfect 10 v. Amazon. com, Inc., 508 F. 3d 1146(9th Cir. 2007).
31) Kelly 사건과 차이점이 있다면, Perfect 10은 가입이 필요한 웹사이트이고, 구글 검색엔진이 썸네일로 복제한 이미지는 Perfect 10이 아닌 제3의 웹사이트 이미지라는 점이다.
32) Perfect 10 v. Google, Inc., 416 F. Supp. 2d 828(C.D.Cal. 2006).

을 증대시켜 공익에 기여한다는 점을 강조하였다는 점에 의의가 있다(박성호, 2020, 61쪽). 인공지능의 딥러닝 과정에서 필수적인 대량의 저작물 이용도 비록 저작권자들의 동의를 구할 수 없다 하더라도, 중간단계에서 복제가 이용목적이 다르다는 점을 고려할 때, Perfect 10 판결의 논리가 어느 정도 적용 가능하다고 볼 수 있을 것이다.

이상 살펴본 Kelly 판결과 Perfect10 판결은 검색엔진에서 검색하기 위하여 저작권자들의 동의 없이 저작물을 일시적으로 복제하는 행위는 비표현적인 이용으로 공정이용에 해당한다고 판단한 대표적인 판례들이다. 원고 저작물의 표현 부분을 복제한 후 최종적으로 공중에게 복제한 표현을 제공한 점이 최종산출물에서 제공하지 않았던 Sega 사건과 약간의 차이가 있기는 하다. 하지만 법원은 복제행위가 불법이라는 원고들의 주장을 배척하기 위해 썸네일 이미지는 해상도도 매우 낮고 사진저작물의 감상용도 아닐 뿐만 아니라 피고들의 행위는 저작물 표현의 전달 목적이 아니라 단순히 정보인 사진에 대한 접근성을 높이는 단순 도구에 불과하여 이용목적이 다르며, 최종 복제물은 낮은 해상도로 인하여 원작품의 시장에 악영향을 미칠 가능성이 없으므로 공정이용에 해당한다는 것이다. 이들 사건은 잠재시장에 대한 영향을 심도 있게 분석하지 않았던 점이 특징인데, 공정이용 판단에서 가장 중요하다고 생각되는 원저작물의 잠재시장에 대한 악영향 문제를 우회하기 위하여 비표현적 이용이라는 논리를 이용한 구글 도서 프로젝트 판결과 차이를 보인다(김인철, 2019, 110~112쪽).

(4) Authors Guild v. Google Inc. 사건(2015)[33]

미국의 작가협회(Authors Guild)와 개별 작가들이 주요 도서관이 소장한 도서의 디지털 사본을 만들어서 공중이 디지털 사본의 텍스트를 검색하고 전시된 텍스트의 짧은 발췌문을 보도록 한 구글의 도서검색서비스가 저작권을 침해했다고 소송을 제기한 사건이다. 구글은 Harvard, Stanford, Princeton, Columbia, Oxford 대학 등의 도서관이 소장한 2천 만권 이상의 장서를 디지털 사본으로 만들어 해당 도서관과 구글의 서버에 저장하였고, 구글 북스(Google Books)라는 도서검색서비스

---

33) Authors Guild v. Google Inc., 804 F.3d 202(2d Cir. 2015).

를 인터넷 이용자들에게 제공하였다. 이용자가 검색기능을 이용하여 무료로 특정 단어나 용어를 검색하면, 이를 포함한 책들의 발췌문이 검색 결과로 표시된다. 대형 도서관과 연계해서 디지털로 복제한 서적에는 저작권으로 보호되는 서적과 공유영역에 있는 서적이 포함되어 있으며, 대부분 논픽션으로 절판된 서적들이다. 구글 도서검색서비스 이용자들이 찾는 검색어를 치면 데이터베이스에서 해당 검색어가 포함된 모든 도서의 목록과 각각의 도서별로 검색어 빈도수까지 받아볼 수 있다. 주목할 만한 점은 검색엔진을 이용하여 새로운 형태의 연구인 TDM을 할 수 있다는 것이다. 또 스캔이 된 서적이 저작권으로 보호되는 경우 일부분만 읽을 수 있도록 하였고, 저작권이 종료된 저작물은 전부 공개하였다. 구글 서비스에는 서적들의 메타데이터뿐만 아니라 서적을 구매할 수 있는 웹사이트로 링크가 설정되며, 저작권자가 동의한다면 제한된 미리 보기를 제공하는 서적을 제공하여 연구자들이 자신들이 읽어야 하는 서적을 쉽게 추적할 수 있도록 하였다

1심 법원은 구글의 도서검색서비스가 공정이용에 해당한다고 판시하였고, 제2연방항소법원은 원고의 항소를 기각하였다. 그 근거는 구글이 저작권으로 보호되는 책들을 허락 없이 디지털로 복제하고 검색기능을 만들어 그 저작물로부터 발췌문을 검색 결과로 표시하여 제공한 것은 비침해적인 공정이용에 해당한다는 것이다. 우선 검색기능 목적으로 구글이 책을 디지털로 복제하여 발췌문 검색기능을 제공하는 행위는 변형적인 이용에 해당하며, 원저작물 전체를 복제한 것은 구글의 변형적 이용 목적에 비추어볼 때 합리적이고 검색기능 목적을 위해 필요하다고 보았다. 또 책 전체의 복제물을 공중에게 공개하지 않고 검색기능을 이용할 수 있도록 제공한 것은 원저작물의 보호되는 내용에 대한 시장에 대체물을 제공하지 않으며, 구글의 상업적 성격과 이윤 동기가 공정이용을 부인할 만큼 타당하지 않다고 판시하였다.

이 사건에서 법원은 어문저작물의 비표현적인 이용이라는 논리를 적용하였다. 사건을 맡았던 레벌 판사는 이러한 복제행위도 서적의 표현이 아니라 책에 대한 정보를 데이터베이스로 제공하기 때문에, 서적의 일부분을 스캔하여 제공함으로써 이용자들에게 서적의 표현을 제공하지만 저작권자들이 수인할 수 있는 범위 내에서 서적의 표현을 이용하는 것이므로, 변형적인 공정이용에 해당한다고 해석하였다 (김인철, 2019, 111쪽). 이 판결을 정보검색서비스의 제공에 비추어 이해하면, 검색 결과로 표시된 발췌문은 물론이고 그 전 단계에서 인터넷상의 데이터를 크롤링하

여 서버에 저장하는 행위에 대해서도 매우 변형적인 이용에 해당하여 공정이용이 성립하므로 저작권침해가 아니라는 취지가 포함되어 있다. 이 사건에서 법원은 "구글의 도서검색엔진을 이용하면 TDM으로 알려진 새로운 형태의 연구를 할 수 있다"는 점을 특별히 강조하였다. 이것은 변형적인 이용에 해당한다는 이유로 TDM에 공정이용의 법리를 적용함으로써 저작권침해 문제를 해결하려는 미국의 유연한 접근방식을 보여주는 대표적 판결로 평가할 수 있다(박성호, 2020, 61~62쪽). 구글의 도서 검색엔진에서 메타데이터의 생성과정은 역분석 사건에서 여러 법원이 허용했던 중간복제와 유사하다는 점에서, 이 판결은 중간단계에서 비표현적 이용 법리의 정점을 이룬 판결(김인철, 2019, 111쪽; Sag, 2005, pp. 425~428)로 평가된다.

2) 공정이용이 부인된 판례

(1) Walker v. University Books, Inc. 사건(1979)[34]

모든 중간복제가 허용되는 것은 아니다. 중간복제와 관련한 첫 판결인 Walker 판결에서는 중간복제의 저작권침해 가능성을 인정하였다. 이 사건에서 점술카드 저작권자인 원고가 사업을 목적으로 점술카드 샘플을 피고에게 제공하였고, 이후 제3자에게 점술카드 저작권을 양도하였다. 그런데 원고는 피고가 점술카드와 유사한 카드를 유통하려는 사실을 인지하고 저작권 양도 전에 제작된 기획서를 피고에게서 받았다. 하지만 원고는 저작권을 보유하고 있던 기간에 피고가 원고의 저작물과 유사한 점술카드를 제작해서 판매했다는 사실을 입증하지 못했다.

제9연방항소법원은 피고의 기획서가 복제물이 아니라는 주장을 받아들이지 않고 그와 같은 중간복제가 창작에 대한 인센티브를 저해한다고 인정하면서, 피고가 기획서 제작에서 원고의 제품을 최종 작품으로 생각하였는지가 아니라 저작권자의 허락을 받지 않고 원저작물을 이용했는지가 중요한 쟁점이라는 점을 강조하였다. 저작권으로 보호되는 저작물의 복제물이 상업적으로 거래될 최종 제품에 대한 중간단계의 재현일 뿐이라는 사실이 저작권침해 가능성을 부인하지 않는다고 판시하였다.

---

34) Walker v. University Books, Inc., 602 F.2d 859(9th Cir. 1979).

(2) Fox News Network, LLC v. TVEyes, Inc. 사건(2018)35)

피고 TV Eyes는 1,400개 이상의 텔레비전과 라디오 채널의 프로그램을 녹화·녹음해서 프로그램을 데이터베이스화해서 월 5백 달러에 고객들이 10분짜리 TV 클립을 시청하고 보관하며, 다운로드해서 다른 사람들과 공유하도록 하는 서비스를 제공하였다. 고객들이 자막으로 찾는 내용을 검색할 수 있도록 했고, 청각장애인들을 위해 음성을 텍스트로 변환해 주는 서비스도 제공하였다. 이에 TV Eyes가 녹화해서 고객들에게 제공한 프로그램의 저작권자인 Fox가 TV Eyes를 상대로 저작권 침해소송을 제기했다.

연방지방법원 판결36)에서는 TV Eyes가 제공한 검색기능, 시청 기능, 보관기능에 대해서는 공정이용을 인정했으나, 이메일 송신과 SNS 공유 기능, 다운로드 기능, 날짜·시간·채널 지정 검색기능에 대해서는 공정이용을 부인하였다. 이에 대한 항소심에서 Fox는 시청 기능에 대해서만 저작권침해를 주장하였는데, 제2연방항소법원은 TV Eyes의 공정이용을 인정하지 않았다. 그 근거를 보면 TVEyes의 이용자들이 편리한 시간과 장소에서 감상할 수 있으므로 어느 정도 변형적인 이용을 인정하면서도, TVEyes는 이용자들이 사실상 Fox 프로그램 전체를 이용할 수 있도록 하면서도 Fox에 대가를 지불하지 않았기 때문에 FOX의 라이선스 수입을 박탈하고 시장에 영향을 미쳤다는 점에서 공정이용에 해당하지 않는다는 것이었다.

이 사건은 연방항소법원이 프로그램의 대량 디지털화를 불허했던 대표적인 사건이다. 연방대법원이 VCR을 이용한 TV 프로그램 녹화행위를 공정이용으로 인정했던 Sony 판결37)처럼 이용자들이 방송국이 지정하는 특정 시간이 아니라 이용자가 원하는 시간과 장소에서 TV 프로그램을 시청할 수 있도록 했으나, TV Eyes의 행위는 권리자의 적법한 시장과 실질적으로 경쟁할 수 있는 것이었기에 Sony 사건과는 달리 공정이용이 성립되지 않았다고 본 것이다. 즉 권리자에게 대가를 지급하지 않고 프로그램을 이용자들에게 제공함으로써, 피고는 권리자에게 속하는 시장을 부당하게 박탈한 것으로 법원은 판단하였다(신창환, 2019, 154쪽).

---

35) Fox News Network, LLC v. TVEyes, Inc., 883 F.3d 169(2nd Cir. 2018).
36) Fox News Network, LLC v. TVEyes, Inc., 43 F.Supp.3d 379 (S.D.N.Y. 2014).
37) Sony Corp. of America v. Universal City Studio, 464 U.S. 417(1984).

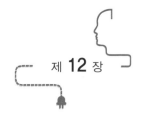

제 12 장

인공지능 창작물의 저작권 보호

1 / 인공지능 창작물의 개념 및 특성

1) 인공지능 창작물의 개념

4차 산업혁명은 디지털 기술의 융합으로 사이버와 실물 세계가 연계되는 시스템이 중심이 되는 차세대 산업혁명이다. 3차 산업혁명의 연장선에서 출발하였으나, 단순히 기술적 연장만을 뜻하지 않고 인터넷에 기반한 정보통신기술의 발달로 기존의 컴퓨터 혁명에 통신을 더하여 급진적인 발전을 가져온 정보통신혁명 시대를 의미한다(김승래·이창성, 2018). 4차 산업혁명을 구현하는 여러 가지 핵심기술 중에서도 그 중심에 서 있는 기술이 바로 인공지능이다. 인공지능은 전통적으로 인간이 했던 지적 업무를 수행하는 컴퓨터를 지칭하는 용어이다. 인공적인 지능을 갖춘 컴퓨터 프로그램은 정보처리능력을 가지고 있고, 처리된 정보에 기반하여 독립적으로 새로운 프로그램을 만드는 컴퓨터프로그램으로, 인지적인 컴퓨팅 기술(cognitive computing)로도 부른다(Chamberlain, 2016). 인공지능은 인간의 삶에 침투하여 이미 일상생활의 일부가 되었다. 인간과 기계가 소통하는 기능 등 다양하게 활용되고 있으며, 빅데이터, 딥러닝 등의 기술과 결합하여 예측이 어려운 속도로 빠르게 진화되면서 사회 각 영역에서 그 역할이 확대, 발전되고 있다. 사실 그동안 창작은 인간의 고유 영역으로 여겨져 왔다. 하지만 이제는 기술향상으로 빅데이터, 딥러닝 기술과의 결합으로 스스로 분석하고 학습하여 창작물을 제작할 수 있게 되면서, 인공지능이 창작예술의 영역까지 영향을 미치고 있다. 인공지능이 창작성의 또 다른 원천이 된 것이다(Hristov, 2017).

인공지능 창작물은 인간이 개입하여 인공지능이 단순히 도구로 보조 역할을 하면서 만든 창작물(computer assisted/aided work), 인간이 제시한 방향성에 근거하여 인공지능이 만든 창작물, 인공지능이 스스로 알고리즘을 통해 만든 독창적인 창작물(computer generated work)로 설명된다(백경태, 2018; 이주환, 2017). 같은 맥락에서 인공지능 창작 유형은 인간과 인공지능의 창작 기여도 또는 인공지능 기술발전 단계를 기준으로, 기술형 도구형, 시스템 주도형, 독창적 창작형으로 구분하기도 한다. 기술형 도구형은 인간이 컴퓨터와 같이 인공지능을 창작활동에 단순히 도구로 활용하는 유형이다. 시스템 주도형은 인간이 인공지능을 간단히 조작하거나 기본적인 지시만 하고 구체적인 결과는 창작물을 만들 능력이 있는 인공지능 시스템이 창출하는 유형이며, 독창적 창작형은 인간의 관여가 창작에 기여한 바 없이 인공지능이 스스로 독창적인 창작을 하는 유형이다(김형건, 2017; 정원준, 2019a).[1] 이에 기초하면, 인공지능 창작물은 창작의 주체 또는 창작 기여도에 따라 인간이 인공지능을 활용한 콘텐츠, 인공지능과 인간이 협업한 콘텐츠, 인공지능이 스스로 창작한 콘텐츠로 분류된다. 여기서 인간이 인공지능을 활용한 콘텐츠와 인공지능과 인간이 협업한 콘텐츠는 인간 창작물로 포섭하면 되므로 저작권 문제가 비교적 명료하지만, 인공지능이 스스로 창작한 콘텐츠는 저작권이 문제가 될 수 있는 영역이다. 기술발전으로 볼 때 인공지능 창작물 범주에 아직은 순수 인공지능 창작물 외에도 인공지능과 인간이 협업한 콘텐츠를 포함해서 논의하는 경향이 있으나, 엄밀한 의미에서 보면 인공지능이 인간의 개입이 없이 완전히 자율적으로 생성한 창작물을 인공

---

1) 일본 지식재산전략본부가 2016년 1월 27일 개최한 "차세대 지식재산 시스템 검토 위원회" 보고서에서는 인공지능의 이용 형태를 첫째, 창작 도구로서 인공지능을 창작활동에 이용하는 콘텐츠 크리에이터에 의한 인공지능 이용, 둘째, 플랫폼이 콘텐츠 제작이 가능한 인공지능을 서비스로 제공하고 이용자는 간단한 조작으로 자신이 원하는 콘텐츠를 얻는 플랫폼에 의한 인공지능 이용, 셋째, 콘텐츠 제작이 가능한 인공지능 프로그램 제작자가 해당 인공지능에 캐릭터를 부여하고 해당 캐릭터에 기초하여 인공지능이 콘텐츠를 제작하며 이용자는 소비자로서 해당 캐릭터와 인공지능 제작물인 콘텐츠를 구매하고 즐기게 되는 인공지능과 인공지능 창작물을 묶음으로 제공하는 경우로 분류하였다(손승우, 2016, 91~92쪽).

지능 창작물로 보아야 할 것이다.

인공지능 창작물은 인공지능 프로그램에서 파생된 창작물(derivative work product)
이다. 인공지능 창작물의 개념에 대해서는 인공지능이 창작한 저작물 정도로 설명
되고 있으며, 학술적인 관점에서 개념 정의가 거의 시도되지 않고 있다. 그런 점에
서 인공지능 창작물에 대해 현행 저작권법상의 저작물에 대응한 개념으로 접근한
정의에 주목해 볼 필요가 있다. 윤선희·이승훈(2017)은 인공지능 창작물을 '인간의
표현에 관한 창작물'에 대응하는 것으로서 '인간이 외부에서 인식 가능하게 된 인
공지능 스스로 생성한 표현'으로 정의하였다(162쪽). 이들 연구자는 인간의 창작이
미적 체험을 통해 예술작품을 구상하고 생산하는 활동이라면, 인공지능의 창작은
빅데이터와 학습을 통해 새로운 생성물을 만들어 낸다는 점에서 인공지능에 창작
이라는 용어 사용의 적절성에 의문을 제기하였다. 하지만 기존 기계 등에 의한 양
산과 인공지능 스스로 생성하는 것은 질적으로 다르다는 점, 용어가 인공지능 스스
로 생성한 결과물이라는 점이 직관적으로 인식된다는 점, 종래 인간의 지식재산권
제도 활용에서 친숙한 용어라는 점, 그리고 인간이 저작자가 될 수 없는 창작물에
대한 최초의 저작권법인 영국의 CDPA가 컴퓨터 생성물을 "creation of work"라고
명시한 점 등에 비추어 볼 때, 인공지능 창작물이란 표현이 적합하다고 주장하였다
(162쪽). 정원준(2019b)도 인공지능 창작물을 인간의 사상이나 감정을 표현한 창작물
에 상응하는 개념으로 보면서, '인간의 직접적인 관여 없이 알고리즘 학습을 통해
창작 능력을 가진 컴퓨터 또는 컴퓨팅 기반의 기계장치로부터 생성된 창작물'로 정
의하였다(3쪽).

이와 같은 정의를 토대로 인공지능 창작물은 "인간의 관여 없이 인공지능이
학습을 통해 컴퓨터 장치 등으로부터 스스로 생성한 표현물"로 정의할 수 있다. 하
지만 인간이 어느 정도 개입하면서 인공지능을 창작의 도구로 활용하거나 협업하
는 수준인 현 단계에서, 인공지능 창작물은 "인간의 콘텐츠 창작의 효율성을 높이
기 위해 인공지능을 보조적 도구로 활용하거나 인간이 관여하면서 인공지능과 협
업한 창작물 또는 인간이 관여하지 않고 인공지능이 완전히 자율적으로 생성한 창
작물"을 뜻하는 개념으로 광범위하게 사용되고 있다. 인공지능 창작물 외에도 인공
지능 결과물, 산출물, 생성물 등의 용어를 사용하기도 하는데, 본 저서에는 인공지
능 창작물이란 용어를 사용한다. 인공지능 창작물을 인간의 관여가 없는 순수한 인

공지능 창작물을 의미하는 개념으로 주로 사용하되, 경우에 따라 약한 인공지능을 활용한 창작물을 포함하는 포괄적인 개념으로도 사용할 수도 있다. 가능하면 상황에 맞게 구분하여 사용하는 방식을 취하고자 한다.

인공지능 창작물은 다시 소프트웨어적 구현만으로 생성한 창작물과 소프트웨어의 명령 및 판단을 기반으로 하드웨어의 물리적 동작 및 움직임을 통해 생성한 창작물로 구분할 수 있다. 전자는 물리적 동작 없이 창작활동이 가능한 음악, 어문 등이 해당하며, 후자는 미술과 영상 및 실연처럼 물리적 동작에 기반하여 창작활동을 해야만 하는 경우이다. 이러한 창작물 유형의 구분은 창작적 기여 수준을 판단하는데 구체적인 실익이 있다. 가령 단순히 소프트웨어적 구현에 의한 창작활동에 비해 물리적 동작을 수반하는 창작활동이 창작에의 기여를 더 크게 인정할 수 있다(정원준, 2019b, 3쪽). 창작 기여도를 기준으로 인공지능 창작물에 대한 저작권 보호의 정도를 결정하는데 유용한 유형 구분이다.

한편 인공지능 창작물은 컴퓨터프로그램저작물과 구분하여 이해할 필요가 있다. 저작권법 제2조 정의 조항에 따르면, 컴퓨터프로그램저작물은 "특정한 결과를 얻기 위하여 컴퓨터 등 정보처리능력을 가진 장치, 즉 컴퓨터 내에서 직접 또는 간접으로 사용되는 일련의 지시·명령으로 표현된 창작물"을 말하는 것으로, 동 법 제4조에서 저작물 유형의 하나로 예시하고 있다. 이에 비해 인공지능 창작물은 컴퓨터프로그램저작물의 지시, 명령에 따른 결과물이다. 따라서 컴퓨터프로그램저작물은 현행 저작권법에서 보호하는 것이 '지시, 명령' 그 자체인 반면, 인공지능 창작물은 지시, 명령에 따른 결과이므로 저작권 보호 대상의 문제와는 별도로, 컴퓨터프로그램저작물의 범주에 포섭되지는 않는다(김용주, 2016, 273쪽)는 점에 유의해야 한다. 다시 말해서 인공지능 창작물은 저작권법상 컴퓨터프로그램저작물로 보호받을 수 있는 인공지능에 기반하여 만들어진 저작물이라는 점에서, 일반적으로 컴퓨터프로그램으로 불리고 있는 컴퓨터프로그램저작물과 다르다.

2) 인공지능 창작물의 특성

인공지능으로 생성된 작품은 오늘날 인간이 실제 향유하는 인간에 의한 창작적 표현의 대체물이라기보다는 새롭고 참신한 것에 그 의미가 있다(김도경, 2020,

491쪽). 인공지능 창작물의 특성은 인공지능 창작의 특징에서 발견할 수 있는데, 인간 창작물과의 구분 곤란, 창작의 양적 팽창, 창작과정의 불투명성, 경제적 이익 귀속 판단의 어려움 등이 특징이다(김용주, 2016; 김현경, 2018). 첫째, 인공지능 창작물은 그 결과가 정교해지면서 인간 창작물과 외관상 구분하기 어렵다. 구글의 인공지능 '딥드림'이 만든 몽환적이고 초현실적인 이미지는 실질적으로 인간 창작물과 구분하기 힘들다. 인공지능 창작물이 인간 창작물의 패턴분석 수준을 능가하고 있으며 실질적으로 인간 창작물과 육안에 의해 구분하기 힘든 상황이 오고 있어서, 이런 창작환경이 저작물 시장에 미칠 영향은 긍정이든 부정이든 매우 클 수밖에 없다. 또한 인간 창작물과 인공지능 창작물을 구분하여 처리하는 데 드는 비용과 노력이 가중될 것이며, 인공지능과 인간이 협업할 때 어느 범주까지 인간의 작품이고, 어느 범주까지 인공지능의 작품활동인지 일률적으로 판단하기 어렵다.

둘째, 인공지능은 창작물을 대량생산할 수 있는 특성을 가진다. 인공지능은 사람과 달리 시간과 공간의 제약을 받지 않고 언제든지 인간보다 훨씬 빠른 속도로 대량의 창작물을 생산한다. 예를 들어 음악 한 곡을 창작하기 위해 인간 창작자는 적어도 3~4일 걸리지만, 인공지능은 5분 만에도 곡을 생성할 수 있으므로 급증하는 영상물 제작 등 각종 콘텐츠 제작에 사용할 음악 부족 현상을 해결할 수 있다. 이런 특성은 앞으로 기술이 발전하면 비용이 더 줄어들 수 있다는 점을 고려할 때, 상업적인 차원에서 콘텐츠 생산자들이 인공지능 창작물을 선호할 수 있다는 점을 배제할 수 없다.

셋째, 저작물 유형에 따라 다르겠지만 인간 창작물은 통상적으로 그 창작과정을 유추할 수 있는 반면에, 인공지능은 창작과정이 불투명하다. 인공지능 창작은 딥러닝 기술에 기반한 빅데이터 분석과정에서 기존 창작물의 복제와 분석을 통해 새로운 창작물을 만든다. 이런 창작과정이 시스템 내부에서 이루어지므로 그 과정을 외부에서 파악하기 쉽지 않다. 따라서 인공지능 창작물이 다른 저작물의 보호받는 표현을 사용했는지, 어떻게 저작권을 침해하였는지를 입증하기 어렵다. 인간 창작물도 저작권침해를 주장하기 위해 실질적 유사성 입증이 어려운데, 하물며 창작과정을 유추하기 어려운 인공지능은 입증이 더 어려울 수밖에 없다. 이것은 인공지능 창작물의 저작권침해 입증의 어려움을 시사한다.

넷째, 저작권법상 저작재산권은 저작자가 가지는 것이므로, 아직 저작자가 누구인지 판단하기 어려운 인공지능 창작물은 저작재산권이 누구에게 귀속되는지 정하기 어렵다. 시장에서 인공지능 창작물이 가치를 인정받아 판매되는 경우, 판매이익의 귀속과 관련하여 아직 법적인 규정이 없다는 점도 문제이다. 따라서 추후 예술 분야에서 인공지능의 작품활동이 더 활발해질 경우 이익의 귀속과 관련하여 분쟁 발생의 여지가 높을 것으로 예상된다.

이와 같은 인공지능 창작물의 특성으로 인한 저작권 분쟁 발생의 소지는 자율성, 합리성, 유사성, 연결성이라는 인공지능 자체의 기술적 특징으로 인해 더욱 커질 수 있다. 무엇보다도 인공지능은 자율적으로 판단할 수 있어서 이용자가 의도하지 않거나 의도에 반하는 결과를 야기할 가능성이 있으므로, 법적 효력 인정 여부가 문제이다. 또 인공지능은 이미 특정 영역에서 인간을 뛰어넘은 합리성을 보유하여 인간보다 가치 있는 결과물을 생성하는 것이 가능하므로, 성과물에 대한 권리를 인정할지가 문제가 된다. 인공지능은 외형상 인간과 유사하여 개별법상 법적 지위, 도덕적 행위자로서 윤리적 지위, 수범자로서의 의무 이행 등에 혼란을 초래할 수 있다(정원준·선지원·김정언, 2019, 5~6쪽).

2 / 인공지능 창작물 저작권 보호의 타당성과 한계

인공지능 기술이 가속도로 향상되고 확산하면서 인공지능이 창작성의 또 다른 원천이 된다는 사실은 저작권법 영역에 복잡하면서도 새로운 연구과제를 던져준다. 인간이 인공지능을 단지 도구로 사용하여 창작물을 창출하는 경우, 창작자인 사람에게 권리를 부여하는 것 자체에는 법률적으로 이견이 있을 수 없다. 하지만 학습을 통해 고도화된 인공지능 알고리즘이 독창적이고 창작성을 갖춘 창작물을 스스로 생성하는 경우는 법률상 문제가 된다. 이 경우 과연 인공지능 창작물을 저작물로 인정할 수 있을지, 저작물성을 긍정할 수 있다면 창작물의 권리를 누구에게 귀속시킬지, 이러한 창작물이 다른 제3자의 저작권침해를 구성하는 경우 이에 대한 책임은 누가 지는지에 대한 판단이다(정원준, 2019b, 3쪽). 즉 인공지능 창작물의 저작권 보호, 저작자 결정, 저작권 귀속, 그리고 저작권침해책임 등이 주요 쟁점이자 연구과제가 된다. 이와 같은 연구과제 중에서 가장 먼저 논의해야 할 것은 인공지능 창작물이 저작권법의 보호를 받을 수 있는가이다. 여기서 '인공지능 창작물의 보호'와 '인공지능 자체의 보호'는 서로 구분해야 할 것이다.

수백 년 동안 인간의 두뇌는 세상에서 가장 복잡하고 강력한 기계였다. 인간의 분석적인 추론력, 상상력과 직관력이 인간이 번창해서 정상에 오르도록 했고, 인간이 지닌 지적 능력의 가치를 인정하기 위해 지적창작물을 법으로 보호했다(Palace, 2019). 그러나 인공지능에 관한 연구개발이 가속도로 진행되고 기술이 더욱 향상되면서, 음악, 미술, 게임, 디자인, 소설, 방송, 신문 기사 등 다양한 분야에서 인공지능이 제작한 콘텐츠가 인간의 창작물과 점점 비슷해지고 있다. 이에 따라 인간의 지능과 맞먹는 또는 인간의 지능을 능가하는 인공지능의 출현이 예상되는데, 이렇게 인공지능이 자율적으로 창작한 콘텐츠의 저작권 문제가 제기된다. 이 문제는 인공지능(로봇)이 자동으로 악곡을 작곡해서 출력해 주거나 빅데이터를 활용해서 기사를 작성해준다면, 악곡이나 뉴스가 저작권법의 보호를 받는 저작물인가의 문제에서 출발한다. 즉 인공지능 창작물도 인간의 지적창작물과 마찬가지로 저작권 보호 대상인지가 쟁점이 된다.

저작권은 인간 창작물에 주어지는 배타적 권리이므로, 현행법상 인공지능이 만든 창작물은 저작권 보호의 사각지대에 놓여 있다. 인공지능 창작물을 보호할 것인지에 대해서는 찬반으로 엇갈리고 있는데, 국제적인 저작권 전문가들도 상반된 주장을 하거나 새로운 주장을 하는 등 견해가 일치되지 않고 있다(한지영, 2021, 37쪽). 먼저 인공지능 창작물의 저작권 보호가 실익이 있다는 저작권 보호론에서는 첫째, 인공지능 산업의 육성과 창작 콘텐츠의 발전을 그 근거로 제시한다. 저작권 제도의 본질론에 근거하기보다는 인공지능 산업에 대한 투자 활성화에 근거한 것으로, 창작하는 인공지능에 대한 투자나 적극적인 이용을 도모한다는 점에서 인공지능 창작물 보호가 필요하다는 논리이다(김현경, 2018, 138쪽). 인공지능 창작물과 인간 창작물을 구별하기 어렵기도 하지만, 단순히 인공지능 창작물이라는 이유로 보호하지 않는다면 인공지능을 이용하여 저작물을 창작하려는 사람은 없을 것이고, 이것은 인공지능의 개발마저도 위축시키는 결과를 초래할 수 있다. 이에 일본과 유럽 일부 국가들은 일정한 가치가 있는 인공지능 창작을 장려하고 투자를 보호하기 위해 인공지능 창작물을 보호할 것을 주장하고 있으며, 더 나아가 인공지능에 독자적 법적 지위를 부여하여 법적 안정성을 도모해야 한다고도 주장한다. 특히 일본 지식재산전략본부는 2016년 1월 27일 "차세대 지식재산 시스템 검토 위원회"를 개최하고 인공지능 창작물의 저작권 보호에 관한 보고서[2]를 통해 인공지능 창작물 보호의 필요성을 강조하였다(손승우, 2016, 97쪽).

둘째, 기술을 도구로 한 인간의 창작 콘텐츠 발전에서 보호의 근거를 찾아볼 수 있다. 인공지능 창작물은 인간의 지적 노력이 투입된 결과로서 생긴 인간 활동의 확장이고, 알고리즘을 개발한 사람의 사상이나 감정이 전달되었으며, 인공지능을 인간이 만들었다는 점을 근거로 인공지능 창작물도 저작권 영역에 포섭해야 한다는 것이다. 이것은 인공지능 창작물은 인간이 제작한 인공지능이 만든 것이므로, 인간의 사상과 감정이 표현되었다고 보지 못할 이유가 없다(김윤명, 2016a)는 주장과도 일맥상통한다. 즉 인공지능도 하나의 기술이므로 인간이 기술이나 기계를 활용하여 만든 창작물과 다를 바 없으며, 저작권 부여와는 별개로 인간이 창작에 어느 정도 관여하고 창작성이 인정된다면 저작권 영역으로 포섭해서 보호해야 한다는 것이다. 이와 같은 논리는 현재의 약한 인공지능 단계를 염두에 둔 것이라고 볼 수 있다. 결국 저작권이 인간의 사상이나 감정을 표현한 창작물에 대한 권리이므로, 결과물이 나오기까지 인간의 지적 노력을 통한 개입이 조금이라도 있다고 인정되면 인공지능 창작물은 저작권 보호를 받아야 한다는 논리이다.

인공지능 창작물의 보호 여부를 일률적으로 결정할 것이 아니라, 형태와 효과가 순수 인간 창작물과 동일하기 때문에 결과물인 인공지능 창작물 자체를 놓고 사례별로 보호 여부를 판단하는 방안도 있다. 예를 들면 인공지능의 기반인 알고리즘은 논리와 통제의 두 요소로 이루어지며 인간의 사상이나 감정을 처리하는 절차이므로 저작권 보호 대상이지만, 인공지능이 유명 화가의 화풍이나 시인의 시 패턴을 기계 학습해서 창작한 그림과 시는 단순 모사로서 저작권 보호 대상이 아니라고 볼 수도 있기 때문이다(조연하, 2020, 87쪽). 이와 같은 보호론은 경제적 또는 사회적 가치 여부와는 별개로 창작물이라는 점에서 결과물에 대한 법적 평가는 인간 창작물과 같아야 한다(계승균, 2020)는 견해로, 결국 인공지능 창작물도 저작권법 보

---

2) 보고서에서는 인공지능 산업 투자의 활성화와 인공지능 창작에 대한 인센티브 부여를 위해 인공지능 창작물 보호의 필요성을 강조하면서, 인공지능 이용 형태를 인간의 관여 양태에 따른 구분의 필요성, 권리를 부여의 범위, 인간 창작물과의 차별적 취급, 인간 저작권에 미치는 영향의 최소화를 제안하였다(손승우, 2016, 91~92쪽).

호영역에서 포섭해야 한다는 것이다.[3]

반면 인공지능 창작물을 저작권으로 보호할 필요성이 없다고 주장하는 보호무용론은 저작권 제도는 인간을 전제로 해야 하며, 인공지능의 권리 독점이 우려된다는 점에 바탕을 두고 있다. 첫째, 저작권 제도의 취지에 비추어 볼 때 인공지능 창작물을 보호할 필요성이 인정되지 않는다고 본다. 저작권법은 역사적으로 '인간'만이 창조적인 지적 활동을 수행할 수 있는 존재라는 것을 전제로 법적 책임 및 법률관계를 형성해 왔다. 현행법상 저작물은 인간의 사상이나 감정을 표현한 창작물로, 저작권은 인간의 문화에 대한 창작적 기여에 대한 보상이다. 이와 같은 저작권법의 근본 취지에 의존할 때, 인공지능이 생성한 결과물을 현행법의 틀 안에서 포섭하기에는 한계가 있다. 정신적 소유권론에 따르더라도 인공지능이 자율적으로 만든 창작물은 기계가 만든 것으로 평가되므로, 저작물로 인정되지 않고 저작권의 보호 대상이 되지 않는다. 하지만 인공지능과 같은 기술을 고려하여 인간을 전제로 하는 저작권 제도에 대한 수정이 필요하다면, 현행법 조항에 대한 개정을 통해 개선의 가능성은 있다고 보기도 한다(손승우, 2016; 정원준, 2019b; 차상육, 2020).

둘째, 저작권 보호 주체로 언급되는 자들에 대한 권리의 부여가 적절하지 않다는 견해이다. 인공지능 창작 권리의 귀속 주체로 거론되는 자로는 인공지능 판매업자를 비롯하여 인공지능 개발자(프로그래머), 인공지능 서비스 이용자 등이 있는데, 이러한 각 주체 중 누구에게 권리를 부여하더라도 이론적으로 합당하지 않다는 것이다. 인공지능 자체에 대한 보호는 자기표현으로서 인격적 발현에 해당하지도 않을뿐더러 창작에 대한 유인을 제공하지도 않아 권리 주체가 되기 어렵다는 점이 그 근거이다. 이에 따르면 인공지능 개발자는 인공지능 창작물에 표현된 창작의 가치는 그의 개성으로 인해 표출된 독창성이라고 할 수 없으므로 주체로서 적합하지 않다. 같은 이유에서 서비스 이용자도 일반적인 경우 주체성을 인정할 수 없다고 본다(정원준, 2019b, 11~12쪽).

셋째, 인간에게만 인정되던 지식재산권을 대량의 창작물을 생산해 낼 수 있는

---

[3] 인공지능 창작물의 저작권 보호론을 주장하는 학자 사이에서도 권리 귀속에 대해서는 다소 견해 차이를 보인다. 사무엘슨(Samuelson, 1986)은 컴퓨터 생성 저작물의 소유권은 사용자에게 부여해야 한다고 주장하였고, 브리디(Bridy, 2012), 야니스키(Yanisky, 2017), 펄먼(Pearlman, 2018) 등은 업무상저작물저작자 원칙을 적용해야 한다고 주장하고 있다(한지영, 2021, 35쪽).

인공지능에 배타적 권리를 부여할 경우, 과도한 독점화가 발생하여 개인 창작자에 대한 보상 수준과의 형평성 문제와 같은 부작용이 우려된다고 본다. 예를 들어 인공지능 개발자는 인공지능 이용자에게 유상으로 서비스를 제공함으로써 이미 경제적 이익을 취득하였으므로 중복적인 보상을 받을 수 있다(정원준, 2019b, 11쪽). 물품을 대량생산하는 현존하는 기계와 달리 인공지능은 스스로 학습을 통하여 상상하기 어려운 정도의 다양한 창작물을 인간보다 훨씬 빠른 속도로 대량으로 창작해내기 때문에, 법률로써 인공지능에 배타적 권리를 부여한다면 이를 이용하는 인류의 권익은 상당히 위축될 수 있다는 것이다.

그 밖에도 인공지능을 법적 주체로 인정하는 사회적 합의가 부재하다는 점도 인공지능 창작물 보호를 부정하는 근거가 될 수 있다. 한편 인공지능은 이해가 아닌 예측을 할 뿐 창작 행위를 왜 했는지도 모른다는 점에서 인공지능의 창작을 인정하고 보호할 필요가 있는지에 대한 고민도 필요하다. 이것은 창작의 동기에 대한 이해가 저작권 보호의 판단 요소로 작용할 수도 있다는 점을 시사하는 것이기도 하다(조연하, 2020, 87쪽).

정리하면, 인공지능 창작물을 저작권으로 보호하는데 긍정적인 견해의 근거는 인공지능 산업발전과 창작 콘텐츠의 발전이다. 반면 부정적인 견해에서는 무엇보다도 인간을 전제로 하는 저작권 제도의 취지와 맞지 않고 권리보호의 주체를 결정할 수 없으며, 저작권 보호로 인한 독점화가 인간에게 잠재적 피해를 줄 수 있다는 점을 근거로 제시한다.

한편 인공지능 창작물의 법적 보호의 타당성과 별개로, 인공지능 창작물을 저작권법으로 보호할 때 예측 가능한 문제점으로 인간 창작물과의 구별의 어려움, 창작물로 인정할 수 있는 판단기준의 부재, 저작자 추정의 어려움, 원본 데이터와의 저작권 분쟁 가능성 등이 지적된다. 주로 앞에서 언급했던 인공지능 창작과정의 특징과 인공지능 창작물의 창작성 판단으로 인한 문제점이다. 또 저작권법상 창작의 주체로서 인정 불가, 재산권 인정에 대한 법적 논란의 가능성 등, 인공지능의 불안정한 법적 지위가 저작권 보호의 걸림돌로 작용하고 있다. 그 밖에 인공지능 프로그램 산업이 비정상적으로 과대해질 것이 우려되기도 한다. 반면 인공지능 창작물을 저작권법으로 보호하지 않는다면, 인공지능에 대한 인간의 노력과 시간 투입 가치에 대한 법적 보호의 부재, 인공지능 창작물의 무단 사용으로 인한 제작 및 개발 집단의 권리 침해와 같은 법적인 문제점과 인공지능 개발과 인공지능 활용 창작에 대한 투자 저조, 인공지능 개발자나 제작자에 대한 불공정 발생으로 인한 인공지능 창작물 산업 위축과 같이 주로 산업 차원의 문제점이 거론된다(조연하, 2020, 87~88쪽).

인공지능 창작물은 하나의 창작물이라는 점에서 결국 저작권법 영역에서 보호해야 하며, 결과물에 대한 법적 보호나 평가도 기본적으로는 인간 창작물과 같아야 한다. 다만 현 법제하에서 인공지능 창작물의 결과의 값을 보호하고자 한다면, 부수적 조항이나 법인격의 격상을 통해 새로운 법 보호 체계가 필요하다(허세현, 2021, 210쪽). 즉 인공지능 창작물을 저작권으로 보호하되, 보호 방식에서 인간 창작물과 차별적으로 접근해야 한다.

3 / 인공지능 창작물의 저작권 보호 방식

인공지능 창작물을 현행 저작권법 체계에서 보호할지, 아니면 법적으로 보호해서는 안 되는지의 문제는 최근 저작권 분야에서 새로운 딜레마이다. 그리고 보호해야 한다면 현행 저작권 규범 내에서 보호할 것인지, 아니면 독자적인 입법 형태로 보호할 것인지의 문제가 인공지능 기술발전과 함께 저작권 분야에서 중요한 담론으로 등장하였다(한지영, 2021). 기존 논의를 보면, 인공지능 창작물은 저작권법상 저작물성, 창작 주체에 대한 법적 해석에 문제가 있으며 저작권 제도의 취지를 토대로 할 때 보호의 타당성이 없다고 주장하면서도, 한편으로는 인공지능이나 그 창작물의 발전을 위한 산업정책의 관점에서 어느 형태로든 법으로 보호하는 것이 필요하다고 본다. 다만 보호범위나 방식에 있어 인간 창작물과 차별적으로 접근하는 것이 합리적이라는 의견이 지배적이다. 인공지능 창작물도 저작권법 보호영역으로 포섭해야 하지만, 저작권 제도의 본질이 인간의 창작을 보호하는 데 있다고 볼 때 인간 창작물과 동일하게 보호하는 것이 타당하지 않기 때문에(김현경, 2018), 인간 창작물보다 보호 수준을 절대적으로 낮출 필요가 있다는 것이다.

1) 저작권침해에 대한 약한 저작권 보호 이론 적용

인공지능 창작물과 인간 창작물 간의 보호 수준의 차별화는 '약한 저작권 보호(thin copyright protection)' 이론으로 설명할 수 있다. 손승우(2016)는 인공지능의 독점화에 대한 우려와 인공지능 투자 보호의 필요성 간의 조화를 이루는 대안으로 인공지능 창작물에 약한 저작권 보호 이론의 적용을 제안하였다. 약한 저작권 보호 이론이란 저작권 보호를 하되 피고의 작품이 저작권자의 창작을 사실상 그대로 복제(virtually identical)한 경우가 아니라면 저작권침해를 구성하지 말자는 것이다. 즉 인공지능 창작물의 저작권을 보호하되 철저히 복제한 경우에만 저작권침해로 봄으로써, 인공지능 창작물에 대해서는 매우 낮은 수준의 저작권 보호가 타당하다는 것이다. 한마디로 통상적인 인간 창작물보다 보호 수준을 낮추는 것이다. 그는 인공지능 창작물의 저작권침해에 약한 저작권 보호 이론을 적용하는 구체적인 방식으로 저작권침해 판단기준을 '실질적 유사성'이 아닌 '현저한 유사성(striking similarity)'으로 정하고, 현저한 침해에 대해서만 형사처벌이 아닌 민사적 구제를 하는 방안을 제안하였다. 이 방안은 인공지능의 경우 독점화 및 인간 창작물과의 갈등 등에 대한 우려로 인공지능 창작물 보호를 거부하는 견해와 인공지능 투자 보호의 필요성을 주장하는 견해의 절충안으로 볼 수 있다(이상정·안효질·손승우·김형렬, 2016, 58쪽).

한편 인공지능 창작물의 보호범위에 대해서는 통상의 실질적 유사성 기준에 따라 보호해야 한다는 견해와 현저한 유사성으로 보호범위를 좁히자는 견해, 등록제를 요건으로 보호기간을 단축하는 방안을 제안하는 견해 등 다양한 의견이 제안되고 있다(정원준, 2019b, 12쪽). 저작권침해의 실질적인 성립요건은 주관적 요건인 의거성과 객관적 요건인 실질적 유사성이다. 의거성이란 침해자의 저작물이 침해 주장자의 저작물에 의거하여 이용했는지를 말하며, 실질적 유사성이란 침해자의 저작물이 침해 주장자의 저작물과의 동일성 또는 종속성[4]을 의미한다. 인공지능 창작물에 대한 저작권침해 판단에서도 저작권침해를 주장하는 자가 침해행위를 직접 입증해야 하는데, 인공지능 내부에서 어떤 데이터에 기초하여 정보를 처리하고 창

---

4) 동일성과 종속성은 개념적으로 구별되지만, 실제 판단에서는 두 작품 사이의 유사성 판단에 의존하는 점에서 큰 차이가 없다(이해완, 2019, 1135쪽).

작했는지 그 과정을 알기 어려우므로 인간이 의거성 요건을 입증하는 것이 거의 불가능하다. 이와 같은 침해 판단의 어려움을 해소하기 위해 손승우(2016)가 제안한 것처럼, 침해 구성요소로서 실질적 유사성을 '현저한 유사성'으로 대체하는 방안이 있다. 현저한 유사성이란 저작권침해자가 독립적으로 저작권자와 똑같은 저작물을 창작했다는 가능성을 배제할 정도의 유사성을 의미한다. 논리적으로 또는 경험적으로 두 저작물의 유사성이 우연의 일치나 독립적인 창작, 기존의 공통 소재에서라기보다는 오로지 복제에 의해서만 설명되는 경우로, 두 저작물에서 공통의 오류가 다수 발견되는 것이 그 예이다(정경석, 2009, 227쪽). 이것은 인공지능 창작물에 대한 저작권침해가 성립되는 범위를 축소하고 엄격한 침해요건을 적용함으로써, 인공지능 창작물에 대한 저작권 보호 수준을 낮추려는 취지로 풀이할 수 있다.

이에 대해 차상육(2017)은 '현저한 유사성'은 '의거성' 요건과 실질적 유사성 요건의 차이점 또는 경계에 대해 혼선을 줄 수 있고, 저작권침해요건을 둘러싼 법리의 복잡화를 초래할 수 있으므로, 인공지능 창작물에 대한 저작권침해요건에 대해 별개의 독립 규정을 두면서 '실질적 동일성'을 적용하여 침해의 성립 범위나 폭을 더 좁힐 것을 주장하였다(222쪽). 그런가 하면 정원준(2019a)은 현저한 유사성, 실질적 동일성에서 더 나아가 '현저한 동일성' 기준을 적용함으로써, 철저히 약한 보호 수준으로 낮출 것을 제안하였다.

이상의 논의를 토대로 하면, 인간 창작물과 보호 수준의 차별화를 시도하기 위해, 인공지능 창작물에 대해서는 '약한 저작권 보호' 이론을 적용하여 저작권 보호 수준을 최대한 낮추는 방식이 바람직할 것으로 보인다. 그리고 약한 저작권 보호론을 실천하기 위해, 이상에서 살펴본 인공지능 창작물의 저작권침해에 대한 엄격한 요건의 적용과 함께 실질적인 차별화 방안을 모색해야 한다.

2) 약한 저작권 보호의 실천 방식

물건에 대한 영구적인 소유권과 다르게 저작권은 일정 기간만 보호받은 후에 공유되는 재산권 성격이 강하다. 그러므로 저작권으로 보호하는 정도나 방식에 대해서는 그동안 주로 보호기간 산정을 중심으로 논의되는 경향이 있다. 이렇게 보호기간을 정하는 것은 저작권 제도의 큰 특징이므로, 인공지능 창작물의 저작권 보호에서도 역시 보호기간을 산정하는 문제가 중요하게 논의되어야 한다고 본다.

인공지능 창작물은 인공지능의 높은 생산성, 창작 시점 확인의 수월성, 시간 경과에 따른 창의적인 가치 저하, 인공지능을 이용한 창작물 선점의 부작용 등과 같은 특수성을 가진다. 인공지능 창작물은 인간 창작물처럼 인고의 시간이 투영된 창작 결과물이라기보다는 투입된 데이터를 학습해서 단기간에 산출해내는 소프트웨어적인 결과물이다. 그리고 과거 창작물이 오픈소스처럼 다른 창작물의 재료로 사용될 수 있으므로 콘텐츠 개발에 드는 비용과 시간을 단축할 수 있다는 점에서 인간 창작물과 차별화된다. 또한 시간이 지날수록 처음 출시할 때보다 고유하고도 창의적인 가치가 저하될 수 있다. 게다가 인간 창작물과 동일 수준으로 보호할 경우 인간이 인공지능을 이용하여 더 많은 저작물을 생성하고 보유하는 데 급급할 것이며, 이런 현상은 저작권법의 입법목적인 문화발전을 저해하는 요인으로 작용한다. 한편 저작권법상 인간 창작물의 보호기간을 저작자 사후를 기점으로 하는 이유 중 하나가 개별 저작물의 창작 시점을 확인하는 것이 어렵기 때문이기도 한데, 인공지능 창작물은 창작 시점을 확인할 수 있으므로 보호기간 산정이 더 수월하다(조연하, 2020, 88~89쪽).

이와 같은 인공지능 창작물의 특징을 보호기간 산정에 반영될 필요가 있다. 선행연구에서 논의를 보면, 인공지능 창작물 보호기간은 인간 창작물의 사후 70년보다 훨씬 단기간으로 설정하는 것이 바람직하다는 의견이 지배적이다. 일본 지식재산전략본부가 2016년 개최했던 차세대 지식재산 시스템 검토위원회는 보고서에서 당시 저작권 보호기간이 저작자 사후 50년이지만, 인공지능은 인간보다 월등히 많은 창작물을 만들어낼 것이므로 보호기간을 단축해야 한다고 주장하였다(손승우, 2016, 91~92쪽). 계승균(2020)도 인공지능 창작물에 한해서는 보호 대상을 특정하고 기본적으로 보호기간을 단축할 것을 제안하였다. 그리고 현행 저작권법상 데이터베이스 보호기간이 5년이고, 유럽연합에서 온라인에 게재된 언론출판물의 보호기간을 2년으로 정하고 있는 점을 고려할 때, 인공지능 창작물 보호기간이 데이터베이스 보호기간보다 더 길지 않아야 한다는 점을 강조하였다(9쪽). 그런가 하면 차상육(2020)은 강한 인공지능 창작물을 저작인접권 제도의 일종으로 보호하는 것이 바람직하다고 주장하였다. 그는 인공지능도 결국 프로그램이라는 점을 고려하면 문화적 창작의 성격뿐만 아니라 발명과 같은 기술적 창작의 성격이 강한 점, 산업 정책적으로 볼 때 단기간에 공유영역으로 보내야 할 필요성이 강한 점에 비추어 볼 때, 저작인접권으로서의 보호기간을 창작 후 20년 이내 또는 공표 후 20년 이내로 제한하는 것이 타당하다고 보았다(58~59쪽).[5] 또 조연하(2020)는 인공지능 창작물의 보호기간을 인간 창작물의 사후 70년보다 훨씬 더 단축해야 한다는 점, 현행 저작권법에서 창작한 때로부터 50년 이내 미공표된 영상저작물 보호기간을 창작 시점을 기준으로 70년간으로 정하고 있는 점, 그리고 무엇보다도 인공지능 창작물의 과잉보호를 막기 위해 권리 범위를 제한할 필요가 있다는 점 등을 고려할 때, 인공지능 창작물 보호기간은 창작 시점을 기준으로 20년에서 50년 사이가 적정할 것으로 판단하였다(104쪽).

이상의 논의에 기초하면, 인공지능 창작물 보호기간을 단축하되 보호기간의 기산점을 창작 시점으로 할 것인지 등록 또는 출원 시점으로 할 것인지 등, 그 산정방식에 대한 검토가 필요하다. 현행법에서 정하고 있는 데이터베이스 보호기간이 5년, 디자인보호법상 보호기간이 등록 출원 후 20년, 유럽연합이 정한 온라인 게재 언론출판물의 보호기간이 2년, 영국 저작권법에서 정한 컴퓨터 생성물 보호기간이 50년이라는 사실을 인공지능 창작물 보호기간 산정에 참고할 수 있을 것이다.

인공지능 창작물을 인간 창작물과 차별하여 보호하는 방식으로, 보호기간의 단축 외에도 방식주의와 식별제도의 도입이 제안되고 있다. 인공지능은 인간보다 훨씬 빠른 속도로 대량으로 창작할 수 있다는 점에서 차별적 취급이 필요하다는 점을 고려할 때, 일정한 등록 절차와 저작권 표시, 납본 등을 요구하는 방식주의 도입이 더 현실적이다(김현경, 2018, 150쪽). 방식주의 도입은 무방식주의를 채택하는 인간 창작물과 차별화할 수 있고, 인간을 순수한 인공지능 창작물의 저작자로 표시하는 것을 차단할 수 있을 것이다. 또 인공지능 창작물에 대해 식별제도를 도입할 필요가 있다. 이것은 인간 창작물로 오인하거나 혼동하는 것을 방지하기 위한 것으로, 식별제도가 없다면 본인이 창작하지 않은 것을 본인의 창작물이라 주장할 수 있는 허위공표죄나 허위등록죄 등의 범법 행위가 양산되는 것을 막을 수 있다. 즉

---

5) 강한 인공지능 창작물이 공유영역에 있는 결과는 독점적 권리가 존재하지 않기 때문에 모든 사람이 자유롭게 사용할 수 있고, 따라서 공유영역의 장점으로 인하여 새로운 지식의 방해 없는 창조, 정보에 대한 무료 또는 저렴한 비용의 접근, 경쟁 모방 또는 문화유산에 대한 대중의 접근이 포함되기 때문에, 강한 인공지능 창작물에 대해서 장기간 저작물로서 보호할 필요가 적다는 것이다.

인공지능 창작물을 인간의 창작물로 허위 공표하거나 등록함으로써 보다 강한 보호를 받으려는 유인이 큰 만큼, 인공지능 창작물에 대해 인간 창작물과 구분하기 위한 자동적·강제적 식별제도가 필요한 것이다. 이에 세계저작권 조약에 명시된 저작권 표시제도와 유사하게, 인공지능 창작물에 마크, 성명, 발행 연도 등을 기재하도록 하는 표시제도를 도입한다면, 인공지능 창작물의 창작성 기준, 저작권 귀속 주체, 권리침해 요건 등을 실무적으로 명확히 구별할 수 있는 이점을 확보할 수 있다(김현경, 2018; 정원준, 2019b).

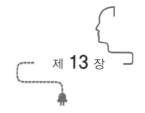

제 **13** 장

인공지능 창작물의 저작물성 판단[1]

1 / 저작권 발생요건으로서 창작성 판단

저작물의 개념 정의에 따라 저작자 개념이 성립되고 저작물성이 인정되어야 저작자가 결정되므로, 저작물의 개념 정의와 저작물성 판단은 매우 중요하다. 현행 저작권법에 따르면 저작권의 객체인 저작물은 인간의 사상이나 감정을 표현한 창작물이다. 이에 기초하여 저작물성 판단에서는 표현과 창작성을 기본 요건으로 한다. 표현 요건은 아이디어의 자유로운 흐름과 창작의 자유를 보장하기 위해 저작권 보호 대상을 아이디어가 아닌 표현으로 한정한다는 것을 의미하며, 창작성 요건은 저작권 보호를 받기 위해 남의 것을 베낀 것 이상의 그 무엇인가를 구현해야 한다는 것이다(조연하, 2020, 77쪽). 이렇게 볼 때 저작권법이 규정하고 있는 저작물은 인간의 본성이나 개성이 실제화된 것으로, 인격의 유출물로서 인격적 요소를 중요시한다. 즉 저작물로 인정받기 위해서는 창작의 주체가 인간이어야 한다. 이에 저작권 체계는 자연인인 인간의 감성과 사고의 발현으로서 창작성에 기초한다(김현경, 2017; 이양복, 2018; 이주환, 2017). 저작권 제도에서는 저작물성의 성립 여부를 판단하기에 앞서 기본적으로 인간의 창작이 전제되어야 한다고 볼 수 있다.

보호받는 객체로서 저작물의 성립요건인 창작성에 대한 법적 근거는 먼저 헌

---

1) 조연하 연구(2020)의 일부 내용을 보완하여 인용하였다.

법에서 찾아볼 수 있다. 헌법 제22조 제2항에서는 저작자·발명가·과학기술자·예술가의 권리는 법률로써 보호한다고 명시함으로써, 저작자의 권리를 보장하고 있다. 또 저작권법은 제2조에서 "'저작물'은 인간의 사상 또는 감정을 표현한 창작물을 말한다"와 "'저작자'는 저작물을 창작한 자를 말한다"와 같은 정의 조항을 통해 창작성이 저작물 성립요건이라는 점을 분명히 하고 있다. 헌법과 저작권법의 근거 규정을 토대로 하면, 창작자로서의 저작자에 대한 헌법적 권리부여는 창작성을 전제조건으로 한다. 즉 공공재인 정보에 대한 사적인 권리를 부여하는 정당성의 근거로 창작성을 요구하는 것이다(조연하·유수정, 2011, 115쪽). 창작성 판단에서는 창작의 개념이 중요하다. 신재호(2019)는 창작을 저작물의 구상으로부터 완성에 이르기까지 계속되는 '일련의 선택과 결정의 과정'으로 보면서, 창작과정에서 얼마나 많은 선택의 여지가 있었는지가 사실상 창작성 판단의 결정적 기준이 된다고 설명하였다. 그리고 창작성이란 개념은 다분히 정책적이며 상대적이고 가변적인 개념의 성격을 띠고 있어서, 창작성이 있거나 없다는 개념보다는 충분하거나 부족하다는 개념으로 이해해야 한다고 주장하였다(213쪽). 이렇게 볼 때 창작과정에서 다양한 가능성 중 여러 선택을 결정하였다면 창작성이 인정되며, 창작성은 충분과 부족으로 설명할 수 있는 상대적인 개념의 성격을 가진다.

저작권법에서는 저작물 성립요건인 창작성의 개념이나 판단기준에 관한 명확한 규정을 두고 있지 않다. 이와 같은 입법의 한계로 인해 사법적 판단에 의존해야 한다. 저작권 제도에서 의미하는 창작성에 대해 대법원[2]은 다른 저작물과 구별할 수 있는 저작의 독자성과 최소한의 지적인 노력 등을 필요로 하는 개념으로 설명하고 있다. 미국의 Feist 판결(1991)[3]에서 연방대법원은 저작물 성립요건으로 독창성을 요구하였는데, 독창성이란 용어에 대해 명확한 정의를 내리지 않으면서 표현이 최소한의 창작성을 포함해야 한다는 것이 유일한 지침이었다(Hedrick, 2019, p. 355). 즉 기존의 창작물과 달라야 하는 신규성(novelty)을 요구하는 특허권과 다르게, 저작물 성립을 위한 독창성 기준은 저작물이 독자적으로 창작되어야 하며, 낮은 수준의 창작성만 있어도 된다는 것이다. 이렇게 볼 때 미국 법원이 요구하는 독창성이란 저작자가 다른 사람의 저작물을 복제하지 않고 저작물을 독자적으로 창

---

2) 대법원 1995. 11. 14. 선고 94도2238 판결.
3) Feist Publications, Inc. v. Rural Tel. Service Co., 499 U.S. 340, 347(1991).

작함으로써 그 기원이 저작자에게 있으며, 최소한도의 창작성을 요구하는 지적 노력을 의미하는 개념이다. 이상의 사법적 해석에 기초하면, 저작권에서 의미하는 창작성이란 저작물을 저작자가 독자적으로 창작했는지, 기존의 다른 저작물과 어느 정도 차별성이 있는지, 저작물이 저작자의 지적이고 정신적인 노력의 성과인지 등을 기준으로 판단해야 한다.

　대부분의 저작권 제도에서 저작물 성립요건의 하나로 창작성을 요구하고 있고, 저작물의 창작성을 명문 법 규정으로 요구하지 않더라도 저작물의 창작성은 법 원칙상 당연히 요구되는 것으로 해석된다. 문제는 창작성의 구체적인 기준이다. 영미 판례에서는 저작물의 표현이 타인의 저작물에 있는 표현을 복제한 것이 아니라 독자적인 노력, 기능 및 자본을 투입한 결과이면 된다고 해석한다. 이에 반해 독일, 일본 등에서는 영미에서보다 훨씬 높은 수준의 창작성을 요구한다(정상조, 1992, 3쪽). 이처럼 어느 정도의 창작성이 요구되는가의 논의에서 흔히 적용되는 이론으로 노동이론(sweat of the brow theory)과 유인이론(inducement theory)이 있다. 노동이론이란 저작물에 대한 저작권 부여의 근거를 저작자의 '정신적 노동에 대한 대가'라고 보고, 저작자의 노동이 투여된 이상 창작성 수준이 낮아도 저작물이 성립된다고 본다. 반면 유인이론에서는 저작권 부여의 근거를 저작물이 저작권법의 궁극적인 목적인 문화발전을 유인한 것에 대한 대가라는 점에서 찾는다. 미국과 같은 영미법 국가에서 초기 판례들은 노동이론에 가까운 입장을 취했던 반면에, 일정한 수준의 창작성을 요구하는 대륙법 국가의 입장은 유인이론을 바탕으로 했다고 볼 수 있다(조연하·유수정, 2011, 118~120쪽). 따라서 대륙법 국가에서는 창작성이 없는 저작물은 문화발전에 이바지하지 못하므로 저작권 보호를 받을 수 없다는 점을 근거로 하여, 영미법 국가보다 창작성 수준을 높게 요구하는 경향이 있다.

　앞에서도 언급했듯이, 디지털 기술 등장 이전 창작성 요건은 단순히 베끼지 않고 저작자의 독자적인 노력으로 창작하는 것을 요구하는 정도였다. 하지만 디지털 기술발전과 인공지능과 같은 새로운 기술을 사용함에 따라 다양한 유형의 저작물이 등장하였고, 기존의 콘텐츠를 조합, 변경시켜서 창작하는 아마추어 이용자들의 창작이 급증하면서 창작성 개념의 유용성이 도전을 받고 있다. 인공지능이 이미 세상을 바꾸고 있으며 계속해서 미래도 바꾸게 될텐데, 과연 인간이 창작성을 위한 인공지능의 잠재력을 적절하게 활용할 수 있는지가 문제이다(Hedrick, 2019, p. 375).

지금까지 창작성은 저작권의 보호 여부와 범위를 설정해 준다는 점에서도 중요한 개념이었다. 기술발전과 콘텐츠 제작환경의 변화로 인해 창작성 개념이나 기준에 대한 재논의가 요구된다는 점에서 인공지능 창작물의 저작권 논의에서도 역시 창작성이 중요한 쟁점이 될 것이다.

2 / 인공지능 창작물의 창작성 판단의 쟁점

인공지능은 단순한 창작/복제의 도구에 그치지 않고 기존의 창작방식과 전혀 다른 새로운 방식으로 엄청나게 빠른 속도로 대량의 콘텐츠를 생산하고 소비하는 전혀 새로운 저작권 생태계를 만들어 나갈 것으로 예상된다. 이렇게 인공지능의 창작활동이 가능해지고 다양한 종류의 콘텐츠가 생산되면서, 창작성 개념의 해석과 요건, 저작자의 지위 인정, 저작권의 귀속 및 책임 문제 등에 관한 다양한 해석론이 제기되고 현행 저작권법에서 포섭하기 어려운 문제도 발생하고 있다(정상조, 2018; 정원준, 2019b). 머신러닝 모델의 결과물은 분석하고 탐구할 가치가 있는 몇 가지 쟁점이 존재하는데, 그중 하나가 인공지능에 의한 결과물이 유효한 저작권 성립에 요구되는 독자성과 최소한의 창작성 요건을 어떻게 충족시킬 수 있는가이다(김도경, 2020, 491쪽). 인공지능이 인간의 창의성과 독창성이 발휘되는 창작영역에 이미 들어와 있는 상황에서, 인공지능의 창작 능력이 향상됨에 따라 인간의 창작활동을 장려하고 권리를 보호하기 위한 저작권법을 인공지능에도 적용할 수 있는지의 문제가 발생하는데(임효성, 2019, 38쪽), 인공지능 창작물의 저작물성 판단에서도 저작권 보호와 저작자성을 판단하는 중요한 기준인 창작성에 관한 논의가 우선되어야 한다.

1) 인공지능 창작물의 창작성의 재개념화

저작권 제도에서 저작권의 중심은 인간의 독창적 표현에 있으므로, 창작에서 기계나 기술을 이용하는 것을 크게 문제 삼지 않았다.[4] 일반적으로 창작 문화에서

---

4) Burrow—Giles Lithographic Co. v. Sarony 판결(1884)은 사진의 저작물성을 다룬 최초의 판례로서,

새로운 표현 창작기술에 대한 일반적인 관념은 기계 자체로는 표현을 전달하거나, 이해하거나, 창작적인 표현을 생성할 수 없으므로, 기술기계가 저작물을 생성하려면 "전통적인 의미에서 지적 능력"을 가진 인간 또는 작성자의 지시에 따라 도구로 사용되어야 한다는 것이었다. 그러나 현재 상황은 좀 달라졌다. 머신러닝은 연산 기법과 도구가 규칙 기반 프로그래밍(rule-based programming)에 의존하지 않으면서 대량의 데이터를 활용하여 인간의 개입 없이도 자동으로 모델을 설계한다. 이것은 인간만이 창작물을 생성할 수 있고 기계는 창작의 도구 및 수단에 불과하므로 단순히 기계적으로 생성된 작품은 창작성이 없어 저작물성을 인정하지 않는다는 기존의 저작권법 관점에 큰 변화를 가져왔다(김도경, 2021; 박현경, 2020).

야니스키-라비드(2017)는 독자적으로 유용한 작품을 생성하는 인공지능 알고리즘의 특징으로 창의성, 자율성 및 독립성, 예측 불가능한 새로운 결과, 데이터 수집 가능성과 외부 데이터와의 통신, 학습 능력, 진화, 합리적 지능 시스템, 효율성, 자유로운 선택, 목적 지향성을 제시하였다. 특히 창작성 관련하여 인공지능 시스템은 접근 가능한 소스로부터 다른 저작물을 단순히 복제하는 것 이상의 것을 할 수 있어서, 완전히 새롭고 독창적인 저작물을 창작할 수 있는 창의적인 장치로서 작동한다. 이와 같은 인공지능의 특징은 지식재산권 영역, 특히 저작권에 관한 논의에서 특별히 중대하다(pp. 679~681).

인공지능 창작물의 저작물성 판단에서는 먼저 감정이나 사상이 없는 인공지능이 과연 창작의 소재가 되는 인간의 감정이나 사상을 표현할 수 있는지, 그리고 어느 정도까지 창의적일 수 있는지가 쟁점이 될 수 있다. 인공지능과 인지심리학 분야의 연구자 사이에서는 과연 컴퓨터도 창의적일 수 있는지가 지속적인 논쟁의 소재가 되어 왔다. 이것은 창작성의 정의에 따라 달라진다. 만약 창의성을 인간의 의

Napoleon Sarony가 촬영한 "Oscar Wilde No. 18"이라는 제목의 사진을 석판 제작회사인 Burrow-Giles Lithographic Company가 무단 복제해서 약 8만 5천 부를 판매한 행위가 저작권침해인지 여부를 다루었다. 이 사건에서 미국 연방대법원은 "사진은 생물이든 무생물이든 어떤 대상의 물리적 특징이나 외형을 단순히 기계적으로 재현한 것이며, 그것은 그림 형태의 시각적 복제와 연관하여 사상의 독창성 또는 어떤 신규성도 포함하지 않는다"고 해석하였다. 그리고 "사진이 단순한 화학적 복제인지, 아니면 독창적 저작물인지는 결국 저작자 스스로 작품의 독창성, 그의 사고와 구상(conception)에 의한 것임을 입증하면 결정된다"고 판시(박현경, 2020. 134쪽)함으로써, 저작물성을 판단하는 창작성 요건을 강조하였다.

식이나 자각의 측면에서 정의하면, 인공지능이 아무리 정교해진다 해도 창의성을 인정받을 수 없다. 그러나 창의성을 단순히 무엇인가를 만들어 내는 성질을 의미하는 의미로 정의하면, 인공지능도 창의성을 인정받는다(이상미, 2016, 263~264쪽). 따라서 창작성의 개념을 어떻게 정의하는가에 따라 인공지능 창작물의 저작물성 인정 여부가 결정된다.

　　2016년 개발된 '넥스트 렘브란트 프로젝트'의 목적은 인공지능이 데이터를 사용하여 렘브란트 화법을 스스로 학습한 것을 토대로 마치 렘브란트가 그린 것처럼 보이는 창의적인 그림을 독자적으로 새롭게 창작하는 것이었다. 이 사례는 기존 저작권법에서 상정하는 창작이란 무엇인지에 대해 주의를 환기한다는 점에서 주목할 만하다. 즉 렘브란트 그림을 디지털로 스캔한 이후 CNN 알고리즘을 활용하여 렘브란트의 화풍을 그대로 모방해서 이미지를 재현하는 방식이 과연 창작의 개념으로 볼 수 있는가이다. 이 문제에 대한 답은 관점에 따라 다를 것이다. 순수한 창작이 아닌 단순한 모작으로 보거나 맥락이 없는 창작으로 볼 수 있는가 하면, 창작의 완성도가 낮다고도 볼 수 있다. 인공지능 창작물과 관련하여 창작성 개념이나 기준에 대해 근원적인 재조명이 필요하다는 점을 시사한다. 또 인공지능이 이해는 못해도 예측만으로 인간을 뛰어넘는 전혀 다른 차원의 결과물을 만들 수 있다면 단순히 이전 저작물과의 차이만으로 창작성을 인정할 수 있는지도 쟁점이 된다. 강한 인공지능이 인간과 같은 수준의 작곡을 해서 인간의 사상이나 감정 표현과 구별되지 않아 차이가 없게 된다면 저작물성을 인정할 여지가 있다. 그러나 저작물성이 인정되더라도 인공지능에 저작권을 부여하고 음악저작물을 보호해야 할 필요성이 있는지의 문제는 법 정책적인 판단이 함께 요구된다(임효성, 2019, 67쪽). 그런 점에서 인공지능 창작물에 적용할 수 있는 창작성의 재개념화가 요구된다. 이렇게 볼 때 창작성은 개념 정의나 인공지능 시대 저작권 정책에 따라 상대적이고 가변적인 개념이 된다.

　　한편 저작권법이 인간 창작물을 보호 대상으로 하고 인간 간의 분쟁 해결이 목적이기는 하지만, 창작물이라는 결과에 나타난 독창성이 저작권 보호 대상이라면 창작의 주체가 누구인지는 상관이 없다고 볼 수도 있다. 저작권의 주체보다는 저작권의 객체인 최종결과물의 창작성이 저작권 보호 판단에서 중요하다는 시각이다. 이것은 인간 창작물을 전제로 저작권을 보호하는 기존 저작권법 체계에 근본적으로 문제를 제기하면서, 인간을 전제로 한 창작성 정의의 한계와 더불어 인공지능 시대 저작권법이 진정으로 보호해야 할 대상이 무엇인가를 재고할 필요성을 던져 준다.

2) 인공지능 창작물의 창작성 판단기준의 차별화

인공지능 기술로 인해 저작물 창작에 인간 참여의 필요성이 점점 줄어들면서, 인간의 노력이 어느 정도로 투여되어야 법적 유효성을 인정받을 수 있는지의 문제가 대두되고, 특히 창작성 판단 문제가 매우 복잡해졌다(Clifford, 2004). 기술발전 단계에 따라 인공지능 기술이 창작성, 가용성, 다양성 등에서 차이가 있다(손승우, 2016, 84쪽). 창작에 대한 인간의 개입과 인공지능 기술의 발전단계를 기준으로 하여, 인공지능 창작물은 인공지능을 도구로만 활용한 창작물, 창작 능력이 있는 인공지능을 인간이 조작하여 생성한 창작물, 인공지능이 자율적으로 만든 창작물로 구분된다(김형진, 2017). 현행 저작권법에 근거하면, 인간이 창작 도구로 카메라를 도구로 다양하게 조작하여 창작적으로 표현한 사진저작물은 명백히 저작물로 인정되지만, 인공지능 스스로 만든 창작물은 저작물성이 부인될 가능성이 크다. 그러나 인공지능 창작물의 창작 수준이 저작권 보호를 받는 인간 창작물과 같거나 그 이상으로 향상된다면, 저작물성을 인정하는 방향으로 저작권법이 수용해야 하는지가 문제이다. 만약 인공지능 산업발전 등을 이유로 저작물성 인정에 관한 합의가 이루어진다면, 인간 창작물의 저작물성 판단에 적용했던 창작성의 개념과 기준 적용의 적절성에 대해 신중히 검토해야 할 것이다(차상육, 2017; Yanisky-Ravid & Velez-Hernandez, 2018).

신재호(2019)가 주장한 바와 같이, 창작은 저작물 완성에서 어떤 역할과 기능을 수행한 자를 저작자로 인정할 수 있는지와 연결될 뿐 아니라 창작과정에서 얼마나 많은 선택의 여지가 있는지가 창작성 판단의 결정적 기준이 된다. 그런 점에서 저작물성 판단에서는 인공지능 창작물의 창작과정이나 방식의 특성을 고려하는 것이 중요하다. 인공지능이 기존 창작물의 학습을 통해 새로운 창작물을 만드는 과정이나 방식에 근거한다면, 기본적으로 인공지능의 창작 그 자체에는 아예 창작성이 없다는 해석도 가능하다. 예를 들어 IBM의 인공지능 'Watson'이 영화 본편과 기존 예고편의 패턴을 학습해서 만든 영화 "모건"의 예고편은 예고편 제작 시간을 크게 단축한 측면은 있으나, 인공지능이 제작한 10분짜리 영상을 인간이 1분 30초로 편집하는 것으로 마무리되었다. 이렇게 인공지능이 기존에 인간이 만들었던 내용을 학습해서 인간 창작품의 패턴을 발견하고 그 패턴을 답습하거나 벗어나는 방식으로 새로운 콘텐츠를 만들어 낸다고 볼 때, 패턴의 발견과 답습이라는 인공지능의 역할과 기능을 창작성 판단기준으로 볼 것인지가 논의의 대상이 될 수 있을 것이다.

창작성 판단기준은 저작권법의 보호를 받을 수 있는 표현과 보호를 받기에는 부족한 표현의 경계를 정하는 기준 역할을 한다(조연하·유수정, 2011, 137쪽)는 점에서 인공지능 창작물의 저작물성 판단에서도 중요하다. 저작물의 창작성을 창작자 개인의 독자적인 정신적 노력의 소산이기만 하면 충분하다고 해석하는 국내외 학계 및 판례에 의하면, 인공지능이 생성한 작품이더라도 창작성 요건을 충족하기 어렵지 않을 것이다. 그러나 단순히 실행 버튼을 누름으로써 기계적으로 많은 양의 작품을 순식간에 만들어 낼 수 있는 인공지능 창작물의 경우, '모건' 예고편의 경우처럼 작품 완성에 걸리는 시간이나 생산 분량 등의 측면에서 정신적 노력에 대한 투자 대비 창작의 성과가 현저히 크기 때문에, 창작성 기준을 상향 조정할 필요가 있다. 즉 인공지능 창작물임을 별도로 표시하는 제도를 통해 높은 수준의 창작성을 요건으로 함으로써, 저작물성을 엄격하게 인정할 필요가 있다(정원준, 2019b, 19쪽). 현재 진행되고 있는 인공지능 기술발달 수준으로 볼 때 인간 창작 행위보다 훨씬 더 짧은 기간에 저작권법상 '최소한도의 창작성' 요건을 충족시키는 대량의 창작물을 생산함으로써 인공지능 창작물의 남발이 우려된다. 그런데 창작성 판단기준을 인간 창작물과 동일하게 적용한다면 다수의 인공지능 창작물에 저작권 보호가 부여됨으로써 소송 등 사회적 비용의 증대는 물론이고 현행 저작권법 체계의 틀을 흔들 우려가 있다(한지영, 2021). 따라서 인공지능 창작물의 창작성에 대한 견해 차이에도 불구하고, 저작물성 인정에 필요한 창작성 개념은 물론이고, 인간 창작물에 적용했던 창작성 판단기준과의 차별화의 필요성에서부터 차별화 방식까지 근본적으로 재논의해야 한다.

한편 인공지능은 아직 인간과 상호보완적인 약한 인공지능 단계에 있고 인공지능 성능의 구별기준도 모호해서 구분의 실익이 없으며, 따라서 판단기준을 달리 적용할 이유가 없다는 견해도 존재한다. 강한 인공지능이나 약한 인공지능으로 구별하는 것도 인위적이고 다양한 스펙트럼으로 존재할 수 있으므로, 인공지능의 종류나 성능을 구분하여 판단기준을 달리하는 것이 위험할 수도 있기 때문이다. 인공지능의 초기 개발 단계에서는 결과물 자체의 창작성보다 적용기술의 창작성이 가치를 더 인정받지만, 인간의 창작과 다르지 않다는 점에서 판단기준을 달리 적용할 필요가 없다고 볼 수 있다. 이것은 인공지능 시대에는 적용기술의 창작성이란 기술적 요소가 새로운 창작성 판단 요소로 고려될 수도 있음을 시사한다.

반면에, 정원준(2019a)은 인공지능이 다량의 창작이 가능하다는 점을 감안하여 인간 창작물보다 더 엄격한 요건을 요구해야 한다고 주장하였다. 인공지능 창작의 속도나 수량, 방식 등에 있어 인간 창작과 현격한 차이가 있다고 볼 때, 창작성 판단을 엄격하게 해야 한다는 것이다. 또 현재 저작권법에서 요구하는 창작성 정도는 타인의 것을 모방하지 않는 정도를 요구하지만, 인공지능을 통한 창작의 경우에는 노력과 비용이 적게 들기 때문에 창작성 요구 정도를 높일 필요가 있다. 이 경우 어느 정도로 높게 설정할지를 결정하는 문제가 쉽지 않을 것이고, 여기에는 사회적 합의 과정이 뒤따라야 할 것이다.

그런가 하면 인공지능 기술의 발전단계별로 자율성을 근거로 창작성 판단기준을 차별화하는 방안을 검토할 수 있다. 독자적인 사고능력과 대응력을 가지는 강한 인공지능은 인공지능에 대한 독립적인 법인격을 부여할 필요성이 제기되며, 이를 전제로 저작권이 부여될 경우 인간 창작물에 비해 보호범위를 축소해야 할 필요성이 있으므로 인공지능 창작물의 창작성 판단기준 수준은 매우 높아야 할 것이다. 그리고 그러한 엄격한 요건을 충족하지 못하면 인공지능 창작물을 공유영역에 귀속하는 것이 공공의 이익을 위해 타당하다.

한편 정원준(2019b)은 인공지능 창작물을 다시 소프트웨어적 구현만으로 생성한 창작물과 소프트웨어의 명령 및 판단을 기반으로 하드웨어의 물리적 동작 및 움직임을 통해 생성한 창작물로 구분하였다. 전자에는 물리적 동작 없이 창작활동이 가능한 음악, 어문 등이 해당하며, 후자는 미술과 영상 및 실연처럼 물리적 동작에 기반하여 창작활동을 해야 하는 경우이다. 그는 이러한 창작물 유형의 구분이 창작적 기여 수준을 판단하는데 구체적인 실익이 있다고 보았다. 가령 단순히 소프트웨어적 구현에 의한 창작활동에 비해 물리적 동작을 수반하는 창작활동이 창작에 대한 기여를 더 크게 인정할 수 있다는 견해이다(3쪽). 이것은 인공지능의 창작물 유형별로 창작 기여도를 달리 판단할 필요가 있음을 시사하는 것으로, 인공지능이 창작한 미술작품과 영상저작물의 창작 기여도를 음악이나 어문 저작물보다 높이 평가해야 한다는 것이다.

정리하면, 인공지능 창작물의 창작성 판단에서 중요하게 고려해야 하는 요소들은 창작의 정의, 창작 동기 이해 능력, 이전 창작물과의 차이, 적용기술의 창작성 등이다. 특히 적용기술의 창작성은 향후 인공지능 시대 창작성 논의에서 충분히 검토될 필요가 있다고 생각한다. 또 창작성 판단기준의 차별화와 관련해서는, 인간과 인공지능의 상호보완적인 관계, 인공지능 성능 구분기준의 모호성을 근거로 기본적으로 인간 창작물과 동일하게 적용해야 한다고 볼 수 있으나, 창작에서 인공기능의 자율성, 창작기능의 특성 등을 이유로 인간 창작물에 비해 엄격한 기준을 적용해서 보호범위를 축소해야 한다. 리트렐(Littrell, 2001)이 진정한 독창적인 저작물을 보호하면서 퍼블릭 도메인에 새로운 힘을 불어넣기 위해 독창성 기준을 좀 더 엄격하게 적용할 필요가 있다고 주장했듯이, 인공지능 창작물의 창작성 판단기준의 수위를 높이고 이를 충족하지 못한다면 공공의 이익을 위해 공유영역에 귀속시키는 방안이 합리적이다.

제 14 장

인공지능 창작물의 저작자

1 / 저작자 개념과 저작자성(authorship)[1]

1) 저작권 주체로서 저작자 개념

우리 저작권법 제2조에서는 저작자를 "저작물을 창작한 자"로 단순하게 정의하였다. 저작물은 인간의 사상이나 감정을 표현한 창작물이므로, 이에 기초하면 저작자는 인간의 사상이나 감정을 표현한 창작물을 창작한 자이다. 창작은 법률상 '사실행위'이기 때문에 '창작'이라는 사실적 결과의 발생만을 목적으로 하는 행위를 하였으면 그에 따른 법률적 효과로서 저작자의 지위가 부여되고, 그 지위에 대하여 저작권이 원시적으로 주어진다(오승종, 2020, 179쪽). 즉 저작자는 저작권의 원시적 귀속 주체이다. 이에 관한 법적 근거는 "저작자는 저작인격권과 저작재산권을 가진다"라고 명시한 저작권법 제10조에서 찾아볼 수 있다. 저작권은 저작물을 창작하는 행위로부터 나오는 것이므로, 저작자는 중간에 개입하는 기업이나 저작물의 최종 소비자가 가질 수 없는 인격적인 권리(moral claims)를 주장할 수 있다(Ginsburg, 2003b, p. 1068). 즉 기업이나 최종 소비자들은 저작재산권을 소유할 수 있는 반면에, 저작자는 저작재산권 외에도 저작인격권을 소유한다. 인격적인 권리를 소유한다는 것은

---

1) 조연하 연구(2020)의 일부 내용을 보완하여 인용하였다.

저작자를 기계가 아닌 사람에 국한된 개념으로 보아야 한다는 것을 의미하는 것이기도 하다. 결국 창작물을 창작한 저작자는 저작인격권과 저작재산권을 향유하고 행사할 수 있는 저작권 주체이다.

영국의 저작권법 CDPA(1988)에서도 "저작물과 관련하여 저작자란 그것을 창작한 자를 의미한다"고 간결하게 정의하고 있다. 이와 같은 정의에 기초하면, 저작자는 사상이나 감정을 가지고 창작성이 있는 표현을 구체화한 자이다. 하지만 대부분의 저작권법에서 저작자를 저작물을 창작한 자로만 명시하고 있고 정작 중요한 개념인 창작의 개념을 정의해 주지 않고 있어, 저작자의 개념 정의가 진일보하지 못했다(Ginsburg, 2003b)는 점이 입법의 한계로 지적된다. 이에 저작자 개념은 학설과 판례에 의존할 필요가 있다. 대법원(2009)[2]은 공동저작자에 관한 판단에서 저작자의 범위를 표현행위에 실질적으로 기여한 자로 국한하였다. 이것은 창작자는 자신이 창작한 저작물에 대해서만 저작자일 뿐, 자신이 창작하지 않은 부분이 추가되거나 변경된 저작물에 대하여 저작자가 될 수 없다는 점을 의미한다(신재호, 2019, 241쪽). 미국의 연방대법원(1989)[3]도 "실제로 창작을 한 자, 즉 아이디어를 유형의 표현으로 고정한 사람"으로 저작자를 정의하였다. 실질적으로 창작 행위를 했는지를 저작자를 판단하는 중요한 기준으로 보는 것이다. 또 제9연방항소법원(1991)[4]은 전통적으로 저작자라는 용어 자체가 무엇인가의 탄생에 기원이 되었던 창작자 또는 사람을 의미하는 개념으로 사용되었다는 점에 기반하여, 저작자를 창의적인 통제 능력이 있는 사람으로 보고 저작물 탄생의 기원이 된 자로 설명하기도 하였다. 이렇게 볼 때 저작권법이 정의한 저작자는 문리적으로나 법 체계적으로나 자연인으로서의 사람을 뜻하며(이해원, 2017, 151쪽), 사법적 해석에 근거하더라도 실제로 창작하는 행위의 결과물인 저작물을 탄생시킨 자이다.

신재호(2019)는 최근 인공지능 창작물의 저작자를 판단하기 위해 저작자 개념을 다시 생각해볼 필요가 있음을 제기하면서, 우리 저작권법상 저작자와 사회에서 통용되는 저자 내지 작가가 서로 동일한 개념인지[5]와 같이 저작자 개념에 대한 보

---

2) 대법원 2009. 12. 10. 선고 2007도7181 판결.

3) Creative Non-Violence v. Reid, 490 U.S. 730, 737(1989).

4) Aalmuhammed v. Lee 202 F.3d 1227(9th Cir. 2000).

5) 신재호(2019)는 사회에서 생각하는 저자 내지 작가의 결정은 각 분야마다 오랜 시간을 거쳐 나름대로

다 근원적인 의문과 함께 저작자 개념의 재정립을 시도하였다. 그는 저작권법상 저작자는 저작물을 '창작'한 자이므로 저작자 결정에서 중요한 논점이 되는 창작 행위가 법률효과를 발생시키는 사실행위라는 점을 토대로 하여, 저작자를 "저작자가 되고자 하는 의사와 상관없이 창작이라는 사실행위를 한 자"를 의미한다고 설명하였다. 참여자들의 의사와 무관하게 창작 '행위'만이 저작자 결정의 기준이 된다는 것이다. 이것은 공동저작물의 성립요건인 '공동창작의 의사'에 대해 공동저작자가 되려는 의지가 아니라 공동의 창작 행위를 통해 단일한 저작물을 만들어내려는 의사를 의미한다는 대법원[6]의 해석과 맥을 같이 한다. 창작 행위에 방점을 둔 것이다. 또 저작자의 저작권법적인 성격에 대해, 그는 '특정' 저작물에 대한 저작권 귀속 주체이면서 동시에 해당 저작물의 작성에 있어 책임을 지는 자를 의미한다고 설명하였다. 즉 저작자의 법적 성격은 자신이 완성한 저작물에 대한 저작권을 원시적으로 취득하는 자이며, 해당 저작물의 작성에서 타인의 저작권침해에 대한 책임을 지는 자이다. 이상의 논의를 토대로 하면, 저작자는 저작자가 되려는 의사와 상관없이 실질적으로 창작 행위를 통해 저작물을 탄생시킨 자로서, 자신이 창작한 저작물의 저작권을 행사하는 주체이자 창작 행위에 대한 책임을 지는 자로 정의된다.

2) 저작자성의 의미

인공지능 창작물의 저작자 결정을 논의하기 위해서는 저작자성에 관한 검토가 우선되어야 한다. 저작권에서 저작자가 저작물과 함께 저작권에 있어 가장 기초가 되는 개념이고 저작자성이 중요한 위치를 차지함에도 불구하고, 미국을 비롯하여 대부분 국가의 저작권법에서는 저작자성의 법적인 개념을 이해하는 데 관심이 거의 없었고, 저작자 개념에 대한 논의가 소홀했던 편이다. 그동안 '저작물'과 '창작

의 기준과 원칙을 정하고 있으며, 저작권법에서의 저작자 결정은 반영되지도, 고려되지도 못하고 있음을 지적하면서, 사회에서 생각하는 저자나 작가와 저작권법상 저작자가 반드시 일치하지 않으며 점차 그 간극이 넓어지고 있다고 설명하였다(227~228쪽).

6) 다만 공동저작물의 성립요건으로 '공동창작의 의사'가 필요하다고 보는데, 대법원은 '공동창작의 의사'에 대해 법적으로 공동저작자가 되려는 의사가 아니라, 공동의 창작 행위에 의하여 각자의 이바지한 부분을 분리하여 이용할 수 없는 단일한 저작물을 만들어 내려는 의사를 뜻하는 것으로 보아야 한다고 해석하였다(대법원 2014. 12. 11. 선고 2012도16066 판결).

성'에 대한 논의로만 집중되었고, 저작자 개념은 주로 공동저작물이나 업무상저작물의 저작자 논의로 한정되어 검토되었다. 사법적인 판단도 거의 부재하지만, 그 어떤 법도 누가 저작자인지, 저작자성이 무엇인지를 정의해 주지 않고 있다(신재호, 2019; Balganesh, 2016; Ginsburg, 2003b). 마찬가지로 우리 저작권법에서도 저작자 결정에 관한 사항이 반영되지 않고 있다.

기존 연구에 의하면, 저작자성이란 저작물의 저작자로서 자격 또는 저작자로서 성격을 가진 저작자다움을 말한다. 사회에서 통용되는 저작자성은 헤밍웨이와 같은 소설 작가나 저자를 의미한다. 이에 비해 법 규범적 개념으로서 저작자성은 저작권 보호의 효용성과 관련된 개념으로 이해할 필요가 있다. 저작권 발생과 관련하여 저작자성은 두 가지 의미로 구분된다. 하나는 누가 저작자가 될 수 있는지를 묻는 저작자 적격의 문제이며, 다른 하나는 누가 저작권의 중심에 있는지를 묻는 저작자 확정의 문제이다(이성웅, 2017).

저작자성의 의미를 이해하기에 유용한 사례로 앞에서 다루었던 나루토(Naruto) 판결이 있다. 원숭이가 자신의 모습을 촬영한 사진의 저작자가 누구인지와 관련하여 하급심[7]에서 법원은 원숭이는 저작권법에 따라 저작자가 될 수 없다고 판시함으로써 인간 저작자 요건을 중시하는 해석론을 내놓았다. 항소심에서 제9연방항소법원[8]도 원숭이가 저작권법상의 보호를 받지 못함을 분명히 하였다. 판결에서 볼 수 있듯이, 저작자 적격은 저작권 보호를 받기 위해 저작물을 형성하는데 요구되는 저작행위 능력의 문제이며, 저작자 확정은 저작권 귀속 주체와 관련된 일반적인 권리능력의 문제이다. 즉 동물에게 저작권 보호를 받을 수 있는 저작물 창작 능력이 있는가를 논하는 것이 저작자 적격에 해당한다면, 나루토가 찍은 사진을 카메라 주인인 슬레이터 자신의 창작 행위로 보고 더 나아가 권리를 행사할 수 있는가의 문제와 관련된 것이 저작자 확정이다. 이렇게 볼 때 저작자성에는 세 가지 의미가 있는데, 저작물의 보호 요건과 관련하여 저작자가 창작 능력과 창작 행위를 구비해야 하고, 저작자의 저작권 귀속과 관련하여 일반적인 권리 능력자임이 요구되며, 저작권의 보호를 받는 저작물이 되기 위해서는 저작자의 창작 능력과 창작 행위를 만

---

7) Naruto v. Slater F. Supp. 3d(2016).
8) Naruto v. Slater, 888 F. 3d 418(2018).

족해야 한다는 의미가 있다(이성웅, 2017). 저작자가 누구인지 확정하는 것은 저작자 보호기간을 정하고 저작물 이용허락을 받는 등, 저작권의 효율적인 집행을 위해 매우 중요하다. 저작자를 결정하는 일반론은 창작적인 표현형식 그 자체에 기여한 창작자를 저작자로 인정하고 그에게 모든 권리를 귀속시키는 창작자 원칙(이해완, 2015)이다. 이 원칙은 창작자 인격을 존중하는 것이 문화생활을 풍요롭게 하며, 노동력을 투하한 자가 소유권을 갖는다는 로크의 노동소유권에 근거하여, 저작물을 창작하는 정신적 노동을 한 자에게 그 지적 산출물인 저작물이 귀속해야 한다는 것이다(김용길·김형렬, 2008).

저작물의 창작에서 저작자가 카메라나 컴퓨터와 같은 도구를 사용했다고 해서 저작자 지위를 상실하는 것은 아니며, 어떤 표현 도구를 사용하든 간에 표현을 한 자가 저작물의 저작자가 된다. 실제로 영국 법원도 "연필로 작품을 쓴다고 해서, 연필을 사용한 사람이 아닌 연필이 작품의 저작자라고 말하는 것은 비현실적이다9)"고 설명하였다. 마찬가지로 미국 법원도 기존 저작물을 내용을 수정하지 않고 컴퓨터로 스캔했다고 해서 스캔한 사람에게 저작자 지위를 부여할 수 없다고 판시하였다. 기계를 매개로 변화가 있었다 해도 해당 저작물의 내용은 여전히 그대로10)라는 점이 판결의 근거였다(Ginsburg, 2003b). 결국 창작자 원칙에 따라 자연인만이 저작자가 될 수 있는데, 비인간인 동물이나 기계는 물론이고 인공지능이 저작물을 창작한 경우 저작자를 과연 누구로 볼 것인가가 문제이다. 헤드릭(Hedrick, 2019)은 인공지능을 만들고 사용하는 인간은 인공지능의 '결정'을 충분히 통제할 수 있으므로, 인공지능을 이용하는 자체가 인간이 컴퓨터 생성물을 소유하는 것에 걸림돌이 되지 않는다고 주장하였다. 컴퓨터 생성물에서 나타나는 '독창적이고 지적인 구상들'은 인공지능 자체의 구상이 아니라 여전히 창작과정에서 사용된 알고리즘을 인간이 만들고 통제해서 나온 구상들이라는 것이다. 카메라와 마찬가지로, 인공지능이 지각이 있는 '저작자'가 아닌 하나의 창작 도구로서 기능한다는 보는 이와 같은 해드릭의 견해는 약한 인공지능을 상정하고 있다고 볼 수 있다.

현행 저작권법에 따라 저작자는 최소한도의 개인적인 자율성을 행사하면서 저

---

9) Express Newspapers v. Liverpool Daily Post, 1985 F.S.R. 306(1985), p. 310.
10) STR Industry v. Palmer Industry, 1999WL 258455(N.D.Ⅲ. Apr. 9, 1999), pp. 3~4.

작물을 창작한 인간 창작자여야 한다. 미국 저작권법 체계에서 200년이 넘도록 창작물의 저작자가 누구인지가 뜨거운 감자였다. 이미 오래전부터 컴퓨터가 작성한 창작물의 저작자성을 놓고 찬반 논쟁을 벌여 왔으며, 최근에 와서는 인공지능과 같은 기술이 창작물을 만드는 상황이 되자 그 논쟁이 더욱 치열해졌다. 인공지능 창작물이 점점 더 인간 저작물을 대체할 것으로 예상되지만, 저작권법 제정 단계에서는 비인간적인 존재의 창작물을 미처 예상하지 못하였다(Ginsburg, 2003b; Hristov, 2017). 이에 저작자성은 단순히 저작권 발생의 대상이 되는 보호 저작물의 요건일 뿐 아니라 저작권 귀속의 주체를 정하는 문제와 관련된다는 점에서 인공지능 창작물에 대한 저작권법 논의에서도 중요하다.

2 / 저작자 판단기준

기존에 논의되었던 저작자 판단의 요소나 원칙은 인공지능 창작물의 저작자가 누구인지를 판단하는 데 중요한 기준이 될 수 있다는 점에서 검토의 의미가 있다. 저작자는 저작물을 창작한 자이므로, 창작 행위가 저작자를 판단하는 중요한 요소로 작용할 수밖에 없다. 저작자 결정에서 창작에 대한 중요한 논점은 창작 행위가 사람의 정신작용이 표현될 필요 없이 법률효과를 발생시키는 사실행위라는 점이다. 저작자가 되려는 의사 없이 창작 행위를 한 경우에도 창작 행위를 한 사람은 저작자로서 저작권을 취득하지만, 실제 창작 행위를 한 사람이 저작자가 되려는 의도로 참여한 사람을 저작자로 인정해주었어도 창작 행위를 하지 않으면 저작자가 될 수 없다(신재호, 2019, 213쪽). 즉 창작에 참여한 자들의 의사와 상관없이 '창작 행위' 자체가 저작자 결정의 중요한 판단기준이자 원칙이 된다는 것이다. 단 여기서 창작 행위란 인간의 행위를 전제로 한다.

긴스버그(Ginsburg, 2003b)는 누가 저작자인지 또는 저작자성이 무엇인지를 알려주는 입법의 부재를 지적하면서, 미국, 영국, 프랑스, 캐나다, 호주 등 여러 나라의 사법적인 판단을 검토하여 저작자를 판단하는 6가지 원칙을 제시하였다(pp. 1071~1092). 첫째, 저작자성은 행동보다 정신을 중요시한다. 저작자는 창작을 위해 정신적인 노동을 통해 역량을 발휘하는 자이다. 즉 저작물을 창작하라는 명령을 단순히 행동으로 따르는 사람이 아니라 저작물을 구상하고 지시하는 자가 저작자이다. 대부분 국가의 저작권법에서도 단순히 실행만 한 자를 저작자로 보지 않고 있다. 둘째, 저작자성은 기계나 도구보다 정신을 중요시한다. 저작물 창작에서 카메라나 컴퓨터와 같은 기기나 기계를 사용한다고 해서 창작자에게서 저작자 지위를 빼앗지는 않는다. 그러나 저작물 창작에서 기계의 역할이 커질수록 저작자는 저작물의 형식과 내용을 어떻게 결정했는지 자신의 역할을 더 많이 보여주어야 한다. 정신적 표현을 위해 무엇을 사용했든 간에 저작물의 유일한 저작자는 표현을 창작한 자인 것이다. 저작자성의 세 번째 원칙은 독창성으로, 저작자성과 동의어로 사용되기도 한다. 이 원칙은 가장 보편적이고도 이견이 적은 것처럼 보이지만, 독창성의 요소에 대해 나라마다 서로 다른 개념을 발전시켜 왔다. 심지어 같은 판결 내에서도 저작물 성격에 따라 독창성의 필수요건이 다르다.

네 번째 원칙은 '이마의 땀방울'로 부르는 노동이다. 저작자는 땀을 흘리는 한 창의적일 필요가 없다는 것이지만, 땀의 양과 질이 저작자 결정에 중요하게 작용한다. 결국 저작자에게는 최소한 어느 정도의 창작 능력과 노력이 요구된다고 볼 수 있다. 다섯 번째 원칙은 저작자가 되려는 의도이다. 저작자가 되려는 의도로 창작에 단순히 기여한 자를 창의적이라고 보지는 않지만, 이 원칙은 2명 이상이 공동저작자의 지위를 얻으려고 경쟁할 때 공동저작자를 결정하고 저작권 귀속 문제를 해결하는 수단을 제공한다는 점에서 의미가 있다. 마지막 원칙은 금전적 효력(money talk)이다. 이 원칙은 저작물의 저작자 지위와 저작권 귀속을 분리해서 생각할 수 없다는 실용성의 문제이다. 업무상저작물의 경우처럼, 고용주나 창작 의뢰자가 저작권은 물론이고 저작자성에 집중하게 되면 확실히 개발이 촉진되는데, 창작물 개발에 통제력을 가진 고용주는 대신에 자신의 고용원이 노동으로 산출한 창작물에 대한 권리를 행사할 수 있다. 긴스버그는 이 6가지 원칙이 동시에 적용되는 것은 아니라고 주장하였다. 첫 번째부터 세 번째 원칙까지는 의견이 일치되지 않은 것처럼 보일지라도 어느 정도 일관성이 있는 데 비해, 나머지 원칙들은 원칙 간은 물론이고 각 원칙 내에서조차도 커다란 의견의 불일치가 엿보인다고 설명하였다. 그는 자신이 제기했던 질문인 "저작권법에서 저작자는 누구인가'에 대해, 저작자는 창작에 대한 제약이 따르더라도 저작물 창작에서 최소한의 개인적인 자율성을 행사할 수 있는 인간 창작자 또는 인간 창작자여야 한다는 답을 제시하였다. 결국 그가 제시한 안에 기초하면, 저작자는 경제적 보상을 누려야 할 뿐 아니라 자신의 저작물에 대한 예술적인 통제력을 어느 정도 행사할 수 있는 능력을 갖추어야 한다.

쏘야마(Sorjamaa, 2016)도 저작자성에 관한 6가지 기표를 제시하였는데, 독창성(originality), 개성(personality), 노동(labour, 창작활동), 창작 의도(intent), 소유관계(ownership), 투자(investment)이다(pp. 34~44). 첫째, 독창성 관점에서 볼 때 저작자란 독창적인 저작물을 창작하는 사람이다. 독창성은 모든 국가의 저작권법에서 일반적으로 요구되는 요건으로, 새로움을 의미하는 것은 아니며 저작권 보호의 가장 중요한 필요요건이기도 하다. 독창성은 저작물이 저작자에게서 기원했다는 점에서 저작자와 그 결과물인 저작물 사이의 인과관계의 문제이다. 공리주의적(utilitarian) 시각에서 독창성은 창작활동이란 노동과 긴밀하게 연결되면서 저작자를 판단하는 중요한 기준이다. 또 자연권 관점에서 보면 독창성 요건은 저작권이 저작물에 표현된 저작자의 개성을 보호한다는 생각을 반영한 것이기도 하다. 둘째, 개성은 누가 저작자인지를 정의하는 중요한 개념이다. 개성은 독특한 개인이 독창적인 무엇인가를 창작하고 그에 수반된 노동에 대한 대가를 받을 권리를 가지는 개념이다. 독창적인 창작물에 저작자의 개성이 내포되어 있으며, 아니면 적어도 소재의 선택과 배열에 대한 저작자의 선택이 반영된다. 그런 점에서 저작자의 개성은 저작권 보호를 결정하는 중요한 요인이며, 독창성을 판단하는 중요한 요인 중 일부이다. 셋째, 저작에서 노동이란 창작활동을 의미하는 것으로, 로크 철학에서 노동론은 자연권과 재산권이란 소유에 관한 두 가지 기초이론의 결합이다. 작품의 독창성에 상관없이, 저작자가 작품에 투자한 노동만으로도 저작권으로 보호할 가치가 있다고 믿는 '이마의 땀방울(the sweat of the brow)'이론에 따라 노동은 저작권에서 큰 자리를 차지한다.

넷째, 자신의 작품을 창작하려는 의도는 저작자 판단의 중요 요소이다. 저작권법의 목적상 저작자는 청중이나 독자에게 정신적인 영향을 주려는 확실한 의도를 가진 사람이다. 따라서 의도는 저작자 요건을 결정할 때 필요할 뿐만 아니라, 누가 저작자가 될 수 없는가를 결정할 때도 사용될 수 있다. 다섯째, 저작자는 저작권이 있는 저작물의 소유자이다. 엄격한 법적인 관점에서 때로는 저작자와 저작권이 있는 저작물의 소유자가 동일인이 아닌 경우가 있지만, 소유자와 저작자를 융합하지 못하는 것은 아니다. 저작자는 저작물이 탄생하도록 만든 기원자이므로 그것의 저작권자이다. 저작물에 대한 소유권이 저작자 판단에서 중요한 요소이기는 해도, 소유권자와 저작자는 별개의 개념으로 이해되어야 한다. 마지막으로 현대적인 의미에서 저작이란 기술뿐만 아니라 경제적인 측면에 깊이 뿌리박고 있다. 공리주의자들은 지식재산권이 혁신과 지적 생산성을 유도한다는 점을 근거로 지식재산권 제도의 성립을 정당화한다. 이를 다른 시각에서 본다면, 배타적인 권리가 부여되지 않는다면 혁신가들이 사회적 혜택을 주는 혁신에 투자할 인센티브가 거의 없어진다는 점을 의미한다. 하지만 저작권을 단순히 경제적 측면에서 고려하는 것은 그것의 문화적, 사회적, 정치적 함의를 간과하는 우를 범할 수 있다. 지식재산권법에 대한 경제적 정당화의 근거는 풍부하지만, 창작성에 대한 투자를 보호하기 위해 노력만 한다면 저작권은 표현, 독창성, 저작자성 등의 추상적인 개념을 가지는 매우 복잡한 시스템이다. 결국 저작권법 본래의 근거는 투자를 보호하는 것이 아니다.

긴스버그와 쏘야마가 제시한 저작자 판단원칙은 거의 유사하다고 볼 수 있다. 독창성, 노동, 의도가 중복되며 긴스버그의 금전적 효력은 쏘야마의 소유관계, 투자로, 정신은 개성과 같은 의미로 설명할 수 있다. 이상 논의를 토대로 하면 저작자를 판단하는 중요한 표지는 창작성, 인격, 창작활동 및 의도, 투자 등으로, 인공지능 창작물의 저작자 논의에서도 중요한 판단 요소가 될 수 있을 것이다. 또한 저작자를 창의적인 통제 능력이 있는 사람으로 보고 저작물 탄생의 기원이 된 자로 정의한 미국 제9연방항소법원(1991)11)의 해석도 인공지능 창작물의 저작자를 판단하는 논리와 근거를 제공해 줄 것으로 기대된다.

3 / 인공지능 창작물의 저작자 판단

1) 인공지능의 저작자 해당성

컴퓨터가 만든 산출물에 저작자가 존재하는가, 컴퓨터가 저작자가 될 수 있는가와 같은 질문은 창작성의 본질, 자율성, 인간의 표현에 대해 진지하게 고민하도

---

11) Aalmuhammed v. Lee 202 F.3d 1227(9th Cir. 2000).

록 만든다는 점에서 솔깃한 질문(Sobel, 2017, p. 47)이다. 이것은 인공지능이 창작한 저작물에 그대로 적용되는데, 현재 인공지능에 관한 논의도 인공지능이 학습한 결과 만들어 낸 산출물(output)을 저작물로 인정할 수 있을 것인가, 인정한다면 누가 저작자인가 등에 관한 논의로 집중되고 있다(박현경, 2020). 일단 인간의 일부 지능적인 기능을 대체하는 약한 인공지능은 인간 창작의 도구 역할을 한다는 점에서 창작자 원칙에 따라 저작자가 될 수 없음이 명백하다. 하지만 스스로 사고할 수 있는 지각력을 가지고 인식함으로써 인간이 할 수 있는 어떤 지적인 업무도 가능한 수준의 강한 인공지능이 창작한 경우, 강한 인공지능과 같은 비 인간에게도 과연 저작자 지위를 부여할 수 있는지와 같은 근본적인 문제에 직면하게 된다(Hristov, 2017; Lee, 2012). 창작에서 인간의 역할이 단지 인공지능에 창작을 지시하거나 데이터를 입력하거나 시작 버튼을 누르는 정도에 불과하고 인공지능이 창작과정 전체를 독자적으로 진행하고 그 결과를 인간이 예측할 수 없다면, 인공지능은 인간의 창작 도구가 아니기 때문에(이종구, 2019), 인공지능 기술발전은 인공지능이 저작자가 될 수 있는지와 같은 논의에 큰 도전을 초래한다.

인공지능에 대한 저작자 지위 부여의 타당성을 논하기에 앞서, 먼저 인공지능의 법적 지위에 관한 검토가 필요하다. 민법 제3조에서는 '사람은 생존한 동안 권리와 의무의 주체가 된다'고 규정함으로써 권리와 의무의 주체로서 자연인을 전제로 하고 있으며, 현행법상 지식재산권을 보유할 수 있는 주체를 인간에 한정하고 있다.[12] 이에 기초하면 인공지능은 법적으로 권리 주체가 될 수 없고 인공지능을 제조·소유·점유한 자연인이 권리와 의무의 주체가 된다. 하지만 강한 인공지능은 인공지능 개발자, 제조업자, 사용자 등의 의지와 독립적으로 자주적인 결정을 내리므로, 그것의 상용화 단계에서는 주체적인 판단과 행위에 대한 책임을 부과할 수 있는 법적인 체계가 요구될 수도 있다(김나루, 2018). 또 인공지능의 형사책임에 대해서는 긍정설과 부정설이 대립하지만, 현재의 약한 인공지능 단계에서는 인공지능에 대한 범죄 지시나 오작동에 대해 각각 사용자나 설계 및 제조를 한 자가 형사책임을 져야 하므로 인공지능의 형사책임이 인정되지 않는다(이창민, 2018, 41쪽). 반면

---

12) 2014년 발표된 미국 저작권청의 실무지침에서도 자연인에 의해 창작된 작품만이 저작물의 등록 대상임을 명기하였다(정원준·선지원·김정언, 2019).

인간과 유사한 지각력을 가지고 자율적 행위를 하는 강한 인공지능의 경우, 개입이 거의 없었던 인간에게 관리자 책임을 지우는 것은 과잉책임 부담이 된다. 따라서 인공지능에 새로운 법인격을 부여하여13)법적 책임을 부과하는 방식을 고려해 볼 수 있다. 이와 관련하여 정원준·선지원·김정언(2019)은 자율성, 합리성, 유사성, 연결성14)이란 인공지능의 기술적 특징에 따른 법적 문제를 제시하였는데, 특히 인공지능은 자율적 판단이 가능하여 이용자가 의도하지 않거나 의도에 반하는 결과를 야기할 가능성이 있으므로, 법적 효력 인정 여부가 문제가 된다고 보았다. 이를 토대로 하면 책임 원칙에 반하는 불균형과 과도한 법적 책임이 인공지능 기술발전을 지연하는 것을 방지하기 위해서라도, 인공지능의 기술발전 정도에 상응하는 법적 지위를 부여하는 것이 타당하다(김나루, 2018)고 볼 수도 있다.

일반적으로 학자들은 인공지능의 작동방식과 과학기술의 추구유형, 기술발전 정도, 인간과의 관계 등을 기준으로 인공지능을 약한 인공지능과 강한 인공지능15)으로 분류한다. 약한 인공지능은 인간을 보조하는 정도의 인공지능으로, 인간이 알고리즘과 데이터, 규칙 등을 입력하면 주어진 조건에서 입력된 정보를 분석하여 한정된 문제를 해결한다. 반면 강한 인공지능은 스스로 사고할 수 있는 지각력을 가지고 인식함으로써 인간의 어떤 지적인 업무도 성공적으로 할 수 있는 수준으로까지 발전한 인공지능으로, 인간이 알고리즘만 설계하면 스스로 데이터를 찾아서 학습하는 딥러닝을 수행한다. 인공지능이 점차 강한 인공지능으로 변모함에 따라, 인공지능 유형의 분류기준인 자율성이나 인간의 개입 정도가 인공지능의 법적 지위와 그것이 야기하는 법익 침해행위에 대한 책임 등, 인공지능의 법적 성격을 부여하는 데 결정적인 역할을 할 것으로 본다.

---

13) 유럽의회가 2017년 인공지능 로봇에 '전자인간(electronic personhood)'이라는 법적 지위를 부여한 사례가 그 예이다.

14) 인공지능은 이미 특정 영역에서 인간을 뛰어넘은 합리성을 보유하여 자율적으로 인간보다 가치 있는 결과물을 생성하는 것이 가능하므로, 성과물에 대한 권리를 인정할지가 문제가 된다. 인공지능은 외형상 인간과 유사하여 개별법상 법적 지위, 도덕적 행위자로서 윤리적 지위, 수범자로서의 의무 이행 등에 혼란을 초래할 수 있다. 인공지능도 ICT 기술의 하나로서 네트워크로 연결되어 구현됨으로 인해 사이버 보안, 해킹, 프라이버시 침해 등의 위험이 더 가중될 수 있다.

15) 이와 같은 구분은 1980년 존 설(John Searle) 교수가 인간의 인지능력의 컴퓨터 시뮬레이션 연구에 심리학적으로, 철학적으로 어떤 의미를 부여할 것인가에 대한 답을 구하기 위한 목적에서 인공지능을 약한 인공지능과 강한 인공지능으로 구분(Searle, 1980)한 것에서 시작하였다.

인공지능이 권리 의무주체로서의 능력이 부재하고 독립적인 사고 및 의사능력이 부족하다는 점을 고려할 때, 현행법상 인공지능에 저작자 지위를 부여하는 것은 매우 부정적이다. 인간 수준의 추론, 판단, 유추, 상식을 가지지 못하는 현재의 인공지능 수준도 법적 지위를 부여할 타당성을 낮춘다. 하지만 독자적인 사고와 대응을 할 역량이 반복적, 안정적인 강한 인공지능이라면 법적 주체로 인정할 가능성을 완전히 배제할 수는 없다. 결국 인공지능에 대한 저작자 지위 부여에서 기술완성도를 기준으로 차별화가 필요하다는 것인데, 펄먼(Pearlman, 2018)은 비인간을 저작자로 보지 않는 원칙은 20세기 중반 분석되었던 컴퓨터 능력에 대한 가정을 토대로 한 것이므로, 독자적으로 창작성이 있는 생성물을 창작한 인공지능을 당연히 저작자로 간주하는 문제를 배제해서는 안 된다고 주장하였다. 그런 점에서 2018년 10월 크리스티 경매에서 고액에 낙찰되었던 인공지능이 그린 가상 인물의 초상화 "Edmond de Balamy"에 화가의 서명 대신 인공지능 알고리즘을 표시했던 사례는 시사하는 바가 크다.

　　하지만 현재로서는 인공지능에 대한 저작자 지위 부여에 대해 부정적인 견해들이 지배적이다. 선진외국에서 실시되는 많은 연구에서는 현재의 인공지능 기술 수준과 인간중심 철학 사조를 근거로 인공지능에 대한 저작자 지위 부여를 부인하고 있다(정상조, 2019, 14쪽). 인공지능에 법인격이 인정되지 않으며 독립적인 사고능력이 부재하다는 점에서 현 단계에서는 인공지능에 대한 저작자 지위 부여의 타당성이 떨어진다는 것이다. 무엇보다도 창작에 실질적으로 기여한 자에게 저작자 지위를 부여해야 한다는 창작자 원칙에 근거할 때, 인공지능은 인공지능 창작물의 저작자 지위를 부여받을 자격이 부족하다. 현행 저작권법은 저작물을 '인간의 사상이나 감정'을 표현한 창작물로 규정하고 있고 저작물을 창작한 자를 저작자라고 정의하고 있다. 또 창작물은 저작자 개인의 창작적인 특성이나 개성이 반영된 무체물이므로, 인간이 아닌 주체의 창작물은 생각하기 어렵다(최재원, 2017, 121쪽). 영국의 저작권법 CDPA(1988)도 자연인을 저작자로 한정하고 있으며, 컴퓨터에 의해 만들어진 저작물은 컴퓨터가 저작물을 생산하도록 지시한 자연인이 저작자에 해당한다고 규정하고 있다. 창작에서 컴퓨터 기술이 창작에 활용되고 있는 현실을 반영해서 향후의 기술발전을 수용한 것이라고 볼 수 있는데, 이에 대해 인공지능 사용자나 개발자를 인공지능 창작물의 저작자로 볼 수 있도록 입법적으로 해결했다는 해석도 있다. 하지만 인공지능 기술발전으로 창작에 인간의 개입이 거의 없거나 없는 경우에는 저작자를 누구에게 부여할지에 대해 입법적으로 명확하지 않다는 견해가 다수이다(정상조, 2019, 18쪽). 독일 저작권법 제2조에서도 저작권으로 보호되는 저작물을 '인간의 정신적 창작물'에 한정하고 있고, 인공지능과 유사하다고 할 수 있는 컴퓨터프로그램이 독자적으로 생성한 저작물도 인간이 컴퓨터프로그램에 개입하는 경우를 제외하고는 저작권의 보호 대상이 아니라고 본다(김형건, 2017, 48쪽).

이와 같은 입법론에 근거할 때, 인공지능이 인공지능 창작물의 저작자가 되는 것은 거의 불가능한 상황이다. 다만 인공지능이 단순 도구의 수준을 넘어 창작적으로 기여하는 단계가 되면, 현행 조항의 해석으로 해결되지 않아 추가적인 입법론적 검토가 필요할 것이다(정원준, 2019b, 18쪽). 한 마디로 저작물을 창작한 인간을 저작자로 규정함으로써 인간만을 창작의 주체로 보고 있는 현행법상 인공지능에 저작자 지위 부여는 어려운 일이며, 사회 구성원 간 합의를 통해 부여하더라도 법인격 주체로 인정받기 위한 법 개정이 선행되어야 한다.

2) 인공지능 유형별 저작자 판단

저작권의 발생은 저작물 성립과 저작자 확정으로 완료된다(이성웅, 2017, 114쪽)고 볼 때, 인공지능 창작물이 저작권 보호를 받기 위해서는 저작자를 판단하는 문제가 중요하다. 컴퓨터 관련 저작물의 저작자에 관한 국제적 차원의 논의는 WIPO와 UNESCO의 권고에 따라 1982년부터 시작되었는데, 컴퓨터프로그램 개발자가 해당 저작물 창작에 기여한 경우 저작자나 공동저작자로 인정받을 수 있다는 것이 권고내용이었다. 또 1988년 유럽연합위원회는 모든 저작물은 충분한 기술과 제작을 위한 노동력 등이 충족되어야 저작권으로 보호받을 수 있다고 설명하면서, 컴퓨터를 도구로 하여 만들어진 저작물은 컴퓨터를 사용하여 저작물을 창작한 이용자가 저작자(최재원, 2017, 125쪽)라고 해석함으로써, 컴퓨터 창작물의 저작자를 인간으로 보았다. 반면 1992년 릭키츤(Ricketson) 교수는 1886년 베른협약에서 저작자성을 정의하지 않았으나, 협약의 취지로 볼 때 '저작자'나 '저작자성'이 저작물을 창작한 자에 적용된다고 해석하는 것이 논리적이라고 주장하였다(Ginsburg, 2018, p. 131). 하지만 일부 학자는 베른협약에서 저작자 자격을 명확하게 정의하지 않았다는 점을 근거로, 저작자가 반드시 자연인이어야 할 필요는 없다고 주장하기도 한다(최재원, 2017, 125쪽). 같은 맥락에서 창작물의 저작자만 법적 보호를 받고 있기 때문에 '저작자성'이라는 용어를 인간과 비인간 저작자를 포함하는 개념으로 재정의해야 한다고 주장하는 일부 학자도 있다. 그중에서 애봇(Abbott) 교수는 비인간 저작자와 발명가에게도 법적 권리를 부여해야 한다고 주장하는 대표적인 학자이다. 그는 비인간에 저작자성과 발명자 지위를 부여하는 것이 인공지능의 성장과 발전을 촉진하는 혁신적이고도 새로운 방법이라고 주장하면서, 인공지능도 저작자가 될 수 있다고 보았다. 이론상으로 볼 때, 이런 주장은 인공지능이 독립적으로 창작한 저작물이 공유영역에 귀속되는 것을 방지하고, 인공지능 프로그래머와 관련 기업에 저작물에 대한 일부 독점권을 부여하도록 한다는 점에서 긍정적이다. 그러나 이와 같은 이론적 해결책은 논란의 여지가 있으며, 법적 도전을 받거나 제도적으로 악용될 수 있다. 미국 판례16)에 의하면 비인간은 자연인이 아니며 법적 책임이 없으므로, 비인간을 포함하는 것으로 저작자성을 재정의하는 것은 현행 미국 법체계를 저해하는 것이며 답보다는 질문을 더 많이 제기한다(Hristov, 2017, pp. 440~441).

저작권법의 해석론과 입법론의 입장에서 누가 인공지능 창작물의 저작자인지, 그리고 인공지능 창작물을 인간의 창작물과 동일하게 법적인 보호를 해 줄 것인지 등에 관한 다양한 의견들이 표출(이종구, 2019, 493쪽)되고 있다. 그리고 '누구를 저작자로 확정해야 한다'로 의견이 수렴되는 것이 아니라, 단지 '누구를 저작자로 볼 수 있는지', '누가 저작자 지위를 부여받을 수 있는지'에 관한 논의가 전개되고 있는 양상을 보인다. 즉 저작자 지위 부여의 가능성 차원에서만 접근하고 있는 것이다.

한편 저작권법은 아이디어를 표현에 고정한 창작자를 권리자로 보는 '창작자주의'를 원칙으로 채택하고 있어 창작의 표현 주체인 저작자와 권리의 귀속 주체를 분리하는 것은 저작권법과 근본적으로 친하지 않다(이해원, 2017, 149쪽). 따라서 저작권 양도가 없는 한, 창작물의 저작자와 저작권 귀속 주체에 관한 논의는 필연적으로 중복될 수밖에 없다. 하지만 인공지능의 독자적인 창작물은 창작의 표현 주체를 인공지능으로 보고 현행법상 권리 귀속의 주체를 인간으로 보아야 한다는 점에서 문제가 발생한다. 즉 창작의 표현 주체와 권리 귀속 주체를 분리해서 접근해야

---

16) People v. Frazier, 173 Cal. App. 4th 613(2009); Naruto v. Slater F. Supp. 3d(2016).

한다는 점이 인공지능 창작물의 저작권 논의의 딜레마이기도 하다. 저작자성에 관한 논의를 토대로 하면, 저작자 지위 부여가 누가 창작 능력을 갖추고 있어서 저작자가 될 수 있는지와 같은 저작자 적격을 논하는 것에 가깝다면, 저작권 귀속 주체에 관한 논의는 누가 저작권의 중심에서 권리능력을 가지면서 실제로 그것을 행사할 수 있는 자인지를 확정하는 문제이다. 이렇게 볼 때 인공지능 창작물의 저작자 지위 부여와 저작권 귀속 주체 결정을 논하는 논리는 크게 다를 바 없지만, 논의를 좀 더 발전시키기 위해 각각의 쟁점을 나누어서 정리해볼 필요가 있다. 즉 인공지능 창작물의 저작자 지위 부여에 관한 논의는 누가 저작자로 적합한지와 같이 저작자 적격의 관점에서 접근하고, 귀속 주체의 논의는 권리능력 또는 권리행사의 주체로 누가 적합한지의 관점에서 접근할 필요가 있는 것이다.

기존 연구(김형건, 2017; 백경태, 2018; 이종구, 2019; 최재원, 2017; 최종모, 2017; Bridy, 2012; Denicola, 2016; Hristov, 2017; Sorjamaa, 2016)에서는 인공지능 창작물의 저작자로 적합한 주체로 인공지능 프로그래머, 사용자, 소유자, 인공지능 등 다양한 주체를 중심으로 논의하였다. 인공지능 프로그래머는 인공지능 시스템을 개발한 자로서, 프로그램에 일정한 명령어를 입력하면 그와 관련된 결과물이 산출되는 인공지능 시스템을 구축하는 역할을 한다. 인공지능 사용자는 창작을 위해 인공지능을 사용한 자로, 인공지능 시스템에서 프로그램에서 명령어를 입력하여 결과물을 산출하는 역할을 한다. 대체로 인공지능 자체에 저작자 지위를 부여하는 데 기본적으로 부정적이며, 상황에 따라 다양한 주체 중에서 저작자 지위를 부여해야 한다고 본다.

인공지능의 기술 수준이 역동적으로 발전하고 있고, 그 기술 수준에 따라 창작 능력에 커다란 차이가 있을 수밖에 없다. 따라서 인공지능이 단순히 창작의 도구로 활용될 경우와 독자적으로 창작하게 되는 경우, 각각 저작권법의 해석론과 입법론상 커다란 차이를 보일 것이다(정상조, 2019, 6쪽). 이에 누가 인공지능 창작물의 저작자로 적합한지에 대해 인공지능의 종류별로 검토하는 접근이 있다. 인간 창작 행위의 대리인 역할에 그치는 약한 인공지능 창작물의 경우, 창작 도구인 인공지능을 개발한 프로그래머나 인공지능을 이용해서 창작 행위를 한 최종 창작물의 산출자인 사용자 중에서 저작자를 결정해야 한다는 의견이 주류를 이룬다. 완전한 독립적 인격체가 아닌 약한 인공지능은 창작과정에 인간의 도움이 수반되므로 창작물에 대한 권리는 기계가 아닌 인간에게 부여하는 것이 바람직하기 때문이다. 반면 강한 인공지능의 경우는 아직 기능 구분이 명확하지 않다는 이유로 조금 다른 시각도 있지만, 인간과 거의 동일하게 창작하는 독자적인 인격체로 볼 수도 있다는 점에서 저작자 지위 부여를 긍정적으로 바라보기도 한다. 사실 이처럼 인공지능 성능별로 저작자를 논의하는 것은 성능을 구분하는 기준 자체가 명확하지 않기 때문에 회의적이라는 견해가 있다. 그럼에도 불구하고 구분의 실익은 인공지능의 법적 지위나 책임의 정도를 다르게 해석할 수 있는 근거를 제공한다는 점에서 찾아볼 수 있다.

현재 인공지능의 기술 수준이나 역할이 다양하므로 프로그래머와 사용자 중 누구를 저작자로 볼 것인지에 대해서도 해석이 다양하다.[17] 현재까지 진행되었던 논의를 중심으로, 편의상 인공지능이 창작 도구로 활용된 경우와 독자적으로 창작한 경우로 나누어서 저작자 지위를 부여할 가능성이 있는 개별 후보별로 그 근거와 한계를 검토해 본다.

(1) 인공지능이 창작 도구로 활용된 경우

첫째, 인공지능을 학습시키고 명령어를 입력하여 결과물을 산출하는 인공지능 사용자가 저작물 창작에 상당 부분 기여했다면, 인공지능 창작물의 저작자로 보아야 한다는 견해가 가장 지배적이다. 인공지능 사용자는 인공지능 프로그램을 바탕으로 딥러닝과 빅데이터를 위한 학습 모듈을 통해 저작물 창작에 실질적으로 기여함으로써 창작적 표현에 직접적인 영향력을 행사했다는 점에서, 창작자 원칙에 따라 인공지능 창작물의 저작자가 될 자격이 가장 충분하다는 것이다. 예를 들어 인공지능을 이용하여 소설을 창작하는 과정에서 줄거리를 제공하거나 음악의 장르, 악기, 주제 등을 정하거나 그림의 명암, 구도, 색 등을 결정하는 등, 창작물에 대해 구체적인 선택과 지시를 함으로써 최종결과물의 창작 표현에 관여한다. 이렇게 사용자는 인공지능 소프트웨어 또는 프로그램에 명령어를 입력하여 결과물인 인공지능 창작물을 산출함으로써 실제로 창작에 기여한 자이므로, 저작자 지위를 부여받

---

17) 정상조(2019)는 기본적으로 인공지능의 기술 수준에 따라 알고리즘에 의해서 기계적으로 창작하는 "알고리즘 창작형"과 그 알고리즘이 인간의 창작과정에 보조도구로만 활용되는 "알고리즘 보조형"으로 분류할 수 있는데, 전자는 기본적으로 프로그래머가, 후자는 사용자가 저작자 지위와 저작권을 취득한다고 보고 있다(19~20쪽).

을 주체로서 타당성이 가장 높다(손승우, 2016; 정상조, 2019; Denicola, 2016; Ralston, 2005; Samuelson, 1986). 헌법적인 의미에서 저작자는 저작물의 기원이 된 자를 의미한다고 해석한 미국의 연방대법원 판결18)에 기초하여 저작자 개념에 대해 헌법적으로 접근한다면, 헌법이 해석한 저작자 범위는 컴퓨터 생성물의 창작을 시작한 인간을 포함할 정도로 충분하다. 이에 인공지능에 창작의 동기를 부여하거나 인공지능 창작물의 실질적인 기원자(originator)로서 역할을 한 사용자를 저작자로 볼 필요가 있다(Denicola, 2016, p. 277). 미국의 CONTU 1978년 보고서에서 컴퓨터 산출물을 만들 때 가장 실질적으로 기여한 사람이 이용자이므로 컴퓨터를 이용한 자가 저작자라고 판단한 것도 이를 뒷받침해준다. 사용자에게 인공지능 창작물의 저작자 지위를 부여할 경우, 인공지능 프로그램 소유주는 이미 이용에 대한 대가를 받았기 때문에 공평하다고 볼 수 있으며, 더 많은 작품을 창작하도록 유도할 수 있으므로 비록 사용자의 기여도가 아주 적다 할지라도 정책적으로나 경제학적으로 볼 때 가장 타당하다(백경태, 2018; Samuelson, 1986; Yu, 2017). 하지만 저작물 작성과정에서 아이디어나 자료 제공 등을 한 자는 저작자가 아니라는 대법원 판결19)에 의거할 때, 사용자가 인공지능 프로그램에 대한 단순한 명령이나 지시 역할에 그친다면 저작자 지위 부여의 타당성이 떨어진다.

둘째, 인공지능 알고리즘을 만든 프로그래머가 인공지능 창작물의 저작자가 되어야 한다는 견해이다. 인공지능을 소프트웨어로 본다면, 인공지능 개발자인 프로그래머는 일정한 명령어를 입력하면 미리 정한 프로그램에 의해 결과물이 산출되도록 알고리즘을 만든다. 즉 프로그래머는 작품을 생성하는 인공지능 소프트웨어 프로그램을 구상, 설계하고 필요한 코딩을 함으로써, 인공지능이 작품을 창작하도록 한 자이다(Yu, 2017, p. 1258). 따라서 인공지능 창작물이 프로그래머의 명령이나 지시의 결과물이라면, 프로그래머를 저작자라고 보아야 한다는 것이다. 프로그래머가 인공지능 시스템을 만들었기 때문에 인공지능 창작물이 창작된다는 논리로, 프로그래머가 인공지능 시스템을 만드는 창작활동에 초점을 두고 있다(Samuelson, 1986, p. 1205)고 볼 수 있다. 인공지능 프로그램을 만들기 위해서는 프로그래머의 지적,

---

18) Goldstein v. California, 412 U.S. 546(1973), pp. 555~560.
19) 대법원 2009. 12. 10. 선고 2007도7181 판결.

창의적 능력은 물론이고 시간과 재력도 투자되어야 하므로, 프로그래머에게 저작자 지위를 부여하고 인센티브를 주는 것이 인공지능 산업의 지속적인 성장과 발전은 물론이고 경제성을 위해 합리적이라는 것이다(Hristov, 2017, p. 445). 그와 같은 예가 작곡 인공지능인 '이아무스'로, 작곡가 겸 프로그래머가 스스로 작곡 알고리즘을 개발하거나 작곡가와 프로그래머가 공동으로 작곡 알고리즘을 개발하고 그 알고리즘에 의해 만들어낼 음악을 예측할 수 있다면, 음악의 저작자는 알고리즘 개발자인 프로그래머이다. 이때 프로그래머가 법인의 종업원으로 알고리즘을 설계했다면 그 법인이 인공지능 창작물의 저작자 지위와 저작권을 취득하게 된다(정상조, 2019, 20쪽). 또한 저작권을 공공의 이익에 초점을 두고 있는 공리주의적인 관점에서 본다면, 인공지능을 창작함으로써 사회적 혁신을 시도하는 프로그래머에 대한 저작자 지위 부여가 타당성이 있다(Sorjamaa, 2016, p. 42).

하지만 인공지능 프로그래머는 인공지능을 이용하여 실제로 무엇이 창작되는지를 알지 못할 수 있으며, 기술이 발전해서 프로그래머가 예상하지 못할 정도로 전혀 새로운 창작물을 만들어 낸다면 저작자 지위 부여의 타당성은 떨어진다. 인공지능 창작물의 창작성에 직접 기여한 바가 미미하다고 볼 수 있기 때문이다. 게다가 기술이 더 발전해서 인공지능이 완전히 독자적으로 만든 창작물은 프로그래머를 저작자로 보는 것이 더 어려워진다. 또 다른 문제는 인공지능 창작물에 프로그래머의 아이디어가 실질적으로 표현되었다고 볼 수 있는가이다. 인공지능 창작물에 발현되어있는 것은 프로그래머의 개성이 발현된 독창성이 아니므로 프로그래머에게 인공지능 창작물의 저작자 지위를 부여함으로써 저작인격권을 부여하는 것은 타당하지 않다(김현경, 2017, 365쪽). 그 밖에도 프로그래머가 창작한 인공지능 프로그램의 저작권과 인공지능 창작물의 저작권을 서로 구분할 필요가 있다는 점과 단지 인공지능 개발에 대한 투자 비용을 회수하고 대가를 지불할 필요가 있다는 점 등을 이유로 해서 프로그래머를 저작자로 보기는 쉽지 않을 것이다. 그런가 하면 인공지능 소유주를 인공지능 창작물의 저작자로 보는 것은 소유와 창작을 구별한다는 점에서 단순히 인공지능을 소유한 자가 인공지능 창작물의 주체가 될 여지는 없다고 판단된다(최종모, 2017, 226쪽). 이렇게 볼 때 프로그래머, 사용자 중에서 누구를 저작자로 볼 것인지는, 창작과정에서 인간의 개입 정도와 기여도, 창작방식 등을 종합적으로 고려해서 사안별로 판단해야 한다.

셋째, 인공지능 창작물을 창작자 원칙의 예외로서 고용주인 법인을 저작자로 추정하는 업무상저작물로 보고 저작자를 추정하는 접근이 있다. 업무상저작물의 범위를 확대하는 방향으로 저작권법을 개정하고 업무상저작물의 사용자(고용인)와 직무상 저작물을 작성하는 저작자(피고용인)의 개념을 새롭게 재해석하여 인공지능을 피고용자로 보고, 인공지능 알고리즘 제작자, 인공지능 소유자, 개발자, 사용자 중에서 고용인을 정함으로써, 실제 저작자가 아닌 법인에 저작자 지위를 부여하는 업무상저작물 저작자 추정의 메커니즘을 적용하는 것이다(이상미, 2016; Bridy, 2012; Hristov, 2017). 야니스키−라비드(2017)도 인공지능을 창의적인 고용인 혹은 사용자와 독립된 계약자로 보는 인공지능 직무상저작물 모델을 제안하였다. 이에 기초하면, 업무상저작물 저작자 추정원칙의 적용은 인공지능 창작물의 저작자 지위를 인간이나 법인에 부여하는 해결책으로 유용하다. 인공지능에 법인격이 인정되지 않아 저작자 지위를 누릴 수 없으므로 착안한 방법이다(Denicola, 2016, p. 283). 저작권은 창작자 원칙에 따라 저작자에게 자연발생적으로 부여되지만, 창작의 표현 주체인 저작자와 저작권 귀속 주체가 달라질 수 있다. 업무상저작물의 저작자 법리가 그와 같은 예에 해당한다. 업무상저작물의 근본 취지는 개별 피고용자가 창작성을 발휘했다 해도 개인의 지위가 아닌 법인 등의 소속원 자격으로 창작한 것이고, 특히 창작에 필요한 투자와 기획의 주체인 법인 등의 기획 하에서 이루어진 창작이기 때문에 원시적으로 자연인이 아닌 법인에 그 저작권을 귀속시키려는 데 있다. 이에 비추어 볼 때, 인공지능을 도구로 활용하는 경우 인공지능을 활용하는 자의 개입 정도에 따라서 업무상저작물의 저작자 법리를 유추 적용할 수도 있다. 그뿐만 아니라 인공지능 산업의 동향을 고려하고 업무상저작물의 근본 취지가 법인 등의 기획 하에 이루어진 창작이라는 점을 감안할 때, 업무상저작물 저작자 추정원칙을 적용하여 법인을 저작자로 추정하는 것이 합당하다고 볼 수도 있다.

하지만 이런 접근도 현행법상 맞지 않는다는 한계가 있다. 저작물을 직접 창작하지 않은, 그리고 '자연인'이 아닌 '법인'이 저작자가 될 수 있는 업무상저작물의 경우에도 기본적으로 권리와 의무의 주체가 될 수 있는 '자연인'을 전제로 한다고 할 수 있어 이를 통해 인공지능 창작물의 저작자 문제를 해결할 수는 없다(김형건, 2017, 52쪽). 또한 업무상저작물은 자연인인 피고용자의 업무와 관련된 것이어야 하며, 무엇보다도 인공지능을 법인이나 단체에 종사하는 피고용자로 보고 근무규칙 등에 관한 고용계약을 할 수 없기 때문에, 업무상저작물의 저작물성이 부정될 수 있다. 동물원에 있는 동물과 동물원 주인이 전통적인 고용주와 고용인의 계약관계로 볼 수 없듯이,[20] 인공지능과 그것을 개발 또는 소유하거나 사용하는 인간을 고용 관계로 볼 수 없는 것이다. 따라서 인공지능 창작물을 업무상저작물로 보고 그 법리를 적용해서 저작자 지위 부여 문제를 해결하고자 한다면 입법적 해결이 선행되어야 한다. 입법 개정에서는 인공지능의 프로그래머, 사용자, 데이터제공자, 훈련전문가 등 이해관계자 간의 복잡한 권리관계에 따른 분쟁 가능성 및 상업화의 걸림돌을 제거하는 데 초점이 맞추어져야 한다. 따라서 업무상저작물 저작자 추정조항을 개정한다면, 영상저작물 특례조항과 같이 저작자 지위를 언급하지 않고 콘텐츠의 상업적 이용에 필요한 권리로 한정하는 방안을 모색하는 것도 하나의 방법이다(정상조, 2019, 26쪽). 그 밖에도 인공지능 창작물을 업무상저작물로 볼 경우, 법인 등의 사용자가 창작물에 행사하는 권리가 지나치게 비대해질 우려가 있다는 점에서라도 업무상저작물 법리 적용은 타당하지 않다고 볼 수 있다. 인공지능 개발자가 개발 및 판매에 대한 인센티브를 받고 있음에도 불구하고 인공지능 창작물에 대한 인센티브까지 받는 것은 비합리적라는 점과 같은 맥락이다.

넷째, 인공지능 창작물을 공동저작물로 보고 프로그래머와 사용자를 공동저작자로 보는 안이 있다. 프로그래머와 사용자가 단일 저작물에 기여하려고 의도하고 상대방이 그 결과물에 이해관계를 가지고 있음을 인식하는 경우에는 저작권을 그들의 공동소유로 부여할 수 있다는 것이 그 논거이다(Wu, 1997, p. 175). 공동저작자 요건과 별개로, 프로그래머가 알고리즘으로 창작의 틀을 마련하고 사용자가 구체적 훈련과 지시 또는 자료 입력 등을 통해서 새로운 저작물이 완성된다면, 프로그래머와 사용자의 "순차적 창작(Sequential Creation)"에 의한 결과물로 보는 방안도 있을 것이다(Grimmelmann, 2016b, pp. 409~412). 이처럼 개별 저작자 관점이 아닌 공동저작자 논리를 적용하여 접근한다면, 누구와 누구의 조합을 공동저작자로 볼 것인지가 상황에 따라 달라질 수 있겠지만, 대체로 인공지능 프로그래머와 사용자의 공동저작으로 보고 공동저작자 지위를 부여하는 방법이 가장 타당성이 크다.

반면 '개성' '독창성' '의도' 등의 저작자의 개념적 요소에 비추어보거나 본질

---

20) Community for Creative Non-Violence v. Reid, 490 U. S.(1989), p. 731.

론에 입각한 '창작 유인'에 비추어 볼 때, 프로그래머와 사용자를 공동저작자로 보는 것은 타당하지 않은데, 다만 저작권이 아닌 이들의 투자와 노력을 보호하기 위한 실정법상의 권리가 논의될 때 그런 권리의 공동보유자로서 지위를 논할 수도 있다(김현경, 2017, 366쪽). 그리고 인공지능 사용자에게 프로그래머와 공동 저작의 의도나 인식이 있었다고 볼 수 있는지와 같은 현실적인 문제도 한계로 작용할 수 있다. 또한 어디까지가 프로그래머가 만들어 낸 인공지능 프로그램이 만든 표현이고, 어디까지가 사용자가 표현한 부분인지를 구분하기가 쉽지 않다. 이 경우에도 프로그래머를 저작자로 볼 경우 발생하는 프로그래머에 대한 과잉 보상의 문제도 배제할 수 없을 것이다.

(2) 인공지능이 독자적으로 창작한 경우

독자적인 창작 능력이 있는 강한 인공지능 창작물은 프로그래머나 사용자 등을 저작자로 보기 어려우며 명확하지도 않다. 강한 인공지능 창작물의 경우 첫째, 인공지능 창작물의 저작자가 아예 존재하지 않는다고 보고 공유저작물로 접근하는 방식이 합리적일 수 있다. 이것은 저작권 시스템에서는 자연인만이 저작자가 될 수 있다고 보므로 인간의 개입이 배제된 인공지능 창작물은 저작자를 굳이 인정할 필요가 없다는 논리로, 인공지능 창작물에 대한 권리부여는 인간의 창작 인센티브에 전혀 영향을 미치지 못한다는 점에서 의미를 찾을 수 없다는 것이다.

둘째, 인공지능 자체를 인공지능 창작물의 저작자로 인정하는 접근이 있다. 현행법상으로는 인공지능이 권리와 의무의 주체라는 지위를 가지지 못하므로 그 대안으로 가상의 인간 저자(fictional human author), 전자 인간(electronic personhood), 실리콘 저자(silicon author) 등과 같이 인공지능에 새로운 법인격을 부여하고 그 귀속 주체를 입법에 명시하는 방안이다. 가상의 인간 저자 이론(Fictional Human Author Theory)은 버틀러(Butler, 1982)가 발표한 논문에서 처음 소개된 이론으로, 저작권을 인공지능 프로그래머, 사용자, 소유자에게 할당시키는 안이다. 즉 인공지능 창작물에 대해 가상의 인간 저자의 존재를 추정한 후에 저작권의 여러 권리 조각들을 인공지능 소프트웨어의 저작권자, 사용자, 소유자 등에게 개별적으로 또는 공동으로 부여하자는 것이다. 이와 같은 접근법의 장점은 첫째, 가상의 인간 저작자가 존재한다고 추정함으로써, 법원이 기계와 같은 비인간이 아이디어를 형성하고 표현할 수 있는가의 논쟁을 피할 수 있으며, 인간만이 창작할 수 있다는 저작권법상의 전통적인 접근을 유지하면서 저작자성, 독창성, 창작성이 기계가 아닌 인간의 고유 영역이라는 견해를 유지할 수 있다. 둘째, 저작권을 포함한 모든 법적 권리의 주체가 인간이므로, 다른 대안에서 제기되는 계약 관련 문제를 피할 수 있다. 셋째, 새로운 기술에 직면할 때 변화를 시도하면서 저작권법의 전통적인 융통성을 발휘할 수 있다. 넷째, 인공지능 창작물을 저작권법으로 보호할 수 있으며, 인공지능 소프트웨어 창작을 위해 경제적 인센티브를 부여함으로써 저작권법의 중요한 정책적 목적을 달성할 수 있다. 즉 인공지능 소프트웨어의 산물이 상업적으로 보급되어 과학적, 문학적 이익이 증진될 수 있으며, 전통적인 저작권 정책과 일치될 수 있도록 인공지능 프로그램이 만든 표현에 대한 독점이 제한될 수 있다. 마지막으로 법원이 아이디어와 표현의 이분법, "사고하는 기계"의 개념과 그것의 법적 권리와 의무와 관련된 철학적인 문제에 대응할 필요가 없다(pp. 744~745). 결국 인공지능 창작물의 저작권 귀속 문제를 해결하기 위해 가상의 인간 저자 이론을 적용하는 것이 인간만을 저작물의 저작자로 보는 전통적인 저작권법을 그대로 고수하면서, 저작권법 체계가 인공지능과 같은 기술발전에 따른 변화와 도전에 유연하게 대처하고, 가치 있는 아이디어를 표현한 인공지능 창작물에 경제적 인센티브를 제공함으로써 문화와 관련 산업의 발전을 촉진하는 저작권법의 정책 목표를 이룰 수 있는 대안이라는 것이다. 이와 관련하여 이상미(2016)는 '저작자는 필수적으로 사람이다'라는 저작권법의 근본적인 추정을 유지하면서 인공지능 창작물의 인간 권리자를 추론하는 여러 대안 중에서도 가상의 인간 저자를 가정하고, 함축적으로 그에게 권리를 부여하는 가상의 인간 저자 이론에 근거하여 창작에 주된 기여를 한 자를 찾아가는 단계별 접근법이 현행 저작권법 체계에서 가장 효과적인 방법이라고 주장하였다.

하지만 이런 방식으로 인공지능 자체의 저작자 지위를 관철하려는 것도 저작권을 사용자 또는 프로그래머에게 양도하거나 인공지능 자체의 권리능력에 대한 입법적 조치가 선행되어야 한다는 점에서 한계가 있다(정원준, 2019b, 21쪽). 또한 무방식주의를 채택하는 저작권 체계에서 인공지능이 저작자 지위를 누릴 수 있는지의 문제를 사전에 해결하는 것이 아니라, 분쟁이 발생한 뒤 법원을 통해 사후 해결할 수 있다는 점이 근본적인 한계로 지적된다(백경태, 2018, 156쪽).

인공지능에 대한 저작자 지위 부여는 현행법상 불가능하며 현재의 약한 인공지능 수준을 고려하더라도 부정적이다. 그리고 부여하더라도 법인격 주체로서 지위 부여가 선행되어야 한다. 정상조(2018)는 현행법상 인공지능 창작물의 저작권은 개발자나 개발기업 또는 이용자나 최종 구입자에게 귀속하는 것으로 해석하거나 입법적으로 해결할 필요가 있음을 강조하였다. 이런 견해와 태도는 저작자성에 대해 인간 중심적으로 해석한 것으로 풀이할 수 있다. 그 근본 원인은 베른협약21)으로 거슬러 올라간다. 기본적으로 여러 국제조약에서 저작자 개념에 관한 정의 조항을 두지 않음으로써 저작자성을 제대로 다루지 않았고, 이로 인해 저작권의 역사와 인센티브, 저작자, 창작성, 저작인격권과 같은 저작권법의 핵심 요소를 저작자가 아닌 인간 중심에 뿌리를 두고 바라보았던 것이다(Mezei, 2020). 한편 인공지능 종류별 저작자 지위의 차별화는 역시 창작과정에 인간의 개입 정도와 창작 기여도를 기준으로 사례별로 접근하는 것이 합리적인데, 인공지능 성능이 향상될수록 저작자 지위 부여의 타당성이 높아진다고 볼 수 있다. 결국 사례별로 개입 정도 및 기여도를 판단하는 기준을 어떻게 정할 것인지가 과제로 남는다. 특례조항이나 별도의 원칙, 기준을 마련하고 인공지능 창작물에 '저작자가 아닌 권리를 가진 자'의 개념으로 접근하면서 방안을 모색할 필요가 있다. 한편 인공지능 창작물에 대한 공동저작자와 업무상저작물의 저작자 법리 적용은 공동창작 의사 확인의 불가와 독자적 법인격 부여의 필요성으로 인해 타당성이 떨어지는 측면이 있다(조연하, 2020, 103쪽).

이상에서 살펴보았듯이, 인공지능 창작물의 저작자에 대해서는 인공지능 개발자인 프로그래머, 인공지능을 이용하여 창작한 사용자로 보는 견해가 있는가 하면, 인공지능 창작물을 공유영역에 두는 것으로 접근하는 견해, 업무상저작물이나 공동저작물로 보고 접근하는 견해, 그리고 강한 인공지능에 저작자 지위를 부여하자는 견해 등 다양하다. 어쨌든 간에 정도의 차이는 있어도 인공지능을 창작의 도구로 사용하고 있는 현 단계에서는 인간에게 저작자 지위를 부여함이 타당하다고 볼 수 있으며, 인간 중에서도 누구에게 부여할 것인지는 창작에 대한 개입의 정도나 방식을 기준으로 사례별로 판단해야 할 것이다.

---

21) '저작자는 이 협약이 보호하는 저작물에 관해 본국 이외의 체약국에서 각 법률이 현재나 장래에 자국민에게 부여하는 권리 및 이 협약이 특별히 부여하는 권리를 향유한다'는 조항을 두고, 저작자를 인간에게 부여하는 권리로 보았다.

제 **15** 장

인공지능 창작물의 저작권 귀속

1 / 인공지능 창작물의 저작권 귀속 주체 논의

창작자 원칙은 창작자 인격을 존중하는 것이 문화생활을 풍요롭게 하며 노동력을 투하한 자가 소유권을 갖는다는 로크의 노동소유권에 근거하여, 저작물을 창작하는 정신적 노동을 한 자에게 그 지적 산출물인 저작물이 귀속되어야 한다는 것이다. 따라서 창작자 원칙에 따라 저작물을 창작하는 사실행위가 발생하면 창작한 자가 저작자로 인정되고 그 법률효과로서 해당 저작물에 대한 저작권을 취득하여 저작권의 귀속 주체가 된다. 저작권 귀속 주체란 해당 저작물을 이용할 때 저작권 처리를 위해 허락을 받아야 하는 사람을 의미하며, 또 다른 의미로 해당 저작물의 작성에 대한 책임을 지는 자이다(김용길·김형렬, 2008; 신재호, 2019). 즉 타인이 저작물을 이용하기 위해 이용허락을 받아야 하는 주체이자, 저작물의 창작과정 또는 무단 이용에서 발생하는 권리침해의 문제를 해결하는 주체에 해당한다.

저작물의 인간 창작자로서 저작자는 오늘날의 저작권 시스템에서 기업이나 최종 소비자가 주장할 수 없는 인격권인 권리를 부여받는다. 왜 저작자에게 저작권이 인정되는가에 대한 다양한 논의가 있으나 어느 본질론에 의하더라도 그 근저에는 저작물에 대한 권리는 일차적으로 당연히 저작자에게 부여됨을 전제로 하므로, 결국 인공지능 창작물의 권리자가 누구인가를 탐구하는 것은 창작물의 타당한 권리자가 누구인가를 탐구하는 것이다. 저작물을 창작한 저작자에 권리를 부여하는 저작권 귀속 근거가 무엇인가는 저작자가 저작물을 창작하는 행위를 어떻게 보느냐, 또한 저작자에게 주어지는 권리를 어떻게 보느냐에 따라 다양한 이론구성이 가능하다. 저작물을 창작한 자에게 권리를 부여하고 보호하는 근본적 이유와 정책적 논거는 창작자에 대한 도덕적으로 정당한 대가의 지급이라는 독일, 프랑스 등 대륙법계 국가의 자연권론적 입장과 일반 수요자, 즉 공공의 복리증진을 위한 수단으로서의 경제적 인센티브 제공이라는 영미법계 국가의 공리주의적 입장으로 나뉜다(김현경, 2017, 337쪽).

해외 주요국에서는 인공지능 창작물의 저작권 귀속 문제에 대해 많은 관심을 기울이면서 대체로 권리를 부여하기 위해 다양한 입법 시도를 하고 있다. 그러나 미국을 포함한 많은 국가의 저작권법에서는 아직 기계가 작성한 창작물에 대해 저작권을 인정하지 않고 있다(정원준, 2019b, 12~13쪽). 이렇게 인간이 거의 관여하지 않은 창작물은 저작권의 보호 대상이 아니라고 해석하고 있지만, 인공지능 창작물도 그에 대한 소유권이 누군가에게 귀속되는 콘텐츠이다. 따라서 인공지능 창작물에 대한 배타적 독점권을 부여하는 것의 정당성을 찾고 그것의 저작권을 합리적으로 처리하기 위해서라도 저작권 귀속 주체 판단기준에 관한 논의가 우선되어야 한다.

저작권 법리를 적용할 때, 인공지능 창작물의 저작권 귀속 주체를 판단하는 중요한 요소로 창작 기여도를 들 수 있다. 기존의 논의와 입법에 근거하면, 창작 기여도는 창작에 대한 참여도, 창작에 필요한 조치를 한 정도, 창작에 대한 인센티브 등을 의미한다. 저작자 판단에서는 창작에 조금이라도 기여했다면 저작자 지위를 부여할 수 있으므로, 기여도 기준이 저작권 귀속 주체의 판단에서만큼 논의의 실익이 크지는 않다고 볼 수 있다. 인공지능의 발달 수준을 기준으로 할 때 창작에서 인공지능의 기여도는 인간의 참여도와 반비례한다고 볼 수 있으므로, 결국 귀속 주체의 판단 요소는 인공지능의 기여도와 인간의 참여도이다.

앞에서 살펴보았듯이, 일본에서는 인공지능의 기술 수준에 따라 인공지능의 표현활동을 다음과 같이 네 가지 유형으로 구분하고 있다(정원준, 2019a, 2019b). 첫째, 인간이 인공지능을 창작 도구로 이용하는 기술적 도구형이다. 인공지능이 단순한 작업에 따른 기계적인 표현을 실행하는 단순 보조자 역할을 하는 유형이다. 예를 들어 PC 키보드에 문자를 입력해서 출력하거나 CD 플레이어의 재생 버튼을 눌러 음악을 재생하는 것과 같이, 단편적인 명령과 표현으로 이루어진 업무를 수행한다. 둘째, 인간이 기본적인 지시만 하고 구체적인 결과는 인공지능 시스템이 창출하는 시스템 주도형이다. 이것은 통계적 분석에 기반하여 표현하는 수준으로, 입력 데이터와 조건에 따라 기존 통계적 분석을 대조·검토하여 표현하는 것이다. 빅데이터 분석에 기반해서 최적의 노선을 설정하는 네비게이션이나 악곡의 형식, 장르, 분위기, 비트 구성, 악기 등에 대해 간단히 명령만 입력하면 인공지능이 미리 설정된 작곡 조건에 따라 작곡을 완성하는 것이 그런 예에 속한다. 셋째, 기존 정보를 통해 일정한 패턴 방식을 학습하여 표현하는 유형이다. 구글 딥드림과 같이 학습데이터로 특정 그림을 입력시키고 이용자가 복합적인 지시를 내리면 학습된 정보를 토대로 해당 화풍에 해당하는 그림을 그릴 수 있다. 기술형 도구형이나 시스템 주도형에 비해, 공동창작자의 자격에 상응하는 인공지능의 창작 기여도가 있다고 볼 수 있다. 넷째, 전 과정을 인공지능 스스로가 자율적으로 학습하고 표현하는 독창적 창작형이다. 창작에 인간이 기여하지 않고 인공지능이 스스로 창작하는 형태로, 인간 저작물과 그 외관상 구별이 뚜렷하지 않은 수준을 말한다. 이 단계의 인공지능은 발상 능력의 형성이나 유용한 정보를 스스로 수집하고 학습한다는 점에서, 현재 완벽한 구현에 이른 단계로 보기는 어렵지만 머지않은 미래에 완전히 자율적인 창작활동이 구현될 수 있을 것으로 보인다.

두 번째 유형까지는 창작에 인간이 관여하므로 약한 인공지능 수준으로, 인간에게 저작권이 귀속되는 것이 타당하므로 사실 저작권 귀속 주체에 관한 논의의 실익이 크지 않다. 다만 이 경우에도 인간 중에서도 개발자인지, 프로그래머인지가 논의되어야 하는데, 개별 사안별로 파악해야 할 것이며, 지시 명령자를 창작에 기여했다고 볼 것인지, 현행 저작권법상 권리 주체는 사람이므로 법인에 인정되는 업무상저작물을 유추 적용할지 등에 관한 추가적인 검토가 이루어져야 할 것이다. 반면 세 번째 유형 이상부터는 인공지능 창작물의 저작권 귀속 주체에 관한 논의의 실익이 크다고 볼 수 있다. 특히 스스로 사고한다기보다는 주어진 문제를 인간의 명확한 지침 없이 해결하는 수준인 초인공지능 창작에 대비할 수 있도록 독자적 보호 체계 마련 등에 대한 입법적 논의가 구체적으로 이루어져야 할 것이다.

창작물의 창작에 대한 기여도와 더불어 누가 일차적 권리자가 될 수 있는지의 문제는 저작물에 나타난 '개성'의 인격적 발현으로서의 '독창성'과 창작 유인의 근원이 되는 '저작자의 의도'가 중요하다. 특히 저작자의 의도는 창작 유인이라는 저작권 제도의 본질과 밀접하게 관련되며 저작물에 대한 재산적 권리 인정의 정당화 근거이다. 다만 창작물에 투여된 노동과 투자는 저작권 귀속 주체의 결정에서 참조할만한 요인이나, 누가 권리자임을 밝히는 데 결정적 요인은 될 수 없다. 그 밖에 창작물의 배타적 지배권이 누구에게 있는지, 창작물의 작성에 대해 누가 얼마나 자율성을 가지는지 등의 사항이 개별 창작자의 아이디어와 관련하여 함께 파악되어야 한다(김현경, 2017, 364쪽).

2 / 인공지능 창작물의 저작권 귀속 주체 판단

인공지능 창작물의 저작권 귀속 주체를 판단하기 위해 먼저 컴퓨터가 창작한 저작물의 저작권 귀속에 관한 초기 논의를 살펴볼 필요가 있다. 컴퓨터 소프트웨어가 그것의 텍스트와 동일하지 않은 결과물을 자동으로 생성했을 때, 일부는 저작권 보호를 받을 가능성이 있으나 일부는 보호 대상이 아닐 수도 있다. 이렇게 컴퓨터가 생성한 결과물에 대한 저작권을 누구에게 귀속시킬지를 결정할 때 저작권법의 전통적인 저작자 결정 판단기준을 적용해서 해결할 수 없는 어려운 문제들이 발생한다(Samuelson, 1986, p. 1185). 초기의 컴퓨터 창작물의 저작권 귀속 논의는 컴퓨터 프로그램 개발자 또는 프로그램 사용자에게 부여할 것인지를 중심으로 논의되는 경향을 보인다. 영국의 저작권법 CDPA(1988)에서는 컴퓨터를 기반으로 한 저작물의 저작자를 창작에 필요한 조치를 한 자로 규정함으로써, 컴퓨터 창작물의 저작권자에 관한 명시적인 규정을 두고 있다. 또 미국의 저작물의 신기술 이용에 관한 위원회 CONTU는 1978년 보고서에서 컴퓨터 사용자가 컴퓨터 창작물의 저작권자라고 보았다. 사용자가 광범위하고 상세한 컴퓨터 조작을 한다는 점에서 창작 기여도를 토대로 저작권자로 볼 수 있다는 것이다. 하지만 프로세스의 배열에 대한 컴퓨터 영향력이 확대되고 반대로 사용자 역할이 단순 지시에 그칠 수 있다는 점에서 창작활동에 대한 기여도를 인정하기 어려운 측면이 있다. 반면 컴퓨터 창작물을 실질적으로 도출하는 컴퓨터프로그램 개발자도 저작권 귀속의 주체로 배제할 수 없다.

한편 사무엘슨(1986)은 컴퓨터 생성 창작물의 저작권을 귀속시키는 방법으로 컴퓨터, 사용자, 컴퓨터프로그램의 저작자(개발자), 사용자와 개발자에 대한 공동 귀속 또는 그 누구에게도 저작권을 귀속시키지 않은 방안 등을 제시하였다. 그리고 각각의 방안에 대해 전통적인 저작권 원칙의 분석적 틀뿐 아니라 정책적 차원에서도 검토하였다. 그는 창작물을 만든 컴퓨터프로그램 사용자에게 컴퓨터 생성 저작물의 저작권을 귀속시키는 것이 가장 현실적인 해결책이며, 전통적인 저작권법 원칙에도 가장 부합한다고 주장하였다. 그는 기계는 창작물을 생산하려는 인센티브가 주어질 필요가 없기 때문에 기계에 지식재산권을 귀속시키는 것은 타당하지 않다고 보았다. 즉 저작권 귀속 판단에서 창작에 대한 인센티브를 중요한 요소로 본 것이다. 이와 같은 컴퓨터 창작물에 관한 초기 논의는 오늘날의 인공지능 창작물에 관한 논의의 배경이 될 수 있을 것이다.

앞에서 언급했듯이, 저작자 판단이 저작자 적격을 논하는 것이라면, 저작권 귀속 주체는 창작물의 타당한 권리자를 논하는 것이다. 저작자 판단의 논리와 중복되는 부분이 있기는 하지만, 저작권 귀속 주체는 저작권을 누구에게 귀속시켜서 그 권리를 행사할 수 있는지를 확정하는 문제라는 점에서, 별도로 논의하는 것이 나름대로 의미가 있다고 본다. 또한 누구에게 저작권을 귀속할 것인지의 문제는 창작 촉진에 효율적인가와 관련된 정책적 성격이 강하다. 이에 인공지능 창작물의 저작권 귀속 주체에 대해서는 저작권 귀속 및 실질적인 저작권 행사의 정당성과 인공지능 창작에 관한 정책적 관점에서 접근해 볼 필요가 있다. 저작자 판단과 마찬가지로, 인공지능이 창작 도구로 활용된 경우와 독자적으로 창작한 경우로 나누어서 권리 귀속 주체의 가능성이 있는 개별 후보별로 그 근거와 한계를 검토해 본다.

(1) 인공지능이 창작 도구로 활용된 경우

먼저 인공지능이 창작 도구로 활용된 경우를 살펴본다. 첫째, 실제로 창작에 기여한 인공지능 사용자가 저작자에 해당하고 저작권을 귀속시켜야 한다고 해석하는 것이 현실적으로 인공지능을 이용한 창작을 활발하게 하는 경제적 인센티브를 부여하게 되므로 저작권법의 취지에 부합된다(정상조, 2018, 55쪽). 인공지능을 이용하여 창작할 것인지 결정하는 사용자에게 저작권이 귀속되면 더 많은 작품을 창작함으로써 공공의 이익이 증가할 것이다. 따라서 공리주의적 관점에서 볼 때 사용자에게 귀속시키는 것에 비해 더 효율적이고 저작권법 정책의 취지와도 맞는다

(Denicola, 2016, pp. 282~284). 또 인공지능 개발자가 프로그램을 오픈소스로 공개하거나 사용료를 받았다면 인공지능 사용자에게 그 권리/의무를 판매함으로써 이익을 보았다고 볼 수 있으므로, 사용자에 대한 권리 귀속이 더욱 타당해진다. 포토샵을 사용하여 만든 디자이너의 창작물 저작권이 포토샵 개발자가 아니라 디자이너에게 있는 것과 마찬가지이다. 그리고 사용자에 대한 인공지능 창작물의 저작권 귀속은 자신이 만들어 낸 창의적인 저작물에 대한 책임을 질 수 있는 사람에게 권리를 배분한다는 점에서도 실익이 있다. 이처럼 인공지능을 사용하여 자신의 원하는 목적이나 결과를 얻고자 하는 사용자에게 저작자 지위를 부여하고 권리를 귀속시키는 접근은 창작과정에서 타인의 저작물 등을 침해하는 경우 책임을 묻기 위해서도 가장 효과적인 접근이다(백경태, 2018, 146쪽). 사용자에 대한 저작권 귀속 논리는 특히 강한 인공지능 창작물일 경우 더 합당하다고 볼 수 있다. 개발자는 인공지능 프로그램이 스스로 딥러닝을 하고 빅데이터를 수집할 수 있는 기반 환경만 조성하였을 뿐이고, 인공지능 프로그램이 자체적으로 축적한 콘텐츠를 재료로 하여 사용자가 저작물을 만들려는 '의도'에 따라 저작물을 도출하였기 때문이다(최재원, 2017, 129쪽). 이에 대해서도 비판적인 시각이 존재한다. 사용자가 컴퓨터에 지시하는 절차가 점차 간단해지고 일반화되고 있으며, 컴퓨터가 프로그램 프로세스의 배열 등에 미치는 영향이 확대되고 있는 상황에서, 인공지능 프로그램을 사용하여 단순히 버튼을 누르는 행위를 두고 창작성이 있다고 보기 어렵다는 것이다(Grimmelmann, 2016b; Samuelson, 1986).

한편 사용자 외에도 학습용 데이터를 제공한 자를 사용자 범주에 포함해서 저작권을 부분적으로 귀속시키는 안에 대해서도 검토의 여지가 있다. 인공지능 응용프로그램은 기계학습 또는 심층학습 기술에 의존하므로, 그 성능은 인공지능 프로그램의 정확성뿐만 아니라 데이터의 집합물이자 핵심적인 구성요소인 학습용 데이터 세트의 내용에 크게 의존하며, 데이터 세트의 질에 따라 인공지능 기술의 경쟁력이 좌우된다(이규호, 2020, 90~91쪽). 게다가 창작성 있는 데이터 세트도 저작권법의 보호를 받는다고 볼 때, 인공지능 학습용 데이터 세트를 적법하게 제작하여 제공한 자의 권리보호도 매우 중요하다. 이에 인공지능 창작물의 저작권 귀속 논의에서 배제되어서는 안 될 것이다.

둘째, 인공지능 소프트웨어가 개발되어야 이를 도구로 사용하여 인공지능 창작물이 구현된다는 점을 근거로, 인공지능 소프트웨어를 개발한 프로그래머에게 저작권을 귀속해야 한다는 견해도 존재한다. 프로그래머의 상당한 노력과 투자 및 창작적인 요소가 들어간 프로그램을 통하여 인공지능 창작물이 제작되었다면, 인공지능 시스템을 개발한 프로그래머에게 저작권이 귀속되어야 한다는 논리이다. 프로그래머가 일정한 명령어를 통해 프로그램을 입력해서 그와 관련된 결과물이 산출되는 인공지능 시스템을 구축했다는 점을 중요하게 본 것이다(최재원, 2017). 이와 같은 접근은 인공지능 산업발전을 위한 정책 차원에서도 의미가 크다.

　이런 견해에 대해서도 이견이 있다. 우선 인공지능이 스스로 학습할 수 있는 특성을 고려할 때, 프로그래머가 개발 시점에 창작 의도를 가지지 않았음에도 불구하고 인공지능 창작물의 저작권을 귀속시키는 것은 타당하지 않다. 또 저작권법의 창작 촉진이라는 법 목적의 효율적인 달성의 측면에서 볼 때 프로그래머에게 저작권을 귀속할 필요가 있는지에 대해 정책적 판단을 해야 한다. 프로그래머나 인공지능 개발기업은 인공지능 판매를 통해 이익을 회수하기 때문에 그 이후에 인공지능 창작물 저작권을 귀속하고 추가적인 이익을 부여하는 것은 과잉보호에 해당한다. 뿐만 아니라 인공지능을 구입한 사용자는 그것을 사용한 결과 창작된 저작물에 대한 저작권을 가진다고 기대할 수 있으므로, 권리소진의 원칙(principle of exhaustion)과 마찬가지로, 프로그래머의 권리는 판매 후의 결과물에는 미치지 않는다고 해석하는 것이 거래의 안정성에 부합되는 법 정책적 해석론일 수 있다(정상조, 2019, 22쪽). 또한 프로그래머에게 저작권이 귀속된다면, 다른 저작물을 창작할 때마다 인공지능 프로그램 사용료를 프로그래머에게 지불할 것을 요구하는 것도 비현실적이다. 즉 프로그래머는 창작의 가능성을 만들어주었을 뿐, 저작자의 성립요건과 실질적인 권리 집행 가능성을 고려할 때 권리 귀속의 타당성이 떨어진다.

　셋째, 인공지능 창작물을 인공지능 프로그램의 2차적저작물로 보고, 인공지능 프로그램 저작권자에게 권리를 귀속시키거나 법적 이익을 양도하는 안도 생각해볼 수 있다. 하지만 인공지능의 창의적인 기능이 어떤 저작물의 2차적저작물이 될 가능성을 현저히 낮출 뿐만 아니라 인공지능으로 창작된 표현과 인공지능 프로그램 자체의 표현 사이에 2차적저작물의 성립요건인 실질적 유사성이 존재하지 않으므로, 인공지능 창작물을 2차적저작물로 보는 것은 타당성이 떨어진다(이상미, 2016, 274~275쪽). 일반적으로 인공지능 창작물과 같은 컴퓨터 창작물에는 그것이 토대로 하는 컴퓨터프로그램 또는 생성과정에서 프로그램이 이용하는 데이터베이스로부터 나왔다고 알아볼 수 있는 표현이 포함되지 않기 때문이다(Samuelson, 1986, p. 1215). 그 밖에도 인공지능의 창작물을 현행 제도상의 데이터베이스로 볼 여지가 있기는 하나, 이 역시 제한적인 경우에 한하고 '인간에 의한 것'임을 요구하는 본질적인 요건을 충족시키기 어려운 면이 있어서, 데이터베이스저작물 법리에 기초하여 인공지능 창작물의 저작자를 결정하는 것도 한계가 있다(김형건, 2017, 52쪽).

(2) 인공지능이 독자적으로 창작한 경우

다음으로 인공지능이 독자적으로 창작한 경우를 살펴본다. 첫째, 인공지능 창작물을 인간과 인공지능의 협업의 결과물인 공동저작물로 보고 현행 저작권법의 공동저작물의 저작재산권 행사원칙[1]을 지키는 안에 대해서도 검토의 여지가 있다. 저작권법상 공동저작자가 되기 위한 조건은 저작물의 창작적인 표현에 대한 기여, 공동의 창작 행위, 공동창작의 의사(오승종, 2011)이며, 공동저작자 성립요건에 대한 각국의 법적 접근이 다르다. 그러므로 공동저작물로 보는 안도 공동창작의 의사 요건을 충족하지 못한다는 점에서 한계가 있다. 게다가 인공지능에 대한 공동저작자 지위 부여는 인공지능의 독자적 법인격을 전제로 하는데, 현재 인공지능은 독자적인 법인격이나 권리능력이 없으며 공동 인식이나 공동 의사의 입증이 불가능하므로, 현재로서는 공동저작자 안은 실현 가능성이 떨어진다.

둘째, 인공지능 창작물을 공유저작물로 보고 저작권을 공유영역에 귀속시키는 안이 있다. 이것은 인공지능 창작물 저작권자의 존재를 인정하지 않는 관점과 저작권자가 있으나 그 권리를 양보하는 시스템으로 보는 두 가지 관점으로 해석할 수 있다. 전자는 앞에서 살펴보았듯이 인간 저작자 요건에 따라 인공지능 창작물

---

1) 제48조(공동저작물의 저작재산권의 행사) ① 공동저작물의 저작재산권은 그 저작재산권자 전원의 합의에 의하지 아니하고는 이를 행사할 수 없으며, 다른 저작재산권자의 동의가 없으면 그 지분을 양도하거나 질권의 목적으로 할 수 없다. 이 경우 각 저작재산권자는 신의에 반하여 합의의 성립을 방해하거나 동의를 거부할 수 없다. ② 공동저작물의 이용에 따른 이익은 공동저작자 간에 특약이 없는 때에는 그 저작물의 창작에 이바지한 정도에 따라 각자에게 배분된다. 이 경우 각자의 이바지한 정도가 명확하지 아니한 때에는 균등한 것으로 추정한다. ③ 공동저작물의 저작재산권자는 그 공동저작물에 대한 자신의 지분을 포기할 수 있으며, 포기하거나 상속인 없이 사망한 경우에 그 지분은 다른 저작재산권자에게 그 지분의 비율에 따라 배분된다. ④ 제15조제2항 및 제3항의 규정은 공동저작물의 저작재산권의 행사에 관하여 준용한다.

의 저작자가 존재하지 않으며, 따라서 저작권자도 존재하지 않는다고 보는 안이다. 이와 같은 인간 저작자 논리 외에도, 김현경(2017)은 인공지능 개발자나 사용자의 '개성'과 '독창성'이 인격적으로 인공지능 창작물에 발현되지 않았고, 인간의 개입이 배제된 강한 인공지능의 창작으로 인간 창작물을 보호 대상으로 하는 저작권 자체가 무의미해질 수 있다는 점을 이유로, 저작권의 정당한 저작권 귀속 주체가 존재하지 않는다고 보고 공유영역으로 귀속되는 것이 타당하다고 보았다. 후자는 공유영역에서 인공지능 창작물을 자유롭게 이용하도록 하는 것은 자원을 가장 효율적으로 사용하고 사회에 주는 혜택을 최대화하는 방안이라는 점에서 타당성을 찾을 수 있다(이상미, 2016; Kasap, 2019). 인간 창작물과 비교할 때 창작에 드는 노력과 소요 시간이 적다는 점, 후속 창작자들이 인공지능에 허락받는 것이 불합리하다는 저작물 이용허락 시스템의 문제 등이 그 근거가 될 수도 있을 것이다. 같은 맥락에서 이해원(2017)은 철학적 관점, 법리적 관점, 법 문언의 해석 관점에서 인공지능 창작물의 저작권 문제를 검토해 볼 때, 적어도 우리나라 저작권 법제 하에서는 인공지능 창작물은 누구나 자유롭게 사용할 수 있는 공중의 영역에 속한다고 보아야 하며, 특정인에게 저작권을 귀속시키는 것은 타당하지 않다는 견해를 피력하였다(144쪽). 그런가 하면 인공지능 창작물을 일정 기간만 보호받아야 하는 저작물이라는 논리를 적용하여 인공지능 창작물 저작권을 일정 기간만 인정하고, 공유영역에 귀속시키는 안도 고려해 볼 수 있다. 인공지능 창작물의 보호기간을 인간 창작물보다 단축함으로써 차별화하자는 견해와 같은 맥락이다. 한편 인공지능 창작물의 저작권을 보호하지 않고 누구나 자유롭게 이용하도록 하는 것은 무분별한 사용으로 개인 창작자의 권리에 피해를 초래하면서 법적 안정성을 떨어뜨릴 뿐만 아니라 창작과 혁신의 촉진을 위한 인센티브 부여라는 저작권의 정책적 목적과도 부합하지 않는다는 견해도 있다(이상미, 2016, 269쪽; 정원준, 2019b, 21쪽). 즉 공유영역 안은 인공지능에 대한 개발 의욕이 상실되고 인공지능 창작물이 질적으로 저하될 수 있다는 것이다.

김현경(2017)은 인공지능 창작물의 저작권 귀속 문제를 판단하기 위해, 긴스버그, 쏘야마 등이 제시한 독창성, 개성, 창작 의도, 투자, 노동력 등의 저작자 판단 요소를 인공지능 창작물의 관련자들에게 적용하여 저작권법상의 권리 귀속의 타당성을 검토하였다. 그 결과, 저작자의 인격적 권리로부터 재산권이 비롯되었고, '창작 유인'을 통해 문화를 발전시킴으로써 인류를 이롭게 하려는 저작권 제도의 근본 이념에 비추어 볼 때 인공지능 자체에 권리부여는 타당하지 않다고 보았고, 인공지능 프로그램 개발자, 사용자의 '개성' '독창성'이 작품 속에 표현되었다고 볼 수 없으므로 그들에게 저작인격권이 인정될 수 없다고 설명하였다(368쪽). 그런가 하면 정상조(2019)는 인공지능이 창작한 콘텐츠의 경우, 인공지능에 저작자 지위를 인정하더라도 저작권 귀속은 저작자와 다른 제3자, 즉 프로그래머나 이용자에게 인정되어야 한다고 하는 해석론 또는 입법론이 가능하다고 보았다(11쪽). 또한 인공지능 창작물의 저작권 귀속은 저작물 창작을 효율적으로 촉진하는 정책적인 문제이므로 창작자에 대한 저작권 귀속이 원칙이지만, 공리주의적 관점에서 볼 때 저작권법의 창작 촉진이라는 법 목적 실현을 위해서 창작자가 아닌 법인 등에 저작권을 귀속할 수도 있다. 결국 인공지능 창작물의 저작자 판단은 창작자 원칙, 저작자 판단 요소 등 저작권법의 법리에 의해 판단해야겠지만, 저작권 귀속 주체의 판단은 인공지능에 대한 정책적 판단이 요구된다.

이상 인공지능 창작물의 저작권 귀속 주체로 거론할 수 있는 대상별 가능성과 그 한계를 검토해 보았다. 이를 토대로 정리해 보면, 인공지능이 창작 도구로만 사용되는 창작물의 경우에는 인공지능은 반복 업무의 효율화에 기여할 뿐 창작성을 발휘한다고 볼 수는 없다. 따라서 저작물에 대한 자연인의 권리 주체성을 보호하고 저작권법 체계의 혼란을 방지하기 위해서라도 약한 인공지능 단계에서는 인공지능 창작물의 저작권을 인간에게 귀속시키는 것이 타당하다. 인간에게 귀속시키는 경우라도 제작과정에 인간이 개입한 정도와 창작 기여도에 따라 권리 귀속 관계를 달리 정립해야 하는데(손승우, 2016, 103쪽), 인공지능 개발자, 사용자 중에서 누구로 결정할지 또는 개발자와 사용자가 저작권을 공동소유할지 상황별로 판단해야 할 것이다. 반면 스스로 사고하는 능력과 대응력을 가진 인공지능이 인간의 개입 없이 창작한 결과물에 대해서는 학습데이터를 제공한 자, 인공지능을 최초로 설계한 자나 사용자, 법인격을 부여받은 인공지능 등이 저작권 귀속의 주체로 논의될 수 있다. 다만 인간의 정신적 노력이 적게 들어갔다고 볼 수 있으므로, 권리의 보호 정도가 훨씬 낮아야 할 것이다. 같은 맥락에서 정원준(2019b)도 현행법상 인공지능에 대한 저작권 귀속이 불가능하므로 실제로 창작에 기여한 자가 누구인지를 기준으로 권리를 부여할 수 있다고 보면서, 인공지능을 창작 도구로 활용하는 경우 인공지능의 프로그래머, 소유자, 사용자에게 저작권을 귀속할지[2] 혹은 공동소유를 인정할 것인지는 개별 사안별로 달리 판단하는 것이 타당하며, 인공지능이 독자적으로 만든 창작물은 공유물로 인정하거나 인공지능 자체에 저작자 지위를 부여하되 다른 특정 주체에 대한 권리 귀속이 현행법상 가능하다고 주장하였다. 저작자 지위 부여와 권리 귀속의 주체를 분리해서 판단하자는 것이다.

　인공지능이 계속 진화 중인 기술이라는 점에서 인공지능 창작물의 저작권 귀속 주체를 명백히 정할 수는 없다. 그럼에도 불구하고 기본적으로 창작물 제작과정에서 인공지능 또는 인간의 저작물 창작에 대한 기여도 등을 기준으로 하는 것이 가장 합리적이라고 볼 수 있다. 저작물 생성을 주도한 자를 중심으로 접근하는 것이 필요하다는 것이다. 하지만 이 역시 각국의 저작권법이나 입법정책에 따라 달라질 수 있는 문제이다. 즉 인공지능 창작물의 저작권 귀속을 해결할 수 있는 기본적인 저작권법 체계를 만들기 위해서 이에 관한 풍부한 학문적 논의와 사회적 합의가 있어야 하며, 이를 토대로 저작권 정책을 수립하여 문제를 풀어 나가야 한다. 결국 인공지능의 콘텐츠 창작에 관한 저작권 정책 판단의 문제이기 때문이다.

---

2) 이것을 입법적으로 해결한 사례가 저작물의 창작에 기여한 자에게 저작자 지위를 부여하는 영국의 CDPA 제178조이다. 다만 권리를 프로그래머에게 부여할지 사용자에게 부여할지는 해당 알고리즘의 창작적 기여 수준에 따라 다르게 판단하여야 한다는 것이다. 예를 들어 스페인 말라가 대학에서 개발한 이아무스나 구글의 마젠타 프로젝트처럼 버튼만 누르면 알고리즘이 자율적으로 기계적 창작을 해내는 높은 수준의 프로그램인 경우 알고리즘 설계자인 프로그래머에게 일정한 권리를 부여하는 것이 타당하다(정원준, 2019b, 20쪽).

제4부

인공지능과
저작권
패러다임 전환

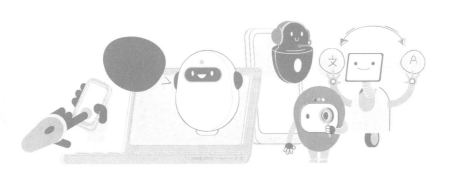

기술혁신은 인류의 발달과 성장에 끊임없는 원동력이 되어 왔으나, 동시에 수많은 법적 이슈를 제기하였다. 저작권법도 기술발전이 제기하는 법적 이슈를 수용하기 위해 계속해서 수정되고 재해석되어 왔다(Glasser, 2001). 저작권 제도가 출현한 이래로 수많은 학자가 새로운 기술 또는 기기가 등장할 때마다 이를 저작권 체제 내에 어떻게 편입할 것인가를 고민했다. 대체로 저작권의 중심은 인간의 독창적 표현에 있으므로, 기계나 기술이 여기에 개입한다고 해서 크게 문제가 된다고 보지 않았다. 그러나 상황이 달라졌다. 기술이 단순히 인간의 창작적 표현의 촉진과 전달에 그치지 않고 스스로 사고하고 학습하면서 창작하게 됨에 따라, 지금까지 인간 중심이었던 저작권 체제에 대한 근본적인 고민을 던져주고 있다(박현경, 2020, 134쪽).

4차산업혁명의 핵심기술인 인공지능도 지금까지의 다른 기술과 마찬가지로 저작권법 영역에 새로운 문제를 제시하고 있다. 단순히 객체였던 컴퓨터시스템이 인공지능이라는 이름으로 창작 행위의 주체로 새롭게 등장하였다. 인공지능은 대량의 정보를 인식하여 스스로 분석하고 학습함으로써 인지 추론을 하고 독립적인 사고의 주체로서 창작물을 제작할 수 있다는 점에서 기존 기술과 차별화된다(손승우, 2016; 정진근, 2016). 게다가 인공지능은 인간처럼 기존 저작물을 학습하고 그 학습을 통해 결과물을 생산하는 과정에서 엄청난 속도와 양으로 저작물을 소비한다. 인공지능 기술의 비약적인 발전에 따라 인간이 행하던 창작활동의 범주에 인공지능의 관여가 확대되고 있고, 인간이 개입하지 않아도 인공지능이 스스로 주체가 되어 미술, 음악, 법률, 의료 등의 영역에 다양한 결과물을 생성해내고 있는 현실 속에서, 인공지능이 내놓은 결과물은 지식재산권 보호의 사각지대에 놓여 있다(허세현, 2021, 201쪽). 인공지능 시대에 들어서고 있는 지금, 인공지능의 콘텐츠 창작이라는 현상을 현 저작권법 체계에서 어떻게 해석하고 어떻게 대처할 것인지가 매우 중요한 과제이다. 이에 그와 관련하여 정책을 어떻게 수립하고 그것을 시행하기 위한 입법과 제도를 어떻게 수정하고 보완할 것인지에 대한 심도 있는 논의가 요구된다.

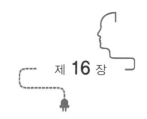

제 **16** 장

인공지능 콘텐츠 창작과 저작권 정책

현행 저작권법 체계에서는 인공지능이 자율적으로 생성한 창작물을 보호 대상으로 수용하기 어렵다. 그러나 인공지능을 활용한 창작이나 인공지능 창작물을 이용하는 서비스는 새로운 기술혁신과 문화를 창출할 수 있으므로, 이를 촉진하고 발전시킬 수 있는 정책적 방안이 요구된다. 인공지능 창작물의 저작권 보호에 관한 정책적 논의는 인공지능 스스로가 저작자가 될 수 있는지와 인공지능 창작물을 보호하기 위한 저작권 제도 개선을 중심으로 진행되고 있다(김형건, 2017, 40쪽). 인공지능이 우리 사회에 혁신과 문화의 풍요를 가져다줄 것이라는 전제하에, 국내 인공지능 저작권 정책의 동향과 한계를 알아보고 인공지능에 의한 혁신을 촉진할 수 있는 정책적 방향을 모색해 본다.

1 / 국내 인공지능 저작권 정책 동향과 한계

정책이란 제도적인 틀 안에서 일종의 지침을 만드는 일이다. 그러므로 콘텐츠 저작권 정책이라는 콘텐츠와 관련된 제도적인 틀 안에서 저작권을 어떻게 운영하고 관리할 것인지의 문제를 다루는 것이다. 국내에서 저작권 정책과 거버넌스는 내부적, 대외적으로 나누어 볼 수 있다. 내부적으로 행정부인 문화체육관광부, 한국저작권위원회와 같은 행정부가 주로 정책을 형성하고 있으며, 외부적으로는 무역협정을 통해 저작권 제도의 실체적 규범이 정해지고 있다(남희섭, 2014, 75~76쪽). 저작권 주무 부처인 문화체육관광부는 2020년 2월 6일, 저작권 환경변화와 현장 요구에 적극적으로 대응하고 2030년까지 문화와 경제가 동반 성장하는 저작권 강국을 만들기 위해 '저작권 비전 2030'[1]을 발표한 바 있다. 이 정책의 기본 과제 중에서 인공지능의 콘텐츠 창작과 관련된 과제를 보면, 거대자료 통계분석·활용 등을 통해 저작권 유통정보 활용의 공공기반을 구축하고 4차 산업혁명 시대를 반영한 법제도 정비를 목표로 대량자료 이용에 대한 면책규정을 신설하는 등의 저작권법 전부개정을 추진하고 있다. 빅데이터를 활용하는 인공지능 기술을 염두에 둔 것으로 추정된다. 같은 해 12월 24일 과학기술정보통신부와 국무조정실은 30개의 인공지능 산업의 진흥 및 활용 관련 과제를 제시했다. 주요 내용은 데이터 개념 정의, 산업 데이터 활용 등 데이터 거래·유통·활용 기반 조성, 자동화된 개인정보 처리에 의존한 의사결정에 대한 설명 요구권·이의제기권 도입, 인공지능 법인격 및 책임 체계 정립을 위한 장기 과제 추진, 알고리즘 투명성·공정성 확보, 윤리 정립으로 신뢰할 수 있는 인공지능 기반 조성 등이다(문화체육관광부, 2020).

이상의 움직임을 토대로 할 때, 인공지능 저작권 정책의 특징은 인공지능의 콘텐츠 창작을 위한 학습에 필수적인 데이터 세트 이용을 위한 TDM 면책규정의 신설, 학습자료인 데이터 개념의 정의 및 활용기반 구축, 인공지능의 법적 지위의 정립 등으로 요약된다. 이 중에서도 인공지능의 법인격과 책임 체계를 정립하는 과제는 인공지능을 창작물의 권리 주체로 인정할지가 인공지능 시대 중요한 법적 쟁점이라는 점을 반영한 것이라고 볼 수 있다.

한편 저작권법이 궁극적으로 추구하는 목적이 '문화 향상발전'에서 '문화 및 관련 산업의 향상발전'으로 변화됨에 따라, 저작권 정책은 문화 향상발전보다는 문화산업 발전에 주력하는 경향을 띠고 있다. 창작자 보호보다는 저작물 유통산업에 치중된 음악 저작권 정책이 그와 같은 사례에 해당한다. 이것은 그동안의 저작권 정책이 저작자 보호와 저작물의 공정한 이용을 통한 문화 및 관련 산업의 향상발전이라는 저작권법의 취지 또는 본질적 가치를 변질시키고 있을 뿐 아니라, 저작권 보호를 앞세워 문화발전에 필요한 저작물 이용의 활성화를 가로막고 있다는 것을

---

1) 4차 산업혁명 시대 저작권 기반 조성, 공정하고 투명한 저작권 이용·유통 환경 조성, 저작권침해에 대한 대응 강화, 한류 확산을 위해 해외 저작권 보호 기반 강화가 4대 전략목표이다.

의미한다. 저작권 주무 부처인 문화체육관광부 저작권 정책의 실패와 한계를 시사한다고 볼 수 있다. 이를 극복하기 위해서는 저작권 정책 형성과정에서 우리 사회 누구의 이해가 주로 반영되었는지, 그 이유는 무엇인지에 관한 연구가 필요하다. 그리고 입법부가 그 기능을 제대로 발휘하지 못하고 있는데, 그 원인에 대한 분석도 필요하다(남희섭, 2014, 75쪽).

2 / 인공지능 콘텐츠 창작에 관한 저작권 정책 방향

이상정·안효질·손승우·김형렬(2016)은 저작권 환경을 둘러싼 관련 기술발전 및 저작물의 창작, 이용 형태의 변화를 이해하고 그에 따른 관련 시장의 트렌드를 예측한 것을 토대로 저작권 정책이나 제도에서 고려해야 할 방향성을 제시하였다. 그 내용을 살펴보면, 먼저 저작물의 생산(창작) 환경은 과거가 복제물의 시대였다면 현재는 2차적저작물의 시대이며, 미래에는 편집물/데이터베이스/편집저작물의 시대가 될 것이다. 유통과 관련해서는 과거가 배포의 시대였다면 현재는 방송/전송의 시대이며, 곧 융·복합/초연결의 시대가 오므로 모든 유통이 상호유기적으로 융합·연결되어 매체 구분이 더 이상 의미가 없게 된다. 그리고 소비(이용)의 측면에서 보면 과거가 복제의 시대라면 현재는 개작의 시대이며, 미래는 편집의 시대가 된다. 편집의 시대인 미래에는 생산과 소비, 즉 창작과 이용을 분리하기 어렵기 때문에, 저작물 창작에 따른 문제와 이용에 따른 문제가 크게 다르지 않을 것이다. 메타버스가 창작과 이용의 분리가 어려운 대표적인 사례라고 볼 수 있다. 결국 과거가 아날로그, 소유의 시대였다면 현재는 디지털, 접근(접속)의 시대이고, 미래는 창작과 이용의 분리가 어렵고 편집저작물이 주를 이루는 ICBM 융합/인공지능 시대가 될 것으로 예상된다. 사실 이들 학자가 예측했던 미래가 이미 현실이 되고 있다. 앞으로 다가올 인공지능 시대에는 강한 인공지능의 등장으로 '인간의 사상이나 감정을 표현한 창작물'이라는 저작물 정의 조항이 큰 위기를 맞을 것이며, 인공지능 창작물의 법적 성격과 저작권 귀속은 물론이고 인공지능에 대한 법적 지위 부여의 문제가 중요한 쟁점이 될 것이다.

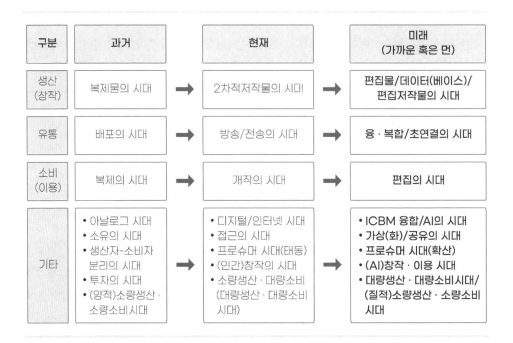

구분	과거	현재	미래 (가까운 혹은 먼)
생산 (창작)	복제물의 시대	2차적저작물의 시대	편집물/데이터(베이스)/ 편집저작물의 시대
유통	배포의 시대	방송/전송의 시대	융·복합/초연결의 시대
소비 (이용)	복제의 시대	개작의 시대	편집의 시대
기타	• 아날로그 시대 • 소유의 시대 • 생산자-소비자 분리의 시대 • 투자의 시대 • (양적)소량생산· 소량소비시대	• 디지털/인터넷 시대 • 접근의 시대 • 프로슈머 시대(태동) • (인간)창작의 시대 • 소량생산·대량소비 (대량생산·대량소비 시대)	• ICBM 융합/AI의 시대 • 가상(화)/공유의 시대 • 프로슈머 시대(확산) • (AI)창작·이용 시대 • 대량생산·대량소비시대/ (질적)소량생산·소량소비 시대

그림 16-1. 저작물의 창작, 유통, 이용환경의 변화와 저작권

* 이상정·안효질·손승우·김형렬, 2016, 83쪽.

　　기술발전을 위축시키지 않도록 저작권법상의 권리를 제한해야 한다는 논의가 있다. 이런 논의에서는 기술발전이라는 정책적 목표는 권리자의 보호와 이용자의 이익 사이의 균형을 전제로 하여야 한다는 점에 주의해야 한다. 현재의 균형 상태에 대한 분석과 검증 없이 정책적 목적만을 기준으로 하여서는 균형 잡힌 해석을 도출하기 어렵고, 그때그때 사정에 따라 균형의 중심을 옮겨 법적 혼란만 가능하게 하기 때문이다(김기정·송석현, 2021, 180쪽). 새로운 기술이 도입될 때마다 저작권 정책과 제도도 이런 균형을 유지하기 위해 변화된다. 인공지능 시대 각국의 지식재산권 보호 방안은 지식재산권 보호의 강화정책으로 나아가고 있다. 미국을 중심으로 EU, 독일, 일본이 그렇고 우리나라도 이에 부응하여 지식재산권 강화정책으로 선회하고 있다(김승래·이창성, 2018, 509~510쪽). 인공지능 기술은 계속 진화 중인 기술이기 때문에 법 정책상의 대응이 쉽지 않지만, 인공지능 기술 관련 법 제도의 불확실성이 인공지능에 대한 투자와 서비스 확산에 장애가 되므로, 법 제도의 예측 가능성 확보와 산업의 생산성 향상을 위한 정책과제의 제시가 요구된다(정상조, 2018,

40쪽). 특히 인공지능 창작물의 등장은 저작권 보호를 위한 새로운 과제를 던져주고 있으며, 향후 법학적 관점뿐만 아니라 경제학적·사회학적 관점에서 이에 대한 심도 있는 후속적 연구와 논의가 수반되어야 한다(이상정 외, 2016, 215쪽).

인공지능의 콘텐츠 창작에 관한 저작권 정책 수립에서 창작의 보호 관점에서 접근할 것인지, 산업발전과 투자 보호의 관점에서 접근할 것인지, 아니면 전혀 새로운 관점에서 접근할 것인지 등에 대한 검토가 필요한 시점이다. 예를 들어 인간의 감각을 전제로 한 시청각 중심의 콘텐츠 환경에서, 현실 세계를 증강시키는 AR/VR 기술과 IoT로 연결된 다양한 기계를 전제로 한 빅데이터 환경으로 변화하고 있는 메타버스 환경에서는 저작권 제도의 기본 전제들을 다시 생각해보고 제도 전체를 재구성하기 위한 준비가 필요하다(이철남, 2021, 488쪽). 결국 기술발전으로 인한 저작물의 창작, 유통, 이용환경의 변화는 문화적·산업적 패러다임의 변화를 초래할 것이며, 그에 따른 저작권 체계 패러다임의 변화에 적절히 대응하기 위해 저작권 정책도 새로운 방향을 모색할 필요가 있다. 이에 다음에서는 앞에서 다루었던 논의의 틀에 맞추어 인공지능의 콘텐츠 창작과 인공지능 창작의 결과물 차원으로 나누어 인공지능 창작물의 저작권 정책에서 검토되고 논의되어야 할 사항들을 제시해본다.

1) 인공지능의 저작물 이용 관련 저작권 정책 및 제도

인공지능의 콘텐츠 창작과 관련된 저작권 정책에서 무엇보다도 선행되어야 할 과제는 인공지능의 창작을 위한 데이터 제공시스템에 관한 정책 수립이다. 인공지능의 콘텐츠 창작에서 빅데이터 학습은 필수적인데, 정형 데이터뿐 아니라 텍스트, 사진, 동영상, 음성 등의 비정형 데이터도 학습하게 된다. 그런데 학습 과정에서 저작물 이용을 위해 저작권자의 이용허락을 받아야 하므로, 저작권이 큰 장애 요소로 작용하게 된다. 하지만 인공지능 창작에서 요구되는 방대한 양의 데이터를 개인이나 소규모 기업이 해결하는 것은 거의 불가능하다. 이에 국가나 공공 영역이 주체가 되어 저작권 문제가 해결된 학습용 데이터 제공시스템을 구축할 필요가 있다. 인공지능용 데이터베이스나 공용 데이터의 아카이브 구축 등과 같은 방식으로 정부가 인프라를 구축해서 사회문화적으로, 산업적으로 자료의 공정한 이용을 활성화하는 것이다. 시스템 구축에서는 데이터 이용목적에 따라 이용 범주 또는 조건을 차별화하는 방안이 모색될 필요가 있다고 본다.

둘째, 인공지능의 콘텐츠 창작에서 저작물 이용의 사전허락 절차나 기술구현의 어려움을 고려하여 별도의 이용허락 방식과 절차를 마련하고, 저작물 이용목적에 따라 저작권법이 요구하는 이용허락 체계의 예외를 인정할 필요가 있다. 인공지능의 저작물 이용에서 나타나는 특수성을 반영하여 이용허락 방식과 절차를 인간 창작물과 차별화하는 방법이 있다. 예를 들어 사후보상제도를 도입하는 것이다. 또 학습 및 분석 목적으로 사용하는 경우와 인공지능 학습의 최종결과물을 공적으로 활용하는 경우로 한정하여 이용허락 면제를 적용할 수도 있다. 반면 영리적, 상업적 목적의 저작물 이용에 대해서는 인공지능이 자유롭게 빅데이터를 학습하면서 얻어지는 이익을 합리적인 방식으로 배분해야 한다. 예를 들어 "협의의 법정허락제도"를 들 수 있는데, 이것은 법률이 정하는 일정한 요건이 충족되면 저작권자와의 사전협의를 거치지 않고 소정의 보상금을 지급하거나 공탁하고 저작물을 이용하는 것이다. 또는 인공지능과 같이 새로운 기술발달로 새로운 문제상황이 야기되는 경우 강제허락제도의 활용방안을 고려할 수도 있다. 이것은 저작권자나 그 대리인과 저작물 이용 희망자 간에 저작물 이용 교섭이 결렬된 경우, 저작권자의 사용조건 교섭권한을 박탈하지 않고, 권한 있는 행정기관이나 사법기관이 보상금을 결정한다는 조건으로 저작권자의 저작물 이용허락을 강제하는 제도이다(허세현, 2021, 218~219쪽).

셋째, 인공지능의 빅데이터 학습은 인간의 진보와 연결됨으로써 공공의 복리와 무관하지 않다는 점에서, 공정이용 원칙을 적용하는 방안을 모색한다. 빅데이터 학습에서 해당 데이터가 저작권 보호를 받는 저작물인지 일일이 확인하고 저작권자에게 이용허락을 받는 것은 비현실적이므로 저작권을 제한하는 방법인 공정이용을 인정하는 것이다. 수익 창출로 이어지지 않는 연구목적이나 비상업적 목적인 경우, 공정이용 원칙을 적용하여 인공지능의 콘텐츠 창작에서 자유롭게 빅데이터를 학습할 수 있도록 하는 정책이 요구된다. 다만 영리적 목적인 경우, 인공지능을 활용해서 수익을 창출한 자와 저작자나 저작재산권자 사이에 적절한 수익배분 시스템을 운영하는 방안을 모색해야 한다(양관석, 2018, 226~227쪽).

넷째, 인공지능의 콘텐츠 창작에 필요한 데이터의 가치를 보상하는 정책을 수립한다. 인공지능의 콘텐츠 창작에서 공정이용을 적용하여 방대한 양의 저작물을 학습한다면 데이터를 생산하는 저작권자나 정보 주체에게 아무런 이익이 발생하지 않는 문제를 해결하기 위해, 블록체인을 이용하여 저작권자 또는 저작재산권자와 합의한 스마트 계약에 따라 암호 화폐 등으로 보상해 주는 정책을 수립하는 것이다. 이것은 인공지능의 빅데이터 학습을 용이하게 함으로써 법적 안정성을 가져올 뿐 아니라, 새로운 가치 모델을 만들 수 있다(양관석, 2018).

다섯째, 실무적인 차원에서 인공지능을 활용한 콘텐츠 창작에서 유의해야 할 저작권 활용 지침을 마련하여, 현장에서 유용하게 활용할 수 있는 시스템을 제공한다. 예를 들어 인터넷 서버에 저장된 빅데이터 학습이 국경을 초월하는 특성을 고려하여 인공지능의 빅데이터 활용 국제표준을 마련할 필요가 있다. 인공지능의 빅데이터 이용은 저작권자의 허락을 받는 것이 불가능할 뿐 아니라, 과거 저작물 이용으로 인한 저작권 쟁점과는 분명 다르기 때문이다. 이런 시스템 지원을 통해 인공지능 산업과 인간의 창작활동이 함께 발전할 수 있는 균형감 있는 정책을 지향할 수 있을 것이다.

여섯째, 인공지능 창작물에 대한 새로운 개념과 이론을 정립하고 이에 기반한 정책을 수립하기 위한 목적에서 지속적인 연구가 필요하다. 이를 위해서는 무엇보다도 정책을 담당하는 인력들이 '자문'의 지위가 아니라 '전임/상임'의 지위로, 장기간 연구, 복무할 수 있는 위원회 조직을 운영하는 것이 필요하다. 위원회는 충분한 연구/정책 개발과 집행, 평가 권한을 가질 수 있어야 하고, 이러한 위원회와 위원의 지위를 법률로 보장하여 정부 교체에 상관없이, 중장기적인 연구와 이에 기반한 정책 개발과 집행을 할 수 있도록 제도적으로 뒷받침한다. 단순히 '저작권'에 한정한 인공지능 연구가 아니라 '인공지능'과 '지적 콘텐츠', 그와 관련한 윤리와 '인간의 존엄성 유지'를 종합적, 다학제적으로 다루는 기구의 성격을 가지면 좋을 것이다. 아울러 인공지능 관련 기술 분야 종사자와 이를 이용하는 창작자들, 관련 법률 전문가들의 이해의 간극을 좁힐 수 있는 협의 체계의 구축도 요구된다.

마지막으로 글로벌 저작물 이용 플랫폼사업자에 대한 법제화가 요구된다. 인공지능 플랫폼과 이에 유기적으로 결합하는 저작물 이용 플랫폼은 저작물 창작을 폭증시켜 저작자의 권리를 약화하는 반면, 저작물 이용 플랫폼사업자의 권한을 강화하게 될 것이다. 불행히도 저작물 이용 플랫폼 사업은 글로벌 사업자의 강력한 영향을 받게 된다. 이런 위기에 대응하기 위해 저작자의 권리 유지나 강화를 위한 법제도, 글로벌 플랫폼사업자의 수익을 저작자 또는 문화발전에 기여하도록 재분배하는 방안, 그리고 글로벌 플랫폼사업자에 대한 국가의 제어기능 법제화를 마련하는 것이 과제가 될 수 있다. 이런 과제는 WIPO 등 국제기구를 통한 합의를 이루어낼 필요가 있다(정진근, 2021a, 15쪽).

2) 인공지능 창작물의 저작권 정책 및 제도

기본적으로 인공지능 창작물에 대해서는 인간 창작물과 차별화된 저작권 정책이 요구되며, 약한 저작권 보호정책을 수립해야 한다. 작가의 인격적 개성의 발현, 독창적 노동, 창작 유인의 기반이 되는 저자로서의 의지·의도는 저작권을 부여하는 타당성 요소이다. 그런데 이와 같은 요소들이 인공지능에는 부합하지 않는다. 따라서 저작권 제도의 본질론에 비추어 볼 때 인공지능 창작물은 독점 배타적 권리부여를 통해 보호되는 인간 창작물과 법적으로 동일하게 취급되어서 안 되며 차별화되어야 한다(김현경, 2018, 131쪽). 기존 논의를 보면, 인간의 지적 노력이 투입된 인간 활동의 확장으로서 결과물의 형태와 효과가 인간 창작물과 같다는 점을 이유로 인공지능 창작물 법적 보호의 타당성을 인정하기도 한다. 인공지능 창작물도 하나의 창작 결과물이라는 점에서 결과물에 대한 법적 평가는 인간 창작물과 같아야 하며, 저작권 보호영역에 포섭해야 한다는 것이다. 하지만 보호 수준에 있어서는 인간 창작물보다 절대적으로 낮추어야 한다는 견해가 대세이어서, 인공지능 창작물에 대한 약한 저작권 보호 이론 적용의 타당성을 시사하고 있다(조연하, 2020). 방송프로그램 포맷과 같이 아이디어와 표현의 경계에 있는 창작물 보호는 현행법에서 부정경쟁방지법으로 보호할 수 있지만, 향후 경계 창작물에 대한 보호 특례를 두고 이런 유형의 창작물을 준저작물로 정의하여 일반 저작물보다 낮은 보호의 수준을 설정하는 방안이 있다. 인공지능 창작물 보호에 대해서도 이런 방식으로 접근할 수 있을 것이다(이상정 외, 2016, 214쪽). 앞으로 인공지능 창작물이 인간 창작물과 외견상 구분하기 어려운 수준에 도달한다면 새로운 유형의 법적 분쟁 등 또 다른 복잡한 문제를 야기할 수 있으며, 인공지능 창작물 보호의 필요성과 가능성, 그리고 인공지능 창작물이 저작권 제도에 미치는 영향 등을 고려하여 인공지능 창작물에 대응하는 새로운 저작권 제도 구축이 필요하다(한지영, 2021, 47~48쪽). 따라서 인공지능 창작물의 저작권 정책은 기본적으로 인간 창작물의 저작권 정책과 차등화하는 것을 근간으로 해야 한다. 차별화 방식으로 인공지능 창작물에 대해서는 약한 저작권 보호 이론에 기반하여 단기 저작권 보호정책을 수립하고, 보호 수준이나 방식을 정할 필요가 있다.

(1) 인공지능 창작물의 등록과 식별제도

인공지능 창작물에 대해 인간 창작물과의 차별적인 저작권 정책을 펼치기 위해서는 인공지능 창작물과 인간 창작물의 구별이 전제되어야 한다. 이를 위해 등록제도를 도입하는 방안을 검토할 수 있다. 특허제도와 다르게, 현행 저작권 제도는 무방식주의[2]를 채택하고 있으므로 저작권이 발생하는데 어떠한 절차나 형식이 필요하지 않다. 하지만 비단 인공지능 창작물의 문제가 아니더라도, 디지털 기술에 의한 정보유통 환경에서는 일반적으로 저작물 창작 시기를 정하기 어려우며, 권리자가 누구인지 정확히 알 수 없다는 점에서 무방식주의의 한계를 지적할 수 있다. 게다가 인공지능 창작물은 개인의 인격 발현인 저작물을 창작하였다는 사실로부터 저작권이 즉각적으로 발생한다는 논거가 적용될 수 없다. 이에 인공지능 창작물에 대해서는 저작권법상의 무방식주의의 예외로서 방식주의에 의한 새로운 등록제도를 도입하거나 인증을 해주는 방안을 모색할 필요가 있다(김현경, 2018). 이것은 인공지능 창작물의 권리발생을 위해 일정 부분 방식주의를 채택하는 것을 의미한다. 방식주의는 일정한 등록 절차와 저작권 표시, 납본 등을 요구하는 제도이다. 등록제도를 통해 인간 창작물과 구별하고 인공지능 창작물의 특징적인 부분을 보호할 수 있을 뿐 아니라, 인간의 개입이 없이 자율적으로 만들어진 인공지능 창작물에 인간이 저작자로 표시하는 것을 방지할 수 있을 것이다.

이와 관련하여 윤선희·이승훈(2017)은 인간 창작물을 대상으로 하는 현행 지식재산권 제도로 인공지능 창작물을 보호하는 것은 바람직하지 않다고 보고, 새로

---

[2] 무방식주의의 주요 논거는 저작권은 개인 인격의 발현으로 저작물 창작과 동시에 권리가 생성되므로 일정한 형식을 갖추지 않는다면 저작권 보호가 발생하지 않는 방식주의와 양립하지 않으며, 저작권은 자연적으로 주어지는 권리인데 방식주의로 인해 그 권리가 제한된다면 자연적 정의에 어긋난다는 것이다. 또 저작권은 저작물을 구현하는 물리적 객체를 보호하는 것이 아니라 저작자 사상의 표현을 보호하는 것인데, 방식주의는 이런 추상적 저작물의 속성에 적용되기 어려우며, 국가 간의 안정적인 저작권 보호를 저해할 수 있다는 것이다(김현경, 2018).

운 '인공지능 창작물 보호제도'를 제안하였다. 이것은 '인공지능'과 '인공지능 창작물'에 대한 등록 및 공개와 이에 따른 모방-금지적 효력을 인정하는 제도이다. 이 제도는 인공지능의 창작이 인간의 창작과 같게 취급되거나, 인공지능 창작물이 인간의 창작을 보호하는 현행 지식재산권 제도에 섞여 보호되는 현상을 경계할 수 있는 이점이 있는데, 인공지능 기술 개발 및 관련 산업발전을 촉진하는 유인책과 인공지능에 대한 경계심을 고려한 새로운 지식재산권 제도라는 점에서 의미를 찾을 수 있다(189~190쪽).

인공지능 기술이 발달할수록 인공지능 창작물과 인간 창작물의 구별이 점점 더 어려워지는 상황에서, 인간 창작물로 오인되는 것을 방지하기 위한 차별적 법적 취급방안으로 '인공지능 창작물 식별 표시제도'가 요구된다. 이 제도는 인공지능 창작물의 창작단계에서부터 자동화된 방식으로 변조될 수 없는 형태로 표준 식별 체계를 부여하는 것이다.3) 식별제도는 인공지능 창작물을 본인의 창작물로 허위로 공표하거나 등록하는 범법행위를 방지하고, 이용자가 창작물의 가치를 객관적으로 판단하도록 정확한 정보제공을 해 준다는 점에서도 중요하다(김현경, 2018). 이렇게 인공지능 창작물에 방식주의와 표시제도를 도입하는 것은 창작물의 거래나 유통환경에서 절차상의 복잡함과 비용부담을 덜어줄 수 있으며, 현재 데이터베이스제작자 권리에 준하는 보호 효과를 기대할 수도 있다.

(2) 인공지능 창작물의 단기 저작권 보호정책

국제조약이 걸림돌로 작용할 수도 있지만, 국내는 물론이고 국제적으로도 공통된 인식은 현재 인간 창작물의 저작권 보호기간이 너무 길다는 점이다(이상정 외, 2016, 92~93쪽). 이와 같은 인식에 근거할 때, 약한 저작권 보호론을 적용할 필요가 있는 인공지능 창작물에 대해서는 당연히 단기 저작권 보호 정책을 수립해야 할

---

3) 콘텐츠 식별제도는 현행 「콘텐츠산업진흥법」과 국가표준 디지털콘텐츠식별체계(Universal Content Idientifier, UCI) 제도에서 찾아볼 수 있다. 콘텐츠에 대한 이용자의 오인이나 혼동을 예방하고 안전한 거래를 도모하고자 「콘텐츠산업진흥법」 제23조에서는 콘텐츠의 권리관계와 유통·이용의 선진화 등을 위하여 정부가 콘텐츠 식별체계에 관한 시책을 수립·시행하도록 규정하고 있다. 또 UCI는 디지털콘텐츠에 코드를 부여하여 관리하는 체계 또는 식별체계 간의 연계표준으로, 온라인 유통과정에서 식별체계로 적절하다. 인공지능 창작물은 오프라인에서 실물로도 존재하므로, 이에 대한 식별제도가 함께 고안될 필요가 있다(김현경, 2018, 152~153쪽).

것이다. 인공지능이 빅데이터만 확보하면 인간과 비교할 수 없을 정도로 짧은 시간 내에 대량의 창작물을 만들어 내며, 향후 기술이 더 발전되면 인공지능이 엄청난 양의 저작물을 창작할 가능성이 크다는 점을 고려한다면, 권리 보호기간은 매우 짧게 정해야 한다. 또한 인공지능의 성능을 고려하여 인간의 개입이나 기여도를 기준으로 보호기간과 같은 저작권 보호의 수준이나 방식을 단계적으로 차별화하는 정책도 생각해 볼 수 있다. 여기에는 창작물에 사용된 인공지능의 역할과 범위에 대해 명확히 밝히도록 하는 정책도 함께 수반되어야 한다.

(3) 인공지능 창작물의 저작자 지위 부여 정책

기술발전의 현 단계에서는 인공지능이 단순한 인간의 창작 도구로 활용되는 것부터 인간의 개입이 없이 독자적으로 창작과정을 수행하는 것까지 매우 다양한 활용방식이 존재하고 있다. 이에 인공지능 기술 수준이 약한 인공지능에서 강한 인공지능으로 넘어가는 과도기라고 볼 수 있다. 또한 현행법상 인공지능에 저작자 지위를 부여하기 위해서는 법인격 주체로서 지위 부여가 선행되어야 한다. 이런 점들을 고려할 때, 인공지능에 저작자 지위를 부여하는 것은 시기상조라고 볼 수 있다. 현재로서는 인공지능 창작물의 저작권을 인공지능 이용자 또는 개발자에게 귀속시켜야 한다는 견해가 지배적이다. 하지만 앞에서도 언급했듯이 이런 견해들은 저작권법의 핵심 요소인 저작자의 관점에서 바라보지 않고 지나치게 인간 중심적으로 해석하고 있다는 점에서 좀 더 깊이 있는 논의가 필요하다.

인공지능의 종류별로 저작자 지위를 차별화시키는 문제는 창작과정에 인간의 개입 정도와 창작 기여도를 바탕으로 사례별로 접근하는 게 합리적이다. 결국 인공지능 성능의 향상과 더불어 인공지능에 대한 저작자 지위 부여의 타당성도 높아질 것으로 예상된다. 문제는 각각의 사례별 판단에서 인간의 개입 정도 및 기여도를 어떻게 판단할 것인지인데, 이에 관한 별도의 원칙이나 기준이 요구된다. 저작자가 아니라 인공지능 창작물에 대한 권리를 가진 자의 개념으로 접근하면서, 저작자가 아닌 다른 용어로 특례를 적용하는 것도 하나의 방법이 될 수 있을 것이다. 무엇보다도 저작권자의 법적 지위와 인공지능 개발자를 위한 인센티브의 필요성을 다 고려함으로써 효과적인 해결책이 나올 수 있다. 이 두 가지 중요 조건은 인공지능의 법적 위치와 미래 발전을 확고히 하기 위해서라도 필요하다(Hristov, 2017, pp. 441~442).

(4) 인공지능 창작물 저작권 정책에 관한 사회적 합의

현행 저작권법 체계는 인공지능 창작물에 대한 권리를 누구에게 부여할 것인지를 결정하기에 많은 문제점을 내포하고 있다. 이에 정책적으로 인공지능 창작물을 공유영역에 두자는 논의도 등장하고 있는데, 이것은 최근 인공지능 창작물이 시장에서 상당히 고액으로 판매되는 현상을 고려할 때 현실을 도외시한 정책이 될 수 있을 뿐 아니라, 인공지능 창작물의 창작에 기여한 자들의 정당한 사적 권리행사 측면에서 문제가 될 수 있다(한지영, 2021, 53쪽). 이에 인공지능 창작물의 저작권 정책을 수립하기에 앞서, 앞으로 충분한 시간을 두고 전문적인 검토를 거쳐 사회적 합의를 얻는 과정이 요구된다. 또한 인공지능의 콘텐츠 제작에 사용된 기술을 투명하게 밝히도록 정책적으로 추진할 필요가 있다. 인공지능은 사람을 잘 모사하기 때문에 일반인이 들으면 이것이 사람이 만든 것인지 인공지능이 만든 것인지 판단하기 어렵다. 따라서 어떤 콘텐츠 창작에 인공지능 등 기술을 활용했다면, 어떤 기술을 어느 정도로 활용했는지 이용자들에게 밝히는 것도 하나의 방법이다. 이는 원래 창작자 양심의 영역이지만, 점점 더 기술이 복잡해지고 정교해질 것을 감안할 때 이를 의무화하는 정책도 검토대상에 포함되어야 한다고 본다.

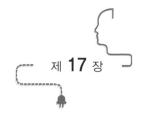

제 17 장

인공지능 콘텐츠 창작과 저작권 입법

저작권법의 목적은 저작자에 독점권 부여를 통해 가치 있는 아이디어의 표현물인 저작물에 경제적 인센티브를 제공함으로써, 저작자의 노동에 대한 대가가 아니라 사회 이익을 위해 저작물을 생성하도록 장려하는 것이다. 그 결과, 과학과 유용한 문화예술 및 관련 산업발전을 촉진하고 아이디어와 2차적저작물의 시장 독점을 방지하는 것이 저작권법의 입법 취지이다(이상미, 2016; Wu, 1997). 저작권법은 저작물의 무단 이용으로부터 저작자를 보호하는 법이기도 하므로, 저작물 이용 형태의 변화에 따라 발전해 왔다. 저작물 이용 형태의 변화는 대부분 기술발전의 결과이므로 저작권법은 기술발전과 밀접한 관계를 맺으면서 발전하고 변화를 거듭하였다(이상정 외, 2016). 인공지능이라는 새로운 기술도 문화 및 관련 산업의 발전과 저작물의 무단 이용으로부터 저작자 보호라는 저작권법의 취지에 맞는 입법을 요구한다.

현행 저작권법에서는 인공지능은 물론이고 컴퓨터가 창작한 창작물에 대해서도 별도의 정의 규정이나 보호 규정을 두고 있지 않다. 다양한 스펙트럼의 인공지능 기술이 존재하고 그 기술은 빠른 속도로 진화하기 때문에, 모든 문제를 일시에 해결할 수 있는 획일적인 해석론이나 입법론을 찾아내기 어렵다. 우선 산업계, 학계, 실무, 정부의 협력과 집중적인 연구를 통해 현행법을 명확히 해석할 필요가 있다. 다만, 해석론에 의존하기 어려운 불명확성과 불합리성이 확인된다면, 장단기 과제로 인공지능에 의한 콘텐츠의 생산과 소비에 대응하기 위한 새로운 권리 모색, 저작권 제한 및 존속기간의 단축 등, 다양한 입법론을 모색해야 한다(정상조, 2019, 4쪽). 인공지능의 창작과 저작권에 대해 좀 더 많은 학문적 검토와 정책 수립을 위한 사회적 합의가 필요하지만, 지금까지 논의된 사항을 토대로 현 단계에서 입법안을 모색해 보는 것은 다음 단계의 구체화를 위한 발판이 된다는 점에서 의미가 있을 것이라고 본다. 인공지능의 콘텐츠 창작과 관련된 저작권법의 개선안을 모색하기에 앞서, 그동안 우리 저작권법의 개정 동향과 비인간 창작물에 대한 외국의 입법 동향을 살펴본다.

1 / 국내 저작권법의 개정 동향

지식재산권 관련 법령으로는 저작권법 외에 산업재산권[1] 관련 법률인 특허법, 실용신안법, 상표법, 디자인보호법 등이 있다.[2] 지식재산권법 중에서도 저작권법은 저작권에 관한 사항을 규율하기 위해 만들어진 입법 장치이다. 저작권 관련 법령으로는 저작권법, 저작권법시행령, 저작권법 시행규칙이 있으며, 사회적인 변화와 기술발달을 반영해서 저작권법도 그 목적과 기능이 역사적으로 변화하면서 그 내용이 지속해서 개정되고 있다(조연하, 2018). 우리나라 최초로 제정된 1957년 저작권법의 입법목적은 '저작자 보호'이었으나, 1986년 12월 개정에서 '저작자의 권리와 이에 인접하는 권리보호'로 바뀌고, 저작물 이용의 활성화가 추가되었다. 저작자 자체가 아니라 저작자의 권리보호로 입법목적이 좀 더 명료해졌다고 볼 수 있다. 이후 디지털 기술과 새로운 미디어 기술의 발달로 컴퓨터프로그램, 데이터베이스 등을 포함함으로써, 저작권법의 보호 대상 범위가 확대되었다. 그리고 앞에서도 언급했듯이, 저작권법이 문화를 보호하는 것에 그치지 않고 문화 관련 기술이나 산업을 보호할 필요성이 제기됨에 따라, 2009년 4월 개정에서 궁극적인 입법목적을 "문화의 향상발전"에서 "문화 및 관련 산업의 향상발전"으로 변경하게 되고 저작권법이 문화산업법의 성격을 띠게 되었다. 이와 같은 입법목적의 변화는 앞에서도 언급했

---

1) 「발명진흥법」 제2조 제4호에 따르면, 산업재산권은 특허법, 실용신안법, 디자인보호법 또는 상표법에 따라 등록된 특허권, 실용신안권, 디자인권 및 상표권을 말한다.
2) 콘텐츠 지식재산권은 저작권법과 다른 지식재산권법이 중복적용되는 사례가 적지 않으며, 지식재산권 분쟁은 무효심판도 함께 진행되므로, 하나의 권리로 보호받는 것보다는 적용 가능한 지식재산권 유형을 파악해서 가능한 여러 권리로 보호받는 것이 안전하다.

듯이, 저작권법 정책이 저작물 유통산업의 보호에 치중하면서 산업정책에 묻혀버리는 현상을 초래하였고, 새로운 기술이 등장할 때마다 저작권법이 기술의 영향을 받으면서 본래 목적인 저작자의 권리보호에서 멀어지고 있다는 비판을 받고 있다.

저작권 정책도 문화의 향상발전보다는 문화산업 발전에 주력하면서, 저직권 보호와 문화산업을 하나로 묶어 정책을 전개하는 양상을 보인다. 이와 같은 현상은 음원 사용료 징수규정 등에서 볼 수 있는데, 저작물을 창작한 저작자 권리보다는 저작권자, 더 나아가서 관련 산업을 지나치게 보호하고 있으며 저작권 보호를 앞세워 저작물 이용을 가로막고 있다는 점이 저작권 정책의 한계로 지적된다. 한마디로 저작권 정책이 저작자 보호를 통한 문화 향상발전이라는 저작권법의 본질적 가치를 변질시키는 것이다(조연하, 2018, 32쪽). 저작권 입법과 정책이 상호 연결되면서 영향을 미치고 있음을 보여주는 것인데, 이것은 인공지능의 콘텐츠 창작과 저작권 논의에서 입법정책의 중요성을 시사한다.

저작권법은 기술발전을 반영해서 빈번하게 개정되는 경향을 보이는데, 저작권 보호기간의 연장,3) 기술발전의 반영, 저작권 보호 강화 등을 저작권법 개정의 특징으로 설명할 수 있다. 2020년 7월, 저작권법 전부개정안 추진계획안이 발표되었다. 개정 목표는 저작물의 창작과 이용이 디지털로 이뤄지고 쌍방향 온라인 기반(플랫폼)이 발달함에 따라, 음악 등 저작물이 매 순간 대량으로 이용되는 최근 상황을 반영하려는 취지에서, 창작자 권리보호를 강화하고 저작물 이용을 손쉽게 하는 것이다. 개정안에서 추진하고자 하는 핵심 내용은 추가보상청구권 도입, 확대집중관리제도 도입, 업무상저작물 조항 개선, 퍼블리시티권(일명 인격표지재산권) 도입, 조정 우선주의, 인공지능 개발·활용 촉진이다.

추가보상청구권은 창작자가 저작권을 이용자에게 양도한 경우라도 창작자와 저작물 이용자(저작권 양도받은 자) 간의 수익이 크게 불균형한 상황이 된다면, 창작자가 계약을 변경하거나 추가적인 보상을 청구할 수 있는 권리를 의미한다. 저작물 창작자와 이용자 간 권익의 균형을 이루기 위한 제도라고 볼 수 있다. 확대집중관리제도란 기본적으로 집중관리단체 회원이 아닌 권리자라도 집중관리단체가 확보

---

3) 저작물의 상업적 가치에 비해 보호기간이 지나치게 길다면서 계속적인 연장에 대해 비판적인 시각도 존재한다(남희섭, 2014, 60쪽).

한 목록의 저작물을 이용자들이 제한 없이 사용할 수 있도록 하는 제도이다. 즉 집중관리단체가 신탁받지 않는 저작물에 대해서도 이용허락 권한을 부여하는 제도로, 집중관리단체가 대리하지 않은 권리자에게로 이용허락계약을 확대하는 것이다(오승종, 2007; 유수현, 2010). 이 제도의 유용성은 고아 저작물 이용의 활성화에서 찾아볼 수 있다. 저작물의 대량 디지털화에서 저작물의 상당 부분을 차지하는 고아 저작물은 이용허락이 중요한 해결과제인데, 저작권 해결에 비용이 많이 들고 추후 저작권 침해 문제가 제기될 위험이 있는 고아 저작물의 이용 활성화를 위해서라도 확대집중관리제도의 도입이 요구된다(노현숙, 2013). 저작권자의 배타적 권리를 보상청구권으로 과도하게 제한하지 않으면서 권리자들에게 저작물 사용의 대가를 보장하고 이용자들의 법적 안전성을 확보할 수 있는 좋은 제도로 평가된다. 이 제도는 이미 북유럽국가들이 시행하고 있으며 일본, EU, 미국 등의 국가에서도 도입을 검토 중이다(박기태, 2021).[4]

그 밖에도 개정안에서는 법인 등의 이름으로 저작물을 공표하는 경우 창작자가 아무런 권리를 부여받지 못하는 현행 업무상저작물 조항(제9조)을 개선하여, 법인에 고용된 창작자의 권익과 법인의 원활한 저작물 이용이 균형을 이루는 방안을 제시하였다. 또 한류 연예인 등 유명인의 초상·성명 등의 무단 사용이 증가하면서 퍼블리시티권(일명 인격표지재산권)을 도입하는 방안과 일상적인 저작물 이용이 형사처벌의 위험에 빠지지 않도록 비영리·비상습적인 저작권침해는 형사처벌 범위를 완화하고 한국저작권위원회의 조정절차를 밟는 경우 수사 진행을 정지하는 방안이 제안되었다. 무엇보다도 2020년 개정안에서 주목되는 점은 인공지능 개발·활용 촉진에 관한 조항이다. 이 조항은 인공지능 개발 등을 위한 말뭉치 활용 등 정보 대량분석(데이터마이닝) 과정에서 저작물의 자유이용을 위한 저작권 면책규정의 도입과 인터넷 기반의 실시간 영상송출을 저작권법상의 개념(가칭 디지털 송신)으로 명확히 하는 방안을 담고 있다.

한편 최근 몇 년 사이에 지식정보기술, 특히 인공지능의 위험성에 대한 학계 논의가 활발해지면서, '인공지능 규범'을 제시하는 국내외 연구나 입법 사례가 급

---

4) 2021년 1월 15일 도종환 의원 등이 발의한 국회 계류 중인 '저작권법 전부개정 법률안'에서도 확대 집중관리제도가 포함되어 있다.

증하였다. 그 가운데 지능정보사회 및 지능정보화와 관련 정책의 수립·추진에 필요한 사항을 규정하기 위해, 국내에서는 기존 '국가정보화 기본법'을 '지능정보화 기본법'으로 전부 개정한 법률안이 2020년 5월 국회를 통과하여 12월 10일부터 시행되고 있다. 이 법은 지능정보 기술의 위험을 관리하는 규제행정의 근거를 일부 포함하고 있으나, 행정입법은 아직 미비한 상태이다(권은정, 2021, 111~112쪽). 인공지능의 콘텐츠 창작에서도 인공지능이라는 기술을 올바르게 사용하고 기술이 야기하는 위험을 관리하는 입법을 간과하지 않아야 할 것이다.

2 / 비인간 창작물의 저작권 입법 동향[5]

컴퓨터와 같은 비인간이 창작한 저작물의 저작권에 관한 관심이 높아지면서, 세계 각국에서 이에 대응하고자 입법적인 대안을 모색하고 있다. 이에 관한 논의에서 가장 많이 언급되고 있는 입법이 영국의 1988년 저작권법이다. 이 법에서는 컴퓨터 작성 창작물의 저작권을 인정하였는데, 인공지능과 같은 비인간 창작물을 저작권으로 보호할 가능성을 어느 정도 보여주었다고 볼 수 있다. 제178조에서 컴퓨터 생성 저작물을 "인간 저작자가 없는 상황에서 컴퓨터가 창작한 저작물"로 정의하고 있으며, 제9조 제3항에서 컴퓨터를 기반으로 하는 어문, 연극, 음악 또는 미술저작물의 저작자를 "저작물의 창작에 필요한 조치를 한 자"로 규정하였다. 또 제12조에서 컴퓨터 생성 저작물의 보호기간을 창작된 해로부터 50년간으로 제한함으로써, 인간 창작물의 보호기간보다 20년 단축하였다. 일부에서는 이 조항을 인공지능 창작물의 입법 형태로 인용하여 인공지능 창작물 저작자를 해당 저작물의 산출에 기여한 자로 간주할 수 있다고 보는 견해도 있다. 하지만 1988년 제정된 이 규정은 자율적으로 학습을 통해 다량의 창작물을 만드는 인공지능 기술을 염두에 두고 만든 법은 아니다. 따라서 현재의 인공지능 창작물에 적용하기에는 다소 무리가 있다(손승우·김윤명, 2016). 그럼에도 불구하고 제178조에서 인간이 관여하지 않은 컴퓨터를 전제로 하는 정의 조항은 앞으로 인간의 지능을 넘어서는 수준의 인공지

---

5) 조연하 연구(2020)의 일부 내용을 보완하여 인용하였다.

능이 만든 창작물을 보호할 가능성을 열어 두었다(허세현, 2021, 205쪽)는 점에서 의미를 찾을 수 있다.

한편 미국 저작권법에서는 저작자 개념은 물론이고 저작자를 인간으로 제한하는 명문상의 규정은 없으나, 저작권청의 실무지침에 따르면 인간 창작물만이 저작권을 등록할 수 있는 체제이다. 인간이 아닌 컴퓨터가 만든 인공지능 저작물의 저작권 등록을 인정하지 않는다는 취지를 밝히고 있는 것이다(차상육, 2020; 최재원, 2017). 실제로 저작권청은 1965년 연간보고서를 통해 창작에 컴퓨터가 일부 참여한 편집음악, 추상화, 편집저작물 등의 저작권 등록신청을 접수했다는 사실을 보고한 바 있으나, 이에 대한 공식 입장을 밝히지 않아서(Denicola, 2016) 비인간 창작물에 대한 당시 저작권 정책을 정확히 파악할 수 없었다. 하지만 이후 1985년, 컴퓨터프로그램 '렉터(Racter)'[6]가 생성한 산문집의 저작권을 등록하기 위해 컴퓨터프로그램을 저작자로, 프로그래머와 일러스트레이터를 저작권자로 기재하여 신청했는데, 이를 저작권청이 승인하였다(Ralston, 2005; Wu, 1997). 또 1993년에는 작고한 소설가의 작품들을 모방하도록 프로그래밍된 인공지능 프로그램 '할(Hal)'이 창작한 소설의 저작권 등록을 인정하였다. 이것은 컴퓨터 창작물의 저작자와 저작권자를 누구로 보든 간에, 일단 컴퓨터 창작물의 저작물성을 인정한 것으로 볼 수 있다. 그러나 2014년과 2020년 실무지침에서 인간 창작물만 저작물로 등록할 수 있다고 선언함으로써, 저작물 등록대상을 인간으로 한정하고 있음을 분명히 하였다. 이는 컴퓨터를 카메라나 타자기처럼 인간의 작동에 의해서만 기능하는 창작 도구로만 이해하는 CONTU의 입장(Denicola, 2016)과 같다고 볼 수 있다. 이와 같은 미국의 입법정책을 토대로 할 때, 컴퓨터에 대한 저작자 지위 부여는 커다란 파장을 불러일으킬 것이 예상되며, 컴퓨터 창작물의 저작자는 컴퓨터가 아닌 인간이어야만 한다고 보는 것이 타당할 것이다.

일본은 인공지능산업이 발달한 나라로, 인공지능 창작물의 저작권 보호에 앞장섰다. 1973년, 1993년 문화청 저작권심의회가 이미 컴퓨터 창작물의 저작권 제도상의 취급을 논의했다. 그리고 2016년 1월 지식재산전략본부의 차세대 지식재산시스

---

6) 결과물을 생성할 것인지를 렉터가 결정하지 않고, 렉터의 프로그래머, 소유자, 사용자가 결정한다(Wu, 1997, p. 156).

템 검토위원회에서 인공지능 창작물의 저작권 보호 여부와 인공지능 창작물을 아우를 수 있는 저작권 제도방식을 논의하였다. 같은 해 4월, 위원회는 보고서를 통해 인공지능 창작물을 위한 새로운 저작권 제도와 관련하여 권리의 주체와 내용, 권리 발생의 요건, 해당 보호제도를 이용하는 인센티브 능을 검토하었고, 그 내용을 토대로 인공지능 창작물의 저작권 보호 방향을 제시하였다. 인공지능을 도구로 활용한 창작물은 저작물성을 인정받을 수 있으나, 현행 저작권법상의 보호범위를 그대로 적용하는 것은 과잉보호에 해당하므로 권리 범위의 제한 필요성에 따라 저작권 보호기간은 저작자 사후 50년⁷⁾보다 짧아야 한다는 태도를 나타내면서(권용수, 2016; 이승선, 2016; 최재원, 2017; 허세현, 2021), 인간 창작물과 인공지능 창작물의 저작권 보호 방식을 구분하려고 했다. 일본은 인공지능 창작물의 저작권과 관련하여 현행 저작권법을 재검토하고 있는 국가로 손꼽을 수 있으며, 인공지능 창작물의 법적 보호와 관련하여 매우 선제적인 입법 또는 정책을 전개하고 있다(고재종, 2018; 한지영, 2021). 이상 외국의 입법례를 보면 영국을 제외하고는, 인공지능 창작물을 저작물로 인정하는 규정을 명시적으로 두고 있는 국가는 없다고 볼 수 있다(차상육, 2020).

　　한편 국제적인 차원에서 컴퓨터 관련 저작물 논의는 베른협약으로 거슬러 올라가는데, 컴퓨터프로그램을 '과학에 관한 3차 저작물과 같은'으로 명시함으로써 저작물성 인정의 여지를 남겨두었다. 논의는 다시 1982년 WIPO와 UNESCO의 권고로 이어지는데, 저작물의 창작에 이바지한 컴퓨터프로그램 개발자는 저작자 또는 공동저작자로 인정받을 수 있다고 보았다. 그리고 유럽연합위원회는 1988년 녹서(Green Paper)에서 모든 저작물은 충분한 기술과 그를 제작하기 위한 노동력 등이 충족되어야 저작권 보호를 받을 수 있다고 설명하였으며, 컴퓨터를 도구로 창작한 저작물은 컴퓨터를 사용하여 저작물을 창작한 이용자가 저작자라고 해석하였다. 그리고 2009년 유럽연합의 컴퓨터프로그램 지침에서는 컴퓨터프로그램이 저자의 지적인 창작으로 만들어졌다면 저작물로서 보호받는다고 하였으나, 컴퓨터로 창작된 저작물의 보호에 대해 명시하지는 않았다. 한편 2017년 2월 유럽연합 의회가 통과시킨 '로봇 시민법 결의안'에서는 인공지능(로봇)에 '전자 인간'이라는 법적 지위를 부

---

7) 한국은 2013년 사후 50년에서 70년으로 보호기간이 연장되었으나, 일본은 그보다 늦게 2018년 사후 70년으로 연장하였다.

여하고, 로봇이 자율적으로 결정하거나 제3자와 독립적으로 상호작용할 수 있을 때 전자 인격을 적용할 것을 고려하도록 하였다. 즉 전자 인간에게 자연인에 준하는 권리와 의무를 취득하게 하는 것이 핵심 내용인데, 기술발전을 고려하여 전자 인간에게 자연인, 법인과 다른 제3의 법인격을 상정한 것으로 볼 수 있다(최재원, 2017; 차상육, 2020).

우리 저작권법은 물론이고 다른 주요 국가들의 입법례에서도 저작물 성립요건으로 저작물의 주체를 인간으로 한정한다. 자연법에 기반을 둔 정신적 소유권론8)에 따라 인간의 지적인 저작물만 보호하는 것이다. 창작 주체가 누가 되든지 관계없이, 창작 행위의 결과물이 문화산업 발전에 기여하였는지와 같이 목적론적인 해석에 의해서만 저작물성을 인정할 수 없다9)는 것이 현행 저작권법이 보여주는 태도이다(한지영, 2021). 이에 근거할 때 인공지능이 자율적으로 창작한 저작물은 저작물로 인정되지 않아 저작권법의 보호를 받기 어렵다. 반면 정신적 소유권의 사상을 기초로 하지 않는 영미법계의 저작권법은 인공지능 창작물이 산업 정책상 유리하다고 판단되면 인센티브 이론에 기초하여 저작권을 인정하는 이론구성이 가능하다. 이에 다양한 정책적 고려와 함께 저작권법이 입법론적으로 보완되지 않는다면, 인공지능의 권리관계에 관여하기 어렵다(김윤명, 2016a; 차상육, 2020). 만약 인공지능 창작물과 인간 창작물의 보호 수준이 같다면, 인간의 정신 활동보다는 단순히 인공지능의 성능 향상과 인공지능 창작물의 생산 속도 향상을 위한 활동에만 전념할 것으로 예상된다. 이것은 저작권법의 입법목적인 문화발전에 역행하는 것이다(손승우, 2016; 이주환, 2017; 최종모, 2017). 결국 인공지능 창작물에 대해 문화발전과 저작물 보호라는 저작권법 취지에서 벗어나지 않으면서, 법적 보호에 있어 인간 창작물과의 차별화를 꾀할 수 있는 입법적 보완이 필요하다.

---

8) 정신적 창작물인 저작물을 유체물의 소유권과 대비하면서 이와 유사하게 구성하는 입장이다.
9) 문화 및 관련 산업의 향상발전이라는 저작권법의 입법 취지에만 근거하여 해석한다면, 원숭이나 기계가 만든 창작물도 저작물성을 인정해야 한다는 이상한 결론에 도달하기 때문이다.

3 / 인공지능의 콘텐츠 창작과 입법 개선안

지식재산권은 인간이 창작한 지적창작물 중에서 보호할만한 가치가 있는 것에 부여한 법적 권리이다. 저작권법상 저작물은 인간의 사상이나 감정을 표현한 것이고 이에 따라 저작물의 주체나 대상은 인간으로 귀결된다. 그런데 알고리즘으로 만들어진 인공지능 창작물은 사상이나 감정이 표현되어 투영되었는지를 판단할 수 없으므로, '사상'이나 '감정'에 의해 나온 결과에 대한 값이라고 보기 어렵다. 따라서 앞에서도 언급했듯이, 현행법 제도에서는 인공지능 창작물을 보호하기 어렵고, 인공지능이 창작한 결과의 값을 보호하고자 한다면 부수적 조항이나 법인격의 격상을 통해 새로운 법 보호 체계를 마련해야 한다. 즉 저작권법과 산업재산권법은 사람 또는 사람의 사상과 창작 행위를 전제로 한 것이므로, 인공지능이 스스로 창작한 것은 보호 대상이 될 수 없다. 하지만 인공지능 창작물을 인간의 창작이나 창작물을 보호하는 제도인 현행 지식재산권 제도로 보호할 수 있는가의 문제와 인공지능 창작물을 현행 지식재산권 제도와 흡사한 새로운 제도로 보호하는 방안을 입법론으로 강구하는 것은 별개의 문제이다. 이상의 여러 논의를 토대로 하여 인공지능의 콘텐츠 창작과 저작권에 관한 법적 안정성을 꾀하기 위해 입법에서 고려해야 할 점들을 제안해본다.

1) 인공지능의 저작물 이용 관련 입법안

인공지능 기술발전은 저작권법 영역에도 새로운 문제를 제시하고 있다. 인공지능은 인간처럼 기존 저작물을 학습하고 그 학습을 통해 결과물을 생산해 내는 일련의 과정에서 엄청난 속도로 저작물을 이용하고 소비한다. 따라서 이와 같은 현상을 기존의 저작권법 체계에서 어떻게 다룰 것인지는 중요한 연구과제이다.

인공지능이 학습을 위해서는 대규모의 데이터 입력이 필요하다. 그러나 빅데이터를 활용할 때마다 매번 저작권자들에게 이용허락을 구하는 것은 비현실적이다. 이런 문제를 해결하는 방법으로 저작물의 공유와 허가 없이 자유롭게 이용할 수 있는 저작물의 공정한 이용이란 법적 장치를 활용할 수 있다. 저작권법의 공정한 이용조항은 저작재산권을 포괄적으로 제한하는 성격을 가지므로, 인공지능이 허락받지 않은 데이터나 자료 사용이 정당함을 주장할 수 있는 근거로 사용하면서, 인공지능의 저작물 이용에 관한 면책조항의 부재라는 저작권법의 한계를 보완할 수 있다. 하지만 인공지능의 기술발전과 디지털 정보경제의 변화가 공정이용 법리를 적용하는 데 한계로 작용한다. 이에 인공지능의 콘텐츠 창작과정에서 저작물 이용에 관한 입법안으로 저작권법의 공정한 이용조항에 인공지능 학습에 관한 특칙 조항을 두는 방안이 있다. 인공지능 학습에서 저작물 이용의 공정이용 판단기준과 더불어 저작물 이용의 방법과 요건에 관한 명확한 규정을 신설하는 것이다.

규정에서는 공정한 이용의 판단 요소 중에서도 저작물 이용의 목적과 성격 기준을 중심으로 저작물 이용의 허용 범주를 정해줄 필요가 있다. 원저작물의 표현 자체가 아닌 데이터나 정보와 같은 비표현적 가치를 이용하는 비표현적 이용, 데이터 수집과 처리 과정에서 부가적으로 발생하는 중간 복제, 저작물의 대량이용 등과 같은 요소를 중심으로 범주를 정하면 좋을 것이다. 이것은 기존 아날로그 기술 기반의 저작물 이용환경에서 고려할 수 없었던 인공지능 기술의 특성을 고려하여 인공지능 시대에 적합한 균형점을 설정해 주는 새로운 공정이용 판단기준의 필요성을 제기한다. 김도경(2020)이 주장했듯이, "저작물"만을 중심으로 하는 것이 아니라 "기술"까지 다각적으로 균형 있게 고려하여 공정이용을 판단하는 저작권 패러다임의 전환과 변화가 필요하다고 볼 수 있다. 또 저작물 이용의 방법과 요건에 관한 조항에서는 인공지능을 활용하여 콘텐츠를 생산하는 사업자나 개인에게 머신러닝에 필요한 저작물 이용에 대해 일정한 대가를 지급하는 의무를 부과하는 것과 같이, 인공지능 학습을 위한 운영자의 권리와 법적 책임의 범위를 명료하게 해 주어야 한다. 2011년 저작권법에 신설한 '저작물 이용과정에서의 일시적 복제' 조항[10]의 입법 배경은 일시적 복제를 복제의 범위에 새롭게 포섭시켜서 이용자들의 공정한 이용까지 제한하는 것을 방지하기 위한 것이었다(이양복, 2018, 389쪽). 비록 인공지능의 저작물 이용을 염두에 두고 만든 조항은 아니지만, 인공지능의 저작물 이용 문제에 시사하는 바가 크다.

---

10) 컴퓨터에서 저작물을 이용하는 경우에는 원활하고 효율적인 정보처리를 위하여 필요하다고 인정되는 범위 안에서 그 저작물을 그 컴퓨터에 일시적으로 복제할 수 있다.

공정이용으로 인정받을 수 있는 인공지능의 저작물 이용의 허용 범주로는 비영리적인 목적의 빅데이터 학습, 검색엔진의 크롤링, 검색 결과의 현시(顯示) 등을 제시할 수 있을 것이다. 비영리적인 학습은 공정이용을 적용하여 제한 없이 학습할 수 있게 하고, 영리적 목적인 경우에는 블록체인과 같은 신기술 등을 활용하여 인공지능이 창출하는 수익을 수혜자와 저작자 사이에서 투명성 있게 배분하는 방안을 고려할 필요가 있다. 또 크롤링 과정에서 대량의 데이터를 수집하는 것은 정보 검색을 어렵지 않게 수집하기 위한 것이므로 공정이용으로 볼 여지가 있다. 공정이용 자체가 기술발전과 신기술의 도래에 맞춰진 대응적 요소라고 볼 때, 이와 같은 인공지능의 저작물 이용이 공정이용 요건에 맞는다면 면책을 부여하는 것이 타당하다(허세현, 2021, 216쪽).

국내 저작권법에서는 TDM 관련 조항이 규정되어 있지 않다. 학교 교육 등 공익적인 목적이나 공정이용, 일시적 복제 등의 저작재산권 제한 사유에 해당한다면 허용된다. 그러나 TDM은 첨단 과학기술을 활용하여 지금까지 없었던 새로운 유형의 저작물 이용행위에 해당하므로, 저작재산권 제한 사유에 적용될 여지가 적고, 공정이용이나 일시적 복제 조항의 적용에서도 그 요건을 입증하기가 매우 어렵다는 한계가 있다(최상필, 2022, 86쪽). 게다가 4차 산업혁명의 핵심인 인공지능은 빅데이터를 기반으로 한 학습 능력과 자기개발능력을 향상시키므로, TDM의 원활한 활용 여부가 4차 산업혁명의 관건이다. 이에 TDM을 목적으로 한 저작물 이용에 관한 저작재산권 제한 규정의 정비가 요구되는데, 2020년 저작권법 개정안에서 TDM 면책조항을 신설할 것을 제안하였다. 제4차 산업혁명의 태동기인 현시점에서 유연한 데이터 이용환경을 구축하는 것이 절대적으로 필요한데, TDM은 기본적으로 해당 자료 권리자의 동의를 얻는 자체가 현실적으로 불가능하다. 이에 공정이용 조항에 따른 면책 여부의 불확실성을 해소하기 위해서라도 일정한 요건 안에서 TDM을 허용하는 방향으로 별도의 저작권 제한 규정을 도입하는 입법론으로 해결해야 한다. 여기서 일정한 요건에는 알고리즘을 이용한 대량 정보의 처리 및 분석, 학문적·공익적 목적 등이 포함될 수 있는데, 그 요건과 한계를 명확히 할 필요가 있다. 예를 들어 학문적·공익적 목적은 대학 및 연구소 기타 연구기관이 비상업적 목적을 추구하거나, 모든 이익을 학문연구에 재투자하거나, 국가와의 계약을 통해 공익을 위해 활동하는 경우, 추가적인 가치나 정보를 도출하기 위한 경우 등(최상필, 2022, 84쪽)

이 있을 것이다.

　김용주(2020)는 저작권법에 새로운 저작재산권 제한조항을 추가할 것을 제안하였다. 즉 공정이용 조항만으로 TDM을 허용하기 어려우므로 구체적인 입법으로 저작권법 제35조의 6에 TDM과 관련한 저작물 이용조항을 두는 것이다. 구체적으로는 TDM을 위한 데이터를 이용하는 경우 원활하고 효율적인 정보처리를 위하여 필요하다고 인정되는 범위 안에서 그 저작물을 그 컴퓨터에 일시적으로 복제 및 저장할 수 있도록 하며, TDM을 위한 저작물 이용에 대해서는 연구기관 및 적법한 권한이 있는 개인에 의한 행위를 허용하되, 비상업적인 목적에 한하는 것으로 규정한다. 즉 비상업적인 목적으로 복제하고 저장하는 행위에 대해 저작권침해가 아닌 것으로 규정하는 것이다. 이와 같은 저작권법 개정에 앞서 저작물에 합법적으로 접근할 권한이 있는 개인에 대해서만 허용할 것인지, 아니면 모든 개인에 대해서도 TDM을 허용할 것인지를 판단해야 하며, 비상업적인 목적의 이용이 어떤 상황인지를 충분히 검토해야 한다(307~309쪽). 또 김경숙(2021)은 인공지능을 통한 데이터산업의 발전을 위해 상업성을 불문하고 기술적 보호조치마저도 공정이용에 해당한다면 TDM을 허용하는 법 제도가 타당할 수 있지만, 산업발전을 목적으로 영리적 목적의 이용까지 허용된다면 권리자들의 권리침해가 심각해질 수 있음을 우려하였다. 또 그는 2020년 저작권법 개정안에서 제시한 TDM 면책사유와 관련하여, 접근 차단의 기술적 보호조치를 우회하여 TDM을 한 경우가 저작재산권 제한 사유가 되는지를 심도 있게 검토하는 절차를 거쳐서 법률 개선안이 마련될 필요가 있음을 강조하였다.

　2021년 1월 15일 발의된 저작권법 전체 개정안에서는 제43조에 정보분석을 위한 복제·전송 조항[11]을 신설할 것을 제안하였다. 인공지능·빅데이터 분석과정에서 저작권침해의 경계선을 명확히 하여 TDM 수행의 법적 허용 여부에 관한 관련 산업계의 예측 가능성을 높이고, 자동화된 정보분석 등 일정한 목적에 필요한

---

11) ① 컴퓨터를 이용한 자동화 분석기술을 통해 다수의 저작물을 포함한 대량의 정보를 분석(규칙, 구조, 경향, 상관관계 등의 정보를 추출하는 것)하여 추가적인 정보 또는 가치를 생성하기 위한 것으로 저작물에 표현된 사상이나 감정을 향유하지 아니하는 경우에는 필요한 한도 안에서 저작물을 복제·전송할 수 있다. 다만, 해당 저작물에 적법하게 접근할 수 있는 경우에 한정한다. ② 제1항에 따라 만들어진 복제물은 정보분석을 위하여 필요한 한도에서 보관할 수 있다.

범위에서 적법하게 접근한 저작물에만 적용되도록 함으로써 저작권자의 권익과 균형을 꾀하고자 하는 것이 제안 사유였다. 이 개정안에 대해 최상필(2022)은 컴퓨터 프로그램과 같은 기능 저작물은 프로그램 실행 자체만으로 그 기능을 향유하는 것이 되고 이는 사상이나 감정의 향유에 해당되어 TDM 허용 조건에 위반될 수 있으므로, 활용과정에서 해석을 통해 탄력적으로 규정을 적용할 필요성을 제기하였다. 또 상업적 목적의 TDM에 대해 권리자와 이용자 간의 이익조절을 위해 보상 규정을 두는 것으로 일정한 제한을 요구하는 것이 타당하며, TDM으로 만들어진 복제물에 대한 보안장치나 보관 한도가 끝난 경우 삭제 의무조항을 둘 것을 제안하였다(83~84쪽). 삭제 의무조항은 연구가 종료되면 말뭉치와 원자료의 복제물을 삭제하도록 하는 독일 저작권법 TDM 면책규정에서도 찾아볼 수 있다. 그 취지는 TDM 수행과정에서 저작물 이용의 이익과 저작권자의 이익 간의 균형을 최대한 추구하려는 의지로 풀이할 수 있을 것이다.

이상의 논의를 토대로 할 때 TDM 면책조항의 신설에 대해 어느 정도 사회적 합의가 이루어진 것으로 보인다. 학문적·공익적 목적과 비상업적 목적일 경우 TDM 수행과정에서 복제와 전송을 면책해주어야 한다. 또 학문적·공익적 목적으로 추가적 가치를 도출할 경우 변형적 이용으로 보고 동일성유지권이나 2차적저작물 작성권 침해를 면책하는 것으로 규정하고, 반면 지나친 상업적 목적의 이용으로 인한 저작권자의 이익 침해에 관한 보상 규정을 두는 등 면책의 요건과 한계를 명확히 해야 할 것이다.

2) 인공지능 창작물에 관한 입법안[12]

(1) 인공지능 창작물의 개념 정의와 범주

인공지능 창작물을 저작권법에서 보호할지는 인공지능 시대에 제기되는 가장 근본적인 질문이다. 지금까지 논의에 기초할 때 이 질문에 대한 답은 "보호 대상이 아니다"이다. 현행법상 인공지능이 자율적으로 창작한 창작물은 저작물성이 인정되지 않기 때문이다. 하지만 인공지능 창작물에 대한 법적인 보호가 필요하다고 합

---

12) 조연하 연구(2020)의 일부 내용을 보완하여 인용하였다.

의가 이루어진다면, 저작권으로 보호하는 방안과 신지식재산권으로 보호하는 입법론을 생각해볼 수 있다. 그리고 이와 같은 입법 개선을 위해서는 인공지능 창작물의 개념과 범주에 대한 신중한 검토가 선행되어야 한다.

우선 인공지능 창작물을 현행 저작권 제도에 편입시켜 저작물의 성립요건에 포함되도록 저작물의 정의 규정을 개정하거나, 현행 저작권법을 그대로 유지하면서 인공지능 창작물에 관한 예외 조항을 두는 것이다(김용주, 2016; 윤선희·이승훈, 2017; 최재원, 2017). 저작물 개념을 수정하는 방안은 인간이 사상이나 감정 요건을 없애고 '창작물'만을 저작물 개념 요소로 정하거나, 인공지능 창작물을 포함하여 저작물을 보다 포괄적으로 포용하기 위해 '인간의 사상 또는 감정을 표현하거나 이용한 창작물'로 개정하는 것이다. 이 경우 인공지능을 이용한 창작의 범주를 포괄할 수 있는 방향으로 법 해석이 이루어져야 하되, 기존에 성립한 저작물과 구분할 필요가 있다. 다만 이렇게 인공지능과 같이 비인간이 창작한 표현물을 포함하는 것으로 저작물 개념을 수정하려면, 비인간에 대한 개념 정의와 인공지능의 법인격 부여에 관한 논의가 우선되어야 할 것이다. 또 다른 방안으로 한지영(2021)은 저작물 정의 조항을 '저작물은 인간의 사상 또는 감정을 표현한 창작물이다. 다만 컴퓨터에 의하여 창작된 창작물에 대해서도 저작물로서 보호받을 수 있다'로 개정할 것을 제안하였다. 이 안은 인공지능 창작물에 대한 저작권 보호가 가능함을 의미하는 총론적 성격의 내용으로, 인공지능 창작물의 저작권 보호에 관한 국제적 논의 상황과 우리나라에서 사회적 합의 등을 통해 규정화할 수 있는 제안이지만, 여전히 추가 논의가 필요하다(45쪽). 반면 현행 저작권법에 예외 조항을 둔다면, 컴퓨터 창작물 조항을 두고 있는 영국처럼, 저작권법 내에 인공지능 창작물 조항을 두고 권리관계를 별도로 정하는 방안을 고려할 수 있다. 이것은 기존 법체계를 유지하면서 저작권 귀속 및 보호기간에 대해 기존 저작물과 규정을 달리하는 방식으로 인공지능 창작물에 대한 별도의 효율적인 보호 체계를 갖는다는 점에서 법적 안정성이란 강점이 있다. 다만 어느 범주까지 인공지능의 특색을 인정하여 예외 규정을 둘 것인지에 대한 논의가 선행되어야 할 것이다(김용주, 2016; 최재원, 2017).

한편 최종모(2017)는 인공지능 창작물이 저작물성을 인정받아 보호를 받으려면 저작권법에서 인공지능 창작물이라는 개념을 새롭게 도입해야 한다고 주장하였다. 이에 근거하면, 순수 인공지능 창작물의 개념을 정확히 전달하는 명칭으로서 '인공지능 창작물'을 도입하고 '인간의 개입 없이 인공지능이 독자적으로 생산한 창작물'로 정의하는 것이다. 이 경우에도 입법 적용의 혼란을 줄이기 위해 창작자 원칙에 따라 창작에서 인간의 개입, 기여도를 기준으로 하여, 약한 인공지능 창작물은 인간 창작물에 적용하는 저작권법 논리를 그대로 적용하고, 순수 인공지능 창작물의 범주는 약한 인공지능을 제외한 강한 인공지능과 초인공지능의 창작물로 제한할 필요가 있다(조연하, 2020, 103쪽).

다음으로 신지식재산권으로 보호하는 안으로 기존의 법체계와 별개로 제3의 새로운 권리로 보호하면서 특별법을 제정하는 방안이 있다. 이 안은 기존의 저작권법제의 틀을 벗어나서 독자적인 입법 형태를 취하는 것으로, 인공지능 창작물의 법적 주체성이나 창작물의 특수성을 감안하여 '인공지능 재산권'과 같이 신지식재산권으로 보호하는 것이다. 이것은 아직 인공지능의 법적 권리 면에서 이론이 확립되지 않은 현실을 감안할 때, 기술 진보에 따른 특성을 반영한 법적 규율을 할 수 있다는 이점이 있다. 다만 보호 범주를 지식재산권법의 분야로 제한할지, 일반법 형태로 포괄 입법할 것인지에 대한 추가적인 논의가 필요하다(김용주, 2016; 한지영, 2021). 사실 인공지능 창작물의 저작권 쟁점을 저작권법에 수용하려면 현행 법체계를 변경해야 한다는 점에서 큰 어려움이 따른다. 이에 저작권법 안에 인공지능 창작물 특례조항을 두기보다는 인공지능 창작물 보호를 위한 별도의 특별법을 제정하여 보호하는 방법이 입법 정책상 효과적일 수도 있다. 예를 들어 '인공지능 산업 진흥법'을 제정하여, 그 속에 인공지능 창작물 보호에 관한 기본 규정을 마련하는 것도 좋은 전략이 될 수 있을 것이다.

같은 맥락에서 윤선희·이승훈(2017)은 인간의 창작 또는 창작물을 보호하는 법과는 별개로 새로운 입법을 통하여 인공지능의 지식재산, 즉 인공지능 창작물에 관한 지식재산권 제도를 신설하는 입법으로 '(가칭)인공지능 창작물 보호법'을 제안하였다. 그리고 입법목적을 '인공지능에 의하여 생성된 인공지능 창작물의 보호를 통하여 관련 산업발전에 이바지함과 아울러 인간의 창작활동 보호'로 정하고, 보호 대상인 인공지능 창작물은 '인공지능에 의하여 생성된 표현으로서, 생성과정에서 인간의 관여도가 낮아 그 표현을 인간이 창작하였다고 인정할 수 없는 것을 말한다'로 정의하는 안을 제시하였다(183~184쪽). 이 안은 창작에 인간이 관여하지 않은 인공지능 창작 결과물을 별개의 입법을 통해 보호하자는 것으로 해석할 수 있다.

(2) 인공지능 창작물의 저작권 보호기간

인공지능 창작물을 보호해야 한다면, 보호 방식에 대한 논의도 필요하다. 인공지능 기술이 보편화됨에 따라, 현행법의 해석론상 불명확성을 제거하고 인터넷 생산 콘텐츠의 창작방식, 속도, 수량의 특성을 고려한 새로운 권리13) 및 단축된 존속기간 등을 도입하기 위한 입법론이 설득력을 가질 것으로 예상된다(정상조, 2018, 68쪽). 저작권 보호기간의 단축과 관련해서는 현재 진행 중인 논의에서 이미 인간 창작물과의 차별화가 강조되고 있다. 이에 보호기간은 인공지능 창작물의 특징을 전제로 인간 창작물보다 저작권 보호기간을 단축하는 것으로 조정해야 한다. 인공지능 창작물의 과잉보호를 막기 위해 권리 범위를 제한할 필요가 있다는 점에서, 기본적으로 인간 창작물의 사후 70년보다 훨씬 더 단축해야 하는 것만은 분명하다. 인공지능이 인간이 아니므로 사후 몇 년 또는 생존 기간이라는 규정이 의미가 없다. 따라서 인공지능 창작물의 창작 시점이나 등록 또는 출원 시점을 보호기간의 기산점으로 하여 보호기간을 정하면 된다. 산정기준으로 유럽연합의 온라인 게재 언론출판물의 보호기간 2년, 배타적발행권의 존속기간 3년, 저작물의 영상화를 위한 배타적발행권의 존속기간 5년, 데이터베이스 저작권 보호기간 5년 등을 고려하여 보호기간을 단축하는 것이 합리적이다. 또 디자인보호법상의 보호기간을 등록 출원 후 20년으로 정하고 있는 점, 영국 저작권법에서 컴퓨터 생성물 보호기간을 50년으로 정하고 있는 점, 그리고 기술발전 상황 등도 고려 대상에 포함할 필요가 있다.

최재원(2017)은 인공지능이 만든 저작물은 특허 보호에 준하는 기준으로 저작물 발생 후 20년까지 보호해서 기존의 저작물보다 보호기간을 짧게 둠으로써 급변하는 과학기술 발전에 맞추거나, 데이터베이스 저작물과 동일하게 저작물 발생 후 5년까지로 보호기간을 정하는 방법을 제안하였다(132쪽). '(가칭)인공지능 창작물 보호법'을 제안한 윤선희·이승훈(2017)은 인공지능 창작물의 권리자로 등록한 자에게 인공지능 창작물권을 부여할 것을 제안하면서, 이 권리의 존속기간을 인공지능 창

---

13) 인공지능 창작물에 새로운 권리를 부여해야 한다고 주장하는 학자도 있는데, 라말호(Ramalho, 2018)는 인공지능 창작물에 대한 권리를 배포권으로 구성함으로써 '배포자의 권리(disseminator right)'와 결합된 퍼블릭도메인 방식에 기반한 해결방안을 주장하였고, 긴스버그(Ginsburg, 2018)는 독자적인 권리 또는 저작인접권에 의한 보호를 주장하였다(한지영, 2021, 36쪽에서 재인용).

작물을 등록한 날로부터 발생하여 등록일 후 3년이 되는 날까지 존속하는 것으로 하되, 갱신을 통해 3년간 연장할 수 있도록 함으로써, 최대 6년간의 보호기간으로 단축하는 방안을 제시하였다(188쪽). 또 조연하(2020)는 인간 창작물이 사후 70년까지이며, 창작 시기로부터 50년 이내 미공표된 영상저작물의 보호기간이 70년간 존속한다는 점을 고려할 때, 인공지능 창작물의 보호기간이 창작 시점을 기준으로 20년에서 50년 사이가 적정하며, 더 나아가 인공지능 종류별로 차별적으로 보호기간을 정하는 방법에 대해서도 검토의 여지가 있다고 보았다(104쪽). 인공지능 창작물을 보호하는 이유가 이용자가 인공지능을 이용하여 창작하고 배포하는 것을 촉진하기 위한 것이라면, 방송사업자나 음반제작자의 저작인접권 보호기간을 참작하는 것도 한 방안이 될 수 있다(이종구, 2019, 526쪽). 보호기간의 단축은 권리 유지 필요성이 없는 인공지능 창작물을 가능하면 일찍 공공 영역에서 활용함으로써 관련 산업의 발전을 촉진하자는 의미로 해석된다. 이와 같은 특별법을 통한 새로운 입법체계의 신설에 대해 차상육(2020)은 기존의 지식재산권법 체계와 다른 인공지능 창작물을 인간 창작물과 다른 법체계에서 보호하는 방법론을 강구하고 있다는 점에서 인간 창작자 원칙의 틀을 유지하는 저작권법 체계에 더 근본적인 해결책을 던져주는 혁신적인 제안으로 평가하였다. 반면에 개별 지식재산권의 차이, 체계의 방대성과 많은 시간 및 비용의 필요성, 주무 부처의 결정 등 고려사항이 많다는 점을 한계로 지적하기도 하였다(49쪽).

한편 인공지능 창작물의 보호기간 산정을 위해 국제적인 논의 과정이나 다른 국가의 입법례를 비교법적으로 고찰하는 것도 필요하다. 이와 관련하여 세계지식재산권기구인 WIPO(World Intellectual Property Organization)와 같은 국제기구에서 국제적 차원의 논의 과정을 거쳐 최소한의 보호기간을 규정하고, 개별 국가 차원에서 이보다 긴 기간을 법령에 규정할 수 있도록 위임하는 방안도 검토의 여지가 있다(한지영, 2021, 54쪽).

(3) 인공지능 창작물의 저작자 결정과 저작권 행사

현행법상 저작자는 인간만이 가능하며 인공지능이 법인격을 부여받지 못하기 때문에, 인공지능의 저작자성을 논하기에는 여러 제약이 뒤따른다. 인공지능은 저작자 지위를 부여받을 수 없을 뿐 아니라 저작권 주체가 될 수 없는데, 입법론적으로 보완되고 개정되지 않는 한 저작자 결정과 권리 귀속 주체 판단이 어렵다. 이에 저작권법의 저작자 개념 정의에서 인공지능을 최소한 창작 주체로 포함하는 방안도 고려해 볼 만하다(양관석, 2018, 72쪽). 그리고 초인공지능 또는 강한 인공지능까지 포함하여 창작 주체인 인공지능에 저작자 지위를 부여하고자 한다면, 인공지능에 법인격을 부여하거나 저작권법의 입법 취지부터 시작하여 저작물, 저작자의 개념을 수정하는 방식으로 저작권법이 대폭 개정되어야 한다. 반면 현행법 체계에서 인공지능 창작물의 저작권을 해결하는 입법안으로는, 저작권법 내에 인공지능에 관한 특례조항을 신설하거나 인공지능 창작물 보호를 위한 특별법 제정도 모색해 볼 수 있다(조연하, 2020, 104쪽).

현행 저작권법의 해석론으로도 법원이 저작자, 저작물 및 저작권의 정의와 내용을 적극적으로 해석하여 활용하면, '약한 인공지능'이 생성한 창작물의 보호는 가능하다. 즉 영국 저작권법(CDPA, 1988) 제9조 제3항과 같은 내용으로써 해석론에 기하여 컴퓨터에 의한 생성물 법리를 도입할 수 있고, 적극적 해석론을 통해 약한 인공지능이 생성한 창작물을 보호할 수 있다. 다만 저작권법 관련 규정이 모호하여 법적 불안이 증폭되어 저작물이나 저작자 등의 정의와 관련된 법 개정의 필요성이 높아질 것으로 예측된다. 이러한 경우는 사법적극주의[14]에 기초한 법원의 역할을 기대할 수밖에 없다. 한편, '강한 인공지능' 내지 '자율적 인공지능'의 경우는 인공지능 기술발전의 속도와 수준에 비추어, 종래의 영국 저작권법(1988)이 당시 상정하지 못한 것이므로, 그 논의의 평면을 달리하여 새롭게 접근하는 방안을 모색해야 할 것이다(차상육, 2020, 58쪽).

결국 인공지능 창작물에 대한 저작물로서 인정 여부 및 저작권자 판단은 입법자의 의지와 결정에 달려 있다(김용주, 2016, 293쪽). 인공지능 기술 이전에 만들어진 현행 저작권법을 인공지능 창작물에 적용하기에는 적합하지 않으므로 법 개정이나 새로운 입법이 필요한 것은 분명하다. 이를 위해 무엇보다도 인공지능 개발자와 이용자, 인간 창작물의 창작자와 이용자에게 피해가 가지 않은 범위 내에서 입법을

---

14) 법 해석과 판결에 있어서 법 문언에만 그치지 않고, 정치적 목표나 사회정의 실현 등을 염두에 둔 적극적 법 형성 내지 법 창조를 강조하는 태도를 의미한다. 위키백과. https://ko.wikipedia.org/wiki/%EC%82%AC%EB%B2%95%EC%A0%81%EA%B7%B9%EC%A3%BC%EC%9D%98 (2022년 11월 11일 최종접속).

개선하는 것이 필요하다.15) 아울러 장기적으로 헌법, 민법이나 공법 등 다른 법률의 개정과 보조를 맞추면서 관련 법 조항 전체를 유기적·체계적으로 종합 판단하는 과정을 거쳐 전체적인 법 체계성을 유지해야 한다.

---

15) 저작권법의 해석론 및 장단기 입법론과 함께, 저작권 집행에 있어서 인공지능의 활용 가능성에 대해서도 적극적으로 검토해 보아야 한다(정상조, 2018, 68쪽).

참고문헌

강기봉(2012). 『컴퓨터프로그램 리버스 엔지니어링의 저작권법상 허용범위에 관한 연구』. 한양대학교 대학원 법학과 박사학위논문.

강기봉(2016). 저작권법상 컴퓨터프로그램의 사적복제 규정에 관한 연구. 『계간 저작권』 29권 4호, 5~42.

강기봉(2019). 컴퓨터프로그램의 창작성 있는 표현에 관한 연구. 『계간 저작권』 32권 2호, 75~112.

강기봉(2021). 기술적 보호조치의 무력화 금지에 대한 예외 고시에 관한 연구. 『계간 저작권』 34권 1호, 63~116.

강병화(2009). 프로그램저작물의 기술적 보호조치(TPMs)로 인한 저작권 남용 문제에 관한 소고. 『계간 저작권』 22권 4호, 80~104.

강상익(2001). 디지털 워터마킹 국내·외 표준화 동향. 『TTA저널』 73호, 138~145.

강은정·장윤영·이보아(2018). 인공지능 기반의 융복합 예술창작물 사례분석 및 고찰. 『한국과학예술포럼』 35권, 1~13.

계승균(2005). 보호받지 못하는 저작물. 『창작과 권리』 38호, 86~107.

계승균(2020). 인공지능과 저작권. 『저작권 문화』 308권, 4~9.

고재종(2018). 일본에서의 인공지능 창작물에 대한 저작권법상 논의 동향. 『법학연구(전북대)』. 통권 55집, 215~243.

구대환(2005). 컴퓨터프로그램의 기술적 특성과 특허 및 저작권 보호. 『정보법학』 9권 2호, 1~29.

구대환(2006). 데이터베이스의 기술적 특성과 효과적인 법적 보호-현행 저작권법과 유럽지침을 중심으로. 『법학(서울대)』 47권 1호, 243~282.

구대환(2011). 컴퓨터프로그램 기술혁신의 효과적인 보호를 위한 제언. 『창작과 권리』 62호, 164~192.

구형일(2018). 인공지능 및 딥러닝 동향. 『전기의 세계』 67권 7호, 7~12.

국경완(2019). 인공지능 기술 및 산업 분야별 적용 사례. 『주간기술동향』.

국경완(2021). 인공지능 편향성 이슈와 신뢰성 확보방안. 『주간기술동향』 2020호, 15~26.

권신혜·박경우·장병철·장병희(2019). 기계학습의 미디어 산업 적용: 콘텐츠 평가 및 제작 자원을 중심으로. 『한국콘텐츠학회논문지』 19권 7호, 526~537.

권영준(2010). 저작권과 소유권의 상호관계: 독점과 공유의 측면에서. 『경제규제와 법』 3권 1호, 160~183.

권용수(2016). 일본 정부, 인공지능(AI)의 창작물에도 저작권을 인정하는 법 정비 실시. 『저작권 동향』 10호, 1~4.

권은정(2021). 지능정보기술의 위험 통제를 위한 법정책적 고찰-규제행정의 다각화 관점에서-. 『법과 정책과학』 21권 3호, 103~127.

김경숙(2012). 공정이용조항과 3단계 테스트의 관계: 저작권법 35조의3의 이론적 고찰. 『창작과 권리』 no. 69, 130~166.

김경숙(2021). TDM 관련 저작권법 개정안의 비판적 고찰-기술적보호조치 관점에서의 비교법적 검토- 『경영법률』 31권 3호, 111~141.

김기정·송석현(2021). 딥러닝과 데이터마이닝에 있어서의 데이터베이스권의 범위와 제한에 관한 고찰. 『정보법학』 25권 2호, 179~221.

김나루(2018). 인공지능으로 인한 법적 문제와 그 대안에 관한 연구. 『홍익법학』 19권 2호, 343~370.

김대원(2018). 뉴스 생산자 및 배열자로서의 AI에 대한 검토: 국내외 AI 활용 현황을 중심으로. 『언론중재』 Vol. 149, 4~17.

김도경(2019). 4차 산업혁명 시대의 신기술 관련 저작권 침해책임과 공정이용 규정에 관한 연구. 『법학연구(충남대)』 30권 4호, 285~330.

김도경(2020). 인공지능에 의한 저작물 이용과 공정이용에 관한 고찰. 『법학연구(전북대)』 통권 64집, 477~522.

김도경(2021). 인공지능 시대에 저작권 보호와 공정한 이용의 재고찰. 『경영법률』 31권 3호, 221~266.

김두만(2021). 데이터 마이닝 허용에 따른 데이터의 다층적 이해. 『산업재산권』 69호, 357~396.

김문환(1997). 데이터베이스와 저작권. 『Digital Contents』 12권 55호, 7~9.

김병일(2009). 종합유선방송사업자의 지상파재송신과 저작권 쟁점에 관한 연구. 『창작과 권리』 57호, 149~176.

김병일(2012). 2차적 저작물작성권의 양도추정에 관한 연구. 『산업재산권』 37호, 215~250.

김병일·신현철·안창원(2017). 빅데이터 분석과 데이터 마이닝을 위한 저작권 제한. 『계간 저작권』 30권 1호, 29~61.

김병천·김삼근·윤병주(2002). 인공지능 : 미로 환경에서 최단 경로 탐색을 위한 실시간 강화 학습. 『정보처리학회논문지B』 9권 2호, 155~162.

김봉철·조영기(2011). 지적소유권에 관한 광고인들의 인식: 심층인터뷰를 통한 탐색적 고찰. 『광고PR실학연구』 4권 2호, 84~108.

김성일(2015). 『머신러닝(Machine Learning) 해외 사례』. KT 경제연구소.

김성호(2019). 인공지능과 불법행위책임. 『입법과 정책』 11권 1호, 265~284.

김승래(2017). AI시대의 지식재산권 보호전략과 대책. 『지식재산연구』 12권 2호, 145~176.

김승래(2018). 4차 산업혁명과 AI시대의 법적 과제와 전망. 『법학연구』 18권 2호, 21~56.

김승래·이창성(2018). 인공지능(AI)의 창작물에 대한 지식재산권 보호방안-특허권과 저작권보호를 중심으로. 『법학연구』 18권 3호, 485~531.

김용길·김형렬(2008). 창작자주의의 변용과 직무저작제도에서의 권리귀속 문제. 『圓光法學』 24호 4호, 345~375.

김용주(2016). 인공지능(AI; Artificial Intelligence) 창작물에 대한 저작물로서의 보호가능성. 『법학연구 (충남대)』 27권 3호, 267~297.

김용주(2020). 텍스트 및 데이터마이닝을 위한 저작권법 개정 방향. 『법학연구(부산대)』 61권 2호, 283~314.

김윤명(2003). IT기술 발전에 따른 저작권 이용계약과 해석: 홈페이지 직접링크도 저작권 침해 판결 내려져..., 『Digital Contensts』, Issue 2 Serial No. 117, 88~97.

김윤명(2006). 앤(Anne) 女王法에 관한 著作權法制史的 意義. 『산업재산권』 20호, 159~186.

김윤명(2016a). 인공지능에 의한 저작물 이용 및 창작에 대한 법적 검토와 시사점. 『법제연구』 51호, 191~239.

김윤명(2016b). 인공지능(로봇)의 법적 쟁점에 대한 시론적 고찰. 『정보법학』 20권 1호, 141~175.

김인철(2019). 인공지능은 기존 저작물을 자유롭게 이용할 수 있을까? 『문화·미디어·엔터테인먼트법』 13권 1호, 101~131.

김재필, 나현(2016). 『인공지능 (AI), 완생이 되다』, KT 경제경영연구소 디지에코.

김종철(2016). 저작권 침해에 대한 손해배상액 산정에 관한 연구. 『계간 저작권』 29권 1호. 27~55.

김진석(2017). '약한' 인공지능과 '강한' 인공지능의 구별의 문제. 『철학연구』 117집, 111~137.

김창화(2017). 혁신 기술의 저작권 침해에 대한 직접책임의 비판적 고찰: 미국의 자유의지와 상당성 원칙의 분석을 중심으로. 『계간 저작권』 30권 2호, 43~70.

김창화(2021). 데이터 마이닝과 저작권 면책의 범위 및 한계. 『계간 저작권』 34권 2호, 5~31.

김태훈(2021). 인공지능 기반 건설관리기술의 현재와 미래 발전방안. 『건설관리』 22권 3호, 4~8.

김현경(2013). 헌법상 재산권 보장과 저작재산권 제한규정의 정합성에 관한 연구. 『계간 저작권』 26권 2호, 107~135.

김현경(2017). 저작권 귀속법리와 인공지능 창작물에 대한 고찰. 『성균관법학』 29권 1호, 331~374.

김현경(2018). 인공지능 창작물에 대한 법적 취급 차별화 방안 검토-방식주의의 도입을 중심으로-. 『법학연구(충남대)』 29권 2호, 119~162.

김형건(2017). 『인공지능 시대 도래에 따른 저작자(author) 개념 재정립에 관한 연구』. 한국법제연구원.

김형건(2020). 『인공지능 관련 글로벌 입법동향』. 한국법제연구원.

김혜선·이규호(2015). 음악 산업에 있어서 배타적발행권에 관한 연구. 『정보법학』 19권 2호, 89~125.

나강(2016). 언론출판사의 저작인접권 도입에 관한 소고. 『상사판례연구』 29권 1호, 111~152.

남형두(2008). 저작권의 역사와 철학. 『산업재산권』 26권, 245~306.

남형두(2009). 표절과 저작권침해: 저작권 측면에서 본 표절에 관한 학제적 연구의 기초. 『창작과 권리』 54호, 32~68.

남형두(2012). 저작물성, 그 확대와 균형의 역사.『계간 저작권』25권 4호, 41~70.

남희섭(2014). 한국 사회에서 저작권 제도 개혁의 필요성과 방향.『계간 저작권』27권 4호, 43~78.

노현숙(2012). 디지털 저작물에 대한 최초판매원칙 적용에 관한 고찰.『경희법학』47권 4호, 729~766.

노현숙(2013). 고아저작물 이용활성화 방안으로서의 확대된 집중관리제도에 관한 고찰.『계간 저작권』 26권 3호, 165~197.

노현숙(2014). 고아저작물 이용을 위한 선결과제에 관한 비교법적 고찰.『아주법학』7권 4호, 343~374.

문재완·지성우·이승선·김민정·김기중·심석태·이인호·이재진·황성기·조연하·조소영·권형둔·이성엽· 박아란·윤성옥(2017).『미디어와 법』. 커뮤니케이션북스.

문화체육관광부(2020).『저작권 비전 2030-문화가 경제가 되는 저작권 강국』.

민경재(2013). 서양에서의 저작권법 성립역사에 관한 연구.『법학논총(전남대)』33집, 2호, 285~317.

박기태(2021). 저작물 이용환경 변화에 따른 ECL 제도 도입에 관한 연구.『계간 저작권』34권 2호, 65 ~97.

박민주·최신영·이대희(2019). 유럽연합 DSM 저작권지침상 간행물 발행자의 보호.『경영법률』29집 4 호, 241~279.

박상욱(2018). 인공지능 기술 및 시장동향.『한국정보통신학회지』19권 2호, 11~22.

박성호(2011). 음악저작권의 생성과 발전에 관한 역사적 고찰.『법학논총(한양대)』28집 3호, 33~56.

박성호(2017). 저작권법상 방송·전송·디지털음성송신 관련 쟁점의 재검토-키메라의 권리, 디지털음성송 신권의 생성 및 전개에 관한 비판적 고찰을 중심으로.『정보법학』21권 1호, 67~109.

박성호(2018). 공동저작물의 성립요건과 그 권리행사의 방법.『법학논총(한양대)』35권 2호, 157~188.

박성호(2020). 텍스트 및 데이터 마이닝을 목적으로 하는 타인의 저작물의 수집·이용과 저작재산권의 제한 -인공지능의 빅데이터 활용을 중심으로-.『인권과 정의』494호, 39~69.

박영길(2014). 한국 저작권법의 산업법화에 관하여.『계간 저작권』27권 1호, 29~41.

박윤석(2021). 우리나라 저작인접권자의 보상청구권 개념에 대한 비판적 고찰.『계간 저작권』34권 2호, 33~64.

박인회(2018). 동일성유지권의 비판적 고찰.『법학논문집』42집 2호, 293~333.

박현경(2009). GSU사례를 통해서 본 디지털 저작물의 교육목적의 이용에 관한 연구.『경성법학』18집 2호, 23~45.

박현경(2010). 업무상 저작물의 저작자의 지위에 관한 연구.『영산법률논총』7권 2호, 139~164.

박현경(2020). 인공지능 학습과정에서 저작물의 이용에 관한 소고.『스포츠·엔터테인먼트와 법』23권 1호, 129~152.

박형옥(2018). 컴퓨터프로그램 저작물의 저작물성과 공정이용 법리 판단-오라클과 구글의 자바 API 사 건을 중심으로-.『저작권 동향』4호, 1~26.

박홍진(2020). '인공지능', '기계학습', '딥 러닝' 분야의 국내 논문 동향 분석.『한국정보전자통신기술학회논문지』 13권 4호, 283~292.

변우주(2015). 지식재산권의 담보기능 활성화에 관한 고찰.『재산법연구』 32권 1호, 81~107.

배대헌(1998). 지적재산권 개념의 형성·발전.『지적소유권법연구』 2집, 265~293.

배대헌(2006). 현행 저작권법상 저작인격권의 법리에 관한 검토.『산업재산권』 21호, 147~191.

배대헌(2011). 역사적 관점에서 본 기술변화와 저작권 관계.『창작과 권리』 64호, 156~194.

배대헌(2013).『저작권의 발명과 발전』. 한국학술정보.

백경태(2018). 안드로이드는 양의 꿈을 꾸는가.『지식재산연구』 13권 3호, 145~170.

서계원(2010). 공정이용 법리(fair use)의 국내법 편입에 대한 실증적 연구.『법학연구(부산대)』 51권 4호, 159~192.

서달주(2007).『한국저작권법』. 박문각.

성대훈(2004).『디지털 혁명, 전자책』. 이채.

소프트웨어정책연구소(2020).『2020 인공지능산업실태조사』.

손수호(2006), 디지털 환경과 저작권 패러다임의 변화에 관한 연구-레식의 카피레프트 이론을 중심으로.『한국출판학연구』 통권 51호, 203~240.

손승우(2006), 디지털 저작권보호의 확대경향과 공정한 경쟁,『상사판례연구』 19권 1호, 29~76.

손승우(2016). 인공지능 창작물의 저작권 보호.『정보법학』 20권 3호, 83~110.

손승우(2017). 인공지능(AI)이 던진 법적 과제.『법연』 55권 special issue, 24~28.

손승우·김윤명(2016).『인공지능 기술 관련 국제적 논의와 법제 대응방안 연구』. 한국법제연구원.

손영화(2016). 인공지능(AI) 시대의 법적 과제.『법과 정책연구』 16집 4호, 305~329.

송영식·이상정(2015).『저작권법 강의』. 세창출판사.

신재호(2009). 지적재산법과 기술의 긴장 관계.『창작과 권리』 55호, 83~11.

신재호(2019). 저작자 개념에 관한 소고.『산업재산권』 61호, 209~248.

신창환(2019). 인공지능 시대의 저작물 대량 디지털화에 관한 소고.『성균관법학』 31권 1호, 143~175.

심미랑(2011). 배타적 재산권으로서 특허권의 개념에 관한 연구.『법학연구(인하대)』 14집 2호, 79~112.

심우민(2016). 인공지능의 발전과 알고리즘의 규제적 속성.『법과 사회』 53권, 41~70.

양관석(2018).『인공지능의 빅데이터 활용을 위한 법적 연구-저작물과 개인정보를 포함한 빅데이터를 중심으로』, 단국대학교 대학원 법학과 박사학위논문.

오세욱·김수아 (2016).『디지털 저널리즘 투명성 제고를 위한 기술적 제안』. 한국언론진흥재단.

오세욱·최순욱(2017). 미디어 창작도 기계가 대체하는가?: 휴머리즘(human+algorithm)' 미디어의 가능성 혹은 한계.『방송통신연구』 통권 97호, 9~36.

오승종·이해완(2006).『저작권법』. 박영사.

오승종(2007).『저작권법』. 박영사.

오승종(2011). 공동저작물 및 공동저작인접물과 관련한 몇 가지 고찰.『창작과 권리』65호, 89~128.

오승종(2016).『저작권법』. 박영사.

오승종(2019). 데이터마이닝 및 텍스트마이닝과 저작재산권의 제한.『홍익법학』20권 2호, 455~487.

오승종(2020). 저작권법의 강의』(제3판). 박영사.

우지숙(1998). 컴퓨터 프로그램에 관한 미국 저작권법 구조의 연속과 변화: 판례에 나타난 행위자들의 상호작용을 중심으로.『언론과 사회』통권 19호, 81~119.

우지숙(2002). 디지털 저작물에 대한 정당한 사용(Fair Use) 원칙의 새로운 개념화를 위한 연구: 미 저작권 판례에서의 변형적 이용(transformative use) 요인을 중심으로.『방송연구』2002년 겨울호, 229~256.

운박·정연덕(2021). 머신러닝에서 저작권 침해 검토.『계간 저작권』34권 3호, 81~110.

유성민(2016). 빅데이터가 인공지능에 미친 영향.『한국정보기술학회지』14권 1호, 29~34.

유수현(2010). 구글 도서검색과 디지털 도서관 실현의 문제점.『계간 저작권』23권 1호, 38~55.

유완영·김진현(1987). 컴퓨터통신과 OSI Reference Model.『전기의 세계』36권 6호, 430~440.

육소영(2011). 지적재산권과 표현의 자유.『공법학연구』12권 4호, 231~254.

윤권순(2015). 구텐베르크 활판인쇄기술 발명에 대한 영국 사회의 법적 대응: 영국의 검열법과 저작권법의 역사적 기원.『과학기술과 법』6권 2호, 153~207.

윤선희·이승훈(2017). 4차 산업혁명에 대응한 지적재산권 제도의 활용-'인공지능 창작물 보호제도'를 중심으로.『산업재산권』52호, 155~197.

윤정운(2020). 저작권법상 공정이용에 관한 소고:인공지능의 빅데이터 활용을 포함한 다양한 영역에서의 사례를 중심으로.『Law & Technology』16권 5호, 3~28.

윤종수(2008). UCC 저작권의 차별적 취급과 보상체제-UCC 시대의 저작권 패러다임의 변화와 대안적 논의들을 중심으로-.『저스티스』통권 106호, 424~461.

윤종민(2013). 디지털 저작권 보호와 공정이용의 조화: DRM을 중심으로.『과학기술법연구』19집 2호. 215~258.

이규호(2020). 인공지능 학습용 데이터세트에 대한 저작권법과 부정경쟁방지법상 보호와 그 한계.『인권과 정의』통권 494호, 90~112.

이규홍(2007). 기술적 보호조치에 관한 소고.『정보법학』11권 1호, 145~203.

이대희(2004). 디지털환경에서의 접근권의 인정에 관한 연구.『창작과 권리』34호, 106~127.

이대희(2015). 컴퓨터프로그램의 일시적 복제와 그 예외.『계간 저작권』28권 1호, 129~152.

이도국(2015). 사물인터넷(Internet of Things) 환경에 있어 민사법적 문제점에 대한 소고.『한양법학』26권 2집, 221~243.

이동기(2021). 저작권법의 헌법적 기초에 관한 연구-저작권과 표현의 자유의 충돌을 중심으로.『계간 저작권』34권 3호, 209~252.

이동훈(2008). 온라인서비스이용자의 저작권 침해와 표현의 자유. 『헌법학연구』 14권 2호, 225~258.

이병규(2012). 저작권법 제29조에 대한 재조명. 『창작과 권리』 68호, 137~163.

이상미 (2016). 인공지능(AI) 창작물의 저작권자는 누구인가? 『과학기술법연구』 22권 3호, 241~294.

이상정(2001). 디지털화권에 관한 소고. 『법학연구(경상대)』 10집, 19~39.

이상정(2007). 컴퓨터프로그램보호방법의 재검토. 『법학(서울대)』 48권 1호, 105~128.

이상정·안효질·손승우·김형렬(2016). 『미래 저작권 정책 방향 수립을 위한 연구』. 한국저작권위원회.

이성웅(2017). 원숭이 셀카의 저작자성-미국의 Naruto v. Slater Case를 중심으로. 『계간 저작권』 30권 1호, 95~129.

이승선(2016). 인공지능 저작권 문제와 각국의 대응. 관훈저널』 통권 139, 52~62.

이양복(2018). 인공지능 창작물에 대한 법적 쟁점. 『경영법률』 29집 1호, 369~401.

이영아(2002). 복제권의 범위와 적용 및 배포권과 그 소진(복제권 및 이용제공권을 중심으로). 『계간 저작권』 15권 2호, 76~107.

이일호·김기홍(2009). 역사적 관점에서 본 표절과 저작권. 『법학연구(연세대)』 19권 1호, 309~344.

이재진·박성순(2007). UCC의 방송 저작권 침해에 대한 고찰: '공정이용'과 'OSP 책임성'을 중심으로. 『방송연구』 2007년 겨울호, 59~82.

이종구(2019). 저작권법상 인공지능 창작물의 저작자와 입법적 보완. 『경영법률』 29권 2호, 491~537.

이주환(2017). 인공지능 관련 지적재산권 법적 쟁점. 『창작과 권리』 87호, 117~148.

이지호(2013). 빅데이터의 데이터마이닝과 저작권법상 일시적 복제. 『지식재산연구』 8권 4호, 93~125.

이진태(2013). 빅데이터의 활성화와 저작권 문제: 하둡(Hadoop)을 중심으로. 『계간 저작권』 26권 2호, 136~173.

이창민(2018). 인공지능의 형사책임. 『Law & Technology』 4권 2호, 41~59.

이철남(2007). DRM 기술과 법, 그리고 시장의 룰(Rule): DRM 보호범위의 확대와 강제적용의 문제점을 중심으로. 『계간 저작권』 20권 3호, 45~58.

이철남(2021). 메타버스의 저작권 쟁점에 관한 연구-디지털트윈의 공간정보에 대한 분석을 중심으로-. 『경영법률』 31권 4호, 463~493.

이해완(2015). 『저작권법』. 서울: 박영사.

이해완(2019). 『저작권법』(4판). 서울: 박영사.

이해원(2017). 테크노 크레아투라(Techno Creatura) 시대의 저작권법: 인공지능 창작물의 저작권 문제를 중심으로. 『저스티스』 158권 1호, 132~159.

이현남(2020). 인공지능을 활용한 창작 프로젝트 〈넥스트 렘브란트〉 연구. 『유럽문화예술학논집』 11권 1호, 19~41.

이형권(2021). 문학과 인공지능의 공진화 문제. 『계간 시작』 20권 1호, 18~30.

임영덕(2011). 인터넷 표현의 자유와 저작권에 관한 고찰. 『동아법학』 53호, 73~112.

임원선(2020a)(제6판). 『실무자를 위한 저작권법』. 저작권위원회.

임원선(2020b). 저작권 침해 유형과 침해 판단기준에 대한 검토. 『계간 저작권』 33권 3호, 111~151.

임효성(2019). 인공지능을 활용한 음악창작과 저작물성. 『계간 저작권』 32권 2호, 37~73.

장민선(2018). 『인공지능(AI)시대의 법적 쟁점에 관한 연구』. 한국법제연구원.

전성태·전수정(2006). DRM이 저작물의 이용에 미치는 법률문제에 관한 소고. 『계간 저작권』 19권 3호, 66~87.

전응준(2021). 인공지능 관련 저작권 침해에 관한 시론. 『경영법률』 31권 4호, 259~294.

전홍구(2018). 영상저작물에서 저작자의 분류와 의미에 대한 고찰. 『일감법학』 40호, 161~189.

정경희(2012). 공공도서관 영상저작물 관내열람의 공연권 제한에 관한 연구. 『한국문헌정보학회지』 46권 3호, 133~155.

정경석(2009). 저작권 침해판단에서 현저한 유사성의 개념 도입론. 『법조』 58권 6호, 217~248.

정상기(2005). 소프트웨어의 일시적 복제와 전송권. 『산업재산권』 17호, 257~282.

정상조(1992). 저작물의 창작성과 저작권법의 역할. 『계간 저작권』 1992 봄, 35~44.

정상조(1996a). 정보산업기술의 발전에 따른 저작인접권의 재조명(Neighboring Rights in the Perspective of Information Technology Develoments). 『법학(서울대)』 37권 1호, 206~251.

정상조(1996b). 데이터베이스의 법적 보호(I). 『법학(서울대)』 37권 3·4호, 37~56.

정상조(1999). 컴퓨터 프로그램의 공동개발. 『정보법학』 3호, 205~241.

정상조(2003). 창작과 표절의 구별기준. 『법학(서울대)』 44권 1호, 107~140.

정상조(2006). 우리나라의 데이터베이스 보호. 『세계의 언론법제』 상권 19호, 7~32.

정상조(편)(2007). 『저작권법 주해』, 박영사.

정상조(2018). 인공지능 시대의 저작권법 과제. 『계간 저작권』 31권 2호, 37~72.

정상조(2019). 『인공지능시대의 저작권법 과제』. AI산업발전을 위한 저작권 법령 개선 좌담회 발제집, 3~70.

정상조(2020). 딥러닝에서의 학습데이터와 공정이용. 『Law & Technology』 16권 1호, 3~35.

정연덕(2007). 기술발전에 따른 전자책(e-book) 보급 활성화와 저작권 보호방안: 전자책도서관을 중심으로. 『상사법연구』 26권 3호, 275~296.

정연덕·운박(2021). 인공지능 생성물의 저작자 판단. 『일감법학』 48호, 243~269.

정완(1996). 컴퓨터프로그램의 법적 보호-컴퓨터프로그램보호법을 중심으로. 『형사정책연구』 7권 1호, 255~283.

정원준(2019a). 인공지능 창작과 저작권법의 딜레마. 『고려법학』 95권, 263~303.

정원준(2019b). 인공지능 창작물의 보호에 관한 법적 쟁점과 정책적 과제. 『정보통신방송정책』 31권 6호, 1~27.

정원준·선지원·김정언(2019). 『인공지능 시대의 법제 정비 방안』. KISDI Premium Report 19~07.

정윤형(2015). 『컴퓨터에서의 저작물 이용에 따른 일시적 복제와 그에 대한 면책』. 한국정보법학회 2015년 4월 사례연구회 발표 자료, http://kafil.or.kr/?p=3363&cat=5

정지선(2012a). 성공적인 빅데이터 활용을 위한 3대 요소: 자원, 기술, 인력. 빅데이터 시대의 데이터 자원 확보와 품질 관리 방안. 『IT & Future Strategy』 3호, 1~31.

정지선(2012b). 빅데이터 시대의 데이터 자원 확보와 품질 관리 방안. 『IT & Future Strategy』 5호, 1~21.

정진근(2016). 에세이: 제4차 산업혁명과 지식재산권법학의 미래. 『성균관법학』 28권 3호, 157~183.

정진근(2020). 영국 CDPA 제9조 제3항은 인공지능 창작을 보호하는가?. 『계간 저작권』 33권 3호, 5~40.

정진근(2021a). 인공지능플랫폼에 의한 저작물 창작-위기와 과제-. 『경영법률』 31권 3호, 1~25.

정진근(2021b). 『신기술에 대응하는 저작권 보호방안 연구』. 한국저작권보호원.

조규곤·강호갑(2001). DRM(Digital Rights Management) 기술 동향. 『계간 저작권』 14권 1호, 68~85.

조연하(2006), "PVR(Personal Video Recorder)을 이용한 방송저작물 녹화의 법적 성격: 사적복제 및 공정 이용의 관점에서". 『한국언론학보』 50권 4호, 328~352.

조연하(2010). 디지털 미디어 저작권 판례에서의 변형적 이용 기준의 적용: 미국 연방항소법원의 기능론적 접근사례를 중심으로. 『한국방송학보』 24권 4호, 214~254.

조연하·유수정(2011). 저작물 성립요건으로서의 창작성의 개념과 판단기준: 국내 판결논리를 중심으로. 『방송과 커뮤니케이션』 12권 4호, 111~145.

조연하(2014a). 미디어 콘텐츠의 시간·공간이동 이용의 법적 성격: 저작물 이용자의 자율성 이익의 관점에서. 『미디어 경제와 문화』 12권 2호, 44~88.

조연하(2016). 교육 목적의 저작물 이용의 공정이용 판단요소: 미국 판결의 성향 및 함의. 『한국언론학보』 60권 5호, 233~258.

조연하(2018). 『미디어 저작권』. 박영사.

조연하(2020). 인공지능 창작물의 저작권 쟁점: 저작물성과 저작자 판단기준을 중심으로. 『언론과 법』 19권 3호, 71~113.

조연하(2022). 인공지능의 콘텐츠 창작에서 저작물 이용의 법적 쟁점에 관한 고찰. 『사이버커뮤니케이션학보』 39권 2호, 83~133.

조영선(2009). 공동저작자의 저작재산권-저작권법 제48조의 해석론-. 『법조』 59권 3호, 108~157.

조영임(2016), 인공지능 기술 동향 및 발전 방향. 『정보통신기술진흥센터 주간기술동향』 1733호, 13~26.

조태호(2001). 텍스트 마이닝의 개념과 응용. 『지식정보인프라』 5권, 76~85.

주강진·이민화·양희진·류두진(2017). 4차 산업혁명과 인공지능: 현황, 사례, 규제에 대한 개괄적 고찰. 『한국경영과학회지』 42권 4호, 1~14.

차상욱(2017). 인공지능(AI)과 지적재산권의 새로운 쟁점: 저작권법을 중심으로. 『법조』 66권 3호, 183~

235.

차상육(2020). 인공지능 창작물의 저작권법상 보호 쟁점에 대한 개정방안에 관한 연구.『계간 저작권』 33권 1호, 5~69.

차상육(2021). 저작권법상 인공지능 학습용 데이터셋의 보호와 쟁점-텍스트데이터마이닝(TDM) 면책규 정을 중심으로.『경영법률』 32권 1호, 1~55.

최경수(2000). 저작인접권의 재조명.『계간 저작권』 13권 1호, 1~8.

최상필(2014). 이차적 저작물의 성립요건과 범위에 관한 일고찰.『동아법학』 63호, 67~ 90.

최상필(2016). 독일저작권법상 컴퓨터프로그램의 보호범위와 보호요건.『국제거래와 법』 16권, 95~118.

최상필(2022). 빅데이터의 분석과 활용을 위한 TDM의 저작권적 쟁점과 입법론.『계간 저작권』 35권 1호, 59~91.

최승재(2013). 저작권법 제28조의 해석방법과 저작권법 제35조의3과의 관계.『대한법률신문』 2013년 4월 15일. http://www.lawnb.com.access.ewha.ac.kr/lawinfo/link_view.asp?CID=884DDD9B7CB 843FBA456E10D1C298D7B.

최은창(2016). 인공지능 시대의 법적·윤리적 쟁점.『미래연구 포커스』 Spring, 2016, 18~21.

최재원(2017). 인공지능 창작물에 대한 저작권의 주체.『문화·미디어·엔터테인먼트 법』 11권 1호, 117 ~137.

최종모(2017). 인공지능에 의해 작성된 작성물에 대한 저작권법적 고찰.『문화·미디어·엔터테인먼트 법』 11권 2호, 217~242.

최종욱(2002). 인터넷에서의 디지털 저작권 보호 기술.『정보법학』 6권 2호, 65~89.

최진원·남형두(2006). 매체기술과 변화와 저작권법; 그 도전과 응전의 역사.『커뮤니케이션 이론』 2권 2호, 150~191.

최희식(2017). 인공지능 창작물의 저작권.『해외저작권보호동향』. https://blog.naver.com/kcopastory/ 221140714084

탁희성(2009). 저작권 보호를 위한 기술적 보호조치에 관한 소고.『형사정책연구』 20권 1호, 1229~ 1250.

하동철(2015). 영상저작물의 저작권자 결정에 관한 연구: '소유' 모델의 타당성을 중심으로.『미디어 경 제와 문화』 13권 1호, 7~53.

한국정보문화진흥원(2016).『지능정보사회의 문화예술 변화와 전망』.

한지영(2021). 인공지능 창작물의 보호에 관한 저작권법 체계의 패러다임 전환에 관한 고찰.『경영법률』 31권 3호, 28~65.

황혜선(1993). 지적재산권의 역사적 연원.『도서관학논집』 20권, 455~470.

허세현(2021). AI 창작물 보호에 관한 법적용의 한계.『법학논총(전남대)』 41권 3호, 201~223.

허정·최혜리(2021).『AI(인공지능) 산업통계 개발』. 통계청 통계교육원. http://sti.kostat.go.kr/window/

2021a/main/2021_sum_03.html

허희성·이대희 (2003). 『저작물에 대한 사용권 및 접근권의 문제에 관한 연구』. 문화관광부

Agostino, D. E., Terry, H. A. & Johnson, R. C.(1980), Home Video Recorders: Rights and Rations, *Journal of Communication*, Autumn, 1980, 28~35.

Balganesh, S.(2016). The Folklore and Symbolism of Authorship in American Copyright Law. 54 *Houston Law Review*, 403~436.

Bettig, E.(1992). Critical perspectives on the history and philosophy of copyright. 9 *Critical Studies in Mass Communication*, 131~155.

Bridy, A.(2012). Coding Creativity: Copyright and the Artificially Intelligent Author, 5 *Stanford Technology. Law Review*, 1~69.

Bunker, M.D. (2002). Eroding Fair Use: The Transformative Use Doctrine, After Campbell. 7 *Communication Law and Policy*, 1~24.

Burtler, T. L. (1982). Can a Computer be an Author?-Copyright Aspects of Artificial Intelligence. 4 *Hastings Communications and Entertainment Law Journal*, 707~747.

Chamberlain, D.E.(2016). Artificial Intelligence and the Practice of Law or Can a Computer Think Like a Lawyer? *2016TXCLE Business Dispute* 25.

Clifford, R. D.(2004). Random Numbers, Chaos Theory, and Cogitation: A Search for the Minimal Creativity Standard in Copyright Law. 82 *Denver University Law Review*, 259~299.

den Bulck, J. V. (1999). VTR-Use and Pattern of Time Shifting and Selectivity. *Journal of Broadcasting & Electronic Media*, 43(3), 316~326.

Denicola, R. C.(2016). Ex Macina: Copyright Protection for Computer-Generated Works. 69 *Rutgers University Law Review*, 251~287.

Duhl, G. M.(2004). Ole Lyrics, Knock~off Videos and Copycat Comic Books: the Fourth Fair Use Factor in U.S. Copyright Law. 54 *Syracuse Law Review*, 665~738.

Efroni, Z.(2011). *Access-right: the Future of Digital Copyright Law*, Oxford University Press.

Fiscor, M.(2004). Guide to the Copyright and Related Rights Treaties Administered by WIPO and Glossary of Copyright and Related Rights Terms, WIPO Publication No. 891(E). https://www.wipo.int/edocs/pubdocs/en/copyright/891/wipo_pub_891.pdf.

Frye, B. L. (2018). The Lion, The Bat & The Thermostat: Metaphors on Consciousness. 5 *Savannah Law Review*, 13~44.

Furtado, D. Branch (2005), Television: Peer~To~Peer's Next Challenger, 7*Duke Law & Technology Review*, 1~50.

Gillotte, J. L. (2020). Copyright Infringement in AI~Generated Artworks. 53 *U.C. Davis Law*

Review, 2655~2690.

Ginsburg, J. C. (1999). Copyright legislation for the "Digital Millennium". 23 *Columbia-VLA Journal of Law & the Arts*, 137~179.

Ginsburg, J. (2003a). From having copies to experiencing works: The development of an access right in U.S. Copyright Law. *50 Journal of the Copyright Society of the U.S.A.*, 113~131.

Ginsburg, J. C. (2003b). The Concept of Authorship in Comparative Copyright Law. 52 *DePaul Law Review*, 1063~1092.

Ginsburg (2018). People not machines: authorship and what it means in the Berne Convention. *International Review of Intellectual Property and Competition Law*, 49(2), 131~135.

Grimmelmann, J. (2016a). Copyright for Literate Robots. 101 *Iowa Law Review*, 657~681.

Grimmelmann, J. (2016b). There's No Such Thing as a Computer-Authored Work-and It's a Good Thing, Too. 39 *Columbia Journal of Law & the Arts*, 403~416.

Hedrick, S.F.(2019). I 'Think," Therefore I Create: Claiming Copyright in the Outputs of Algorithms. 8 *NYU Journal of Intellectual Property and Entertainment Law*, 324~375.

Heide, T. (2001). Copyright in the EU and U.S.: What "Access-Right"? 48 *Journal of Copyright Society of the U.S.A.*, 363~382.

Henke, L. & Donohue, R. (1989). Functional displacement of traditional TV viewing by VTR owners. *Journal of Advertising Research*, 29(2), 17~21.

Heymann, L. A. (2008). Everything Is Transformative: Fair Use and Reader Response. *Columbia Journal of Law & the Arts*, 31(4), 445~466.

Hristov, K.(2017). Artificial Intelligence and the Copyright Dilemma, 57 *IEDA: J. Franklin Pierce for Intellectual Property*, 431~454.

Hua, J. J.(2013). Toward A More Balanced Model: The Revision of Anti-Circumvention Rules. *60 Journal of the Copyright Society of the U.S.A.*, 327~363.

Kasap, A.(2019). Copyright and Creative Artificial Intelligence(AI) Systems: A Twenty-First Century Approach to Authorship of AI-Generated Works in the United States. 19 *Wake Forest Journal of Business and Intellectual Property Law*, 335~380.

Koelman, K. J. (2000). A hard nut to crack: The protection of technological measures, 22 *EIPR*, 274~275.

Kudon, J. (2000). From over Function: Expanding the Transformative Use Test for Fair Use. 80 *Boston University Law Review*, 579~611.

Lapan, L. (2009). Network Television and the Digital Threat. *UCLA Entertainment Law Review*, Summer, 343~393,

Lape, L. G.(1995). Transforming Fair Use: The Productive Use Factor in Fair Use Doctrine. 58

Albany Law Review, 677~723.

Laton, D.T.(2016). Manhattan_Project.EXE: A Nuclear Option for the Digital Age. 25 *Catholic University Journal of Law & Technology*, 94~153.

Lee, E.(2010). Technological Fair Use. *Southern California Law Review*, Vol. 83, 797~874.

Lee, E.(2012). Digital Originality. 14 *Vanderbilt Journal of Entertainment & Technology Law*, 919~957.

Lemley, K. M.(2005). The Innovative Medium Defense: A Doctrine to Promote the Multiple Goals of Copyright in the Wake of Advancing Digital Technologies, 110 *Pennsylvania State Law Review*, 111~162.

Leval, P. N.(1990). Toward a Fair Use Standard. 103 *Harvard Law Review*, 1105~1136.

Levy, M.(1980). Home Video Recorders: A User Survey. *Journal of Communication*, 30(4), 23~27.

Littrell, Ryan(2001). Toward a Stricter Originality Standard for Copyright Law. 43 *Boston College Law Review*, 193~226.

Madison, M. J. (2010). Beyond Creativity: Copyright as Knowledge Law. 12 *Vanderbilt Journal of Entertainment and Technology Law*, 817~851.

Marcus, T. D.(2007-2008), Fostering Creativity in Virtual Words: Easing the Restrictiveness of Copyright for User-Created Content. 52 *New York Law School Law Review*, 67~88.

Martinez, R.(2019). Artificial Intelligence: Distinguishing Between Types & Definitions. 19 *Nevada Law Journal*, 1015~1041.

Mehta, Neil(2018). Machine learning, natural language programming, and electronic health records: The next step in the artificial intelligence journey? *The Journal of Allergy and Clinical Immunology*, 141(6), 2019~2021.

Mezei, P.(2020). From Leonardo to the Next Rembrandt The Need for AI-Pessimism in the Age of Algorithms. *UFITA*, Issue 2. Available at SSRN: https://ssrn.com/abstract=3592187 or http://dx.doi.org/10.2139/ssrn.3592187-

Olswang, S. (1995). Accessright: An Evolutionary Path for Copyright into the Digital Era?, 5 *European Intellectual Property Review*, 215~218.

Padgett, Gregory C. (2007). Intermediate Copying in the Digital Age. 30 *Columbia Journal of Law & the Arts*, 655~679.

Palace, V. M.(2019), What If Artificial Intelligence Wrote This? Artificial Intelligence and Copyright Law. 71 *Florida Law Review*, 217~242

Parchomovsky, G. & Stein, A. (2009). Originality. 95 *Virginia Law Review*, 1505~1550.

Pearlman, Russ(2018). Recognizing Artificial Intelligence (AI) As Authors and Inventors under U.S. Intellectual Property Law, 24 *Richmond Journal of Law and Technology*. 1~51.

Phalen, M.(1989). How much is enough? The Search for a Standard of Creativity in works of Authorship under Section 102(A) of the Copyright Act of 1976. 68 *Nebraska Law Review*, 835~850.

Ploman, E. W. & Hamilton, L. C.(1980). *Copyright: Intellectual property in the information age*. Thoemms Press.

Ralston, William T. (2005). Copyright in Computer-Composed Music: Hal Meets Handel. 52 *Copyright Society U.S.A.*, 281~307.

Sag, M. (2005). God in the Machine, A New Structural Analysis of Copyright's Fair Use Doctrine. 11 *Michigan Telecommunications Technology Law Review*, 381~435

Sag, M. (2009). Copyright and Copy-Reliant Technology, 103 *Northwestern University Law Review*, 1607~1682.

Sag, M. (2019). The New Legal Landscape for Text Mining and Machine Learning. 66 *Journal of the Copyright Society of the U. S. A.*, 291~367.

Samuelson, P. (1984). CONTU Revisited: The Case against Copyright Protection for Computer Programs in Machine-Readable Form. *1984 Duke Law Journal*, 663~769.

Samuelson, P.(1986). Allocating Ownership Rights in Computer-Generated Works. 47 *University of Pittsburgh Law Review*, 1185~1228.

Samuelson, P., Davis, R., Kapor, M., & Reichman, J. (1994). A manifesto concerning the legal protection of computer programs, *Columbia Law Review* 94(8), 2308~2431.

Searle, J. R. (1980). Minds, brains, and programs. 3 *The Behavioral and Brain Sciences*, 417~457.

Sobel, Benjamin L. W. (2017). Artificial Intelligence's Fair Use Crisis. 41 *Columbia. Journal of Law & the Arts*, 45~97.

Sorjamaa, T. (2016). I, Author-Authorship and Copyright in the Age of Artificial Intelligence. *Hanken School of Economics*. July 2016, 1~73.

Stewart, S. M.(1983)(2nd, ed.). *International Copyright and Neighbouring rights*, London: Butterworths.

Stim, R.(2001). *Intellectual Property: Patents, Trademarks and Copyrights*, West Thomson Learning.

Schwartz, E. J., & Williams, M.(2007). Recent Copyright Infringement Cases Reexamine the Distinction between Satire and Parody in Determining Fair Use. 30 *Los Angeles Lawyer*, 33~39.

Talar, J.(2007). My Place or Yours: Copyright, Place-Shifting, & the Slingbox: A Legislative Proposal. 17 *Seton Hall Journal of Sports and Entertainment Law*, 25~50.

Wasoff, L. F. (2011). If Mass Digitization is the Problem, Is Legislation the Solution? Some Practical Consideration Related to Copyright. 34 *Columbia Journal of Law & the Arts*, 731 ~746.

Weinreb, L. L.(2004). Fair's Fair: A Comment on the Fair Use Doctrine, 103 *Harvard Law Review*, 1137~1161.

Wong, M. W. S. (2009). "Transformative" User-Generated Content in Copyright Law: Infringing Derivative Works or Fair Use?. 11 *Vanderbilt Journal of Entertainment & Technology Law*, 1075~1139.

Woo, Jisuk(2004). Genius with Minimal Originality?: The Continuity and Transformation of the "Authorship" Construct in Copyright Case Law Regarding Computer Software. 15 *Albany Law Journal of Science and Technology*, 109~126.

Wu, Andrew J. (1997). From Video Games to Artificial Intelligence: Assigning Copyright Ownership to Works Generated by Increasingly Sophisticated Computer Programs. 25 *AIPLA Quarterly Journal Winter*, 1997. 131~178.

Yanisky-Ravid, S.(2017). Generating Rembrandt: Artificial Intelligence, Copyright, and Accountability in the 3A Era-The Human-Like Authors are already here- A New Model. 2017*Michigan State Law Review*, 659~726.

Yanisky-Ravid, S. & Velez-Hernandez, L. A. (2018). Copyrightability of Artworks Produced by Creative Robots and Originality: The Formality-Objective Model. 19 *Minnesota Journal of Law, Science & Technology*, 1~53.

Yu, Robert(2017). The Machine Author: What Level of Copyright Protection is Appropriate for Fully Independent Computer-Generated Works? 165 *University of Pennsylvania Law Review*, 1245~1270.

Zelezny, J. D. (2011)(6th ed.). *Communications law: liberties, restraints, and the modern media*, Cengage Learning.

Zimmerman, D. L. (1998). The More Things Change the Less They Seem 'Transformed': Some Reflections on Fair Use, 46. *Journal of Copyright Society U.S.A.*, 251~269.

찾아보기

[저자 약력]

조연하

이화여자대학교 영어영문학과와 대학원 신문방송학과(언론학박사)를 졸업하였다. 이화여자대학교에서 커뮤니케이션·미디어연구소 연구교수를 역임하였으며, 현재 정책과학대학원 초빙교수이다. 한국방송학회와 한국언론법학회의 부회장과 방송위원회 보도교양심의위원, 방송통신위원회 시청자불만처리위원, 방송통신심의위원회 통신특별위원으로 활동하였다. 주로 미디어법과 정책 연구를 했으며, PVR을 이용한 방송저작물 녹화의 법적 성격(2006), 디지털 미디어 저작권 판례에서의 변형적 이용기준의 적용(2010), 저작물 성립요건으로서의 창작성의 개념과 판단기준(2011), 인공지능 창작물의 저작권 쟁점(2020), 인공지능의 콘텐츠 창작에서 저작물 이용의 법적 쟁점에 관한 고찰(2022) 등 다수의 연구논문을 발표하였다. 주요 저서로는 공저로 『미디어와 법(2017)』 등이 있으며, 단독저서 『미디어와 저작권(2018)』은 제17회 철우언론법상(2018)과 2019년 학술연구지원사업 교육부 우수성과 부총리 겸 교육부장관상(2019)을 수상하였다.

인공지능 창작과 저작권

초판발행	2023년 1월 12일
중판발행	2024년 1월 31일
지은이	조연하
펴낸이	안종만·안상준
편 집	윤혜경
기획/마케팅	이후근
표지디자인	이영경
제 작	고철민·조영환
펴낸곳	(주) **박영사**
	서울특별시 금천구 가산디지털2로 53, 210호(가산동, 한라시그마밸리)
	등록 1959. 3. 11. 제300-1959-1호(倫)
전 화	02)733-6771
f a x	02)736-4818
e-mail	pys@pybook.co.kr
homepage	www.pybook.co.kr
ISBN	979-11-303-4357-0 93360

정 가   26,000원